普通高等教育农业农村部“十三五”规划教材

大学体育与健康

DAXUE TIYU YU JIANKANG

吴秀云　主编

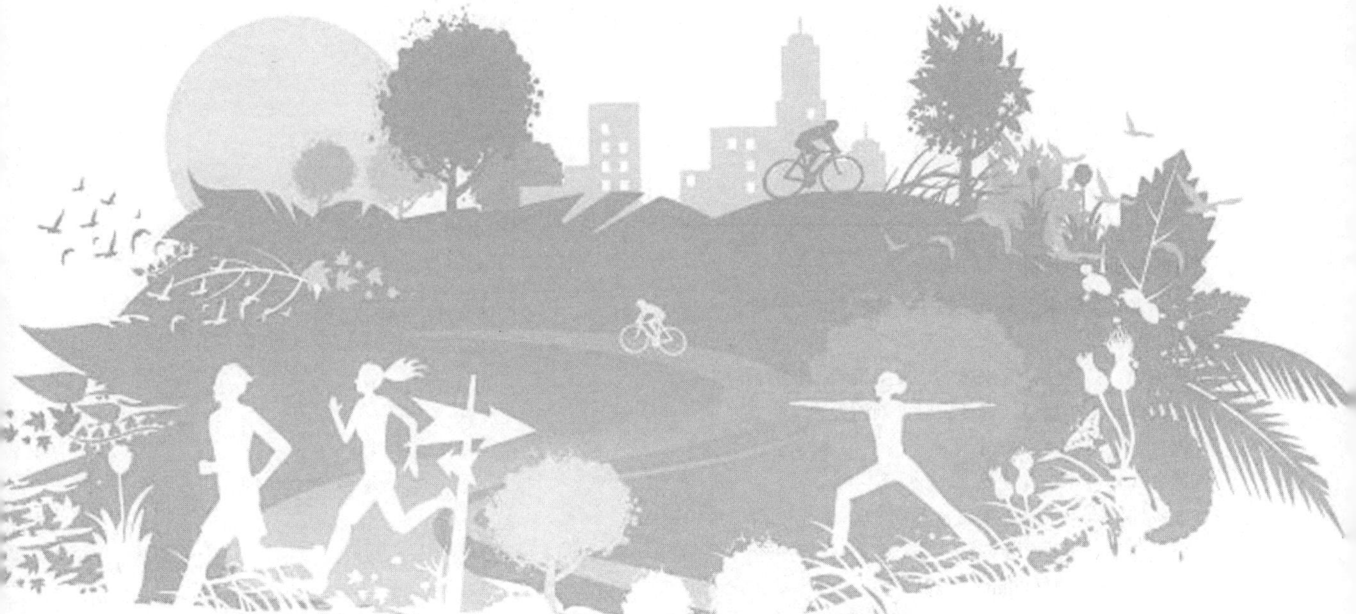

中国农业出版社
北　京

图书在版编目（CIP）数据

大学体育与健康 / 吴秀云主编 . —北京：中国农业出版社，2019.6（2023.7 重印）
普通高等教育农业农村部“十三五”规划教材
ISBN 978 - 7 - 109 - 25333 - 9

Ⅰ.①大… Ⅱ.①吴… Ⅲ.①体育—高等学校—教材②健康教育—高等学校—教材 Ⅳ.①G807.4②G647.9

中国版本图书馆 CIP 数据核字（2019）第 047942 号

中国农业出版社
地址：北京市朝阳区麦子店街 18 号楼
邮编：100125
责任编辑：马兰兰　龙永志　　文字编辑：耿韶磊
版式设计：王　晨　　责任校对：刘丽香
印刷：中农印务有限公司
版次：2019 年 6 月第 1 版
印次：2023 年 7 月北京第 5 次印刷
发行：新华书店北京发行所
开本：787mm×1092mm　1/16
印张：21.75
字数：480 千字
定价：39.50 元

编写人员名单

主　编　吴秀云

副主编　魏统朋　山美娟　张　英　王京转
　　　　　祝瑞雪　张　强

参　编　陈　丽　姜　帅　吕晓飞　张海华
　　　　　唐　栋　刘　巍　王道君　修　艳
　　　　　陈玉权　郑允勇　孙　斌　邢新丽
　　　　　黄　斌　于媛媛　王兴华　张广鹏
　　　　　李海峰　徐学涛　王洪恩　查显屹

前言

大学体育与健康课程作为我国高校课程体系的重要组成部分，是高校实施素质教育和培养全面发展人才的重要途径，是全面增强体质，传授体育知识、技术和技能，培养学生良好的道德品质和顽强进取的拼搏精神的教育过程，也是大学生走向社会前最后阶段的体育教育。党的十八大特别是二十大以来，以习近平同志为核心的党中央高度重视体育工作，谋划、推动体育事业改革发展，将全民健身上升为国家战略，推动全民健身和全民健康深度融合，加快推进体育强国建设，这为进一步深化高校体育课程改革指明了方向。

为了全面贯彻与实施党的教育方针，深入落实“健康第一”的指导思想，促进大学生健康发展，使当代大学生真正成为社会主义事业的建设者和接班人，我们依据国务院颁布的《学校体育工作条例》和教育部颁布的《全国普通高等学校体育课程教学指导纲要》的精神和要求，结合普通高等学校体育教学改革趋势，组织具有丰富经验的教师编写了《大学体育与健康》教材。

本教材在结合国内外体育教育的有益成果和合理因素的基础上，以育人和强化学生体育与健康意识为宗旨，以提高体育能力、增进身心健康、养成终身体育锻炼习惯为主线，科学地构建了内容体系，并着重对运动项目进行了精选和重组。本教材在内容和形式上具有以下特点：

第一，知识性。按照认知结构的形成与迁移规律，对体育课程的教学内容进行了详细的描述，使学生能全面掌握体育的基本理论与基本运动技能。根据素质教育对身心健康发展的要求，纠正过去片面追求“生物效应”的倾向，在注重健康体魄与人格培养的同时，强调按个人条件与个性特点，充分调动学生的积极性，使学生能够自觉地参加体育锻炼。

第二，合理性。本教材在内容的选择和搭配上努力解决四个问题：一是大学与中学、小学体育教学内容的衔接问题，适合大学生的身心发展特点和需要；二是一般发展与特殊发展的区别对待问题，满足不同体育运动水平学生的需要；三是传统与现代的结合问题；四是竞赛项目与健身项目的统一问题。

第三，科学性。坚持“健康第一”的指导思想，重视学生的身心全面发展，注重学生的体育意识和体育能力的培养，并把心理健康的常识以及常见病的预防、急救知识同体育教学结合起来，使教材更具知识性、趣味性和娱乐性。努力做到以科学研究的事实为依据，尽量避免一般的描述和空洞的说教。

第四，应用性。坚持“终身体育”的思想，针对体育项目及动作特点，设计编写了相当数量的运动技术和方法。教材既有教师在教学中参考的价值，又可作为学生休闲时的一般性科普读物，也能为其他科目的教师在了解学生生理、心理特点，进行心理健康教育提供参考。本教材注重理论联系实际，努力让学生学以致用，有利于学生的学习和实践。

第五，可读性与趣味性。文字精练，配图恰当，视频丰富，便于学生课外自主学习。突出以学生为主体的思想，将健身性和文化性、选择性和实效性、科学性和可接受性、民族性和世界性结合起来。可以拓宽学生对体育功能和表现形式的认识，为学生提供较大的选择空间。

本教材在更新观念的前提下，注意体育与健康的有机结合，使学生在加强身体锻炼的同时，学习一些体育保健知识和健康教育知识，使体育教学内容既有身体锻炼的手段，又有健康锻炼的基础理论和健康生活的科学方法，为大学生体育课程学习和自我身体锻炼提供科学的指导，同时也为推进大学生素质教育奠定一定的理论基础。

本教材由吴秀云任主编，魏统朋、山美娟、张英、王京转、祝瑞雪、张强任副主编。教材撰写分工如下：

第一章由吴秀云编写；第二章由陈丽、魏统朋编写；第三章由祝瑞雪编写；第四章由姜帅、吕晓飞编写；第五章由张海华、魏统朋编写；第六章由唐栋编写；第七章由魏统朋编写；第八章由张强编写；第九章，篮球部分由刘巍、王道君编写，排球部分由修艳编写，足球部分由王京转编写，羽毛球部分由陈玉权、王京转编写，乒乓球部分由郑允勇编写，网球部分由孙斌、王京转编写；第十章，健美操部分由邢新丽编写，体育舞蹈部分由黄斌编写，啦啦操部分由山美娟编写，瑜伽部分由于媛媛、山美娟编写，形体部分由王兴华编写；第十一章，武术部分由张广鹏、李海峰编写，舞龙舞狮部分由徐学涛编写，意拳部分由王洪恩编写，龙舟部分由张英编写，健身气功部分由吴秀云编写；第十二章由张英、魏统朋编写；第十三章由查显屹、祝瑞雪编写。

本教材在编写过程中得到了全国各地高等农业院校领导和专家的大力支持及帮助，我们在此表示诚挚的谢意！教材中参考和引用了大量专家及学者的文献、资料，限于篇幅，恕不一一列出，在此一并致谢！

由于编写人员的水平有限，尽管做了较大努力，但不妥之处仍在所难免，敬请广大师生指正。

编　者

2019 年 5 月

（2023 年 7 月改）

前言

第一章 CHAPTER ONE 大学体育与健康

体育与健康概述

2016年中共中央、国务院印发的《“健康中国2030”规划纲要》提出：推进健康中国建设……坚持以人民为中心的发展思想，牢固树立和贯彻落实新发展理念，坚持正确的卫生与健康工作方针，以提高人民健康水平为核心，以体制机制改革创新为动力，以普及健康生活、优化健康服务、完善健康保障、建设健康环境、发展健康产业为重点，把健康融入所有政策，加快转变健康领域发展方式，全方位、全周期维护和保障人民健康，大幅提高健康水平，显著改善健康公平，为实现“两个一百年”奋斗目标和中华民族伟大复兴的中国梦提供坚实健康基础。2020年9月22日，习近平在教育文化卫生体育领域专家代表座谈会上的讲话中指出：“要坚持健康第一的教育理念，加强学校体育工作，推动青少年文化学习和体育锻炼协调发展，帮助学生在体育锻炼中享受乐趣、增强体质、健全人格、锻炼意志。”2022年10月16日，习近平在中国共产党第二十次全国代表大会报告中指出：“广泛开展全民健身活动，加强青少年体育工作，促进群众体育和竞技体育全面发展，加快建设体育强国。”

第一节　体育的起源与发展

体育（physical education，缩写为PE），作为人类社会特有的文化现象，是伴随人类社会的发展而逐步建立和发展起来的一个专门的科学领域。体育的起源是一个复杂的问题，表现出明显的多源性。当前，关于体育起源问题的解释存在“游戏说”“模仿说”“巫术宗教说”“劳动说”“战争说”等多种学术流派，体育起源不是单一因素决定的，而是多因素共同作用的结果。劳动为体育的产生创造了前提条件，游戏、模仿是体育产生的直接原因，巫术、宗教、战争、医疗对体育的形成起到了促进作用，需要是体育产生的诱因和目的。

一、体育的起源

（一）体育源于生存需要

原始人类的生存条件十分严酷，人类必须与自然界进行艰苦的斗争，才能奠定赖以生存的物质基础。这种求生本能，最初表现在原始人的谋生和防卫需要中，即借助人体的运动获取生活资料，并保证自身不受伤害。研究发现，人类祖先是由树栖变为地栖，然后才逐渐习惯直立和用两足行走的。原始人迫于谋生需要，就要有快速奔跑的能力；为了抵御和擒获大猛兽，就要有使用器械和投掷的力量；为了捞取水中的鱼虾作为食物，就要学会游泳、划船技术；为了采摘高树上的果实充饥，就要掌握攀登的技巧。当人类在劳动中认识到这些能力和技术的重要性，并有意识地去学习这些技能时，就开始有了体育。

随着生产工具的改进，各种劳动技能逐渐多样化与复杂化，原始人类将这些生存的技能和经验一代代传授下去，这就是最初从生活、劳动技能中分化出来的体育和教育的综合体。例如，我国东北大兴安岭原始森林中的鄂温克族人，一直过着与世隔绝的、原始的游猎生活，长辈向年轻一代传授跳高、滑雪、角力、射箭等本领。太平洋岛屿上的美拉尼西亚人，让儿童从小就练习投枪、棍棒及攀树、掘土等技巧。许多古代人类的劳动技能，经过漫长的演变过程，逐步形成了现代体育项目。

（二）体育源于社会需要

跑、跳、掷、游泳、攀登，虽起源于劳动，但是在战争中才能得到更迅速的发展。人类在进入畜牧稼穑阶段之后，与野兽打斗的机会少了，而在争夺财物的战争中却需要提高身体素质，如追击对手时的奔跑速度、搏斗时的身体力量、准确的投掷技术以及弓箭的使用能力，与人和野兽的斗争相比要求更高。这就使许多体育项目得到更大的发展。后来，随着战争的发展扩大，人们又开发了更多的体育项目，如举重、摔跤、驭车、足球、马球等。这些项目经过流传演变，成为现代体育竞赛活动。

另有部分体育项目是社会的娱乐活动，如杂技技巧、舞蹈、秋千、拔河和球类游戏等，都是人类在生产有了提高、生活资料逐步丰富、温饱得到满足之后，为寻求休闲时的娱乐活动而创造出来的。这一切都说明了体育的部分项目起源于娱乐，体育是人类精神娱乐生活中不可缺少的一个组成部分。

随着社会生产力的发展、科学文化知识的进步，人类逐步认识了人体生理的奥秘，懂得“流水不腐，户枢不蠹”的道理，于是就创造了导引、气功、按摩等锻炼身体的方法。其后通过实践，人们认识到练武和娱乐的许多项目也能起到“健身娱神”的作用。这说明体育某些项目的形成和发展，又与社会文化紧密相连，是科学发展的成果。

可见，体育是基于人类的某种需要而产生的一种社会活动，它的产生不仅仅来源于生产劳动，还跟教育、军事、医疗卫生、娱乐以及宗教等活动关系密切，相辅相成，存在于原始人类社会并随之共同进化和发展。

体育是伴随社会发展而发展的，社会发展为体育发展提供了大环境，社会发展的不同阶段对体育发展也提出了不同的社会要求。按照马克思的观点，人类要经历原始社会、奴隶社会、封建社会、资本主义社会、社会主义社会，最终走向共产主义社会。人类已经经过了前三个社会形态，共产主义社会是我们人类社会的理想阶段，人类社会现在处于资本主义社会和社会主义社会阶段，不同的社会阶段体育的社会形态和政治目的也各不相同。

二、现代体育的概念和基本形态

体育概念的出现晚于体育的产生，在“体育”一词出现前，世界各国对体育这一活动过程的称谓都不相同。18 世纪末，德国的古茨穆茨曾把这些活动分类、综合，统称为“体操”。进入 19 世纪，一方面德国形成了新的体操体系，并广泛传播于欧美各国；另一方面相继出现了多种新的运动项目。学校也逐渐开展了超出原来体操范围的更多的运动项目，建立起“体育是以身体活动为手段的教育”这一新概念。于是，在相当长的一段时间里，“体操”和“体育”两个词并存，相互混用，直到 20 世纪初才逐渐在世界范围内统一称为“体育”。

20 世纪 50 年代后，随着世界各国经济、文化和科学技术的迅速发展，体育成为人们日常生活中不可缺少的组成部分。体育已经远远超出原来作为学校的身体教育的范畴。60 年代后，国际体育界正式成立了“统一体育术语国际研究会”，第一次举行了以讨论体育基本概念为主题的国际学术会议。许多国家的学者从不同角度阐述了关于体育和竞技运动（sport）的观点，但至今仍没有完全一致的看法。

“体育”一词在含义上也有一个演化过程。它刚传入我国时，是指身体的教育，作为教育的一部分出现的，是一种与维持和发展身体的各种活动有关联的一种教育过程，与国际上理解的“体育”（physical education）是一致的。1949 年以后，“体育”和“体育运动”这些词成为体育的总概念或第一位概念。随着社会的进步和体育事业的不断发展，体育的目的和内容都大大超出了原来的范畴，其概念也出现了“广义”与“狭义”之分。

1. 体育的广义概念（也称体育运动）

体育是指以身体练习为基本手段，以增强人的体质、促进人的全面发展、丰富社会文化生活和促进精神文明为目的的一种有意识、有组织的社会活动。它是社会总文化的一部分，其发展在一定程度上受社会政治和经济的制约，并为一定的社会政治和经济服务。

2. 体育的狭义概念（也称体育教育）

体育是一个发展身体、增强体质、传授锻炼身体的知识、技能，培养道德和意志品质的教育过程，是对人体进行培育和塑造的过程，是教育的重要组成部分，是培养全面发展的人的一个重要方面。

因为体育既受一定的社会政治、经济的影响和制约，也为一定的社会政治、经济服务，所以，随着社会的发展和进步，人们对体育的认识也将会有所发展和变化。

三、体育的组成

我国现代体育分类方法不一，现阶段得到多数人认可的、比较广泛的分类方法是：学校体育、竞技体育和社会体育。

（一）学校体育

学校体育又称狭义体育，是指在各级各类学校中开展的、通过身体活动增强学生体质，并传授身体锻炼的知识、技术和技能，培养其道德和意志品质的有目的、有计划的教育过程。它是教育的组成部分，是培养人全面发展的一个重要方面。

（二）竞技体育

竞技体育是体育的重要组成部分，是以争取优胜为直接目的，以运动项目（或某些身体活动）为内容，根据规则的要求，进行个人或集体的体力、技艺、心理的相互较量的体育活动。竞赛是竞技体育最突出的特征，是竞技体育赖以存在和发展的重要手段，也是吸引人们观赏的魅力所在。

（三）社会体育

社会体育也称大众体育或群众体育，健身、娱乐、休闲体育、余暇体育、养生体育等均可列入社会体育范畴。它的对象主要是一般民众，其中包括男、女、老、幼、伤、病、残者，活动领域遍及整个社会，所以社会体育堪称活动内容最广、表现形式多样、实用性较强、参加人数最多的群众性活动。

第二节　健康的概念与评价

一、健康概述

不同时期的人们对健康的含义有不同解释，古老的健康常以是否有病作为分界线，有病为不健康，无病则为健康。《黄帝内经》开篇即明确了健康的概念。它认为，一个健康的人必须在天时、人事、精神方面保持适当的和有层次的协调。现代健康的概念已由医学模式、生物医学模式发展成为生物、心理、社会医学模式。1948 年，世界卫生组织（WHO）将健康定义为："健康不仅是免于疾病和虚弱，而且是保持身体上、精神上和社会适应方面的完美状态"；在 1978 年国际初级卫生保健大会上所发表的《阿拉木图宣言》中世界卫生组织重申：健康不仅是没有疾病或不虚弱，且是身体的、精神的健康和社会适应良好的总称。1989 年，世界卫生组织又一次深化了健康的概念，认为健康包括躯体健康、心理健康、社会健康、社会适应良好和道德健康。这种新的健康观念使医学模式从单一的生物医学模式演变为生物-心理-社会医学模式。这个现代健康概念中的心理健康和社会性健康是对生物医学模式下的健康的有力补充和发展，它既考虑到人的自然属性，又考虑到人的社会属性，从而摆脱了人们对健康的片面认识。世界卫生组织关于健康的定义："健康乃是一种在身体上、精神上的完美状态，以及良好的适应力，而不仅仅是没有疾病和衰弱的状态。"这就是人们所指的身心健康。也就是说，一个人在躯体健康、心理健康、社会适应良好和道德健康四方面都健全，才是完全健康的人。

二、健康的科学内涵

（一）躯体健康

躯体健康是人体健康的基础，指人在生物学方面的健康，即机体的完整和各器官系统功能的正常，力量、速度、耐力、柔韧性、平衡能力等身体素质良好，具有生活自理能力。

（二）心理健康

心理健康的人也有一些基本特征，归纳为：一是人格完整，自我感觉良好，情绪稳定，有较好的自控能力，能保持心理上的平衡，能自尊、自爱、自信，能正确地评价自己；二是能保持正常的人际关系；三是有明确的生活目标，且切合实际，不断进取，有理想、有追求。

（三）良好的适应能力

“适应社会和自然环境的能力良好”是世界卫生组织对健康进行定义时强调指出的一项内容。

（四）智力健康

智力健康是指一个人的学习能力和利用信息、提高日常生活质量的能力。

（五）道德健康

道德健康是指能够按照社会规范的准则和要求支配行为，能为人类的幸福做贡献，表现为思想高尚、有理想、有道德、守纪律，具有辨别善恶、美丑、荣辱、是非的能力。

健康的五个要素是相互联系、相互影响的，只有五个健康要素平衡发展，人才能真正健康、幸福地生活。

三、亚健康

（一）概念

亚健康指机体虽无明确的疾病，却呈现出活力降低、功能减退的一种生理状态，是一种暂时性的生理失调，会造成精神紧张综合征、疲劳综合征、疼痛综合征等。

（二）亚健康的临床表现

（1）神经系统的临床表现：头痛、眩晕、昏厥、耳鸣、麻木等。

（2）消化系统的临床表现：肠易激现象、吸收不良、菌群失调等。

（3）循环系统的临床表现：无症状性心肌缺血、二尖瓣脱垂等。

第三节　学生体质健康标准与评价

为建立健全国家学生体质健康监测评价机制，激励学生积极参加身体锻炼，引导学校深化体育教学改革，推动各地加强学校体育工作，促进青少年身心健康、体魄强健、全面发展，结合新时期青少年体质健康状况和学校体育工作实际，教育部对原《国家学生体质健康标准》进行了修订，印发了《国家学生体质健康标准（2014 年修订）》（以下简称《标准》）。

一、体质概述

（一）体质的基本概念

体质，即人体的质量。它是在遗传性和获得性基础上表现出来的人体形态结构、生理机能和心理因素方面综合的、相对稳定的特征。体质是健康的物质基础，健康是体质的外在表现。

（二）体质的范畴

1982 年 8 月，中国体育科学学会体质研究会划定的体质范畴，主要包括以下五个方面：

（1）形态和结构的发育水平。即体格、体型、身体姿势、营养状况及身体组成成分等。

（2）生理生化机能水平。即机体的新陈代谢功能及各器官、系统的工作效能等。

（3）身体素质和运动能力水平。即速度、力量、耐力、灵敏性、柔韧性、协调性等身体素质和走、跑、跳、投、攀登、爬越等身体基本活动能力。

（4）心理发育水平。即人体的感知能力、判断力、意志力、智力、情感、行为、个性、性格等。

（5）适应能力。即机体对内外环境条件的适应能力、应急能力和对疾病的抵抗力。

总之，一个体质好的人，应当表现为精神振奋、朝气蓬勃、斗志旺盛、精力充沛、体魄健全、筋骨强壮，对疾病和各种自然环境有较强的抵抗力和适应力，并能在劳动、工作中保持高效率。

二、《标准》的评价指标与方法

大学生体质健康标准评价指标有身高、体重、肺活量、50 m 跑、1 000 m 跑（男）、800 m 跑（女）、坐位体前屈、立定跳远、引体向上（男）、1 min 仰卧起坐（女）。

1. 身高体重指数

（1）测试目的。身高是反映人体骨骼生长发育和人体纵向高度的主要形态指标。体重是反映人体横向生长和重量的指标。身高与体重配合测试，评定学生的身体匀称度，评价学生生长发育的水平及营养状况。身高体重指数用 BMI 表示，BMI＝体重的千克数÷身高（m）^{2}（单位：kg/m^2）（表 1－3－1）。

表 1－3－1　身高体重指数（BMI）评分标准

等级	单项得分	大学男生 BMI	大学女生 BMI
正常	100	17.9～23.9	17.2～23.9
低体重	80	≤17.8	≤17.1
超重		24.0～27.9	24.0～27.9
肥胖	60	≥28.0	≥28.0

（2）器材。身高测量计。

（3）测试方法。受试者立正姿势站在身高计的底板上（上肢自然下垂，足跟并拢，足尖分开成 60°角）。足跟、骶骨部及两肩胛区与立柱相接触，躯干自然挺直，头部正直，耳屏上缘与眼眶下缘呈水平位。将水平压板轻轻沿立柱下滑，轻压于受试者头顶进行读数。以厘米为单位，精确到小数点后一位。

（4）注意事项：①身高测量计应选择平坦靠墙的地方放置，立柱的刻度尺应面向光源。②严格掌握"三点靠立柱""两点呈水平"的测量姿势要求。③水平压板与头部接触时，松紧要适度，头发蓬松者要压实，头顶的发辫、发结要放开，饰物要取下。

2. 肺活量

（1）测试目的。肺活量是指在不限时间的情况下，一次最大吸气后再尽最大力量所呼出的气体量，是反映人体生长发育水平的重要机能指标之一。肺活量的大小与身高、体重、胸围的关系密切。肺活量体重指数＝肺活量÷体重。

（2）器材。电子肺活量计。

（3）测试方法。通风良好；使用干燥的已消毒吹嘴。电子肺活量计主机放置在平稳桌面上，检查电源线及接口是否牢固，按工作键，液晶屏显示“0”即表示机器进入工作状态。

受试者放松身心，取一消毒的吹嘴放到吹柄上，深吸气（避免耸肩提气，应该是“闻花式”的慢吸气），将嘴对准吹嘴用尽全力，以中等速度和力度吹气，至不能再呼为止，测试中不得中途二次吸气。吹气完毕后，吹柄液晶屏上最终显示的数字即为肺活量毫升值。以毫升为单位，不保留小数。

（4）注意事项：定期校对仪器。

3. 50 m 跑

（1）测试目的。测试学生速度、灵敏素质及神经系统灵活性的发展水平。

（2）场地器材。速度测试仪 1 台；50 m 直线跑道若干条，地面平坦。

（3）测试方法。受试者 4～6 人一组测试。站立起跑，受试者听到“跑”的口令后开始起跑，沿着各自跑道跑过终点感应器。以秒为单位记录测试成绩，精确到小数点后一位。

（4）注意事项：①受试者穿运动鞋或平底布鞋，赤足也可；但不得穿钉鞋、皮鞋、塑料凉鞋。②发现有抢跑者，要当即召回重跑。

4. 耐力素质

（1）测试目的。测试学生耐力素质的发展水平，特别是心血管呼吸系统的机能及肌肉耐力。

（2）器材。长跑测试仪 1 台。

（3）测试方法。受试者 10～15 人一组进行测试，腕表戴在左手腕，身穿统一的彩色背心，从感应器的后端进入跑道，站立式起跑。当听到“跑”的口令后开始起跑。到达终点时必须依次跑过两个感应器或感应地毯。以分、秒为单位记录测试成绩，不计小数。

（4）注意事项：提前做好拉伸活动，跑完后须继续放松一下，不要立刻停下或坐下。

5. 坐位体前屈

（1）测试目的。测量学生在静止状态下的躯干、腰、髋等关节可能达到的活动幅度，主要反映这些部位的关节、韧带、肌肉的伸展性和弹性及学生身体柔韧素质的发展水平。

（2）器材。坐位体前屈测试仪。

（3）测试方法。受试者两腿伸直，两脚平蹬测试纵板坐在垫子上，两脚分开不得超过 10 cm，上体前屈，两臂伸直前用两手中指尖逐渐向前推动游标，直到不能前推为止。坐位体前屈测试仪的脚蹬纵板内沿平面为 0 点，向内为负值，向前为正值。记录以厘米为单位。

（4）注意事项：①身体前屈，两臂向前推游标时两腿不能弯曲。②受试者应匀速向前推动游标，不得突然发力。

6. 立定跳远

（1）测试目的。测试学生下肢爆发力及身体协调能力的发展水平。

（2）器材。立定跳远测试仪。

（3）测试方法。受试者两脚自然分开站立，站在垫子的起跳线后，脚尖不得踩线。两脚原地同时起跳，不得有垫步或连跳动作，从前端走出垫子。以厘米为单位，不计小数。

（4）注意事项：①起跳地面要平坦，不得有坑。②发现犯规时，此次成绩无效。③可以赤足，但不得穿钉鞋、皮鞋、塑料凉鞋参加测试。

7. 引体向上（男）

（1）测试目的。测试学生上肢肌肉力量的发展水平。

（2）器材。高单杠和引体向上测试仪，杠粗以手能握住为准。

（3）测试方法。受试者跳起双手正握杠，两手与肩同宽成直臂悬垂。静止后，两臂同时用力引体（身体不能有附加动作），上拉到下颌超过横杠上缘为完成 1 次。记录引体次数。

（4）注意事项：①受试者应双手正握单杠，待身体静止后开始测试。②引体向上时，身体不得做大的摆动，也不得借助其他附加动作撑起。③2 次引体向上的间隔时间超过 10 s 停止测试。

8. 仰卧起坐（女）

（1）测试目的。测试学生的腹肌耐力。女生的腰腹肌力量对她们将来的生育有着十分重要的作用。

（2）器材。仰卧起坐测试仪，垫子若干块。

（3）测试方法。受试者仰卧于垫上，两腿稍分开，屈膝成 90°左右的角，两手指交叉贴于脑后或屈臂抱于胸前。另一同伴压住其踝关节，以固定下肢。测试人员发出“开始”口令的同时开表计时，记录 1 min 内完成次数。受试者坐起时两肘触及或超过双膝为完成 1 次。受试者虽已坐起但直体未达到 90°者不计该次数，仰卧时两肩胛必须触垫，精确到个位。

（4）注意事项：①如发现受试者借用肘部撑垫或臀部起落的力量起坐时，该次不计数。②受试者双脚必须平放。

三、大学生体质健康评价标准

（一）大学男生评分标准（表 1-3-2）

表 1-3-2　大学男生评分标准

单项得分		1 000 m		引体向上（次）		立定跳远（cm）		50 m 跑（s）		体前屈（cm）		肺活量（mL）		单项得分
		大一大二	大三大四	大一大二	大三大四	大一大二	大三大四	大一大二	大三大四	大一大二	大三大四	大一大二	大三大四	
优秀	100	3′17″	3′15″	19	20	273	275	6.7	6.6	24.9	25.1	5 040	5 140	100
	95	3′22″	3′20″	18	19	268	270	6.8	6.7	23.1	23.3	4 920	5 020	95
	90	3′27″	3′25″	17	18	263	265	6.9	6.8	21.3	21.5	4 800	4 900	90
良好	85	3′34″	3′32″	16	17	256	258	7.0	6.9	19.5	19.9	4 550	4 650	85
	80	3′42″	3′40″	15	16	248	250	7.1	7.0	17.7	18.2	4 300	4 400	80

（续）

单项得分		1 000 m		引体向上（次）		立定跳远（cm）		50 m 跑（s）		体前屈（cm）		肺活量（mL）		单项得分
		大一大二	大三大四	大一大二	大三大四	大一大二	大三大四	大一大二	大三大四	大一大二	大三大四	大一大二	大三大四	
及格	78	3′47″	3′45″			244	246	7.3	7.2	16.3	16.8	4 180	4 280	78
	76	3′52″	3′50″	14	15	240	242	7.5	7.4	14.9	15.4	4 060	4 160	76
	74	3′57″	3′55″			236	238	7.7	7.6	13.5	14.0	3 940	4 040	74
	72	4′02″	4′00″	13	14	232	234	7.9	7.8	12.1	12.6	3 820	3 920	72
	70	4′07″	4′05″			228	230	8.1	8.0	10.7	11.2	3 700	3 800	70
	68	4′12″	4′10″	12	13	224	226	8.3	8.2	9.3	9.8	3 580	3 680	68
	66	4′17″	4′15″			220	222	8.5	8.4	7.9	8.4	3 460	3 560	66
	64	4′22″	4′20″	11	12	216	218	8.7	8.6	6.5	7.0	3 340	3 440	64
	62	4′27″	4′25″			212	214	8.9	8.8	5.1	5.6	3 220	3 320	62
	60	4′32″	4′30″	10	11	208	210	9.1	9.0	3.7	4.2	3 100	3 200	60
不及格	50	4′52″	4′50″	9	10	203	205	9.3	9.2	2.7	3.2	2 940	3 030	50
	40	5′12″	5′10″	8	9	198	200	9.5	9.4	1.7	2.2	2 780	2 860	40
	30	5′32″	5′30″	7	8	193	195	9.7	9.6	0.7	1.2	2 620	2 690	30
	20	5′52″	5′50″	6	7	188	190	9.9	9.8	−0.3	0.2	2 460	2 520	20
	10	6′12″	6′10″	5	6	183	185	10.1	10.0	−1.3	−0.8	2 300	2 350	10

（二）大学女生评分标准（表 1－3－3）

表 1－3－3 大学女生评分标准

单项得分		800 m		仰卧起坐（次/min）		立定跳远（cm）		50 m 跑（s）		体前屈（cm）		肺活量（mL）		单项得分
		大一大二	大三大四	大一大二	大三大四	大一大二	大三大四	大一大二	大三大四	大一大二	大三大四	大一大二	大三大四	
优秀	100	3′18″	3′16″	56	57	207	208	7.5	7.4	25.8	26.3	3 400	3 450	100
	95	3′24″	3′22″	54	55	201	202	7.6	7.5	24.0	24.4	3 350	3 400	95
	90	3′30″	3′28″	52	53	195	196	7.7	7.6	22.2	22.4	3 300	3 350	90
良好	85	3′37″	3′35″	49	50	188	189	8.0	7.9	20.6	21.0	3 150	3 200	85
	80	3′44″	3′42″	46	47	181	182	8.3	8.2	19.0	19.5	3 000	3 050	80
及格	78	3′49″	3′47″	44	45	178	179	8.5	8.4	17.7	18.2	2 900	2 950	78
	76	3′54″	3′52″	42	43	175	176	8.7	8.6	16.4	16.9	2 800	2 850	76
	74	3′59″	3′57″	40	41	172	173	8.9	8.8	15.1	15.6	2 700	2 750	74
	72	4′04″	4′02″	38	39	169	170	9.1	9.0	13.8	14.3	2 600	2 650	72
	70	4′09″	4′07″	36	37	166	167	9.3	9.2	12.5	13.0	2 500	2 550	70

（续）

单项得分		800 m		仰卧起坐（次/min）		立定跳远（cm）		50 m 跑（s）		体前屈（cm）		肺活量（mL）		单项得分
		大一大二	大三大四	大一大二	大三大四	大一大二	大三大四	大一大二	大三大四	大一大二	大三大四	大一大二	大三大四	
及格	68	4′14″	4′12″	34	35	163	164	9.5	9.4	11.2	11.7	2 400	2 450	68
	66	4′19″	4′17″	32	33	160	161	9.7	9.6	9.9	10.4	2 300	2 350	66
	64	4′24″	4′22″	30	31	157	158	9.9	9.8	8.6	9.1	2 200	2 250	64
	62	4′29″	4′27″	28	29	154	155	10.1	10.0	7.3	7.8	2 100	2 150	62
	60	4′34″	4′32″	26	27	151	152	10.3	10.2	6.0	6.5	2 000	2 050	60
不及格	50	4′44″	4′42″	24	25	146	147	10.5	10.4	5.2	5.7	1 960	2 010	50
	40	4′54″	4′52″	22	23	141	142	10.7	10.6	4.4	4.9	1 920	1 970	40
	30	5′04″	5′02″	20	21	136	137	10.9	10.8	3.6	4.1	1 880	1 930	30
	20	5′14″	5′12″	18	19	131	132	11.1	11.0	2.8	3.3	1 840	1 890	20
	10	5′24″	5′22″	16	17	126	127	11.3	11.2	2.0	2.5	1 800	1 850	10

四、《标准》

（1）《标准》是国家学校教育工作的基础性指导文件和教育质量基本标准，是评价学生综合素质、评估学校工作和衡量各地教育发展的重要依据，是《国家体育锻炼标准》在学校的具体实施内容，适用于全日制普通小学、初中、普通高中、中等职业学校、普通高等学校的学生。

（2）《标准》的修订坚持“健康第一”，落实《国家中长期教育改革和发展规划纲要（2010—2020 年）》《国务院办公厅转发教育部等部门关于进一步加强学校体育工作若干意见的通知》（国办发〔2012〕53 号）和《教育部关于印发〈学生体质健康监测评价办法〉等三个文件的通知》（教体艺〔2014〕3 号）有关要求，着重提高《标准》应用的信度、效度和区分度，着重强化其教育激励、反馈调整和引导锻炼的功能，着重提高其教育监测和绩效评价的支撑能力。

（3）《标准》从身体形态、身体机能和身体素质等方面综合评定学生的体质健康水平，是促进学生体质健康发展、激励学生积极进行身体锻炼的教育手段，是国家发展学生核心素养和提高学业质量标准的重要组成部分，是学生体质健康的个体评价标准。

（4）《标准》将适用对象划分为以下组别：小学、初中、高中按每个年级为一组。其中，小学为 6 组；初中为 3 组；高中为 3 组。大学一、二年级为一组；三、四年级为一组。

（5）小学、初中、高中、大学各组别的测试指标均为必测指标。其中，身体形态类中的身高、体重，身体机能类中的肺活量，以及身体素质类中的 50 m 跑、坐位体前屈为各年级学生共性指标。

（6）《标准》的学年总分由标准分与附加分之和构成，满分为 120 分。标准分由各单项指标得分与权重乘积之和组成，满分为 100 分。附加分根据实测成绩确定，即对成绩超过 100 分的加分指标进行加分，满分为 20 分；小学的加分指标为 1 min 跳绳，加分幅度为 20 分；初中、高中和大学的加分指标为男生引体向上和 1 000 m 跑，女生 1 min 仰卧起坐和 800 m 跑，各指标加分幅度均为 10 分。

（7）根据学生学年总分评定等级：90.0 分及以上为优秀；80.0～89.9 分为良好；60.0～79.9 分为及格；59.9 分及以下为不及格。

（8）每个学生每学年评定 1 次，记入《〈国家学生体质健康标准〉登记卡》。特殊学制的学校，在填写登记卡时可以按规定和需求相应地增减栏目。学生毕业时的成绩和等级，按毕业当年学年总分的 50％与其他学年总分平均得分的 50％之和进行评定。

（9）学生测试成绩评定达到良好及以上者，方可参加评优与评奖；成绩达到优秀者，方可获体育奖学分。测试成绩评定不及格者，在本学年度准予补测 1 次，补测仍不及格，则学年成绩评定为不及格。普通高中、中等职业学校和普通高等学校学生毕业时，《标准》测试的成绩达不到 50 分者按结业或肄业处理。

（10）学生因病或残疾可向学校提交暂缓或免予执行《标准》的申请，经医疗单位证明，体育教学部门核准，可暂缓或免予执行《标准》，并填写《免予执行〈国家学生体质健康标准〉申请表》，存入学生档案。确实丧失运动能力、被免予执行《标准》的残疾学生，仍可参加评优与评奖，毕业时《标准》成绩需注明免测。

（11）各学校每学年开展覆盖本校各年级学生的《标准》测试工作，《标准》测试数据经当地教育行政部门按要求审核后，通过“中国学生体质健康网”上传至“国家学生体质健康标准数据管理系统”。测试和数据上传时间由教育行政部门确定。

（12）《标准》由教育部负责解释。

【思考题】

1. 健康的科学内涵包括哪些？
2. 《标准》测试的项目有哪些？

第二章 CHAPTER TWO 大学体育与健康

体育与心理健康

学校体育和健康教育是素质教育的重要内容，作为学校教育重要组成部分的学校体育应牢固树立“健康第一”的教学宗旨。人们越来越清楚地认识到，体育锻炼作为一种增进身体健康的有效手段，同样对人们的心理健康起到良好的调节与促进作用。大学生的身心健康问题必须引起我们的高度重视，它直接影响到我国 21 世纪的人才培养问题。研究表明，大学生这一特殊群体中有 10%～30%的存在不同程度的心理健康问题。精神疾病和其他心理障碍已成为大学生退学、休学等中断学业的重要原因，甚至直接导致部分学生有自杀倾向。大学生的身心健康问题已经成为现阶段心理学界乃至整个教育界关注的热点问题。

第一节　大学生心理健康概述

一、心理健康的含义

心理健康是一个十分复杂的综合概念，它涉及医学现象、心理现象和社会现象。不同学科的学者对心理健康有着不同的观点和看法。

1946 年，第三届国际心理卫生大会把心理健康定义为：人在身体、智能以及感情上，在与他人的心理健康不相矛盾的范围内，将个人心境发展成最佳的状态。

世界心理卫生联合会明确提出了心理健康的标志：身体、智力、情绪十分协调；适应环境；人际关系中彼此能谦让；有幸福感；在工作和职业中能充分发挥自己的能力；过高效率的生活。

美国著名的心理学家马斯洛和麦特曼提出了心理健康的 10 个标准：①有充分的安全感；②充分了解自己，并能对自己的能力做恰当的估计；③生活目标、理想的确定要切合实际；④与现实环境保持接触；⑤能保持个性的完整和谐；⑥具有从经验中学习的能力；⑦能保持良好的人际关系；⑧适度的情绪控制和表达；⑨在不违背集体利益的前提下，有限度地发展个性；⑩在不违背道德规范的情况下，适当满足个人的基本需要。

国内学者提出的心理健康标准主要有：①智力正常；②能够正确表达和调节自己的情绪；③保持人格的完整与健康；④正确的自我观念、恰当的自我评价；⑤意志健全；⑥能够从心理上接纳自己；⑦行为符合公认的行为规范；⑧具有良好的人际关系；⑨能积极主动地适应新环境，调节、平衡各方面的心理冲突。

二、如何理解心理健康

纵观国内外的相关研究，我们应从以下几个方面对心理健康加以理解。

（1）心理健康包括心理状态和心理调节能力两个关系密切的部分。心理状态是指个体在某一时刻或某段时间里自我感觉心理状况的好坏（尤指情绪的好坏）；心理调节能力是指个体把自己的心理状态调节到适当水平的能力。

（2）心理健康的标准是相对的，人的心理健康是一个连续的过程，极端的健康是精神的完美状态，极端的障碍是精神病状态，而绝大多数人是属于两极之间的状态。

（3）人们在确定心理健康标准时常常具有完善性，是指一种理想境界。但实际上，心理健康标准只是反映了社会对个体良好地适应社会生活所应有的心理状态的一般要求，而不是最高境界。

（4）心理健康的标准很复杂。对于不同国家、不同地区、不同人群（年龄、性别、职业、学历）、不同时期、不同文化背景和风俗习惯，心理健康可能以不同的方式表现出来。

（5）心理健康具有发展性、变化性的特点。人只有通过各种方式不断完善自身，在不懈的努力中感受快乐和满足，才能获得真正的心理健康。

（6）心理健康是一个整体状态。个体心理的不健康只是其某一个或几个方面不健康，并不是心理的每个方面都不健康。

第二节　体育锻炼的积极效应

体育锻炼是促进心理健康的有效手段之一。迄今为止，已经有许多学者就体育锻炼与一些心理健康指标（如情绪、个性、人格、自我概念、认知过程等）之间的关系，以及体育锻炼对治疗心理疾病（焦虑症、抑郁症、精神分裂症等）的作用等问题进行了研究。

一、体育锻炼对智力的影响

在我国，较多的心理学家认为，智力是指认识方面的各种能力，即观察力、记忆力、思维能力、想象能力的综合，其核心是抽象思维能力。体育锻炼对人的感知能力、记忆能力、想象能力、思维能力等方面的发展都有重要作用。美国加利福尼亚大学琴森教授经过多年研究指出，测定人脑细胞的反应速度可以看出他的思考速度和智商的高低，而经常从事体育锻炼是促进脑细胞反应速度提高的重要方法之一；诺贝尔医学生理学奖获得者斯佩里博士研究指出，人的许多高级思维能力取决于人脑的右半球。由于大脑对身体的感觉和运动是对侧支配的，而体育锻炼又能经常活动平时较少活动的左侧肢体，所以经常进行体育锻炼就有利于挖掘大脑右半球的智力潜能，发展人的智力。

二、体育锻炼对情绪状态的影响

广义的情绪状态是指情绪本身的存在形式，主要包括心境、激情、应激等，它是研究者们用来检验体育锻炼对心理健康效应最主要的指标之一。体育锻炼的情绪效应包括短期情绪效应和长期情绪效应。

（一）体育锻炼的短期情绪效应

许多研究发现，参加愉快的、非竞争性的或有节奏的体育锻炼会产生显著的短期情绪效应，从而形成良好的情绪状态。如 Mclnman 等人（1993）对运动后的受试者立即进行了测量，发现他们的焦虑、抑郁、紧张和心理紊乱等水平显著降低，精力和愉快程度显著提高。但是，也有少数研究结果显示，体育锻炼并不具有短期的情绪效应，如 King 等人（1989）有关经常从事有氧锻炼对中年人心理健康影响的研究指出，受试者在进行体育锻炼后的焦虑、紧张和抑郁情绪没有任何显著变化。

（二）体育锻炼的长期情绪效应

Hayden 等人（1984）有关有氧锻炼与焦虑、抑郁关系的研究发现，长期有规律的锻炼者比不锻炼者在较长时间内的焦虑和抑郁要少；Berger（1993）认为，有规律地从事中等强度（最大心率的 60%～75%）的锻炼，每次锻炼 20～60 min，有助于情绪的改善。但是，迄今为止，有关体育锻炼长期情绪效应方面的研究还比较少，且研究结果也不尽相同，这是一个值得继续深入研究的问题。

（三）体育锻炼的应激效应

从心理学角度来说，应激是指个体在出乎意料的紧张或危险情景下所产生的情绪状态。体育锻炼具有减轻应激反应以缓解紧张情绪的作用。Morgon 等人研究指出，高强度的体育锻炼（80%的最大摄氧量）可以减轻应激反应；Crew 等人（1987）回顾了以前发表的 34 篇研究论文后指出，经常从事体育锻炼的人与习惯于坐着的人相比，更少产生生理上的应激反应；国内学者朱健民研究发现，经常进行体育锻炼的大学生群体应激反应明显低于不经常进行体育锻炼的大学生群体。

三、体育锻炼对人格的影响

人格是指一个人的整体精神面貌，即具有一定倾向性的心理特征的总和。心理学的研究表明，人格的形成及其发展与人的行为活动密不可分。在体育锻炼过程中，锻炼者自己是活动的主体，这样就有利于思维活动与机体活动的紧密结合，从而促进人格的形成和发展。Barwley 研究指出，经常参加体育运动的人更易与他人形成良好的人际关系；著名学者麦亦尼认为，游戏和运动具有启发创造性、消除紧张、保持友谊、使人乐观等心理保健作用；还有一些研究发现，体育锻炼还可以增强人的社会适应能力、应变能力，培养和谐的人际关系以及良好的心理调控能力等。

四、体育锻炼对自我概念的影响

自我概念是指个体主观上对自己的身体、心理、思想和情感等的整体评价，它由许许多多的自我认识所构成。由于体育锻炼是在一定社会环境中进行的，它总是与人群发生着联系，因此，人们可以通过体育锻炼达到增强体质、调节心理问题、提高自己适应环境和适应他人的能力。

许多研究表明，体育锻炼与自我概念显著相关。如 Valliantetal（1985）有关体育锻炼对老年人认知和生理影响的研究发现，锻炼者自我概念在体育锻炼后有显著加强；Plummeretal（1957）有关有氧锻炼对女大学生自我概念影响的研究指出，经常参加锻炼的受试者比习惯于坐着的受试者自我概念分数高；Ikew 的研究结果发现，运动参与者的身体知觉能力高于非运动参与者；Salokun 以青少年为受试对象，探讨篮球、曲棍球对于青少年自我概念的影响，结果发现，体育运动训练对于自我概念的发展具有正面意义。

第三节　体育锻炼与社会适应

一般认为，社会适应健康是个体在社会交往中表现出的积极良好的适应态度、适应感受以及适应能力等。当前，我国体育促进社会适应的研究主要侧重于青少年如何通过体育活动有效融入社会的方法与意义。研究认为，青少年进行社会适应的主要场所是学校，而体育扮演着重要角色。学校体育对于发展学生的社会适应能力具有独特作用，经常参与体育活动的学生，其合作和竞争意识、交往能力、对集体和社会的关心程度都会得到提高，而且学生在体育活动中所获得的合作与交往等能力能迁移到日常的学习和生活中去。

每一种运动都带有竞争色彩，每一种竞争运动都有规则。正是其竞争性与规则性，与目前社会对大学生的要求具有很高的吻合度。提升大学生体育锻炼的意识，逐渐将体育竞技中的特性迁移到日常工作与生活中，是对社会适应能力的一种提升。

社会适应能力的提高，也是一个自然人从幼儿开始，经过社会、家庭、学校的教育逐渐学习社会知识、技能与规范，从而成为自觉遵守、维护社会秩序及价值观念、行为方式的社会人。体育活动对提高人的社会健康水平、成为社会人具有重要的促进作用，这是由体育活动的社会特征所决定的。人们在体育活动或竞赛当中，既有互相协作配合，又存在相互竞争，还必须遵守一定规则进行比赛活动。这种在体育活动中形成的交往合作、竞争、遵守规则的意识和行为会迁移到日常社会生活、学习、工作中去，有利于社会适应能力的培养。

2020 年 9 月 22 日，习近平在教育文化卫生体育领域专家代表座谈会上强调，“要坚持健康第一的教育理念，加强学校体育工作，推动青少年文化学习和体育锻炼协调发展，帮助学生在体育锻炼中享受乐趣、增强体质、健全人格、锻炼意志。”

一、体育锻炼有利于提高人体适应各种自然环境的能力

人类生活在大自然中，必须能适应季节变化、气候变化、天气变化，自然界的动物、植物也必须适应自然界的各种变化，才能生存发展；不适应自然环境的变化，又无法改变自然环境，在这种情况下，只会灭绝淘汰。但是，人是有创造力的，能千方百计地适应这种自然环境变化：一是改变自然条件，如改变居住条件，改善生态环境，提高水、空气的

质量；二是加强人类自身的适应能力。体育锻炼是提高人体适应自然环境的最佳方法之一。长期进行体育锻炼，增进了健康，强壮了体格，身体的各个组织系统在中枢神经支配下，承受外界刺激和协调各组织系统的能力都将得到增强，如体质调节能力，缺乏身体锻炼基础的人夏季就容易中暑。在自然环境中进行体育锻炼，能使机体得到锻炼，适应能力不断提高，如冬季在户外锻炼，甚至用冷水擦身或进行冷水浴、冬泳、冰上运动等都能增强机体抗寒能力。

二、体育锻炼有利于促进人际关系的发展

人际交往是指在社会活动中人与人之间进行信息交流和情感沟通的过程，它反映了个人或团体满足其社会需要的心理状态，人际交往的发展变化决定于双方社会需要的满足程度。良好、融洽、和谐的人际关系，是大学生生活的需要。大学生从跨入大学之门到走上工作岗位，在短短几年中要完成本专业的基本知识和技能的学习，又要涉猎相关学科的一些知识，来充实完善自己的知识结构。要完成繁重的学习任务，除了教师指导、自己努力之外，健康和谐的人际关系、轻松愉快的学习氛围也是必不可少的。良好的人际关系是心理健康的表现之一，是每个青年大学生健康发展的“软”环境，不良的人际关系会导致心理障碍和心理疾病的产生。

（一）体育锻炼对人际关系发展的心理作用

体育锻炼、比赛能增加人与人接触和交往的机会，缩短彼此之间的距离，进行互相沟通。体育历来是人类的友谊使者，如我们原本互不相识，通过一次球赛、一次体育锻炼彼此有了初步了解，搭起了沟通的桥梁。一些外向型的人就可以进一步通过体育活动，使社会交往需要得到满足；性格内向的人则可通过多次积极参加体育活动，忘却心中的烦恼与痛苦，消除孤独感，逐步形成与人交往的意识和习惯，使个性逐步得到改变。体育锻炼、比赛能够改变、调整、强化人际交往。同时，体育运动又是一项缩短人际交往距离的项目，如舞蹈、球类比赛等都要通过互相配合及接触，并在运动中表现出每个人的个性、能力以及相互之间类似的兴趣爱好，为进一步互相交往打下良好基础。但是，通过体育锻炼促进人际关系发展，必须以互相之间的诚实守信、互相尊重、平等交往、严于律己、宽以待人、团结友爱、互相帮助为原则，坚持友谊第一，比赛第二，才能起到正面效果。

（二）体育锻炼有助于培养良好的合作精神

合作建立在团体成员对团体目标认识相同的基础上，被认为是有价值的行为。在合作的社会情景中，个人所得有助于团体所得，合作的优越性体现在个人与他人一起合作时所获得的社会效益，如增加交流、相互信任等。集体项目，如篮球、足球、排球的合作会使活动更为有效，因为团体要获得成功，团体成员就必须相互协作，共同努力完成。集体运动项目是培养和发展合作意识的有效工具，现代社会需要有合作精神。一个人的力量微不足道，一个人要想在社会中取得成功和成就，就需要与他人合作，需要得到他人的帮助。合作能力既是体育活动参与者的必备条件，也是通过体育活动需要发展的能力。从事体育活动，特别是从事集体性的体育活动需要个体与他人通力合作，并且以各自不同的角色达

到协调配合的目的。如篮球的前锋、后卫，各自在不同位置上发挥作用，达到提高篮球比赛群体作战效率，使每个成员都感到满足，这是因为群体内每个角色都是互相关联的。为了达到某个目标而结成的相互促进关系，这种关系可以强化成员之间的相互支持和相互信赖，稳定每个角色的地位，发展协同与合作精神，使集体目标得以实现。经常性地参加体育活动，有利于增强个体合作的意识，有利于培养个体的团队精神。

（三）体育锻炼有助于培养竞争意识

竞争观念在现代社会中是一个重要的价值观念，现代社会竞争日趋激烈，竞争既是体育的特征之一，又是体育精神的重要内容之一。现代奥林匹克运动口号“更快、更高、更强”就是竞争的体现。在体育运动中，时时处处充满着竞争，有对自己运动能力的挑战，如长跑到达“极点”时，是坚持下去还是半途而废？有人与人之间的竞争，也有团体与团体之间的竞争。这种竞争，必须讲究良好的体育道德，主要靠自己的能力取胜，而不是不择手段地伤害他人。体育运动与保守性格势不两立，强烈的竞争性督促着每个参与者不断去创新和变革。在体育运动中，不讲门第，不排世袭，不序尊卑。在竞争活动中不承认除个人身体、心理以外的任何不平等。体育运动最讲法制，不徇人情；最讲现实，不论资历；最讲务实，不图虚妄，它以“公平竞争”为宗旨。大学生应通过体育活动的竞争来培养自己积极进取的竞争意识，为日后走出校门、走向社会，投身于激烈竞争的社会，做好思想上应变的准备。

三、体育锻炼有利于提高社会生活的适应能力

（一）体育运动使人更好地承担社会角色

社会是一个由政治、经济、文化等因素构成的交互场所，每一个人在社会当中都不同地充当几种甚至多种社会角色。在不同的场合以不同的身份与他人交往，能根据不同的社会环境进行相应调整，做出恰当的、合乎角色的反应，这是社会适应能力的重要表现。而体育运动场合，恰好能为人们学会承担社会角色提供优越的环境与适宜的条件。如某个班在分组进行篮球赛时，两个组各自的边锋、中锋、后卫等各个角色都在自己所处的位置上，通过比赛与其他角色产生相应的社会关系。由体育而结成的社会关系中，每个角色都有获胜的权利，获得嘉奖的权利和按照规则进行技术动作的权利，同时也有遵守体育法律规范、道德规范和技术规范的义务。社会角色是完成社会活动的必要的社会形式和个人的行为方式，通过体育角色的学习使人们懂得了社会角色是与人的某种社会地位、身份相一致的一整套的权利义务的规范与行为模式。它是人们对具有特定身份的人行为的期望，有利于人们懂得“做什么像什么”的社会意义，为将来走向社会适应各行各业的需要，干好本职工作打下思想基础。通过体育活动角色的学习，大学生可以体会到经过个人努力是可以成功扮演各种角色的，从而体验出人的主观努力是改变社会地位的重要途径。对于现代青年来说，这一点尤为重要。

（二）体育活动培养人对社会节奏的适应性

随着社会开放的进一步深入，经济发展速度加快，社会运动的节奏越来越充分展现出由慢到快的变化趋势。高效率的社会节奏，给社会带来物质财富和精神财富的同时，也给人们带来了许多健康方面的问题，如心理紧张、情绪压抑等，逐渐引起人们的重视。体育

活动和娱乐活动是人们调整、顺应新的生活节奏的重要辅助手段。一些社会实验和社会调查证明：运动员、经常从事体育运动的人，对生活节奏的改变有较强的适应性，这是因为在体育活动中，人们所掌握的多种活动技能和活动方式，有利于人们准确、协调、敏捷地完成各种生产、生活活动。体育对人体的神经系统、心血管系统的锻炼，更可以提高人对快节奏生活的应变能力。此外，体育活动和娱乐消遣还可以克服人们对快节奏生活的抵触、恐惧、厌烦和焦虑等心理障碍，可以稳定情绪，缓解身心紧张，以增强人们在快节奏生活中的自信心及对社会的应变能力。

【思考题】

1. 如何通过体育锻炼提高心理健康水平？
2. 体育锻炼对大学生社会适应的作用是什么？

第三章 CHAPTER THREE 大学体育与健康

科学健身观

第一节　科学健身的原则与方法

科学和实践证明，增进健康，增强体质涉及多种因素，而体育运动则是最积极、最有效的手段。现代社会由于科学技术的发展，人类劳动生产率水平的提高，人们的体力活动日益减少，肥胖、心血管疾病等“现代文明病”的发病率越来越高。而体育锻炼是治疗“现代文明病”的良方。在国际上，尤其在一些经济较发达的国家和地区，通过体育运动强身健体、改善民族体质、提高生活质量的理念早已深入人心，绝大多数人将每天进行体育运动看成是生活中不可缺少的组成部分。科学地进行体育锻炼，赋予人们以健康、欢乐和满足。反之，不仅不能促进健康发展，还会出现许多不必要的偏差，甚至给身体带来损害。

2016 年 8 月，习近平在全国卫生与健康大会上指出：“要倡导健康文明的生活方式，树立大卫生、大健康的观念，把以治病为中心转变为以人民健康为中心，建立健全健康教育体系，提升全民健康素养，推动全民健身和全民健康深度融合。”《“健康中国 2030”规划纲要》中指出，要普及健康生活，塑造自主自律的健康行为。

一、科学健身的原则

（一）自觉积极性原则

自觉积极性原则是指体育锻炼的参加者有目的、有意识地克服自身惰性，自觉积极地从事体育锻炼。提高参加体育锻炼的自觉性和积极性要做好以下几点：

（1）要提高对体育的认识，树立终身体育思想。把体育看作是每个人高质量生活的一部分，使体育锻炼成为健身、健美和延年益寿的重要手段。

（2）要明确锻炼的目的。一个人的动机决定一个人行动的质量，如有的是为了更好的生长发育；有的是为了调节紧张的学习生活；有的是为了某些运动技能与成绩得以提高；有的是为了身体更结实；有的则为了锻炼意志、防病治病等。

（3）要坚持一致的原则。日常生活中，应表里一致，体态合一，积极专注，只有这样才能达到事半功倍的锻炼效果。

（二）从实际出发原则

从实际出发的原则是指锻炼身体应从个人的实际情况和外界环境条件的实际出发，确定锻炼目的、选择适宜的运动项目、合理地安排运动时间和运动负荷。这是提高身体素质及运动水平必须遵循的原则。

（1）从自身的实际出发。由于性别、年龄、体质和健康状况的差异，体育锻炼要从自己的实际情况出发，有目的地选择和确定运动项目、练习方法，合理地安排锻炼的时间和运动负荷。在每次锻炼前，都要评估自己当时的健康状况，使运动的难度和强度不要超过自己身体的承受能力。违反人体发展的这一基本规律，只能损害身体健康。

（2）从外界环境条件的实际出发。参加体育锻炼时，还要从季节、气候、场地、器材等实际情况出发，按照科学锻炼的方法，合理选择运动项目、练习时间、运动负荷，才能收到良好的锻炼效果。如在冬季应着重发展耐力素质和力量素质；在春、秋两季应重点参加技术性的项目；在炎热的夏天，游泳是比较理想的运动项目。但运动时不要在阳光下运动太长时间；在力量训练前，要仔细检查器械，避免事故的发生。

（3）选择合适的运动负荷。在坚持体育运动中，合理安排身体所能承受的生理负荷，使参加者既有一定程度的疲劳，又能承受得住，并与休息合理交替，以便更好地掌握自我终身体育运动锻炼的技能，有效地增强体质。

运动负荷＝运动量×运动强度。运动量包括练习次数、时间、距离和负重总量；运动强度包括练习密度、速度和负重量。心率不超过 120～130 次/min 为低强度；心率达 155 次/min 为中等强度；心率在 180 次/min 以上属于高强度。强度加大，量则要相应减少；强度减小，量可以相应增加。

（三）循序渐进原则

循序渐进的原则是指在进行体育锻炼时，必须遵循人体生理机能活动的规律，科学地安排锻炼内容、方法、负荷、难度等，使人体在不断适应的同时，体质逐步得到增强。

（1）运动负荷的循序渐进。进行体育锻炼时，当机体对一定运动负荷适应之后，这种负荷对机体的刺激会变小。此时可以适当延长练习时间和增加练习次数，让机体产生新的适应。但运动负荷的增加要由小到大，逐步提高。体育锻炼的开始阶段或中断练习后恢复锻炼时，强度宜小，时间宜短，不要急于求成。

（2）练习内容上的循序渐进。练习内容要由简到繁，在动作要求上应由易到难，逐步加大难度。应首先考虑简单易行、容易收到锻炼效果的项目和内容。每次练习时，也应先从动作简单、强度不大的内容开始，然后逐渐增加动作难度和运动负荷。体育锻炼只有遵循人体生理、心理发展的基本规律，根据自己身体健康状况，科学地安排适宜的运动负荷和练习内容，才能收到良好的锻炼效果。

（四）持之以恒原则

持之以恒原则是指运动锻炼行为必须经常性发生，成为日常学习和生活中不可缺少的部分。锻炼身体要有连续性和系统性，只有经常参加体育锻炼，安排适合自己兴趣、爱好的运动项目，科学地制订健身计划，才能有效地增强体质。科学实验表明，不经常参加体育锻炼或中断体育锻炼的人，会使原有的身体机能、素质和运动技术水平明显下降，中断身体锻炼时间越长下降越明显。

掌握一项运动技术也需要持之以恒。人的大脑中有大量神经突触，必须通过固定形式的重复练习对这些突触进行某种连续刺激，才能在大脑中形成一整套固定形式的反应，即动力定型。动力定型建立后，运动者就能习惯性地、熟练地完成一整套练习。如果不能坚持练习，已形成的条件反射就不能及时得到强化而慢慢消退，动作记忆就不牢固。

（五）全面发展原则

全面发展原则是指通过运动使身体形态、机能、身体素质以及心理品质等都得到全面而和谐的发展。

人体是一个有机的统一体，各个器官和系统既相互联系又相互影响。因此，体育锻炼选择的练习内容和方法应力求全面影响身体，使各种身体素质和身体各器官系统的机能得到全面发展。练习内容和练习手段的选择不能过于单一，因为每种练习内容或练习手段对身体的影响都具有局限性，只有丰富、多样，才可以避免长期只锻炼身体某一部位、只注重某种身体素质的提高。在锻炼中可以以某一项为主，辅以其他锻炼内容。如健美爱好者应在进行肌肉力量练习的同时，增加一些发展有氧耐力和柔韧素质的练习，使身体得到全面锻炼。体育锻炼的目的之一是使人体的形态、机能以及各种身体素质和基本活动能力都得到发展。由于人体是一个复杂的生命有机体，各个方面的发展是互相影响与制约的，只有全面发展，才能互相促进、共同提高。否则，就容易出现畸形，有损健康，尤其是正处在生长发育阶段的大学生。

贯彻全面发展的原则要注意三方面：一是锻炼形式、手段要多样化，全面提高身体机能；二是锻炼项目多样化，全面发展身体素质；三是锻炼条件要多变化，提高人体的适应能力。

（六）安全性原则

从事任何形式的体育锻炼都要注意安全。如果体育锻炼安排得不合理，违背科学规律，就可能出现事故。安全体育锻炼的主要内容包括：活动场地（器械）是否安全，活动项目与自身的运动能力是否匹配，锻炼前准备活动是否充分，锻炼后有无放松练习等。如果条件允许，请体育教师或运动学专家根据自身的体质健康状况开具运动处方，这样可以做到有目的、有计划地进行锻炼，达到良好效果。

上述六个锻炼身体的原则是相互联系、相互促进的，在参加体育锻炼时，只有全面贯彻执行科学锻炼身体的原则，才能使身体得到全面发展，不断提高健康水平。

二、科学健身的方法

1. 重复锻炼法

重复锻炼法是指锻炼者在相对固定的条件下，按照健身计划和要求反复练习同一内容的方法。这种方法适用于：运动负荷较小或用时较短的练习；动作技术比较复杂，难以掌握的练习；运动负荷较大，难以一次完成的练习。采用重复锻炼法应注意以下几个方面：

（1）合理安排重复练习的总次数、练习的距离或时间、练习的强度、重复练习的间歇时间等。

（2）保证每次重复练习的质量。不能因重复练习的次数多而降低动作要求。

（3）注意克服重复练习的枯燥感。一方面要锻炼意志，树立信心；另一方面可在练习前后或间歇穿插一些轻松、有趣的辅助性练习。

运用重复锻炼法的关键是掌握好负荷的有效价值（最有锻炼价值负荷量下的心率），并据此调节重复的次数。通常认为，普通大学生的负荷心率在 130～170 次/min 较为适宜。

2. 变换练习法

变换练习法是指改变锻炼内容、强度和环境的练习方法。如变换练习的项目、提高或降低运动负荷、调整练习要素、改变练习地点等。采用变换练习法，可以提高中枢神经系统的灵活性，提高身体的协调能力和适应能力。采用变换练习法应注意以下几个方面：

（1）要以锻炼的实际需要为前提，有针对性地变换练习条件。

（2）合理安排锻炼计划，在锻炼中注意收集反馈信息，加强医务监督，及时根据个人的身体健康状况调整计划。

（3）变换练习法是短期的计划安排，主要以调整为主。变换练习时间过长、过于频繁不利于锻炼计划的执行。

3. 循环练习法

循环练习法是根据身体锻炼的需要，确定循环练习的各项内容，在一次练习中依次进行循环练习的方法。这种练习方法，可以弥补单一练习对身体发展作用比较单一的不足，使各练习相互补充，有利于身体的全面发展。此外，锻炼内容的多样性，能够调动锻炼者的积极性。采用循环练习法应注意以下几个方面：

（1）要根据锻炼的目的，确定循环练习的各项内容，使之互相配合。练习的组合一定要兼顾身体的不同部位、发展不同的运动素质，使锻炼取得促进身体全面发展的效果。

（2）合理确定各项练习的比例和顺序。进行循环练习时，确定一个中心练习，其他练习可围绕着这一中心进行练习。

（3）合理确定各项练习之间的间歇时间，以保证能顺利过渡到下一项练习。具体要根据锻炼者的身体健康情况而定。

三、国内外流行的健身方法

1. 有氧锻炼法

有氧锻炼法是指锻炼者通过呼吸能够满足运动对氧气的需要，在不负氧债的情况下进行身体锻炼的方法。这种锻炼的运动负荷强度适中，而运动时间较长，可以有效地提高心血管机能和呼吸机能，促进机体的新陈代谢，并减少脂肪积累，是国内外都比较流行的一种锻炼方法。

采用有氧锻炼法的关键是掌握练习强度，使锻炼强度既在有效健身阈值以上，又不超过无氧阈值。比较流行的用心率控制强度的方法有：

（1）锻炼时脉搏数保持在 130 次/min 左右，不高于 150 次/min。

（2）用 180 减去锻炼者的年龄数，所得的差为锻炼时每分钟的平均脉搏数。

（3）依运动强度与年龄对照表（表3-1-1）参考掌握。一般来说，运动强度掌握在70％以下，属于有氧锻炼范畴。

表3-1-1　运动强度与不同年龄锻炼者心率对照表

强度（％）	年龄（岁）				
	20～29	30～39	40～49	50～59	60以上
100	190	185	175	165	155
90	175	170	165	155	145
80	165	160	150	145	135
70	150	145	140	135	125
60	135	135	130	125	120
50	125	120	115	110	110
40	110	110	105	100	100

采用有氧锻炼法的典型项目有：长跑、竞走、游泳、骑自行车、滑雪、耐力体操及韵律操、徒步旅行等。只要坚持速度轻慢、距离较长或持续时间保持在30 min左右，其他项目的锻炼也可称为有氧锻炼，也能收到满意的锻炼效果。

2. 发达肌肉法

发达肌肉法是指锻炼者在发展力量素质的同时，以增长肌肉、健美身体为目的的一种锻炼方法。这种锻炼方法在青少年，特别是男青年中采用较多。

肌肉的发达健壮，依赖于负荷状态下的收缩与放松，反复地刺激使肌肉有充分的血液供应，可获得更多的氧气和营养物质，使肌纤维增粗，富于弹性。这样肌肉体积才会增大，力量才能增强。因此，负担重量、反复练习、适当间歇发展肌肉的锻炼方法，可以从以下几方面选择：

（1）运用体操项目中的单杠、双杠、吊环等器械，发展躯体和上肢肌肉。如双杠的支撑屈伸、双臂支撑摆动屈伸，单杠的引体向上、摆动屈伸上等。

（2）运用哑铃、拉力器、杠铃等器材，促使身体各部位肌肉协调发展。根据发展部位的需要，可自编各种练习动作，并注意负荷重量和次数的配合。

（3）运用克服自身体重的徒手练习，如跳跃、蹲起、俯卧撑、仰卧起坐等。这种练习不受器材及场地限制，简便易行，但发达肌肉的效果不如器械练习明显而迅速。

使用发达肌肉法应注意：①要使身体各部位肌肉协调发展。②要把发展力量素质与发展柔韧素质结合起来，避免肌肉过于僵硬。③要把发达大肌肉群与发展小肌肉群结合起来，使肌肉有力而灵活。④发达肌肉的锻炼要坚持，只有经常反复练习，才会使发达的肌肉巩固、持久，并逐渐形成形态学特征。

3. 消遣运动法

消遣运动法是指为了寻求生理和心理上的放松、欢度余暇而进行身体锻炼的一种方法。这种锻炼方法，运动强度不大，令人轻松愉快，具有安抚身心、消除疲劳的功效。

在余暇时间，人们的消遣活动很多，如手工制作，收藏，观看戏剧、电影，欣赏音乐、美术作品等。作为身体锻炼内容之一的消遣活动，主要有两种：一是观赏性活动，主要是指观看各种体育比赛。比赛会使人情绪冲动，获得心理满足，所以给人的身体带来一定的好处；二是实践性活动，主要是指轻松愉快的消遣娱乐活动，如散步、旅行、郊游、踏青、登高、日光浴、空气浴、狩猎、垂钓、泛舟等。

采用消遣运动法应注意：①情绪放松，专注于运动，暂时忘却和摆脱工作、生活中的困扰。②活动内容应以兴趣爱好为前提，符合个人意愿。③运动负荷以小、中强度为主，运动后能产生惬意的疲劳感为好。④为增进情感交流，增添情趣，最好能与亲友结伴而行，共同活动。

第二节　运动健身的医务监督

医务监督是指用医学的知识和方法，对锻炼者的健康和机能进行监护，预防锻炼中各种有害因素可能对身体造成的危害，督导和协助科学的锻炼及训练，使之符合人体生理和机能发展规律。医务监督能更有效地运用体育的手段，促进体育活动参加者的身体发育，增进健康和提高运动技术水平；能培养科学的体育锻炼方法和良好的卫生习惯，遵守体育锻炼的卫生原则，减少运动伤病的发生；保证体育教学和运动训练的顺利进行，使人们从中受益，获得好的效果。

一、运动前的体格检查

体格检查是对人体形态结构和机能发展水平进行检测和计量，主要包含三个方面：

（一）询问一般史和运动史

一般史：包括既往病史和生活史。

运动史：主要询问参加体育活动的情况，了解是否经常参加体育活动、活动的项目和年限、有无过度训练或运动性伤病史，以及目前的情况。

（二）体表检查

检查皮肤和黏膜是否苍白，有无黄染、出血点、静脉曲张和皮肤病。检查甲状腺和浅表淋巴结是否肿大。检查脊柱、胸廓、上下肢及足弓形态，并判断人体直立位的姿势等。

（三）一般临床物理检查

（1）心血管系统。主要检查脉搏的频率，听诊心跳速率、节律、心音强度及有无杂音并测量血压。

（2）形态测量。形态测量的目的是了解人体形态、发育状况，并判断体育锻炼的效果，同时发现存在的问题，以便采取有效的改善措施。形态测量也是选拔运动员的重要依据。

（3）功能检查。包括运动系统功能检查，如肌力、关节活动度或柔韧性的检查；肺通气功能检查，如肺活量、时间肺活量、最大通气量、肺泡通气量；心肺功能检查，如哈佛

台阶试验（Harvard Step Test），PWC170 试验、屏息试验、最大吸氧量；神经系统功能检查，如反应时、闪烁值、膝跳反射等。

（4）化验检查。包括血液常规检查、尿液常规检查、血液生化检查和激素的同位素测定等。

（5）特殊检查。包括 X 线检查、心电图检查、超声心动图检查、脑电图检查等。

二、运动中的自我监控

自我监督是在体育锻炼期间，经常观察自己的健康状况和生理机能变化的一种方法。通过这种方法能够评定运动量的大小，尽早发现过度疲劳，预防运动性伤病。自我监督可以从以下十点着手：

（1）一般感觉。经常运动的人总是体力充沛、精神愉快的，但在过度训练后就会感到软弱无力，精神萎靡不振，易疲劳，易激动。可根据自己的情况，记录为良好、一般、不好。

（2）运动心情。经常运动的人，一般愿意参加运动，如果训练方法不当或过度疲劳，则对运动不感兴趣或产生厌烦感觉。可根据自己的情况，记录为很想锻炼、愿意锻炼、不想锻炼、厌烦锻炼。

（3）食欲情况。因为运动消耗了大量能量，所以身体里的营养物质需要补充。经常运动的人，食欲较好，饭量较大；在过度训练时食欲便会减退，饭量减少，但这和运动后不想马上吃饭要区分开。可根据自己的情况，记录为食欲良好、食欲一般、食欲减退、厌食。

（4）睡眠情况。经常运动的人，神经系统的功能比较稳定。他们睡眠一般良好，躺下后很快能入睡；睡得熟，不易醒；早晨精神振奋，全身有力。如果晚上出现失眠、屡醒、多梦等情况，早晨起来头晕、没精神，说明训练方法不当或运动量过大。

（5）不良感觉。在参加剧烈运动后，由于身体过度疲劳，往往出现四肢无力、肌肉酸痛、不愿活动的情况。这是正常的生理现象，休息几天就会好转。如果在运动后还有头晕、恶心、心慌、气短、心前区疼痛等现象，则表示运动方法不妥或运动量过大。记录时应如实记录。

（6）出汗情况。运动时出汗的多少和天气、运动程度、衣着、饮水量、训练水平及身体素质有密切关系。如果突然大量出汗，则可能是过度训练，应调整运动量。可根据自己的情况，记录为出汗正常、出汗减少、出汗增多、大量出汗。

（7）脉搏。脉搏次数和训练水平有密切关系。如果其他因素相同，脉搏数减少，则说明训练水平应提高。在自我监督中常用早晨脉搏数来评定训练水平和身体的机能情况，若早晨脉搏数逐渐下降或不变，说明身体反应良好，训练有潜力；若每分钟增加 10 次以上，说明身体反应不良，要找出原因及时处理。记录每分钟的脉搏数，每天记 1 次。

（8）体重。参加体育锻炼后，体重可能有 3 种变化：第 1 种是刚参加训练的人，身体里水分和脂肪大量被消耗，体重下降。第 2 种是经过一段时间的锻炼，体重比较稳定，运动后减轻的体重能逐渐恢复。第 3 种是长期坚持锻炼的人，肌肉逐渐发达起来，体重有所增加，而且保持在一定水平上不变。进行医务监督最好每周早晨测量体重 1 次，填上体重数，也可在运动前后分别测量体重，以体重的差数观察运动量。

(9) 肺活量。运动能使呼吸功能显著增强，肺活量的大小在一定程度上体现了呼吸功能的强弱。经常参加体育锻炼的人，肺活量增加，但是过度疲劳时，肺活量就会减少。没有肺活量计的地方，也可用呼吸次数进行大致比较。

(10) 运动成绩。坚持合理锻炼，运动成绩会逐步提高，也可保持在很高的水平上。如果运动水平没有提高甚至下降，动作的协调性逐渐变差，这可能是早期过度训练所致，应引起注意，适当休息或调整运动量。

除此之外，女同学要记录月经的情况，如运动后月经量多少，经期长短，有无痛经等。

每天训练的运动员应逐日进行自我监督，不是每天训练的运动员可隔一两天进行 1 次。发现不正常的，要进一步分析了解，必要时需调整运动量和运动方法。

体育爱好者和运动员，要学会记“运动日记”，每天将自己参加运动或训练的情况，以日记的形式记录下来，每月请教师或医生看 1 次。

第三节　运动健身的营养补充

体育运动是促进人体生长发育、增强体质、提高健康水平和运动能力的重要手段，而营养素是保证人体生长发育，构成各组织、器官和进行正常生理、生化代谢活动的基础。因此，合理的营养和适宜的体育运动是实现人类高质量活动的根本保障。

一、营养的功能

合理营养是指膳食中应该含有人体所需要的各种营养素，摄入体内的食物易于消化和吸收，并能增强食欲，对机体无害，也就是全面提供符合卫生要求的平衡膳食。营养素是指在体内消化吸收，具有供给热能，构成机体组织，调节生理机能，为机体进行正常代谢所必需的物质。人体所需要的营养素有糖、脂肪、蛋白质、维生素、矿物质和水六大类。

(一) 合理营养有利于身心健康

人的身心健康包含身体健康与心理健康两个方面。身体健康是心理健康的基础；反之，心理健康又是身体健康的必要条件。

1. 合理营养确保机体代谢平衡

机体代谢包含物质代谢和能量代谢两个方面。所谓代谢平衡是指人体每天从外界摄取的营养物质应该等于人体生长发育和进行正常生命活动所需要的物质。机体的代谢平衡是人体各器官、系统发挥其正常生理功能的重要保证，是实现人类身心健康的基本条件之一。不合理摄入机体所需要的各种营养素，机体代谢活动就会发生紊乱，人就会生病，病情严重的甚至危及生命。

2. 合理营养能增强机体的免疫力

免疫力是机体免疫系统抵抗外来病源微生物侵袭的能力。机体的免疫系统——白细胞（T淋巴细胞、B淋巴细胞、吞噬细胞）、红细胞以及免疫球蛋白等都明显受营养状况的影响，良好的营养是促进造血干细胞分裂繁殖生成血细胞和各种免疫球蛋白形成的先决条件，营养不良会使机体免疫系统形成受阻及免疫能力下降。营养素的合理摄入不但有利于消除因营养缺乏或过剩直接导致的疾病，而且可以通过免疫力的增强提高自身的抗病能力。

3. 合理营养可防病治病

营养素的全面摄入不但可以通过增强机体的生理功能和自身免疫力来预防和延缓某些疾病的发生，而且合理的营养还对机体的应激状态和伤病后的康复有着积极的作用，良好的营养能提高机体的应激能力，促进身体康复。因此，从古至今人们都把合理营养作为预防和治疗疾病的重要手段。我国中医历来讲究饮食调理，提倡食疗，从而达到保健的目的。所谓“食疗”，是利用食物中所含有的营养成分的特性，加以合理的烹调，以协助治疗疾病的一种科学方法。食疗的主要特点是可以就地取材，简学易行。食疗对慢性病尤为适宜，它不像药物易使病人厌服而难以坚持服用，尤其适用于儿童和老年人。另外，还可以根据病人或食用者的习惯和口味，选择或调制成各种可口的饮食和菜肴，从而增进患者的食欲并有利于消化和吸收，有利于疾病的消除和防治，以达到祛病健身、延年益寿的目的。名言“药补不如食补”就充分说明了营养对防病和健康的重要意义。

（二）合理营养可促进智力发育

智力是指人认识、理解客观事物并运用知识、经验等解决问题的能力。一个人智力水平的高低当然主要取决于其大脑的结构和功能，二者受遗传因素和环境因素的双重影响。在影响脑神经细胞生长和发育的多种环境因素中，营养素是神经细胞分裂增殖和实现其正常生理功能的物质条件。人出生时脑重约为成人的25%，6岁时达成人脑重的90%，12岁时已接近成人脑重，6～20岁是脑细胞的结构和功能达到完善的重要阶段。如果在大脑神经细胞的决定性生长期和成熟期缺乏营养素，如蛋白质、类脂质等摄入不足，不但会影响到脑细胞的数量、大小和髓鞘的形成，而且也影响到传递信息的神经递质的合成，导致神经细胞功能低下，神经传导障碍，严重影响一个人的智力发育水平。动物试验表明，营养缺乏对脑的不良影响，需两代才能恢复。

大学生已达到成人阶段，脑细胞的数量已定，但神经细胞的结构和功能尚未发育完全。此时又是一生中广泛接受外界信息，进行知识、技能学习的黄金阶段，脑神经细胞功能活跃，营养物质消耗多，必须供给充足的营养素，确保神经细胞结构和生理功能进一步完善，为智力的发育创造良好条件。

（三）合理营养可保持青春活力

青年时期身体各器官、系统功能活跃、代谢旺盛，表现出勃勃生机，充满青春活力。合理营养是这种状态得以维持的重要条件。因为人体各器官、系统保持高度协调和旺盛的生命活动离不开大量能源物质的消耗和为能源物质的合成与分解代谢提供一个稳定的内环境的各种营养素。缺乏任何一种营养素，机体的代谢就无法得到正常进行，相应器官的生理功能就会下降。另外，人体整体机能的表现还与神经和体液对各器官、系统在功能上的调节密切相关。营养素的合理摄入，不仅是神经细胞发挥高效率调节的基础，还是实现体液调节的必要条件。由此可见，合理的营养可使人体各器官、系统维持最佳生理状态，保持青春活力。

（四）合理营养可塑造健美体型

人的体型受遗传基因和环境因素的双重影响，环境因素中营养素和体育锻炼又是最为重要的两个因素。健美的体型表现为身体匀称、肌肉发达、皮脂适中、四肢健美。合理的营养可塑造和保持健美的体型。在生长发育过程中，只有全面摄入营养素，特别是合理摄入优质蛋白质、钙、磷、维生素，加上适量的运动，才能使骨骼、肌肉的生长发育达到完善的程度。生长发育完成之后，要想保持健美的体型，还应注意合理营养。在保证维生素、无机盐、微量元素充足的情况下，要特别注意三大能量物质的摄入比例：应适当增加蛋白质的比例，减少糖和脂肪的摄入，即多吃一些瘦肉、蛋、鱼、奶、水果、蔬菜，少吃面食、肥肉、油炸食品，以防发胖改变体型。

（五）合理营养可提高运动成绩

一个人的运动成绩主要取决于先天遗传因素、后天的科学训练和合理营养。对运动员来讲，合理营养就是根据不同运动项目运动员的物质代谢特点，科学地安排膳食，合理、全面地补偿运动员的消耗，调整体内营养代谢过程，促进能量恢复，使体内有充分的营养储备而使运动员保持良好的生理机能、身体成分和运动能力，提高机体对运动训练的适应能力和抵抗疲劳、消除疲劳的能力，以利于取得优异的运动成绩。

二、大学生的营养特点

男、女大学生正处于青春期，各器官、系统的形态、结构、功能尚未完全发育成熟，物质和能量代谢活跃，加之学习任务繁重，用脑量大，只有供给全面、合理的营养，才能使其身心发育日臻完善并顺利完成学业。

（一）营养素的需要

1. 热能

当今男、女大学生一般年龄在17～21岁，体内的物质合成代谢大于分解，能量代谢旺盛，对热能的需求量相对较大。按照世界卫生组织的标准，男大学生热能供给量为3 070 kcal*/d，女大学生为2 310 kcal/d，国人的标准与此类似。若长期热能供给不足，就会动用体内储存的脂肪和糖原，甚至体内的重要物质——蛋白质分解供能，导致“蛋白质-热能营养不良”。其临床表现为基础代谢降低、消瘦、贫血、精神萎靡、皮肤干燥、肌肉软弱、脉搏缓慢、体温降低、抵抗力下降、易感染疾病，工作、学习效率和健康水平下降等。但如果热量供给过多，食物的热量超过机体的需要量，导致体内脂肪积聚过多就会

* cal为非法定计量单位。1 cal=4.184 0 J。——编者注

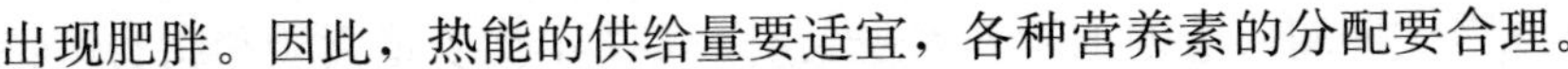

出现肥胖。因此，热能的供给量要适宜，各种营养素的分配要合理。

2. 蛋白质

蛋白质是机体的结构和功能物质。大学生的身体结构和各器官、系统的功能有待进一步完善，加之用脑过多，对蛋白质的需求量比常人要大，日供给量一般应在90 g以上。女大学生每月行经失血50～60 mL，且经期对食欲、睡眠、精神和体力均有一定的不良影响，需得到生理性补偿，膳食中应供给充足的蛋白质和铁，确保血红蛋白的合成以补偿经期的失血。若大学生蛋白质长期摄入不足，则会使发育受阻，身体生理机能、免疫力和记忆力下降，危害身心健康和影响正常的学习生活。

3. 维生素

维生素是调节机体代谢、促进身体发育必不可少的物质，对青春期大学生性器官的成熟、机体的反应能力提高、适应能力和获得性免疫力的发展具有重要作用。大学生机体代谢旺盛，各器官的功能处于继续提高阶段，需要多于成人的各种维生素参与调节。维生素A的供给量为1 mg/d；维生素C供给量为90 mg/d；维生素D供给量为500～800 IU/d；维生素B_1、维生素B_2、维生素B_3 3种维生素的需要量均随热能摄入量的增加而增加。此外，在体力活动加剧和进行紧张的脑力活动时，B族维生素需求量要相应增加。

4. 矿物质

对促进生长发育、调节生理功能最为重要的矿物质有钙、磷、铁、锌、碘。钙、磷是组成骨骼和牙齿的重要材料，钙是维持神经、肌肉的正常活动的必需物质。一般大学生钙的供给量为0.8 g/d、磷的供给量为1.2～1.5 g/d。含钙丰富的食物有奶类、蔬菜、豆类、海带、虾皮等，磷广泛存在于动植物组织中。铁是造血的原料之一，青春期易发生缺铁性贫血，应格外增加摄入量。大学生铁供给量为15 mg/d，含铁丰富的食物有动物肝脏、蛋、豆类、绿色蔬菜、五谷外皮及胚叶部分。锌参与几十种酶的合成或作为酶的激活剂，它与遗传物质和蛋白质的合成有关，并能协助细胞转运葡萄糖，缺锌易出现生长停滞、青春期性器官发育幼稚化，创口愈合不良和自发性味觉障碍等问题。大学生锌日供给量应大于11 mg，锌源于动物性食物、谷类和豆类。碘是甲状腺素的主要成分，是维持正常新陈代谢不可缺少的物质，对生长发育有重要意义。

（二）膳食要求

大学生的能耗量大，特别是脑力消耗多，对营养的要求高，需要平衡膳食，注意养成良好的饮食习惯，不挑食，不偏食，不吃零食和变质的食物，并制订合理的膳食制度。应格外注意早餐的营养摄入，尤其是要有足够的热能供给，以保证上午的能量消耗。一定要克服不吃早餐而空腹上课的不良习惯，如果来不及吃早餐或早餐吃得不好，课间最好加食一些高热量食品。否则，会因热能的消耗而出现低血糖。血糖的降低首先受影响的就是脑神经细胞，其兴奋性下降，生理功能降低，从而影响学习效果。常言道："早吃好，午吃饱，晚吃少。"但是，大学生都有晚睡熬夜的习惯，如果晚饭吃得少，往往睡前饥饿难耐，影响入睡。因此，大学生一日三餐都必须吃饱吃好，才能满足身体发育、保持旺盛的精力，完成一天学习任务的需要。

另外，大学生在期末考试期间，应增加营养素摄入量，多供给优质蛋白质和脂肪，特别是增加卵磷脂和维生素 A、维生素 B_1、维生素 B_2 和维生素 C 的供给，以补充复习和考试期间学生大脑高级神经系统紧张活动时的额外消耗。

三、运动健身的营养补充

食物被人体消化、吸收和利用的有机物质及无机物质，包括糖、蛋白质、脂肪、维生素、矿物质和水六类。其中，糖、脂肪和蛋白质被称为“三大营养素”。营养素必须由食物供给，掌握各营养素的组成、分类和生理功能是平衡饮食的基础。

任何形式的体育锻炼都是通过肌肉的收缩活动来完成的，肌肉的收缩以消耗能量为基础，锻炼时的运动强度越大、持续的时间越长，消耗能量就越多，运动后必须进行合理的营养补充，才能实现体育锻炼促进人体生长发育、增强体质和提高健康水平的目的。否则，将会造成人体运动性营养不良，有碍正常生长发育，人体机能下降。

（一）糖与体育运动

糖是体内热能的主要来源，也是肌肉运动主要热能的来源。糖因其化学结构及在水中溶解度的不同，分为单糖、双糖及多糖三类。糖被吸收后进入血液循环成为血糖。血糖进入肝、肌肉或其他组织后，可转变为糖原或其他非糖物质，如转变为甘油及脂肪酸，或合成真脂在体内储存，也可转变为氨基酸及其他的单糖（如核糖、脱氧核糖及半乳糖等）。这些物质都是体内许多重要物质的必需原料。

1. 体育运动与糖的补充

运动员在大运动量训练期间，要保证其膳食中有充足的糖，应占总热量供给的 70%～75%，这对维持血糖水平和运动中有充足的糖氧化供能，并使运动训练后肝糖原和肌糖原水平快速恢复均有良好作用。在参加长时间运动项目的训练或比赛时，运动前或运动中适量补糖，可以减少糖原消耗，提高血糖水平，提高运动能力，延缓疲劳的发生。研究证明，不同种类的糖的补糖功效不同，如葡萄糖、蔗糖较易引起胰岛素升高反应，而果糖的此种反应较小。低聚糖对增加糖原储备、维持血糖、减少胰岛素反应、提高运动能力等有良好的作用。运动后补充糖可促进糖原储存的恢复。有研究表明，运动后即刻摄入果糖对肝糖原的效果较好，葡萄糖与蔗糖使肌糖原储备在 24 h 后保持较高水平。

当然，一般参加体育锻炼的大学生，不必过多摄入高糖膳食或补糖，以防热能积蓄而发胖。但从事耐力项目的高水平大学生、运动员应适当增加糖的摄入量，以满足运动训练和参加比赛的需要。

2. 低血糖的症状与防治

长时间剧烈运动的后期可使体内糖原储备耗竭。正常人在长时间活动前不进食，有发生低血糖的危险。低血糖时，身体会有以下症状：轻者出现头晕、心跳加快、有混沌感、乏力、面色苍白、出冷汗等情况；较重者神志模糊、语言不清、四肢发抖、精神错乱，甚至还会出现惊厥和昏迷等更为严重的现象。

大学生在参加体育活动时，应避免空腹；参加体力消耗大而运动时间长的体育比赛时，要注意补充含糖丰富的食物或饮料。如发现大学生有低血糖的可疑症状，应立即让其休息几分钟，密切观察并给其一些单糖（如果汁）。一般情况下，含糖量在120～180 mL的饮料或10～30 g糖即可缓解低血糖的情况，但已昏迷或失去知觉者，不可给液体饮料，需急救并给以静脉点滴。有低血糖病史的学生应去医院查明原因，对症治疗。

（二）蛋白质与体育运动

蛋白质是一切细胞的主要成分，它由碳、氢、氧、氮及硫等元素组成。这些元素先组成结构较简单的氨基酸，再由各种不同的氨基酸组成不同种类和营养价值各异的蛋白质。

蛋白质由20多种氨基酸构成，蛋白质的生理价值要看它所含氨基酸的种类和比例。完全蛋白质所含必需氨基酸种类齐全，比例适当，其生理价值高；半完全和不完全蛋白质所含必需氨基酸种类不齐全或相互比例不适当，其生理价值较低。但当两种生理价值较低的不同蛋白质相混合时，由于互补，其生理价值就比原有的任何一种蛋白质单独的生理价值都高，这是因为其中一种蛋白质所缺的某种氨基酸可能恰好是另一种所富有的。因此，应采取多样化饮食、粗细粮搭配、纠正偏食等方法来促进蛋白质的利用，提高蛋白质的营养价值。一般成人的蛋白质供应量占膳食总热量的10%～12%较为合适。蛋白质的主要来源是蛋类、乳类、肉类以及谷类、豆类等（表3-3-1）。

表3-3-1 常见食物蛋白质含量表（每100g食物，g）

食物名称	猪肉	牛肉	羊肉	鸡肉	鲤	鸡蛋	牛奶	稻谷	小米	面粉	大豆	红薯	花生
蛋白质含量	13.8～18.5	15.8～21.7	14.3～18.7	21.5	18.1	13.4	3.3	8.5	9.7	11	39.2	1.3	25.8

（三）体育运动与蛋白质的补充

蛋白质是实现肌肉收缩、运输与储备氧气、调节物质代谢与生理机能的主要物质，这些无不与人体运动能力密切相关。此外，氨基酸还可作为能源物质分解供能。在肌糖原充足时，蛋白质供能仅占总热量的5%；而当肌糖原耗竭时，可上升至15%。蛋白质不能被彻底氧化成二氧化碳和水，中间代谢产物呈酸性，过多时会使体液酸度增加，降低运动能力，产生疲劳和水的需要量增加等副作用。

体育运动使蛋白质代谢发生变化。耐力性运动使蛋白质分解加强，合成速度减慢，机体尿氮和汗氮排出量增加；力量性运动在使蛋白质分解加强的同时，活动肌群蛋白质的合成则增加，因而肌肉肥大。以上表明运动使机体对蛋白质的需要量增加。在进行渐进性的力量训练前提下，有适宜的蛋白质营养能使肌肉增长。而过量补充氨基酸或蛋白质会引起一系列的副作用，如蛋白质的酸性代谢产物会使肝、肾负担增加，导致肝和肾的肥大并容易疲劳，大量蛋白质会导致机体脱钙、痛风。高蛋白对水和无机盐代谢不利，有可能引起泌尿系统结石和便秘；高蛋白食物常伴随高脂肪的摄入，会增加中年后形成动脉粥样硬化和高脂血症的危险性。运动员在平衡膳食的条件下，不必补充氨基酸，尤其要注意不过量补充氨基酸或蛋白质。

运动员的蛋白质日供给量应高于一般人，成年运动员的为每千克体重 1.8～2 g。运动员的蛋白质供热量可为一天总热量的 12%～15%（或 15%～20%）。对参加体育锻炼的大学生来说，饮食中适当增加些蛋白质即可。参加业余训练的高水平大学生、运动员，可参照运动员的标准供给蛋白质。

（四）脂肪与体育运动

1. 脂肪的来源

（1）动物性食物。如猪油、牛油、羊油、奶油、鱼油、骨髓及蛋黄中的脂肪。

（2）植物性食物。如芝麻、棉籽、菜籽、茶籽等含有大量脂肪，加工后制成的植物油。此外，花生、核桃、杏仁、松子及黄豆都是脂肪丰富的食物。

许多实验证明，限制胆固醇摄入量可以降低血胆固醇水平，人群调查也观察到膳食胆固醇与动脉粥样硬化呈正相关，所以一般主张健康人一天胆固醇膳食摄入量不超过 300～500 mg。

2. 体育运动与脂肪的补充

脂肪是低强度（小于最大吸氧量 55%的运动强度）、长时间运动时的能源，在氧供应充足的情况下，脂肪酸才能氧化供能。脂肪供能耗氧量大，在氧供应不足时代谢不完全，而且其代谢的中间产物——酮体，会使体内酸性增加，对机体和运动有不良影响。所以，大学生、运动员膳食中的脂肪不宜过多。实验证明，在同一运动负荷下，高脂肪膳食可使氧消耗增加 10%～20%，增加了心肺功能的负担。高脂肪膳食后，会引起食饵性高脂血症，血液黏滞性增加，毛细血管内血液流动缓慢，红细胞运动与交换气体功能减弱，因而降低耐久力。脂肪的代谢产物蓄积会降低耐力并引起疲劳。过多食用脂肪会降低蛋白质和铁等其他营养的吸收率，含过多的脂肪的食物常会带入外源性的食物胆固醇，引起高脂血症。常见身体活动强度和能量消耗表见表 3－3－2。

表 3－3－2　身体活动强度和能量消耗表

<table>
<tr><th colspan="2" rowspan="2">活动项目</th><th colspan="2">身体活动强度（MET）</th><th colspan="2">能量消耗量［kcal/（标准体重・10 min）］</th></tr>
<tr><th colspan="2"><3 低强度
3～6 中强度
7～9 高强度
10～11 极高强度</th><th>男
（65 kg）</th><th>女
（56 kg）</th></tr>
<tr><td rowspan="6">家务活动</td><td>整理床、站立</td><td>低强度</td><td>2.0</td><td>22.0</td><td>18.7</td></tr>
<tr><td>洗碗、熨烫衣服</td><td>低强度</td><td>2.3</td><td>25.3</td><td>21.5</td></tr>
<tr><td>收拾餐桌，做饭或准备食物</td><td>低强度</td><td>2.5</td><td>27.5</td><td>23.3</td></tr>
<tr><td>擦窗户</td><td>低强度</td><td>2.8</td><td>30.8</td><td>26.1</td></tr>
<tr><td>手洗衣服</td><td>中强度</td><td>3.3</td><td>36.3</td><td>30.8</td></tr>
<tr><td>扫地、扫院子、拖地板、吸尘</td><td>中强度</td><td>3.5</td><td>38.5</td><td>32.7</td></tr>
</table>

（续）

活动项目		身体活动强度（MET） <3 低强度 3～6 中强度 7～9 高强度 10～11 极高强度		能量消耗量［kcal/（标准体重・10 min）］男（65 kg）	女（56 kg）
步行	慢速（3 km/h）	低强度	2.5	27.5	23.3
	中速（5 km/h）	中强度	3.5	38.5	32.7
	快速（5.5～6 km/h）	中强度	4.0	44.0	37.3
	很快（7 km/h）	中强度	4.5	49.5	42.0
	下楼	中强度	3.0	33.0	28.0
	上下楼	中强度	4.5	49.5	42.0
	上楼	高强度	8.0	88.0	74.7
跑步	步跑结合（慢跑不超过 10 min）	中强度	6.0	66.0	56.0
	慢跑，一般	高强度	7.0	77.0	65.3
	8 km/h，原地	高强度	8.0	88.0	74.7
	9 km/h	极高强度	10.0	110.0	93.3
	跑，上楼	极高强度	15.0	165.0	140.0
自行车	12～16 km/h	中强度	4.0	44.0	37.3
	16～19 km/h	中强度	6.0	66.0	56.0

体育运动可提高人体氧化利用脂肪酸的能力，系统的体育锻炼会使骨骼肌中线粒体数量、体积、单位肌肉毛细血管密度、线粒体酶及脂蛋白酯酶的活力增加。因此，耐力训练水平高的运动员氧化利用脂肪酸的能力强。据报道，进行高度训练的马拉松运动员在最大吸氧量70％的强度下进行1h运动时，其75％的热能来自脂肪。脂肪代谢加强后，可节约糖原的消耗，从而提高耐久力。训练有素的运动员肌肉氧化酮体的能力也比一般人强。有氧运动可使体内甘油三酯和低密度脂蛋白胆固醇减少，而高密度脂蛋白胆固醇增高，对防止动脉硬化及冠心病有良好作用。此外，有氧运动使脂肪组织中的脂肪酸游离出来供能，以及运动造成的机体热量负平衡，都促进了体内脂肪的消耗。

运动员膳食中适宜的脂肪量应为总热量的25％～30％，大学生也是如此。高脂肪膳食时氧的利用率较低，加之脂肪不易消化，在胃内停留时间长，且在运动时人的消化机能常处于抑制状态，因而不宜在运动前食用高脂肪食物。同时，应限制大学生和运动员从膳食中过多食入脂肪。当然，脂肪不足时，食物的质量及味觉受影响，也会造成食物的摄取量减少，而且运动员的膳食要求量少质高、热量高，所以不可过多减少脂肪的供给量。

（五）维生素与体育运动

维生素是维护身体健康，促进生长发育和调节生理机能所必需的一类（低分子）有机化合物。人体所需的维生素有10多种，按其溶解性质分为脂溶性与水溶性两大类。脂溶性维生素主要有维生素A、维生素D、维生素E、维生素K；水溶性维生素主要有维生素B_1、维生素B_2、维生素B_3、维生素B_{12}、维生素C等。

1. 各种维生素的良好食物来源

（1）维生素A。动物性食物中，肝含量最高，鱼肝油、蛋黄及黄油次之，肉类食物中含量甚微；在植物性食物中，绿色、红黄色蔬菜及水果均是维生素A的良好来源。

（2）维生素E。植物油，尤其是豆油以及豆制品含量丰富。

（3）维生素D。海鱼的肝含量最丰富，禽畜肝、蛋类及奶类也有少量维生素D。

（4）维生素B_1。粗粮是膳食维生素B_1的重要来源。花生、核桃、芝麻及豆类都是维生素B_1的很好来源。

（5）维生素B_2。主要集中于少数食物，肝、肾含量尤为丰富，鸡蛋、牛奶和黄豆含量也较多，绿叶蔬菜中也有相当量的维生素B_2。

（6）维生素C。主要来源于新鲜蔬菜和水果。带酸味的水果，如橘子、柠檬、番石榴、山楂，尤其是酸枣中维生素C含量丰富。

2. 体育锻炼与维生素的补充

维生素在体育锻炼或运动训练中具有特殊的生理作用。由于维生素参与机体的各种代谢，运动时物质代谢旺盛，维生素的需求量增加，缺乏或不足时对运动能力会产生不利的影响。

维生素营养充足时，不但有助于机体吸收热能和构成营养物质的原料，而且在细胞中能引起酶和激素的作用，影响代谢及热能的转换过程。

有实验证明，维生素缺乏可导致机体运动能力下降，补充所缺乏或不足的维生素，可以提高运动能力。但过量补充某一种维生素也会引起体内维生素的不平衡。大学生和运动员在热能营养充足和平衡膳食的情况下，一般不会缺乏维生素，但在大运动量训练或减体重期，热能营养不能满足需要时，或添加食物的营养密度不够，以及吃蔬菜、水果较少时，应适当补充维生素制剂。

（六）矿物质与体育运动

现已研究发现人体内含有81种元素，必需的常量元素11种，其中的矿物质有钙、磷、钠、钾、氯、硫、镁7种；含量较少的必需微量元素14种，有铁、碘、氟、硒、锌、铜、锰、钴、钼、铬、镍、锡、硅、矾。人体内的矿物质具有重要的生理功能，如构成机体组织，参与维持细胞的渗透压及体内酸碱平衡、维持神经肌肉兴奋和细胞膜的通透性、构成具有重要生理功能蛋白质的成分或是许多酶的激活剂和组成成分等。

对经常参加体育活动的大学生或运动员来说，矿物质的营养状况对其健康和运动能力有重要影响。下面介绍营养中较易缺乏或对运动有特殊意义的几种矿物质。

1. 钙

钙是构成人体的重要元素之一，机体内约99%的钙以结合形式存在于骨骼中，1%的钙以离子形式存在于血液、细胞外液等体液中，是钙的活性形式。钙在神经冲动的传导、

肌肉收缩及其酶的激活、血液凝固以及维持细胞膜完整性等一系列生理过程中均发挥重要的作用。钙与能量代谢过程密切相关。由于体育锻炼改善了骨代谢，所以，参加体育活动需要适当补充更多的钙。国人普遍存在钙摄入不足的问题，大学生、运动员应该注重从富钙的食品中摄取钙以预防骨营养不良。

补钙效果较好的食物有：

（1）牛奶。牛奶富含多种氨基酸、乳酸、矿物质及维生素。牛奶中的钙质人体较易吸收，因此，牛奶应该作为日常补钙的主要食品。其他奶类制品，如酸奶、奶酪、奶片等，都是良好的钙来源。

（2）海带和虾皮。海带和虾皮是高钙海产品，每天吃一定量，就可以适当补钙，还能够降低血脂，预防动脉硬化。

（3）豆制品。大豆是高蛋白食物，含钙量也很高。豆浆和豆腐含钙量都较高，其他豆制品也是补钙的良品。

（4）动物骨头。动物骨头中80%以上都是钙，但是不溶于水，难以吸收，因此在制作成食物时可以事先将其敲碎，加醋后用文火慢煮。吃时去掉浮油，放些青菜即可做成一道美味鲜汤。鱼骨也能补钙，但要注意选择合适的做法。干炸鱼、焖酥鱼能使鱼骨酥软，不但利于钙质吸收，而且可以直接食用。

（5）蔬菜。蔬菜中也有许多高钙的品种。如雪里蕻、小白菜、油菜、茴香、芫荽、芹菜，以及其他部分绿叶蔬菜等。

（6）黑芝麻。黑芝麻是很好的补钙食品，其补钙、养生效果优于白芝麻数倍，富含维生素、生物素、钙、铁、磷、钾、钠、铜、镁、锌、硒等，有益肝、补肾、养血、润燥、乌发、美容作用，是极佳的保健美容食品。芝麻酱中的钙含量也比较高，甚至远高于牛奶、豆腐等常见的补钙食品。不爱喝牛奶的人，可以每天吃一些黑芝麻替代。

2. 磷

磷与钙一起构成骨的主要成分。磷还是遗传物质核糖核酸（RNA）、脱氧核糖核酸（DNA）和能量物质三磷酸腺苷（ATP）、磷酸激酸（CP）的组成成分，存在于ATP和CP中的高能磷酸键，起着储能、放能的作用，机体内许多B族维生素与磷结合后才能成为有活性的辅酶。磷脂是生物膜的成分之一。磷缺乏时，可引起ATP和CP水平降低，肌肉收缩供能下降。有资料报道，运动量加大时，可引起磷负平衡。磷酸盐的补充能加强体内的磷酸化过程，增强运动能力。磷广泛分布于食物中，且吸收率高于钙。因此，一般情况下人不会缺磷。磷的吸收也与维生素D有关，维生素D缺乏时，肠道对钙、磷的吸收能力减弱。

3. 铁

人体内的铁分为功能铁和储存铁两类。功能铁占全身总铁量的80%以上，主要功能是对氧气的代谢和转运以及参与体内与能量代谢有关的许多代谢过程。储存铁约占全身铁的20%，被动用于合成血红蛋白、肌红蛋白、含铁蛋白和酶。铁在肌肉细胞能量代谢中发挥重要作用，长期的运动训练或体育锻炼使组织中铁的储存量明显减少。

由于铁与体内氧的运输以及多种生物氧化过程有关，所以铁营养不良会降低机体的有氧运动能力和耐久力。运动导致人体对铁的需要量增加。如果膳食中铁的含量不足，则会造成运动性贫血和运动能力的下降。耐力性项目中青少年运动员、女运动员和控制体重的运动员均为缺铁性贫血的高发人群，应加强医务监督，改善运动员的铁营养状况，选择含铁丰富的食物，如动物肝、蛋黄、豆类、芝麻、黑木耳、猪血以及某些蔬菜（芹菜、韭菜等）。大运动量训练期间的预防性补铁，应采用小剂量铁补充，每天吃一定量，时间不超过 3 个月，以预防过量补铁引起的中毒。铁中毒时会出现恶心、便秘、胃肠功能紊乱的情况，肝组织中铁沉着严重时可发生肝硬化。

4. 锌

锌是人体内较为重要的一种必需微量元素，主要分布在肌肉、骨骼、皮肤、血液中。它是机体 80 多种酶的必需成分或激活剂，锌营养与运动能力密切相关。

有研究表明，一次急性运动后，可明显提高血清锌浓度。长期进行大运动量训练可导致运动员低锌血症的发生。此外，长期运动训练还可以导致血液内锌分布的改变以适应代谢的需要。运动者安静状态下的低锌血症的发生除与运动后尿锌排泄增加外，还可能与膳食锌摄入不足和吸收率降低、通过汗液丢失等有关。可直接从富锌的食品，如富蛋白食物，海洋生物以及鲜肉中摄取锌以保证良好的锌营养状态。

5. 铜

正常成人体内含铜 100～200 mg，平均 150 mg 左右。50%～70%的铜存在于肌肉和骨骼中，20%在肝内，5%～10%在血液内，微量存在于含铜的酶中。铜参与多种金属酶的组成，其中与能量代谢密切相关的酶有铜蓝蛋白和细胞色素 C 氧化酶。前者影响铁的吸收和利用。铜缺乏时也可导致缺铁性贫血的发生，后者与线粒体内的氧化过程有关。长时间进行大强度训练和比赛，尤其是在高温、湿度大的环境下训练的运动员更应注意多摄入一些富铜的食物，如甲壳类食物，动物肝、肾，坚果等。

（七）水与体育运动

水是生命的源泉，是维持生命活动必需的物质。人体只有在水分充足时才能维持良好的细胞功能、调节体温，获得最大的体力。脱水和身体过热（体温增高），不仅易导致疲劳和运动能力下降，且会对健康造成危害。

人体内的水和溶解于其中的电解质共同构成体液，占体重的 57%～60%。水分对维持人体散热系统的功能和血容量具有特别重要的作用，其主要生理功能有：构成组织浆；维持电解质平衡；各种化学反应的基质；O_2、CO_2 及各种化学、生化物质的溶剂；各种物质的运载体；调节体温；润滑作用，如关节液；内耳的声波传导；眼房水的视觉功能等。

人体的需水量取决于排出水量。每天水的摄入量应与机体经各种途径排出的水量保持动态平衡。高温、运动等出汗多时，供水量应相应增加。

脱水对短时间力量运动项目（如举重）的运动能力无明显影响，但对亚极限运动项目和耐力项目有严重影响。人在剧烈运动时，体内产热增加，除 25%用作机械做功外，能量的75%以热的形式排出。当环境温度升高时，出汗成为调节体热平衡主要或唯一的途径。一次大强度、大运动量训练的出汗量可高达2～7 L。脱水会严重影响运动能力。

当机体轻度失水（失水量为体重的2%左右）时，血浆容量减少，渗透压改变，心脏负担加重、功能降低，可影响运动能力。此时，人会感到口渴，出现尿少及尿钾丢失量增加；当中度失水（失水量为体重的4%左右）时，细胞内外液的丢失量大体相等，出现脱水综合征：失水者有严重的口渴感、心率加快、体温升高、疲劳及血压下降等症状；当重度脱水（失水量为体重的6%～10%）时，细胞内液丢失的比例增加，并表现为呼吸频率加快、血容量减少、恶心、食欲丧失、厌食、容易激怒、肌肉抽搐、精神活动减弱甚至发生幻觉和昏迷，对健康有严重威胁。

在炎热的夏季进行体育锻炼或运动训练时，为了预防因大量流汗失水对机体造成的危害，运动者可在运动前、运动中、运动后适当补液。

【思考题】

1. 运动健身应遵循哪些原则？
2. 运动健身的方法有哪些？
3. 运动健身过程中要注意哪些营养补充？

第四章 CHAPTER FOUR
大学体育与健康

运动与保健

第一节 运动卫生

体育运动是增进健康、促进身体生长发育、增强体质、防病抗老的一种积极手段，但要使各项运动真正达到预期效果，还必须讲究科学。当代大学生及青少年身体的解剖结构和生理机能都具有他们自身的特点。对于他们的体育运动和锻炼，必须从他们自身身体的实际情况出发，做出科学合理的安排，根据不同的身体和生理特点提出相应的运动卫生要求，进行医务监督，才能保证其运动锻炼收到良好的效果并防止运动疾病和意外事故的发生。

一、运动系统的特点

根据运动系统的特点，在体育教学和训练中应注意以下几个方面：

（1）青少年骨骼承受压力和肌肉拉力的能力都不及成人，骨易发生弯曲、变形，在体育教学和训练中，应注意培养他们形成站、立、跑、跳的正确姿势。

（2）注意避免造成肢体发育不均衡和脊柱的变形。因此，在体育教学和运动训练中应注意身体各部分的全面锻炼，尤其是对侧肢体的锻炼，对于基本技术的训练也不要过于集中。

（3）青少年脊柱生理弯曲较成人小，缓冲作用较差，故不宜在坚硬的（水泥、沥青等）地面上反复进行跑跳练习。同时，要避免过多地从高处向地面跳下的练习，防止造成骨盆变形。

（4）青少年不宜过早地从事力量性练习，负重练习时，重量过重，练习次数过多，练习时间过长，不但会影响下肢正常发育，引起腿变形、足弓下降（扁平足），而且还会促进下肢骨化早期完成，有碍身高的增长。

（5）青少年的骨正处于生长旺盛时期，对钙、磷的需要较多，膳食中应注意供应较充足的钙、磷，并多安排室外体育活动。

（6）青少年关节活动幅度大、柔韧性好，宜进行柔韧性练习，但同时也要根据运动项目特点，进行相应肌肉群的力量练习。

二、心血管系统、呼吸系统的特点

根据心血管系统、呼吸系统的特点，在体育教学和训练中，应注意以下几个方面：

（1）青少年心血管系统、呼吸系统机能在正常情况下，与他们的发育水平相适应，在剧烈运动中，他们的最大肺通气量、最大吸氧量及负氧债能力都小于成人。因此，对于他们的运动负荷要进行合理安排，强度可以稍大一些，但不应要求过高、过急，密度要小一些，间歇次数要多一些，练习时间不宜过长。对一些长时间紧张的运动、负荷过大的力量性练习以及消耗过大的耐力性练习则不宜过多采用。

（2）青少年应避免做过多的屏气运动。屏气时，胸腹腔压力升高，使回心血量减少，从而也降低了心输出量，使心脏本身的血液供应也受到影响。屏气后，胸腹腔压力骤减，致使大量血液涌回心脏，使心脏一时过度充盈，不利于心脏工作。倒立、背桥等动作也不宜多做。做这些动作时，人的头部朝向地面，心脏也呈一定的倒置状态，由于血液的重力作用，头部的血回流心脏困难，心房的血入流心室也遇到了阻力，加重了心脏的负担。

（3）要培养青少年在运动中能根据动作的结构、节奏及用力情况，逐步掌握适宜的呼吸方法，并教育他们注意呼吸卫生。

三、神经系统的特点

根据神经系统的特点，在体育教学和训练中，应注意以下几个方面：

（1）青少年体育活动的内容和形式要生动活泼，多样化，可穿插些游戏和小型比赛等。在活动过程中，要有适当的间歇。

（2）由于青少年第二信号系统功能发育尚不完善，教学过程中应多采用直观教学和示范教学，多运用简单、形象的语言进行讲解，多做一些模仿性练习，注意培养其思维能力、分析能力，促进第二信号系统的发展。

（3）由于青少年大脑皮层神经细胞分化尚不完善，神经系统分析综合能力较成人差，小肌肉群发育较迟。因此，不宜要求他们做过于复杂、精细的技术动作。

四、女子运动卫生

青春发育期后，由于男女青少年在身体形态与生理机能方面逐渐出现明显的差别，而且女性开始有月经来潮，因此在进行体育教学和运动训练时，必须要考虑到女性身体的解剖生理特点，予以区别对待：

（1）大学体育课应男女分班（组）进行教学。教学内容与要求男女应有所区别，对女生的锻炼标准、运动成绩的要求应低于男生。女生使用的运动器械应按规定较男生的轻些。

（2）女生心血管、呼吸系统机能较差，运动负荷比男生要相对安排得小一些。

（3）女子肩部较窄，臂力较弱，做悬垂、支撑及大幅度摆动动作时较为吃力，在学习这些动作时，要注意循序渐进，并给予必要的保护。

(4) 女子身体重心较低、平衡能力较强、柔韧性较好，适宜进行平衡木及艺术体操等项目的练习。在教学和训练中，应注意保持和发展其柔韧性，有意识、有步骤地使她们加强肩带肌、腹肌、腰背肌和骨盆底肌肉的锻炼。

(5) 不宜做过多的从高处跳下的练习，地面不可过硬，并注意落地姿势，以免使身体受到过分震动，影响盆腔脏器的正常位置及骨盆的正常发育。

(6) 根据青春发育期女生的心理特点，要注意引导和启发她们参加体育锻炼的自觉性和积极性，通过体育锻炼发展她们的力量、速度和耐力等素质，提高她们的健康水平和运动能力。

第二节　运动安全与救护

一、运动前的准备活动

体育锻炼前要进行充分的准备活动，能使机体逐步进入良好的运动状态，并在此基础上通过各种准备练习，进一步提高中枢神经系统的兴奋性，并达到适宜水平；准备活动还能加强各器官活动和各功能活动（特别是自主神经功能）的兴奋性，为机体正式进入运动状态起到预热作用。

1. 运动前准备活动要充分

准备活动因地、因时、因人而异，不可千篇一律。

时间：一般需要 20 min 左右，冬季约 25 min，夏季约 15 min。

强度：以身体发暖，微微出汗为准，不宜过大，以防机能过早消耗。

性质：一般性与专门性准备活动相结合。

间隔：准备活动与开始运动或比赛的间隔不宜太长。

自我感觉：身体轻松、协调有力、兴奋性适宜、情绪饱满。

2. 准备活动时应注意的问题

一般来说，准备活动时主要应考虑准备活动的内容、时间和量。

(1) 除非进行一些专门性运动和比赛，一般人体育锻炼时只需进行一般性准备活动即可进行正式的体育活动。

(2) 准备活动的量和时间随体育锻炼的内容及运动量而定，以健身为目的的体育锻炼量较小，所以准备活动的量也相对较小，时间不宜过长，否则，还未进行体育锻炼身体就疲劳了。

(3) 与运动员正式参加比赛不同，一般人进行准备活动后就可马上从事体育锻炼，运动员准备活动后适当休息是为了使身体机能有所恢复，以便在比赛中取得优异成绩。一般人参加体育活动主要是为了增强体质，不是取得成绩，所以准备活动后接着进行体育锻炼即可。

二、运动后的整理活动

1. 进行整理和放松活动的目的与作用

剧烈运动后切勿立即坐下休息，机体必须经过整理活动逐步松弛下来。如果突然终止运动，大量静脉血会集中停留在下肢肌肉中，回心血量减少，从而导致脑部严重缺氧，血压下降，呼吸短促，出现恶心、呕吐、面色苍白、心慌等症状，严重者甚至会出现重力休克，有死亡的危险。体育锻炼后做整理活动还可以通过改善血液循环尽快消除疲劳，提高锻炼效果。

整理活动一般需要 5 min 左右，主要有以下几种方式：剧烈活动结束后，做一些慢跑和放松动作，松弛肌肉；调整呼吸，配合放松动作做深呼吸；保持相对稳定的环境，运动刚结束不要立即进入低湿或者温暖房间，不要立即洗温水或冷水浴。

2. 进行整理活动时应注意的问题

（1）在任何形式的运动后都可以做一些放松跑、放松走等形式的下肢运动，以促进下肢静脉血的回流，防止体育锻炼后心输出量过度下降。

（2）通过转移性活动可加速疲劳的消除。所谓转移性活动，是指在下肢活动后进行上肢整理活动，右臂活动后做左臂的整理活动，通过这种积极性休息使身体机能尽快恢复。大量研究已经证实，转移性活动确实可起到加速消除疲劳的作用。

（3）整理活动的量不要过大，否则整理活动又会引起新的疲劳。进行整理活动时，应当有一种心情舒畅、精神愉快的感觉。

（4）大强度体育锻炼后，如长距离跑、球类比赛后，应当进行全身性整理活动，必要时锻炼者之间可进行相互间的整理活动和放松活动。

第三节　运动损伤与处理

一、运动损伤的分类

1. 按组织结构分类

皮肤、肌肉、肌腱、韧带损伤；关节软骨损伤；骨组织损伤；骨损伤；神经和血管损伤；关节滑囊、滑膜损伤。

2. 按受伤的表现形式分类

（1）开放性损伤。皮肤、黏膜和纤维等的完整性遭到破坏，伤口在皮肤表面并与外界相通，有感染的可能，如擦伤、撕裂伤、开放性骨折等。

（2）闭合性损伤。皮肤表面、黏膜仍保持完整形状，无外部裂隙，无血液外溢，形成内出血，不与外界相通。如挫伤、扭伤、肌肉和韧带拉伤、闭合性骨折、关节脱臼、内脏震伤等。

3. 按损伤的性质分类

（1）急性损伤。在运动中直接或间接一次性致伤。

（2）慢性损伤。即陈旧伤和劳损伤。陈旧伤是急性损伤后没痊愈或处理不当而反复发作所致，并且不易康复；劳损伤是由于负荷较重，运动方法不合理，造成长时间局部负担过重，积劳成伤。

二、运动损伤的主要原因

1. 锻炼水平不高

体质弱以及经常不参加体育锻炼的人，身体素质很差，动作既不协调也不合理，大脑的反应和保护能力差，一旦突然参加剧烈运动和长时间运动就容易受伤。

2. 运动负荷安排不合理

运动负荷小达不到锻炼的效果，但如果运动负荷超过了人体生理负荷，就容易导致运动损伤。

3. 违反运动安全原则

不做充分的准备活动，直接进行剧烈运动，容易受伤；带着伤病继续参加剧烈运动，容易受伤；运动量大，疲劳得不到消除，容易受伤；违反循序渐进的生理原则，不懂运动的规律，急于求成，容易受伤；不注意全面发展身体素质，容易受伤。

4. 思想与心理因素

安全意识不强，运动时动作粗野，注意力不集中，情绪不稳定，赌气斗狠等，容易导致受伤。

5. 运动场地与器材设备不良

运动场地凹凸不平，砂石满地；渍水地滑，没有安全保护设施；器材陈旧、维护不当都容易造成损伤。

6. 自然环境差

风沙、大雾、潮湿、气温过高或过低、光线昏暗，都容易造成损伤。

三、常见运动损伤的处理

（一）开放性软组织损伤的处理

（1）小面积擦伤。可用乙醇和碘酊消毒。

（2）大面积擦伤。可用凉开水或生理盐水或乙醇冲洗伤口，然后敷消炎药用绷带加压包扎。

（3）裂、刺、切伤口。轻者可用碘酊、乙醇消毒创面和周围皮肤，然后在伤口涂撒消炎膏或粉，用消毒纱布加压包扎。小而清洁、边缘整齐的伤口消毒后，用“创可贴”直接贴用；长而污染严重的伤口，可用凉开水或生理盐水或乙醇做彻底的清创或扩创，去污物和异物，切除失去活力的组织，彻底止血、缝合伤口，并口服或肌内注射抗生素，预防感染。

（4）小而深的伤口。应在 24 h 之内注射破伤风抗毒素（TAT）1 500～3 000 IU，以防破伤风的发生。

（5）伤口感染。伤口一旦有感染，局部应尽快施用抗感染药物，勤换药，及时消除伤口内的分泌物，畅通引流，促进肉芽组织的康复，以利于伤口早日愈合。

（二）闭合性软组织损伤的处理

首先是停止患肢的局部活动或做局部固定。

止血：一般可采用冷敷、指压、加压包扎、抬高患肢等方法。

冷敷：常用冷水或冰水浸泡，用冷湿毛巾或氯乙烷和冰袋敷患部。

指压：主要是用手压迫伤口或附近动脉阻断血液来源。

加压包扎：是指在出血点上直接加压包扎，堵住血管，达到止血的目的。

经上述处理后，再采取抬高患肢、适当固定的方法处理；若损伤较严重，经上述处理后即送医院。

（三）骨折的处理

抢救：发生骨折后，一旦出现休克现象，要立即判断原因及时处理。如果是由紧张造成，注意做放松抢救，可压百会、十宣、内关、人中等穴位；若是由缺氧造成，则注意通风补氧；若是由失血过多造成，则应尽快止血，送医院抢救。

止血：如果骨折引起软组织开放性伤口，有创口出血，可用干净布料盖于创面，外加棉垫或多层布料，加压包扎。

固定：可以就地取材，用木棍、木板、破纸板，再加柔软的衣服或布等对患部固定使患部不再活动。

注意事项：①原则上就地固定，千万不可搬移损伤肢体；②骨折后，不可在现场强行整复；③夹板固定时，必须固定患处的上下关节；④现场固定时，要在夹板或代用夹板上衬垫软物，包扎松紧要适宜；⑤开放性骨折，不能用未消毒的材料接触伤口，以防感染。

（四）关节脱位的处理

固定：若不会复位，马上用三角巾、布、衣服等临时固定，尽快送医院复位。

止血：可以采用常规的方法止血。

注意事项：①不懂不要盲目复位；②剧烈疼痛时，不要随便搬动、揉动患部；③送医院时，注意身体姿势适当。

（五）常见运动性疾病的处理方法

1. 痉挛

（1）伸展肌肉。运动中一旦发生痉挛（抽筋），立即对痉挛的肌肉进行被动伸展（即牵引），不要用力太猛，几分钟后即可缓解症状。

（2）按摩。可采用按摩的方法，进一步缓解和消除痉挛。

2. 中暑

（1）轻症中暑。立即将患者移离高热环境，至阴凉通风处休息，解开衣领，并饮用清凉饮料、浓茶、淡盐水。

（2）重症中暑。将患者移至阴凉处后，平躺并将头部垫高，松开衣服，头部冷敷，可以少量多次饮用凉淡盐开水或饮料。如发生昏迷，立即将昏迷者置于阴凉处平卧，用指掐人中穴、涌泉穴，并用力按摩其四肢。一边急救，一边尽快送往医院抢救治疗。

3. 重度休克

使患者平卧，头稍放低，下肢抬高，松开衣领衣扣；适当保暖，用毛巾擦脸，自小腿向大腿向心做重推挤、按摩和揉捏；嗅以氨水和用指针指刺人中、合谷、百会、涌泉等穴位；知觉未恢复前，禁止给其喝饮料和服药；如有呕吐，应将患者头部偏向一侧；如果停止呼吸，应及时进行人工呼吸。

4. 运动性腹痛

（1）降低运动强度。

（2）加深呼吸，调整好呼吸与运动节奏。

（3）用手按压腹部疼痛部位或弯腰与伸腰调整。

（4）以上方法如果无效，则可掐人中、内关、足三里等穴位；同时停止运动，送医院治疗。

5. 脑震荡

（1）让患者安静平卧，头部冷敷，上身保暖；昏迷不醒者，可用指掐人中、合谷、内关等穴位或给其嗅闻氨水促其苏醒。

（2）呼吸停止者，立即进行人工呼吸；若昏迷超过 5 min 以上，两侧瞳孔不对称，口、耳、鼻内有出血或流清水，眼球和咽喉壁出现青紫现象，应立即送医院抢救。

（3）清醒后出现剧烈头痛、呕吐或再昏迷等症状，应立即送医院抢救；护送去医院时要使其平卧，头部两侧用枕头或衣服填起固定，以避免颠簸和震动，并保持呼吸通畅。

6. 运动性血尿

（1）对出现肉眼血尿者不论有无其他伴随症状均应终止运动；对无症状的镜下血尿的运动员，应减少运动负荷，继续观察。

（2）试用止血药，如维生素 K、维生素 C、卡巴克洛等。

（3）伴有机能不良者可用 ATP 和（或）维生素 B_{12} 肌内注射，每天 1 次，10 次为 1 个疗程。

（4）器质性疾病和外伤所致的血尿，应针对病因进行积极治疗。

7. 运动性脱水

当运动员发生脱水时，要尽快采取措施，以利于机体发挥自身调节功能。最主要的治疗措施是及时补充丢失的体液。应根据其脱水程度和机体的情况决定补液量、种类、途径和速度。

按丢失 1 kg 水需补充 1 000 mL 液体计算，如体重为 75 kg 的运动员，轻度脱水（失水量占体重的 2%～3%）需补充液体 1 500～2 250 mL；中度脱水（失水量占体重的3%～6%）需补充液体 2 250～4 500 mL；重度脱水（失水量占体重 6%以上）需补充液体 4 500 mL 以上。运动性脱水初期可补充水或 5%的葡萄糖溶液，待血钠回降、尿相对密度降低后，可适当补充含电解质的溶液，如 5%的葡萄糖生理盐水。

对液体能从消化管吸收的脱水运动员，以胃肠道补液为首选；中度脱水常需辅以静脉

补液；重度脱水则需从静脉补给。补液速度是先快后慢。总的来说，补液的速度以使循环功能恢复为首要目的，当天先给补水量的一半，余下的一半在翌日补给，所需液体总量一般应在 48 h 内完成。补液过快可引起短暂的水中毒和抽搐，在重度脱水时更应注意。

【思考题】

1. 运动损伤的主要原因有哪些?
2. 简述常见运动疾病的处理方法。

第五章 CHAPTER FIVE 大学体育与健康

体 育 文 化

第一节 体育文化概述

一、体育文化的定义

关于体育文化的定义，不同的学者有着不同的理解，因此对于体育文化的定义也不尽相同。有的从社会发展的大背景上来定义；有的把体育作为一种文化现象来定义；有的则从体育文化在文化中的地位来定义。那么，什么是体育文化呢？体育文化是文化的有机组成部分之一，是人类关于体育运动的物质、制度、精神文化的总和。它涵盖了人类的体育认识、体育情感、体育价值、体育理想、体育道德、体育制度和体育物质条件等。

体育文化这一概念，不等同于体育运动的定义。它包含了以下几层意义：①体育运动不是简单的身体活动，它是一种文化现象。②体育运动的产生具有自身的文化背景，需要我们研究与探讨。③对体育运动与文化的关系、体育运动的文化意义的研究，可以帮助我们确立体育在人类文化大系统中的地位。④人类应自觉塑造具有独立形态价值的体育文化。

二、体育文化的属性

人类所有的创造物都是文化，人类文化的所有类型或所有分支都有其自身的属性。就体育文化而言，也有其自身的属性，但体育文化的属性更多的则是其他很多文化也具备的共性。我们这里要谈的是体育文化的广义属性。而我们这里之所以要谈体育文化的广义属性，是因为要真正地了解体育文化，不但需要了解其独有的个性，更需要全面地了解其所具有的所有属性。

1. 时代性与创造性

体育文化是文化的一个分支，体育文化的形成与发展和文化的形成与发展一样，都要受到社会经济基础和上层建筑的制约。社会形态领域中的政治、法律、宗教、道德等，都能对人的思维方式、行为规范产生最直接的影响和制约，并能表现出符合一定时期社会需要的价值取向。体育文化不是一成不变的，而是在不断地变化和发展的。从这个层面上说，体育文化离不开特定的社会文化背景和社会意识形态。因此，体育文化具有鲜明的时代性。

2. 竞争性与交融性

竞争是现代体育的灵魂，自然也是体育文化的重要属性。体育的竞争，是指在运动场上由两个以上的个人或集体，在同一规则下争同一目标的活动。体育的竞争，不仅仅反映在竞技体育上，还反映在群众体育上。现代体育比赛，不仅比身体、技术和经验，还比思想意志品质与顽强拼搏精神，是一种全面的竞争。竞争性原则的内涵是遵循体育文化在教育、发展、教养等诸方面相统一的规律，切实体现发展体能和运动技术的统一。体育文化在竞争性原则的作用下，主张公平和公正。体育文化中竞争意识的不断渗透，可促使参与者形成独特的体育价值观。在竞技体育活动中形成的价值观念，是其他文化活动难以胜任和无法比拟的。在竞争的过程中，由于价值观念的作用，将使同项目在不同民族间不断融合，于是就使不同的体育文化之间有了交融性。

3. 大众性和全民性

体育文化良好的群众基础和广泛的普及程度，是体育文化大众性和全民性发展的必然结果。传统体育文化与人们的生产、生活密切相关，其产生于民间，流传于民间，并在长期的交流与发展中，在不同的地区和民族中广泛流传。

体育文化的全民性，表现为全民对体育文化自发地积极参与。随着社会经济的不断进步和科学技术的不断发展，人们不断地从繁重的生产劳动中解放出来，有了更多的闲暇时间来积极地参加各种体育锻炼，以达到强身健体、愉悦身心的目的。与此同时，人们还可以通过电视、网络、报刊等新闻媒体观看体育赛事或者到体育现场观看比赛。这些都表明，体育文化将日益成为人们生活中必不可少的部分。

4. 时间性和空间性

体育文化的时间性，表明了体育文化不是一成不变的，而是有着自身的起源、演化和变迁过程；体育文化的空间性，表明了体育文化的差异性及其文化层、文化群与空间的内在联系。体育文化的形成和发展，不可能脱离历史而单独存在，必然有其源头和流向。一种完善的体育文化，会以其自身的活力、辐射力和引人入胜的魅力，在一定的时空中以“文化圈”或“文化链”的方式传播，从而形成不同的“文化群”或“文化区”。如在战国时期，骑马、射箭等活动开展较多。而如今，为了消除现代文明病或亚健康的困扰，人们开展长跑、太极拳和健身操等活动较多。

5. 多样性和民族性

体育文化的多样性，是指参与的人们由于具有不同的目的、不同价值取向和参与方式等所形成的不同的体育文化形态。就体育文化的内容而言，不仅包括竞技体育，而且包括健身体育，如轮滑、健美操；不仅有个人练习为主的体育活动，还有群体相互配合参与的体育运动；不仅有徒手的各类活动，还有持械的各类活动等。

体育文化的多样性与民族性是分不开的，不同的民族和地域环境形成了不同的体育文化形态。由于体育有文化的开放性，不同民族、不同地域的民众都能接受，于是就有了不同的活动内容。活动内容的多样性为人们的活动方式提供了更多的选择空间。活动目的与内容不同，活动主体就会以不同的方式参与其中。我国是一个多民族的国家，各民族和睦相处，共同发展，创造出了光辉灿烂的民族文化。各民族都经历了漫长而曲折的发展道路，他们在本民族历史发展过程中都创造出了具有民族特色的体育文化。伴随着中国历史上的民族迁移以及民族之间的交流与渗透，民族文化便发生了融合，中国传统体育文化也相应地发生了融合。

6. 开放性和互动性

在全球经济一体化的今天，文化交流频繁发生在国与国、民族与民族之间，发生于各个领域、各个角落，体育文化也不例外。体育文化是一个开放的体系，而这种开放的特性使得体育文化不断地从外界汲取营养并不断壮大自己。无论什么样的体育文化，只有主动借鉴其他民族、其他地区的体育发展模式，在体育发展观念和实践操作上用科学的理论做指导，才能摆脱故步自封、停滞不前的局面。正因为体育文化本身具有开放性，才使得所有的体育文化都成了人类共同的财富。不同国家、不同民族的体育文化可以互相交流，而且也只有在不同国家、不同民族的体育文化之间不断地开放交流，才能使所有的体育文化都得到更好的繁荣与发展。

体育文化本身具有对外选择性互动的特点，而这种互动包括对各种文化的吸纳和排斥，却正是体育文化开放性的实质。这种开放强调了选择的过程，而选择这种过程本身就具有互动性。另外，体育文化可以通过体育的激烈竞争去吸引、激励人，同时通过这种激烈的竞争使人与人之间更加团结。体育的发展水平越高，与之相联系的科技、文化渗入就越多，而且科技、文化渗入的质量和效率会更高级、更丰富。反之，体育技术水平发展得越低，科技和文化的渗入质量和效率就越低。随着科学技术的提高和社会文化的发展，体育项目随之不断创新，尤其是随着广播、电视、卫星系统技术的不断改进，体育文化传播已经跨越了时间和空间的限制，体育运动方式将更加多样化，发展程度将更加广泛化，发展速度将更加快捷化，选择互动将更加频繁化。

此外，体育文化还具有群体性、连续性、统一性、兼容性、渐进性和动态性等特性。

三、体育文化的功能

由于共同生活的需要，人类创造出了可以服务于社会大众的文化。体育文化之所以能够存在和发展，与其自身所具备的特定功能是分不开的。

1. 实用功能

所有的体育项目不但具有能够反映其自身特点的特殊规则，而且会在体育活动过程中形成其自身的道德规范。当各种体育的制度习俗与道德规范成为对人的要求时，人也就在体育活动过程中实现了自身的社会化。在这个过程中，体育文化会促进人们的个性形成和发展，帮助人们形成价值观念，学会体育方法与生活技能；体育运动与激烈比赛，可以培养出当今社会人才所需的努力拼搏、不断创新、百折不挠、公平竞争和团结协作的精神，可以锻炼人的意志和“胜不骄、败不馁”的拼搏精神，从而培养人的责任心、使命感和爱国心，使人们在面对强劲对手时能不断地超越自我，能够促使人们增强危机感和竞争意识，不断地向更高目标奋斗。

2. 社会功能

体育文化的社会功能，具体表现为凝聚功能和辐射功能。体育文化是通过体育这种载体来反映和传播整个社会文化的一种文化形态。体育文化具有无形的感染力、震撼力和凝聚力。在文化建设中，体育文化常常会比很多其他的文化形态更具有活力和凝聚力。体育文化的辐射功能具体表现在通过体育文化活动，将体育文化的精神内涵向社会传播，并吸引社会个体和群体到这个环境中从事活动。

3. 教育功能

体育文化的教育功能，是通过有目的、有组织、有计划的教学、训练、竞赛以及各种体育文化活动来实现的。其主要方式是传授体育技能、体育知识和体育观念，使参与者在潜移默化中接受教育，并内化其行为习惯，同时将这种精神逐步的内化为个人的思想意识和行为。

4. 情感功能

体育文化的情感功能，具体表现在娱乐功能、陶冶功能和审美功能等方面。在现代社会生活中，许多体育运动日益成为人们改善生活方式和提高生活质量的重要内容。它为人们提供了一种积极、健康向上的生活方式，给人们带来了无穷的乐趣。体育文化的陶冶功能，指的是体育文化的良好氛围会在潜移默化中感染和影响着主体，并使之产生共鸣，从而陶冶主体情操。体育文化既是自然文化，又是社会文化，是人类特有的一种社会现象。体育活动能让人们真正地认识到强健的身体是人生的财富，能让人深刻认识到体育在人的全面发展中起到不可替代的作用，使人们增强参与体育的自觉性和主动性，树立终身体育的观念。

5. 传续功能

体育文化不但可以一代又一代地传续下去，而且还可以将其承载着的相关文化也一代又一代地传续下去，这就是体育文化的传续功能。在体育文化中，民族传统体育文化所体现出来的传续功能最为明显。民族传统体育文化是一种历代传承的文化。民族传统体育文化的传续功能表现在两个方面：一是某些体育项目是历史上曾有过的，从形式到内容并没有多大改变就传续下来；二是变化之后的传续，即从内容到形式都有较大的改变，但还保留着其重要的内容。体育文化的传续不仅仅是一种沿袭，而且也是一种发展，一种强调纵向性体育文化顺述式的发展。传续是民族体育文化发展不可缺少的一个条件，没有传续也就没有了发展。传续功能是民族体育文化中一个非常重要的功能。它不仅是本民族对体育文化内容的传续，更是对其所积淀与承载的文化传统的传续。体育文化的传续功能，使民族传统体育文化在历代传承中都保留着一种潜在的生命力，并对其起导向和规范作用，民族传统体育文化总是在不断地发展，各民族体育文化也一定会在发展中传续，在传续中发展。

体育文化的功能还有很多，如心理疏导、社会实践等，这里不再赘述。

第二节 校园体育文化

一、校园体育文化的内涵

校园体育文化是指“在学校这一特定的范围内所呈现的一种特定的体育文化氛围。是人们在教学和科研实践过程中所创造的体育精神财富和物质财富的总和，即学校的师生员工在体育教学、健身运动、运动竞赛、体育设施建设等活动中形成、拥有的所有的物质和精神财富，以及体育观念和体育意识。它是以学生为主体，以课外体育文化活动为主要内容，以校园为主要空间，以校园精神为主要特征的一种群体文化。”这种特定的文化氛围是和学校的培养目标、校风校纪、生活方式等内容相联系的。校园体育文化是一种有着深刻内涵和丰富外延的独特的文化现象，校园体育文化和校园德育、智育、美育文化等一起构成了校园文化群，它又与竞技运动文化、群众体育文化一起组成了广义的体育文化群。

二、校园体育文化的特征

1. 校园体育文化的内隐性

校园体育文化是以间接、内隐的方式呈现的，是通过无意的、非特定心理反应机制影响学生的。大学生在体育文化环境中学习、生活，在不知不觉中接受体育文化信息，并受到感染、熏陶，潜移默化地实现着文化的心理积淀，并逐渐内化成为自己的行为方式。

2. 校园体育文化的独立性

校园体育文化是校园里的人群共同参与体育活动所形成的一种文化，它有着特殊的主体和环境，这个主体具有较高的知识水平，在接受传统体育文化精神和物质的同时，还能主动吸取世界优秀体育文化精髓，并逐步创造发展具有特色的校园体育文化。

3. 校园体育文化的多样性

校园文化的优势注定了校园体育文化的多样性，无论是体育意识文化、体育行为文化，还是体育物质文化都极为丰富多彩。以人为本、注重学生个性培养的体育教育指导思想，使个性鲜明的体育文化主体得以充分展示个体的创造性、独立性和自主性，因而极大地丰富了校园体育文化生活的内容。

三、校园体育文化的功能

1. 教育熏陶，促进身心全面发展

文化环境使人不断接受新文化的滋养和熏陶。校园体育文化是存在于学校这一特定环境中的体育文化形态。学校的体育教师是拥有专门体育知识的人才，人类创造的体育文化以系统的知识形态经教师的传授，给学生们以滋养，使他们掌握体育知识，认识体育的价值，逐渐地成熟起来。同时，文化是一种超个体的社会存在，它不依人的产生而产生。从个人的角度看，文化首先是作为一种生活环境而先于个人存在的，人受其影响得到发展，通过从文化环境中吸取营养，潜移默化，接受熏陶，不断地追求培养人的可能和界限，促

进个人身心全面发展。

2. 强身愉情，增进人们身心健康

“健康应是在精神上、身体上以及社会上保持健全的状态”，这一世界卫生组织对健康的定义提出了现代健康的新概念，阐明了人的健康应包括身体和精神两个方面。身体健康包括良好的发育、正常的生理机能及承担负荷的适宜反应。校园体育文化中的行为文化即是以身体运动为基本的表现形式，由它所构成的体育锻炼过程，给予人体各器官系统以一定的强度和量的刺激，使机体在形态结构、生理机能等方面发生一系列适应性反应，从而对机体产生积极的影响并能有效地促进人们的身体健康。校园体育文化中的意识、行为、物质三个文化部分均有助于人们的心理调节，满足师生对精神文化生活的需要。各种体育手段和方法可以锻炼意志品质，催人奋发进取，培养集体观念，加强组织纪律，协调人际关系，消除精神烦恼，给人带来欢愉，使人身心得到和谐、健康的发展。

四、校园体育文化的建设

《体育强国建设纲要》中指出，落实全民健身国家战略，助力健康中国建设；提升竞技体育综合实力，增强为国争光能力；加快发展体育产业，培育经济发展新动能；促进体育文化繁荣发展，弘扬中华体育精神；加强对外和对港澳台体育交往，服务中国特色大国外交和“一国两制”事业。

（一）校园体育意识文化建设

校园体育意识文化集中反映了文化主体的精神、道德观念、知识等。在校园体育文化建设中，应积极倡导健康的体育精神。如爱国主义、集体主义精神，拼搏进取精神，敬业笃学精神，竞争开拓精神等，把体育精神与学风建设融为一体。思想、行为道德也应是校园体育意识文化建设中的重要内容，如运用各种传媒，宣传我国体育健儿在国内外比赛中克服困难，为国争光，挑战人生的事迹，以此激发师生的爱国热情和民族自豪感，引导形成和完善正确的世界观、人生观。在校园体育文化活动中，以公平竞赛、公开竞争、遵守规则、尊重对手、求真求实的体育道德精神来培养、教育和感化师生。师生们的体育道德是对体育目的的自觉反映，它在体育的实践中产生，校园体育文化为体育观念的形成提供了有利条件。我们要在实施全民健身战略中加大对体育的宣传力度。通过理论、实践的形式，进行体育目的、意义和重要性的教育，使师生们真正认识到强健的身体是人生第一财富，是现代人生的基本条件，使之充分了解体育对身体、生活、家庭、社会的影响。通过课堂教学、各种喜闻乐见的活动，培养对体育的兴趣，提高参与程度，使大家都了解体育、参与体育、享受体育。

（二）校园体育行为文化建设

1. 深化体育教学改革

确立以学生的学习和锻炼为中心，培养学生树立体育意识、养成锻炼习惯，提高锻炼能力的指导思想。体育课程发展上注意体育文化、卫生保健知识的传授，使学生具有全面的体育文化修养。体育课程教材的选择，注意增加教材的科学性、实效性和趣味性。要加强身体锻炼知识、方法等内容的教学。改革体育成绩考评办法，变单纯的技评、达标向技评、达标与增强体质实效相结合转变。

2. 重视校园体育组织系统的建设

如健全学校的体育运动委员会或小组，支持学生和教工成立各种体育社团并为他们的活动提供方便，创造条件。制定学校体育的各项规章制度，使学校的体育工作纳入法制化、规范化的运行轨道。

3. 丰富师生的体育活动

师生们学习和工作之余的体育活动是校园体育文化的一个重要方面。学生的课外体育活动对学生体育兴趣、能力和观念的培养，对体育文化素养的提高非常有利。学校可通过运动会、体育节和各种小型多样、生动活泼、师生们喜爱的活动来丰富大家的余暇生活。同时，加强学校运动队的建设。运动队在校园体育文化建设中往往有着举足轻重的地位。有特色的传统运动队常常成为凝聚学校师生的一块磁石，又是学校对外的一个窗口。在建设校园体育文化过程中，我们应充分发挥它的作用。

（三）体育物质文化建设

校园里的体育建筑、雕塑，加上设施、场地等，它们本身就是一种文化现象，是人的本质力量的外化。同时，它们又成为意识文化的载体，凝聚和展示着人类的知识、思想和智慧，体现人们的情操、意志、价值观念等多种文化特质。这些文化特质对人起到一种潜移默化的陶冶作用。此外，体育建筑、设施、场地等，作为一种依托，又承受着师生们体育锻炼的实践。因此，要努力创造条件加强体育物质文化建设，包括建造体育场馆、添置设施。

（四）有特色的传统校园体育文化建设

体育文化的传统和特色，指的是一个学校在体育方面形成并延续着带有普遍性、重复出现的相对稳定的一种独具特点的文化形态，表现出自觉、经常的基本特征，并具有教育、导向、规范、凝聚和激励的力量。由于各个学校的类型、规模、办学条件、师生构成等不同，加上学校所处的地区、环境、地理气候等的差异，决定了建设校园体育文化的具体思路会有所不同。因此，在建设校园体育文化的过程中各个学校应该根据自己的具体情况发展校园体育文化，最终形成自己的传统和特色。如清华大学就是这样一所有着悠久体育文化传统的学校。“为祖国建设健康工作五十年”这一名言作为清华体育文化的主旋律至今仍环绕在大家的耳旁。

【思考题】

1. 体育文化的功能主要体现在哪些方面？
2. 如何加强校园体育文化建设？

第六章 CHAPTER SIX
大学体育与健康

体 育 竞 赛

第一节 国内外重大体育赛事介绍

一、国际体育赛事

（一）奥林匹克运动会

奥林匹克运动会（Olympic Games）（以下简称奥运会）是国际奥林匹克委员会（International Olympic Committee）（以下简称国际奥委会）主办的规模最大、水平最高的国际性综合运动会，每 4 年举行 1 次。奥运会最早起源于古希腊，因举办地在奥林匹亚而得名。奥运会现在已经成为了和平与友谊的象征，它是一种融体育、教育、文化为一体的综合性、持续性、世界性的活动，也是一种文化的传播体现，这样的传播在奥运会中能得到充分展示。奥运会包括夏季奥运会、冬季奥运会、残疾人奥运会等。

1896 年，现代奥运会第一次在希腊雅典举办，以后每 4 年举行 1 次。截至 2016 年，已经有 31 届了，但实际上有 3 届奥运会因为战争爆发而停止（第 6 届由于第一次世界大战的爆发未能举行，第 12、13 届由于第二次世界大战爆发也未能举行）。2008 年，在中国北京举行了第 29 届奥运会。

1896 年第一届现代奥运会在希腊雅典举办，以后每四年举办一次。截止到 2020 年已经有 32 届了，但实际上有 3 届奥运会因为战争爆发而停止（第 6 届由于第一次世界大战的爆发未能举办，12、13 届由于第二次世界大战爆发也未能举办）。2008 年，在中国北京成功举办了第 29 届奥运会。

2022 年北京冬奥会、冬残奥会在中国北京和张家口成功举办，习近平在总结表彰大会上指出：成功筹办举办北京冬奥会、冬残奥会，极大激发了亿万人民的体育热情，极大推动了我国体育事业发展。我们要坚持以增强人民体质、提高全民族身体素质和生活质量为目标，高度重视并充分发挥体育在促进人的全面发展中的重要作用，继续推进体育改革创新，加强体育科技研发，完善全民健身体系，增强广大人民群众特别是青少年体育健身意识，增强我国竞技体育的综合实力和国际竞争力，加快建设体育强国步伐。

1. 现代奥林匹克运动的发展

（1）探索阶段（1894 年到第一次世界大战前）。1894 年 6 月 23 日，巴黎国际体育运动代表大会通过了成立国际奥林匹克委员会的决议。这个阶段奥林匹克运动自身还很不成熟，没有现成的模式可供借鉴，出现很多困难和问题，包括奥运设施不规范，组织工作带有很大的随意性，规章制度不健全，缺乏稳定的资金来源等。

（2）奠基阶段（两次世界大战之间）。两次世界大战都给人类带来了深重的灾难，也给奥林匹克运动带来了重大损失，1916 年、1940 年和 1944 年三届奥运会被迫取消。但是，在两次世界大战之间的短暂和平时期，奥林匹克运动把握住了历史机遇，在正规化等方面大大迈进了一步，终于确立了奥林匹克运动的基础模式。但国际形势对奥运会的干预也呈现出愈演愈烈之势。

（3）发展与危机阶段（第二次世界大战到 1980 年）。二战后，逐渐形成了东西方两大阵营对立、第三世界国家兴起的政治格局，经济、科技和文化的发展突飞猛进。这一背景为奥林匹克运动的发展提供了空前的机遇，也面临着更多的问题与挑战。由于在这一时期国际奥委会坚持奉行非商业化的原则，经济效益较差。国际政治斗争、民族主义和恐怖主义等各种政治因素，冲击着奥林匹克运动。1972 年，德国慕尼黑奥运会上，发生了以色列运动员被巴勒斯坦恐怖分子劫持并杀害的事件。滥用兴奋剂问题的不断出现，玷污着奥林匹克运动的宗旨和纯洁性，奥林匹克运动遭遇了前所未有的严重危机。

（4）改革与转机阶段（1980 年以后）。1980 年，萨马兰奇出任国际奥委会主席，之后他进行了一系列积极务实的改革。重大的举措有：第一，允许职业运动员参加奥运会比赛。第二，允许奥运会承办城市采用多种商业化手段筹资。1984 年，美国洛杉矶奥运会取得近 2.15 亿美元的巨额利润，使奥运会的经济效益得到充分体现。第三，正视政治对奥林匹克运动的影响，国际奥委会周旋于各种政治力量之间，发挥了调停国际争端，促进世界和平的作用。但挑战依然存在，政治干预和兴奋剂的问题并没有完全消除，还出现了滥用高科技的问题；近年来又引发了警惕过度商业化和运动员职业化的呼声；国际奥委会和奥运会组委会自身出现受贿的丑闻等，这些都有可能导致人们对奥林匹克运动的纯洁性以及国际奥委会能否捍卫奥林匹克运动宗旨的怀疑。

2. 奥林匹克运动的标志

（1）会旗。奥林匹克会旗于 1913 年由顾拜旦亲自设计，长 3 m，宽 2 m。会旗上面是蓝黑红三环，下面是黄绿两环。五环代表五大洲的团结和全世界的运动员在奥运会上相聚一堂（图 6-1-1）。

图 6-1-1　奥林匹克会旗

（2）格言。奥林匹克格言（Olympic Motto）也称奥林匹克口号。奥林匹克运动有一句著名的格言："更快、更高、更强（faster，higher，stronger）"。顾拜旦对此格言做出阐释："奥运会最重要的不是胜利，而是参与"。奥林匹克格言充分表达了奥林匹克运动所倡导的不断进取、永不满足的奋斗精神。

（3）精神。《奥林匹克宪章》指出，奥林匹克精神就是相互了解、友谊、团结和公平竞争的精神。奥林匹克精神对奥林匹克运动具有十分重要的指导作用。

3. 奥林匹克日

1948 年 1 月，国际奥委会在第 42 次全会上将每年的 6 月 23 日定为奥林匹克日，举行庆祝活动，纪念国际奥委会的诞生，宣传奥林匹克理想和推动普及运动。自 1987 年起，国际奥委会发起了“奥林匹克日长跑”活动。

（二）世界大学生运动会

世界大学生运动会（World University Games 或 Universiade），素有“小奥运会”之称，由“国际大学生体育联合会”（International University Sports Federation）（图 6-1-2）主办，只限在校大学生和毕业不超过两年的大学生（年龄限制为 17～28 岁）参加的世界大型综合性运动会。始办于 1959 年，其前身为国际大学生运动会。截至 2018 年，世界大学生运动会已举办过 29 届。第 30 届世界大学生夏季运动会于 2019 年在意大利的那不勒斯举办，第 31 届在中国成都举办。

图 6-1-2　国际大学生体育联合会会旗

（三）亚洲运动会

亚洲运动会（Asian Games）（以下简称亚运会）是亚洲地区规模最大的综合性运动会，每 4 年举办一届，与奥运会相间举行。最初由亚洲运动会联合会主办，1982 年后由亚洲奥林匹克理事会（Olympic Council of Asia）（图 6-1-3）主办。1951 年，在印度新德里举办了第 1 届亚运会。1990 年，第 11 届北京亚运会是我国第一次举办的综合性国际体育大赛。2010 年 11 月 12 日，第 16 届亚运会在我国广州成功举办。第 19 届亚运会将于 2022 年 09 月 10—25 日在中国杭州举行。第 20 届亚运会将于 2026 年 09 月 18 日至 10 月 3 日在日本名古屋举行。

图 6-1-3　亚洲奥林匹克理事会会徽

在 1982 年第 9 届亚运会上，中国打破了日本长期独霸亚洲体坛的局面，金牌数跃居第一。从那以后，中国在历届亚运会上均名列金牌榜首，成为名副其实的亚洲第一体育强国。

（四）世界杯足球赛

世界杯（FIFA World Cup），又称国际足联世界杯、世界足球锦标赛，是由国际足球联合会［Fédération Internationale de Football Association（English：International Federation of Association Football），英文缩写 FIFA，简称国际足联］举办的，是世界上水平最高、规模最大的单项体育赛事，其影响力可以和奥运会相比。每 4 年举办 1 次，截至 2018 年已举办了 21 届。

1928 年，国际足联（FIFA）为冠军获得者特制的奖杯称为“雷米特杯”。1970 年，第九届世界杯巴西队第三次获得冠军，永远占有了此杯。国际足联又准备了一个新奖杯定名为“大力神杯”，规定新杯为流动奖品，不论哪个队获得多少冠军，也不能占有此杯（图 6-1-4）。

图 6-1-4　雷米特杯（左）和大力神杯（右）

二、国内体育赛事

（一）全国运动会

中华人民共和国全国运动会（National Games of the People's Republic of China，简称全运会），是中国国内水平最高、规模最大的综合性运动会，首届全运会于 1959 年 9 月 13 日至 10 月 3 日在北京举行。全运会每 4 年举办 1 次。举办全运会的意义是为国家的奥运战略锻炼新人，选拔人才。全运会比赛项目的设置除武术外基本与奥运会相同。

从第 7 届全运会开始，冬季体育的部分项目又重新列入全运会比赛项目。第 9 届全运会由北京、上海、广东三地轮流举办。2001 年初，取消了由三地轮办全运会的限制，第 11 届至第 14 届全运会分别在山东济南、辽宁沈阳、天津和陕西西安举办。

（二）中华人民共和国城市运动会

中华人民共和国城市运动会（简称城运会）是每 4 年举办 1 次的全国大型综合性体育盛会，旨在推动城市体育事业的发展，发现培养优秀体育后备人才，规模仅次于全运会。

首届城运会于 1988 年举行，前 5 届城运会分别由山东、河北、江苏、陕西和湖南省政府承办。而第 6 届城运会则由武汉市政府承办；第 7 届在南昌市举行，由江西省政府承办，这是第一次以城市为主体举办城运会。2013 年 11 月 21 日，中华人民共和国城市运动会更名为中华人民共和国青年运动会，以适应我国国内及国际体育形势发展的需要，更好地与青年奥林匹克运动会接轨。第一届全国青年运动会于 2015 年 10 月 18 日在福建省福州市开幕。这是 1949 年以来，福建省首次承办的规模最大、规格最高的全国大型综合性运动会。第二届全国青年运动会于 2019 年在以太原市为主赛区的山西省举行。

第二节 体育竞赛的组织与编排

一、体育竞赛的组织

1. 确立组织方案

一般包括竞赛的名称、性质、目的、任务、意义、规模、组织机构、经费预算和工作步骤等。

2. 成立赛事组织委员会

赛事组织委员会的设置既要符合竞赛规模，又要尽量精简，还要职能划分明确。

3. 拟订竞赛规程

竞赛规程是竞赛工作的法规性文件，其主要内容包括竞赛名称、目的、时间、地点、项目、比赛方法、竞赛规则、参赛资格、名次录取、奖励办法、报名方式、注意事项等。

4. 制订工作方案

根据组织方案和职能分工，各部门应制订详细、具体的工作计划，赛事的各项工作应按照计划流程有条不紊地进行。

5. 组织实施比赛

竞赛期间，组织管理工作主要包括开幕式、闭幕式的安排，裁判员对比赛中犯规和违例行为的处罚，赛场秩序的控制，突发事件的处理，竞赛成绩的公布，颁奖仪式的设计等。

6. 比赛善后工作与总结

主要组织工作有确定名次并颁奖，编印发放成绩册，财务结算，赛后总结，清理场地，回收竞赛设备和物资等。

二、体育竞赛的编排

体育竞赛的编排即竞赛的一般方法，主要方法有循环法（如欧洲足球五大联赛）、淘汰法（如网球四大满贯赛）和混合法（如世界杯足球赛、NBA 联赛）。

（一）淘汰法

淘汰法是指参加比赛的队在比赛过程中失败 1 次或 2 次后，即失去比赛资格，连续获胜的队继续参加比赛，直至决出最后的优胜者。

淘汰法包括单淘汰和双淘汰，多用于参赛队较多而赛期较短的情况。优点：比赛场次少，需用时间短，同时可使比赛逐渐形成高潮。缺点：合理性差，具有运气成分，除第一名外，不能准确确定其余名次；参赛者锻炼机会较少，不利于互相交流和学习。

编排淘汰赛时，需要计算比赛场数、轮数和比赛轮空数。

单淘汰比赛场数＝参赛队数－1

双淘汰比赛场数＝参赛队数×2－2

若参赛队数＝$2X$，则比赛轮数＝X；若 $2X$＜参赛队数＜$2X+1$，比赛轮数则按 $2X+$

1（号码位置数）计算。例如，13 个参赛队，则按 16（24）个队计算，比赛为 4 轮。

比赛轮空数=号码位置数—参赛队数，如 13 个参赛队，轮空场数=16−13=3 场。

1. 单淘汰

各参赛队按编排的顺序进行比赛，失败一次就被淘汰，即为单淘汰。

例 1：8 个队的单淘汰赛可按图 6-2-1 所示编排。

例 2：13 个队的单淘汰赛可按图 6-2-2 所示编排。

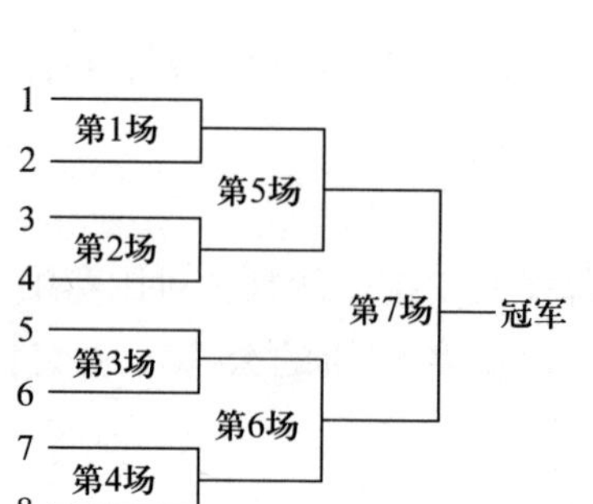

图 6-2-1　8 个队伍的单淘汰赛编排方法

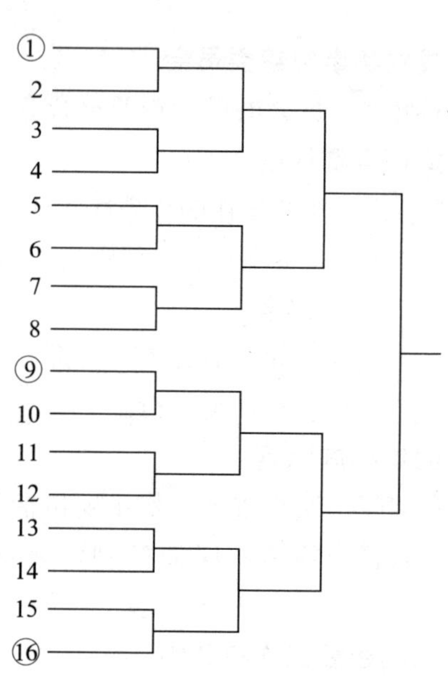

图 6-2-2　13 个队伍的单淘汰赛编排方法

轮空位置均在第 1 轮，使第 2 轮的队数正好是 2 的乘方数。

根据轮空位置表（表 6-2-1）得出 2、15、1 三个号码为轮空位置，凡是抽到 1 号、16 号、9 号的队第 1 轮轮空，直接进入下一轮比赛。

表 6-2-1　轮空位置表（该表适用于 128 队以下）

2□127□66□63□34□95□98□31□18□111□82□47□50□79□114□15
10 119□74□55□42□87□106□23□26□103□90□39□58□71□122□7□
6□123□70□59□38□91□102 27□22□107□86□43□54□75□118□11
14 115□78□51□46□83□110□ 19□30□99□94□35□62□67□126□3

注：轮空位置表的使用方法为：按比赛所需轮空数，逐行由左向右依次提取出小于或等于号码位置数的号码，这些号码即为轮空的位置号码。

例 3：9 个队的单淘汰赛可按图 6-2-3 所示编排。

参加比赛的队数稍大于 2 的乘方数时，若采用轮空，则空位太多，可以用“抢号”的方法解决。即以最接近的小于队数的 2 的乘方数作为号码位置数。两个参赛队争夺一个号码位置数，胜者继续比赛，负者淘汰。

为避免优秀队过早相遇，应采用“种子”位置安排法。如有轮空机会，一般“种子”队优先轮空。确立“种子”队可以通过协商，也可按照往届赛事的成绩和排名。“种子”的数目一般是 2 的乘方数，即 4、6、8 等，在编排中易于均匀分布。以技术水平高低排列“种子”序号，实力最强的是 1 号。图 6－2－4 为 16 个参赛队采用 8 个“种子”的编排。

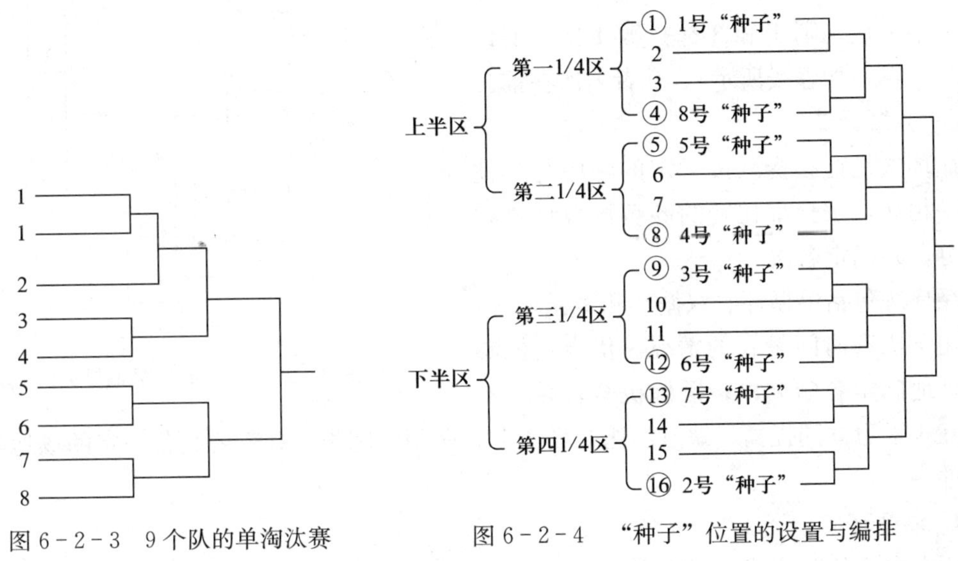

图 6－2－3　9 个队的单淘汰赛　　　图 6－2－4　“种子”位置的设置与编排

单淘汰只能决出冠军和亚军，采用附加赛可以得出前 8 名具体的顺序。具体编排如图 6－2－5 所示。

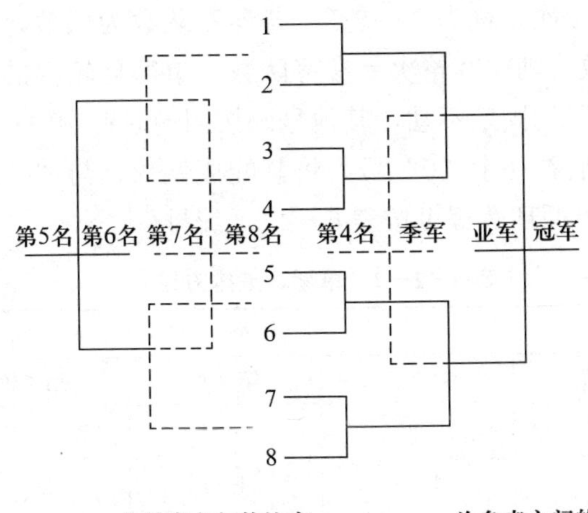

图 6－2－5　单淘汰赛制决出名次的方法

2. 双淘汰

参赛队在单淘汰失败后，另行编排进行比赛，再次失败则被淘汰。最后，只失败 1 次的队可以参加决赛，并有可能获得冠军。双淘汰的编排方法与单淘汰相比大大减少了比赛胜负的偶然性。图 6-2-6 为 8 个队的双淘汰赛编排方法。

决赛时，如 1 胜，则 1 为冠军，3 为亚军；如果 1 败，则 1 和 3 都只败 1 次，所以应进行补赛（如虚线所示），胜者名次在前。

（二）循环法

循环法是指参赛队按一定的顺序与其他队逐一相遇，按全部比赛的胜负场数计算各队得分，并确定名次。

循环法包括单循环、双循环和多循环等，一般用于比赛时间较长的情况。优点：能够较合理地确定各队名次；锻炼机会较多，有利于互相学习共同提高。缺点：比赛场次多，所用时间长，并需要具备一定的场地器材设备条件。

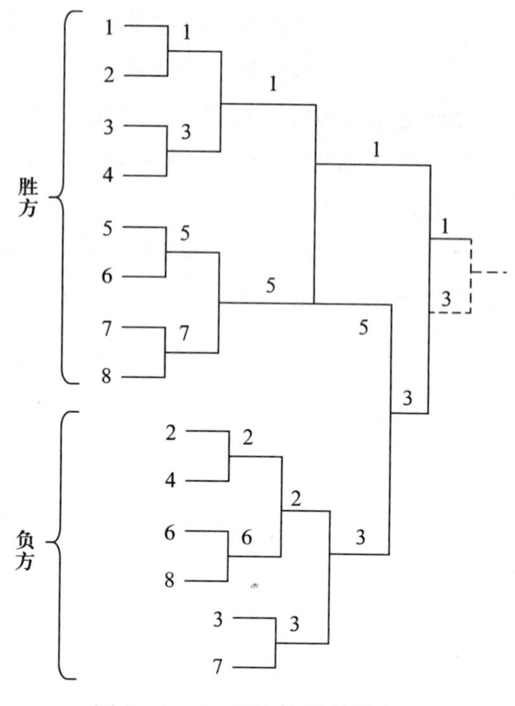

图 6-2-6　双淘汰赛编排方法

1. 单循环

所有参赛的队均能相互比赛 1 次，最后按各队积分和得失分率排列名次。单循环赛需要计算比赛的场数和轮数，并编排轮次表（赛程）。

比赛场数＝参赛队数×(参赛队数－1)/2。

循环赛中每队均出场 1 次，称为“一轮”。若参赛队数为偶数，则比赛轮数＝参赛队数－1；若参赛队数为奇数，则比赛轮次＝参赛队数。单循环轮次的编排通常采用固定轮转法。每一轮比赛 1 号位置均固定不动，其他号码按照逆时针顺序移动一个位置。若参赛队数为奇数时，则要在最后补一个“0”号，将其配成偶数，与“0”相遇的队，即轮空。例如，6 个队或 5 个队的单循环赛程可按表 6-2-2 编排。

表 6-2-2　单循环编排方法

类　别	轮　次				
	第 1 轮	第 2 轮	第 3 轮	第 4 轮	第 5 轮
参加队为偶数 （例如，6 队）	1—6 ↑ 2—5 ↓　↑ 3—4 →	1—5 6—4 2—3	1—4 5—3 6—2	1—3 4—2 5—6	1—2 3—6 4—5

（续）

类　别	轮　次				
	第 1 轮	第 2 轮	第 3 轮	第 4 轮	第 5 轮
参加队为奇数（例如，5 队）	1—0 ↑ 2—5 ↓ ↑ 3—4 →	1—5 0—4 2—3	1—4 5—3 0—2	1—3 4—2 5—0	1—2 3—0 4—5

2. 双循环

编排方法与单循环一样，但所有的参赛队均需相互比赛 2 次。最后按各队在全部比赛中胜负的场数和得分的多少排列名次。双循环比赛的场数、轮数和比赛时间均是单循环的倍数。

（三）混合法

混合法就是将淘汰法和循环法配合使用的方法。一般分为 2 个阶段，第 1 阶段采用分组单循环法；第 2 阶段采用淘汰法。例如，12 个队采用混合法比赛，取前 8 名。先分组循环，后交叉淘汰。第 1 阶段：先以蛇形法分组将参赛队平均分为 A、B 两组，各组分别进行循环赛决出名次（图 6-2-7）。

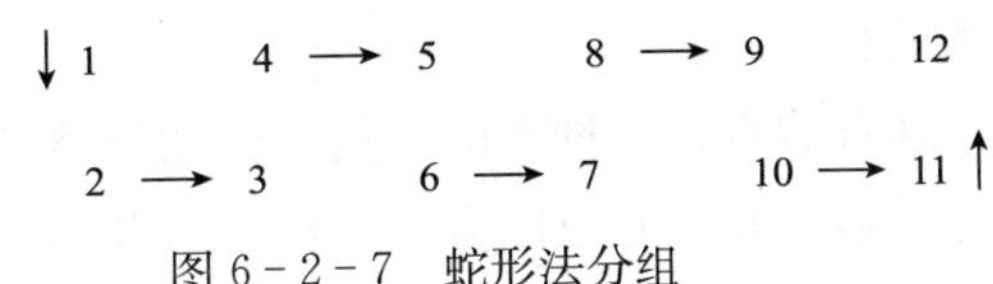

图 6-2-7　蛇形法分组

第 2 阶段：按小组名次进行交叉决赛（图 6-2-8）。

A1 与 B2、B1 与 A2 进行比赛，胜者决第 1、2 名，负者决第 3、4 名；A3 与 B4、B3 与 A4 进行比赛，胜者决第 5、6 名，负者决第 7、8 名（图 6-2-9）。

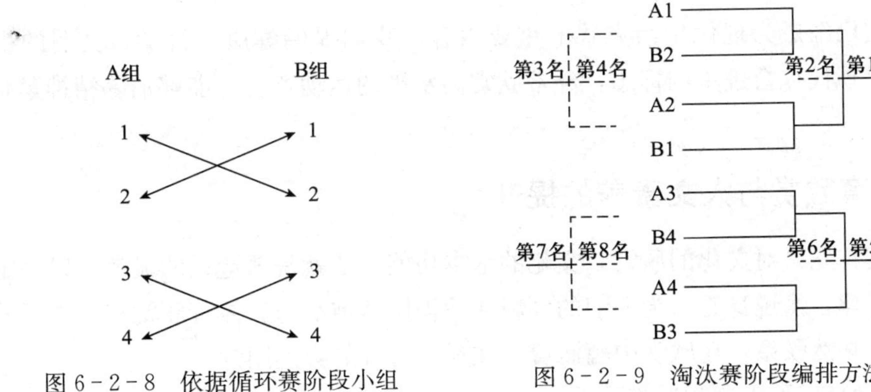

图 6-2-8　依据循环赛阶段小组内名次确定对手

图 6-2-9　淘汰赛阶段编排方法

【思考题】

1. 体育竞赛的编排中淘汰法的种类和特点是什么？
2. 体育竞赛的编排中为什么要用混合法？它是怎样进行编排的？

第七章 CHAPTER SEVEN 大学体育与健康

体 育 欣 赏

体育运动之美无时无处不在，不论在学校体育、竞技体育还是群众体育中，创造美、传播美、欣赏美始终是体育的重要功能。懂得如何认识、欣赏体育运动之美，是一个情感和生活经验相互交融的过程。对体育运动的欣赏，是对体育美的渴望和追求，属于精神层面的高级需求，这种需求使人们按照“美的规律”并通过参与体育运动去塑造身心，创造更美的自我。

体育欣赏是一种美的享受。运动竞赛结果的不确定性和跌宕起伏的战局，险象环生、攻守转换、扣人心弦的竞技场面，以及运动竞赛所具有的对抗性、节奏性、偶然性、刺激性，运动员在竞赛过程中表现出的形体美、健康美、动作美、心灵美等，使人产生独特的情感体验，带给人们一种愉悦的心理享受。

第一节　体育欣赏概述

体育欣赏已经成为现代生活方式的重要内容，我们提倡健康、科学、文明的生活方式，因为这是现代社会进步的标志，经常欣赏高水平的运动竞赛，能够消除精神紧张，使人心情愉悦。

一、体育欣赏与人文素养的提升

体育欣赏首先是对文化的欣赏，文化的基本功能之一就是塑造人的灵魂，以一定的形式培养高雅情趣，愉悦身心，为人们的创新活动提供精神活力。体育欣赏与人文素养的提升有着内在的必然联系，在欣赏中蕴涵着人文素养提升的必然因素。

（一）体育欣赏与人文知识的积累

人文素养的核心是以人为对象、以人为中心的精神，是人的内在品质。作为欣赏主体应具备的体育文化素养、心理道德素养和体育运动素养，会在欣赏过程中内化为自己的体育欣赏能力。内化的过程具有一定的历史性，伴随着对运动本身历史、文化、精神的认知，是一个解读历史的过程。体育欣赏对人文性的培养，是将身、心和精神的各种品质综合起来，使之提高到一种人生哲学的层次。体育欣赏将体育运动、文化、教育融于一体，可以帮助欣赏者树立科学的世界观与人生观。同时，又在体育美的发现和塑造过程中，使不断提升的文化素养与世俗人生保持适度的距离，通过人文知识的提升使生活更加有情致、有韵味、有活力、有价值。

（二）体育欣赏与人文精神的追求

体育文化本身具有极强的穿透力，能够最大限度地拓展不同时空的人文空间。体育人文精神是一种普遍的人类自我关怀，以运动的形式通过身体表现出对人的尊严的维护、对价值的追求、对命运的关切。由体育欣赏追寻人文精神，是肯定其人文品质的“能力要素”和“精神要素”组合。通过体育欣赏活动，人们更加珍视人类遗留下来的体育精神文化对全面发展理想人格的塑造功能。体育欣赏把体育所展现出的人文精神内化为使命感和责任心，激发人们对公平正义的向往，增强主体意识，维护自我的尊严。正如顾拜旦所说：“生活，重要的不是凯旋，而是奋斗；重要的不是必须获得胜利，而是奋力拼搏。”

（三）体育欣赏与人文方法的完善

体育欣赏过程中所体现出的人文认识的方法大多是感悟性的，尽管它并不排斥理性分析，但体育美的淬炼绝对绚丽着它那带有诗意般的感性光辉。主体在体育欣赏活动中那种“只可意会不可言传”的朦胧，是欣赏主体心灵深处被触动的反应，这种反应在于追求的深度。体育欣赏中的人文方法，是人文思想中所蕴涵的认识方法和实践方法，从精神到欣赏实践，都不同于科学方法强调的精确性和普遍适用性。体育欣赏的主体更加强调从与特定的文化相联系的视角进行的主观体验。运用人文方法欣赏体育，不但不排斥情感，反而要诉诸情感，情感造就了人文世界的差异，使欣赏活动焕发出强大的生命力，也正源于纠葛的情感，使体育人文欣赏有了勃勃生机而经久不衰。

二、体育欣赏与终身体育的培养

终身体育是指人们终身进行身体锻炼和接受体育教育。一个人从生命开始到生命结束有明确目的性地学习与参与身体锻炼，需要对体育价值的认同和持久的热情。体育欣赏是终身体育思想指导实践的催化剂。终身体育观的形成，是以体育自我实践的体系化、整体化为目标，是对体育问题的理性认识，并从哲学角度对人、体育、社会三者关系的探讨。体育欣赏在培养终身体育观的过程中起到强化培养自我体育意识的作用，这是一个逐渐发展的过程，由欣赏而实践，由实践而快乐，由快乐而坚持，由坚持而受益终生，实现体育塑造人的全面发展，充实人生并提高人的综合素质，对人类和社会的发展具有巨大的功能。

（一）体育欣赏与学习兴趣和运动习惯的养成

兴趣是成功的根源，也是终身体育观培育的内在驱动力。孔子曰：“知之者不如好知者，好知者不如乐知者。”体育欣赏过程中各种美好的体验是参与体育活动最好的刺激方式，只有对体育运动产生了强烈的兴趣，人们的体育实践才会更加积极、主动、自觉。无论是竞技体育还是群众体育，其中一个重要功能就是引导人们读懂体育、欣赏体育、享受体育、实践体育。

从感官到思维，在欣赏体育运动的魅力中培养兴趣，用快乐和激情感染人们、激发人们亲身体验体育带来的快乐的欲望，全身心地投入到体育运动中。体育欣赏在较高的精神层面上努力为人们创造良好的体育氛围，强化从事体育活动的选择态度和积极的情绪反应，从而充分发挥欣赏主体的积极性和主动性，逐渐树立终身体育观。

（二）体育欣赏与丰富体育知识和开阔体育视野

对知识的渴望和好奇是人的需求之一，精神世界的丰富和充实同样依靠知识素养的提升。体育知识的积累和传播已成为现代文明的重要存在方式之一，体育欣赏是体育知识传播、创新、分享的重要渠道。随着体育运动技术的不断更新，新兴的体育项目日益增多，体育知识也在新的历史时期以更加旺盛的生命力深入到人们的生活当中，成为人们生活高级需要的一部分。体育的重要功能之一是满足人们日益增长的文化需要。现代人对新颖性、时代性、流行性、竞技性的运动项目充满了期待，拥有了不断更新的体育知识，就有了欣赏的基础，才能够较为深刻地领略运动的魅力，才能持续地开阔体育视野。在新的视野中激起学习体育技能、参加体育锻炼的冲动，并把体育锻炼和欣赏作为终身的需要，以达到锻炼的效果。

（三）体育欣赏与树立体育榜样和激励参与意识

竞技体育有一个代名词，就是创造辉煌。体育明星们健康、富于激情、为国家荣誉拼搏到底的顽强意志以无穷的榜样力量感染着人们。当运动员个人的成就上升到民族的层面，就会产生更加强大的文化魅力，以民族荣誉和集体主义精神感召着国民，从而激发其对体育的热爱，更加自觉积极地付诸实际行动，最后获得自身的发展。体育参与重在讲求实效，以实际条件为基础，按科学方法进行锻炼，体育参与贵在持之以恒，使连续产生的作用痕迹得以积累才有体质的不断增强；体育参与好在循序渐进，从人体自然发展、机能适应的基本规律出发，逐步提高锻炼水平。

（四）体育欣赏与激发爱国情怀和获得审美愉悦

爱国情怀是一种精神寄托和根的归属。对竞技体育的欣赏往往能够体现出这个激荡民心的社会主旋律，在欣赏竞争中收获焕发出的伟大民族凝聚力和向心力。体育欣赏中所激发的爱国情怀，通常凝结着鲜明的民族精神，这种激发带给我们最为厚重的审美愉悦，深深铭刻在民族意识、品格和气质之中，在深沉的民族自豪感中，在心灵受到深刻的感染和启迪中，坚实地确立爱国主义价值取向。

三、体育欣赏在大学生体育教育中的作用

（一）体育欣赏有助于激发学生学习体育的兴趣

兴趣直接影响并调节学生在学习过程中的态度和积极性。激发学生学习体育的兴趣，使体育成为学生内心自发的需要，是提高体育教学质量的重要因素。体育实践课教学多以运动技能学习为主，主要强调学生对体育运动中某一技能的学习和掌握，它的弱点在于反复地练习同一技术，容易出现枯燥感，使学生对学习体育的兴趣大大降低。体育欣赏可以通过视觉、听觉刺激和一系列心理感知来学习知识，它强调的是学生的视觉感知、心理体

验、联想、创造性思维等心理活动过程。体育欣赏可以在短时间内向学生传达大量的体育文化知识，它摆脱了技能教学的枯燥和乏味，使学生通过视觉得到感官上的愉悦，获得精神上的满足和乐趣，使自身的情感和体育的情感直接沟通，激发了学生学习体育的欲望和兴趣，同时也促进了学生在课余时间自觉参与体育活动的积极性。

（二）体育欣赏有助于丰富大学生体育运动知识，提高文化素养

大学生正处于人生生命力最旺盛的时期，处于这一时期的大学生对知识的渴望最强烈，好奇心也最强，他们渴望了解更多的知识来丰富他们的精神世界，提高人文素养。通过体育欣赏不但能将各项体育运动的基本知识传授给学生，而且还能引导学生去欣赏它，领略体育运动的无穷魅力，而且体育欣赏的内容丰富多彩，学生在欣赏时不仅可获得美的享受，还能了解及掌握有关的体育运动知识，学习运动员的意志品质，培养顽强拼搏精神，提高适应环境的能力。体育欣赏还可以生动地向学生展示体育的历史、现状和未来，使学生了解体育的起源、发展等基础知识，不仅开阔了学生的视野，增加了学生的知识，同时也激发学生参与体育活动的自豪感，为培养终身体育意识奠定坚实的基础。

（三）体育欣赏有助于美育和德育教育

通过体育欣赏向学生展示体育运动中的美，如人体美、姿态美、素质美、动作美、技术美以及比赛中运动员所表现出的意志品质美、智慧美等，使学生从体育美中直观人的力量、智慧、能力、技术、战术和创造精神，同时向学生传达着美的意识、美的观念和美的创造，使学生在潜移默化中受到感染和教育，它对培养学生正确的审美观念和提高学生的体育鉴赏能力有着积极的作用。体育欣赏也是进行德育的一种重要途径，借助欣赏内容可以引发情感活动，在学生的审美心理和道德心理架起一座桥梁，从而使审美情感成为完善学生道德心理的一种动力。学生在欣赏过程中陶冶了情操，升华了心灵和精神。体育欣赏的教学中这种丰富的艺术审美因素可以缓解道德教学中的约束感和灌输感，避免了空洞的道德说教，增加了其自由性、自主性和活力，使学生自觉主动地接受正确的道德观和世界观。

（四）体育欣赏有助于培养大学生的创新能力与想象力

体育欣赏不是被动地接受，而是能动的、积极的、有所发现的接受。从这个意义上来说，体育欣赏是创造性的欣赏，要欣赏体育就必须要理解体育，欣赏并不是简单地用眼或耳去看或听，而是用心去感知，才能走进体育，完善自我。在感知的过程中，才能通过体育的节奏、速度、力量等去体验体育的美，能够强烈地、深刻地理解欣赏对象所蕴涵的丰富的社会内容，从而引起更多的联想和想象活动，并把想象变成实际行动，使学生敢于创新。通过体育欣赏有助于活跃学生产生灵感和塑造新人格的体育创新环境氛围，有利于最大限度地开发学生的创新能力。在体育教学中，要结合体育欣赏内容充分调动学生的积极性和多种思维方式，培养学生多方位创新能力与想象力。

（五）体育欣赏有助于体育实践课的开展

在体育常规教学中有很多技术动作不方便做分解示范，只能依靠抽象的语言来描述，这将使学生在技术动作学习中变得无所适从。体育欣赏教学可以弥补这一不足，欣赏课的

特点是将抽象知识形象化，使学生的思维不断地由形象思维向抽象思维发展，而且在具体教学实施过程中可以与现代化多媒体技术手段相结合，保证了欣赏教学进一步新颖化，让学生了解优秀运动员规范的技术动作。这样，学生就会对该运动项目有完整、具体的认识，学生也可以在欣赏过程中明白整个动作的来龙去脉，在技能练习时就能够自觉地去理解和体会动作，而不是单纯的模仿，整个实践课的授课质量可以得到很大的提高。

体育欣赏作为体育教育的一种手段或过程，是与当前提出课程改革的方针相一致的，理应受到重视，它在大学生的体育教育中占有重要地位，在激发学生的兴趣，提高学生参与体育活动的积极性，丰富学生的体育知识，提高文化素养，促进学生的美育、德育发展，培养学生的创新能力、想象力及体育实践课的开展等方面都有着重要作用。

四、体育欣赏者应具备的条件

（一）提高体育文化意识水平

现代体育所涉及的领域越来越广，它的功能已明显超出自身的范围。因此，作为欣赏者，首先要认识到体育是一种文化现象，而不仅仅是一种竞技比赛。体育运动具有文化的特征，包括价值观念、运动知识、运动规范和体育设施。只有充分地认识到体育的固有特征，才能够理解体育对社会的进步、政治的稳定、民族的团结、世界的和平起着十分重要的作用。只有这样，欣赏者对体育比赛才有更深入的认识，对体育的欣赏会更加投入。

（二）熟知项目的特点和比赛规则

任何一项体育运动都有自己完整的技术和战术体系、特定的场地和比赛规则，而且其技术、战术和比赛规则也在不断地演变和发展。如果对相关的知识了解很少，那么对体育的欣赏将起到负面效应。例如，我们在欣赏世界排球锦标赛时，首先就应知道，现在的排球比赛规则的记分方法已更改，是每球得分制，每局 25 分，每场五局三胜，最后一局（第 5 局）先到 15 分为胜但要领先对方至少 2 分及以上。如果掌握了这些知识，那么欣赏者的心情会跟着比赛的节奏起伏不定而投入到比赛之中，取得体育欣赏的最佳效果。

（三）加强个人修养，进行文明欣赏

现代体育比赛，场面激烈而紧张，战术机智而灵活，让欣赏者情绪时而亢奋，时而消沉，此时欣赏者的情绪完全被比赛的节奏所控制，如果此时不能控制自己的情绪，也许会发生连自己都意想不到的事情。在足球比赛中，如果欣赏者所拥护的球队失利或被裁判误判，往往会发生球迷冲向球场殴打对方球员和裁判的情况。这在英国足球锦标赛中经常出现，就是被称做“足球流氓”的球迷所为。所以说，如果提高了欣赏者的自身修养，那么这种情况就会很少发生。

第二节　体育欣赏的内容

体育欣赏的内容是以生活世界为基础的，种类繁多的竞赛活动和丰富多彩的休闲体育为体育欣赏提供了充足的客体。体育欣赏的内容是以生活世界为基础的，与各层次的体育

发展相融合，侧重的方向受一定社会思潮的影响。总体来讲，在体育欣赏实践中，只有关注人生的意义、目的和价值的内容，才能获得可持续发展的社会动力、自激互动的内在活力和巨大的发展空间。毕竟，体育的驱动力源于人们内在的生活需要并要符合社会和体育发展的内在规律。

一、体育欣赏的形式

（一）体育竞赛

体育竞赛是按一定的竞赛规程进行的竞技体育。参加者都以取胜为其直接目的，他们各自代表着一定的单位、地区、国家等，他们在竞赛中的胜负与其代表单位的声誉、荣辱息息相关。由于体育竞赛结果的不确定性刺激人们对竞赛胜负悬念的关注，竞赛过程双方比技艺、比体力、比智力，紧张激烈。

（二）体育影视

通过电影、电视来宣传、表现体育，满足人们了解和欣赏的高需求，是当代社会科技发展的结果。广播电视和通信卫星等现代传媒体的高度发展，为观赏比赛和体育欣赏提供了极为方便的途径。体育影视能把瞬时比赛变成随时可供重复的欣赏内容，又为研究与提高竞技水平提供了有利条件。

（三）体育表演

体育表演是政府部门、体育组织、群众团体等为庆祝节日举行的纪念性的表演，是宣传体育运动，扩大影响，用以提倡和宣传某项运动以及对该项目的技战术水平提高而举行的示范表演，是为满足人们对某项运动的欣赏需求而举行的表演。体育表演也具有强烈的竞技性，即在表演过程中也有胜负之分，但在表演赛中两队之间表演的运动技艺为第一位，而取胜是第二位，虽然双方愿作为竞赛的胜利者，但欣赏者更关心的是运动员在竞赛中表现出的运动技艺，因此它更具观赏性。如体操、冰舞、花样游泳、跳水、武术等项目，是颇受人们欢迎的体育欣赏项目。

（四）体育艺术

体育摄影、绘画、雕塑、小说、戏剧文学和体育艺术形式，以及体育建筑等，也是很好的体育欣赏对象。世界各地体育建筑都是很吸引人的艺术品，它给人们以宏伟、挺拔、壮观的印象。当你置身于经过精心设计、施工的大型体育场馆之中，你会感到如同步入艺术天地。中外大型的体育建筑物各具特色，澳大利亚悉尼歌剧院，我国的国家奥林匹克体育中心等都是别具艺术风格的体育建筑群，是具有代表性的体育欣赏对象。

二、体育欣赏的内容

体育欣赏的内容十分丰富，有的欣赏竞技运动比赛的激烈场面，有的欣赏竞技运动比赛中的裁判执法水平，也有的欣赏体育运动场馆的建筑艺术风格，还有的欣赏体育运动的器材、服装和其他用品。

（一）对运动竞赛本身的欣赏

这里主要包含对运动员身体素质、技术掌握、战术运用的欣赏。身体素质是运动员表现技术、战术的物质基础，运动员良好的身体素质反映其训练水平和艰苦磨炼的经历，为技战术的学习和应用准备条件，而技术和战术是比赛构成的核心，也是体育欣赏的主体。优秀的身体素质、良好的技战术带给观众赏心悦目、令人向往的比赛经历。

（二）对比赛作风和道德品质的欣赏

训练有素的运动员一般具有良好的心理素质，对抗越激烈，比赛的水平、层次越高，体现越明显。这种心理素质全面展示运动员、教练员的道德品质、思想作风和精神风貌。比赛的强硬作风往往给观赏者以启示和教育，道德品质和精神风貌越出色，越是能鼓舞和激励人们，这些也往往使比赛进入高潮，扣人心弦，并把观赏者带入忘我的境地。

（三）对公平竞争的欣赏

比赛的公平性牵动着亿万观众的心，正是因为公平，竞争才有意义，汗水和付出才有价值。公平的比赛可以保证运动员的技战术、身体、心理素质和道德品质正常表现和发挥，可以更加顺利地把比赛推向新的高潮，把观众带向引人入胜的境地；对于欣赏者来讲，公平的竞争可以激发正义感、责任感以及严守道德准则、追求真理的欲望。

（四）对优雅的气质和风度的欣赏

运动员往往具备健美的身材和精神饱满、潇洒的气质。长期严格、有素的训练塑造了运动员镇静、沉着、情绪稳定、坚韧不拔、果断、勇敢、协作和顽强拼搏的精神，使得赛场内外的运动员举止大方、风度翩翩。比赛时准确、优美的动作激发体育欣赏者的爱美之心，给人以无限美的享受。

（五）对裁判员执法水准的欣赏

在所有体育运动竞赛中，裁判员的执法水平不但影响着比赛的结果，而且还影响着观众的欣赏情绪。特别是在比赛节奏快的项目中，裁判的正确判断显得格外重要。例如，在足球比赛中，场地范围大、比赛节奏快、激烈程度强、观众多，因此，就需要裁判员具备公正、严肃、认真的作风，灵活机智、冷静的临场执法能力，良好的身体素质和精神状态，只有这样才可以保持比赛的节奏，把比赛推向一个个高潮，同时也把观众的欣赏情绪不断推向新的高潮。所以说，裁判员执法水平的高低不仅影响着比赛的连续性，而且也影响着观众的欣赏情绪。

（六）对体育场馆建筑艺术风格的欣赏

体育场馆的建筑是一个时代、一个国家文化和艺术的象征，是一个国家的经济、科学技术和传统文化的结晶。因此，许多大型的体育场馆都有独特的风格和结构，给人留下深刻的印象并能够得到很好的艺术享受。

（七）对体育运动器材和服装的欣赏

体育运动器材的发展，体现了一个国家的经济和科技的发展水平。例如，网球拍的发展，从第一代的木制球拍到第二代的铝合金球拍，再到目前的航空碳纤维以及钛合金球拍，从球拍的外观、手感和性能上都有了质的飞跃。当欣赏者看到运动员使用本国器材取得了世界优异成绩时，会从内心深处对自己的国家充满热爱之情，为祖国感到由衷的骄傲。运动服饰，如帽子、服装、鞋子、运动包等也同样标志着一个国家的文化水平，优秀的运动员配上和谐、美观大方的运动服装，会给人一种精神抖擞、朝气蓬勃的感觉。在2000年悉尼奥运会上，我国运动员所穿的李宁牌运动服，在上衣的背后画有一条金黄和火红色的龙，形似“China”字样，这不但点缀了服装，使服装协调美观，而且让各国运动员和观众都知道：世界的东方屹立着强大的中国巨龙。

第三节　体育欣赏能力的培养

体育欣赏是一种特殊的社会活动，体育欣赏活动的顺利进行依赖于欣赏能力的提高，只有如此，在体育欣赏过程中才能获得相应的心理、生理上的满足，达到欣赏的目的。

一、体育欣赏能力的概念

体育欣赏能力是指个体在欣赏体育竞赛、体育活动、体育表演等过程中所应具备的个性心理特征。它是多种能力的有机结合，如审美能力、观察能力、运动能力、情绪调控能力等，这些能力保证了体育欣赏活动的顺利进行，并使个体在欣赏活动中获得心理和生理上的满足，最终达到欣赏、娱乐的目的。

体育欣赏为大家呈现的是体育比赛中永无止境的超越与追求，还有运动员在赛场上表现出来的那种团结协作的精神与体育精神。体育欣赏对于培养人的情操、提高生活质量都起到了积极作用。体育是一种艺术，充满着艺术魅力。在高校，体育欣赏是大学生最容易接受的体育知识的传播方法，现在大学生的生活与体育活动有着密切的关系，通过对体育运动的欣赏，大学生受到美的熏陶。体育欣赏不仅开阔了大学生的体育视野、丰富了大学生体育运动知识，而且又让大学生的体育文化素养得到了提高，让大学生真正明白了体育的内涵。通过培养大学生的体育欣赏能力，可以使他们得到精神上的愉悦和对美的需求，这也是高校对大学生进行美育的一种措施，对他们形成正确的体育观有很重要的意义。

二、大学生体育欣赏能力的培养过程

体育欣赏能力的培养是不断提高的过程，是在体育运动和体育文化活动的参与中，身心接受各种体育相关刺激，由此产生的生理和心理反应，在引导和教育中使这种反应得以培养和强化，并最终内化于心。

1. 运动理论和实践的学习

任何一项体育运动都有逻辑严密的技战术体系、特定的场地、不断地演变和发展的比赛规则。相关的知识帮助我们深刻地认识体育，使欣赏者的心情跟着比赛的节奏起伏不定而投入到比赛之中。同时，运动能力的培养，对欣赏能力的培养起到潜移默化的作用，促使欣赏者获得更多的直接审美体验。个体在理论、实践的学习和掌握中，能够培养自信、体现价值并获得参与的快感，了解各种运动实践成功和失败的影响因素，在体验中学会鼓

励和支持、学会理解和帮助。

2. 强化主动参与体育活动

体育欣赏是一种审美培养和选择活动，主动参与并在参与中体验的环节是不可或缺的。毕竟，由于主客观条件的差异，不同主体对欣赏客体难以有统一的审美体验。所以主体的主动性、开放式的参与可以不再局限于体育欣赏本身，而能够面向社会、面向生活，充分发挥欣赏主体的能动性和创造性。

3. 注重社会学知识的积累

体育活动本身是作用于主体为人的客观存在，体育欣赏是客观形式上的体育满足人的主观感受意识的需要，而欣赏是主体研究体育本身内在结构、逻辑规律、形成过程、存在意义的过程，社会学知识的积累为欣赏的过程和提高主体自身感受能力提供了支撑平台。

4. 在体育竞赛的欣赏中加强感性经验的积累

体育欣赏是感觉艺术，以视听为主，欣赏的效果总是从感性意识和感性需要这两种形式出发的，有道是“操千曲而后晓声，观千剑而后识器”，在欣赏中挖掘其美，在挖掘中感受美的价值，在不断地选择和感性的升华中拓宽和深化感受的领域。

5. 在体育欣赏中提升文化艺术素养

体育本是文化的形式之一，体育的发展当然离不开艺术的滋润，体育欣赏是否得到享受与欣赏主体的艺术修养的高低有密切关系。在欣赏体育时所获得的审美感受，是其文化艺术修养的众多构成因素在特定时间内以感性方式展现出来的结果。

三、大学生体育欣赏能力的培养途径

1. 从技术角度培养大学生的体育欣赏能力

在高水平的体育比赛中，运动员的技术动作是经过长期艰苦训练和多次比赛的检验而形成的，有的已经达到或接近了尽善尽美的境界。我们从这个角度观赏应该抓住一些重点。例如，跳高中身体过杆的刹那，投掷中的最后用力，短跑中充分的后蹬和前摆，体操中又高又飘的跟头，足球中的凌空抽射、鱼跃冲顶，篮球中的扣篮、变幻莫测的战术。精彩引人的体育欣赏使人得到美的享受。

2. 从战术角度培养大学生的体育欣赏能力

运动员把一些技术有目的地组织起来运用即为战术。战术可分为个人战术、基础战术和全队战术等。技术是战术的基础，掌握什么样的技术就组合成什么样的战术。协调一致的战术是运动员们经过一定时间共同训练和比赛逐渐形成的。高水平的战术配合可达到珠联璧合、天衣无缝的程度，观赏后会令人拍案叫绝，赞叹不已。观赏运动员们默契的战术配合，会启发我们正确认识和对待合作意义及学习合作。

3. 从运动员的角度培养大学生的体育欣赏能力

体育比赛是一项最大限度地开发人体运动能力的活动。运动员们在比赛中所表现出来的大大超过常人的运动能力，有着极高的欣赏价值。人们可能由欣赏某一运动员的运动技术而扩展到其他方面，如他（她）的性格、爱好、外貌、风度等。我们可以利用这一点，正确引导大学生，进而培养他们的体育欣赏能力。

4. 从文化和社会发展角度培养大学生的体育欣赏能力

体育是人类在几千年发展过程中创造出来的宝贵的文化财富。随着人类社会的高度发展，现代体育已经成为一种影响极大的全球性文化活动了。体育比赛的内涵更加明确，外延更加丰富、深刻，充满了时代精神和人生哲理。因此，文化层次较高的大学生，把观赏体育比赛仅仅当作娱乐活动是不够的，还应该在观赏中深入地思考，使我们的观念、思维、情趣等都得到启迪和升华。

体育美的欣赏永无尽头，真可谓“永远赏不完”，而体育美的作用大而全，足可谓“永远颂不尽”。它不仅可以于无形中锻炼人的力量、敏捷、果断；更能使人们逐渐养成严守纪律、谦虚礼让、克己团结、互助互爱的高尚情操；还能于比赛中培养我们对集体、对祖国的热爱之情……更重要的是，它在世界和平与发展中也起着积极的推动作用。

体育美是一个五彩缤纷、光彩照耀的“特殊世界”，它在不断地创新，不断地向人们展示出它无穷的魅力。我们应该而且必须不断地努力，不断地开动脑筋，不断地提高我们慧眼的“智慧度”，力争真正地打开“体育美”这个奇妙无比的大门，并对体育美进行充分利用。

【思考题】

1. 体育欣赏的价值何在？
2. 如何提高个人的体育欣赏水平？

第八章 CHAPTER EIGHT 大学体育与健康

田径运动

田径（track and field 或者 Athletics）或称田径运动，它是人类最早的一个比赛项目。人类最早的田径比赛是公元前 776 年的第一届古代运动会。19 世纪初，近代田径运动会在英国诞生，1912 年成立了国际业余田径联合会，确定了比赛项目，拟订了比赛规则，并负责组织国际比赛和审批世界纪录。除了奥运会外，世界性的田径赛还有：世界杯田径赛、国际田径大奖赛、世界田径锦标赛、世界青年田径赛、世界室内田径锦标赛等。

田径运动是田赛、径赛和全能比赛的全称。它主要包括竞走、跑、跳、投掷以及由跑、跳、投掷的部分项目组成的全能运动，共计 40 多项。田径运动中以时间计算成绩的项目称径赛；以高度或远度计算成绩的项目称田赛；全能运动项目，则以各单项成绩按《田径运动评分表》换算分数计算成绩。

第一节　径　　赛

一、短距离跑

短距离跑是一项典型的发展速度素质的运动项目，它要求人体在最短的时间内，以最快的速度跑完所规定的距离。跑得快的人，除了有较好的天资外，掌握正确合理的技术，具有良好的身体素质，也是非常重要的。经常练习短跑，能有效提高人的快速奔跑能力，发展和提高速度素质，以及培养人勇往直前的奋斗精神。

短距离跑技术根据跑程的特点可分为：起跑、起跑后加速跑、途中跑和终点冲刺跑 4 个部分。

（一）起跑

起跑的任务是使身体迅速摆脱静止状态，获得向前的最大冲力，并为起跑后加速跑创造有利条件。短跑起跑，必须采用蹲踞式起跑，并且使用起跑器。常采用的起跑器安装方法有普通式和拉长式两种。

1. 普通式

前起跑器距起跑线约一脚半长，后起跑器距前起跑器约一脚半长。

2. 拉长式

前起跑器距起跑线约两脚长，后起跑器距前起跑器约一脚长。

前起跑器的支撑面与地面约成 45°，后起跑器的支撑面与地面约成 75°左右。两起跑器左右间隔约 15 cm。

起跑动作包括："各就位""预备""鸣枪（跑）"。

听到"各就位"口令后，做几次深呼吸，走或慢跑到起跑器前下蹲，两手撑起，两脚（有力的脚在前）依次用前脚掌蹬在起跑器的支撑面上，后膝跪地，两手收回，四指并拢与拇指呈八字形，两手拇指与肩同宽，支撑于起跑线后沿处，两臂自然伸直，重心适当前移，肩与起跑线齐平或稍后，背部微弓，颈部放松，头微低，眼看起跑线后，注意听"预备"口令。

听到"预备"口令后，平稳地提起臀部，并略高于肩，同时重心适当前移。两肩稍超出起跑线，体重移到两臂和前脚上，两脚蹬紧起跑器。前腿大小腿的夹角为 90°～100°，后腿大小腿的夹角为 110°～130°。背部稍稍隆起，头与躯干保持自然姿势。

听到枪声后，两手迅速推离地面，两臂有力地前后摆动，两腿用力蹬起跑器。后脚蹬离起跑器后，迅速向前上方摆出，后腿向前摆出时，脚不要离地太高，以便加快摆动速度。同时，前腿快速有力地蹬伸髋、膝、踝三关节，后起跑器上的大腿迅速有力地前摆，有助于前腿的后蹬效果，在蹬离起跑器的瞬间，后蹬角为 42°～45°（图 8-1-1）。

图 8-1-1

（二）起跑后加速跑

起跑后的加速跑是起跑的继续，其任务是尽快在最短距离内发挥最快速度。起跑出发后的第一步不要过大，一般落在起跑线前一脚到一脚半长的地方，第二步距第一步着地点 3～4 脚长，以后步长逐渐增长，两脚着地点逐渐吻合于一条直线上，上体也逐渐抬高接近途中跑的姿势（图 8-1-2）。

图 8-1-2

(三) 途中跑

途中跑是短跑全过程中最主要的部分，距离最长、速度最快的一段，其任务是保持最大速度跑完全程。

当身体重心移过支撑点后，支撑腿就开始了后蹬。后蹬动作从伸展髋关节开始，当身体重心远离支撑点时，快速有力地伸展髋、膝和踝关节，最后用趾末关节用力，形成支撑与摆动腿协调的蹬摆动作。后蹬结束的一刹那，髋、膝、踝、趾关节充分蹬直，与躯干几乎呈一直线。这种动作使后蹬支撑反作用力通过身体重心，有效地推动身体向前移动。后蹬效果的大小，取决于蹬地力量和速度，两腿蹬地力量越大，蹬地速度越快，蹬地角越小，效果越好。

腿的摆动动作：腿的摆动是从后蹬腿离开地面时开始的，当后蹬腿蹬离地面身体转入腾空时，小腿随大腿前摆，并自然折叠。当大腿过垂直部位后，积极有力地向前摆动，当摆动动作结束时，蹬地腿已完全伸直。途中跑时，两腿的蹬摆协调配合，是跑的关键，但应特别强调快速有力的后蹬。

落地动作：摆动腿以髋关节为轴，大腿积极下压，膝关节放松，小腿顺惯性前摆，当前脚掌着地瞬间，迅速向后下方做扒地动作，脚着地后顺势屈膝、伸踝，以缓和着地时产生的阻力，并使身体重心迅速前移。

途中跑时，头部正直，颈部放松，两眼平视，上体稍前倾。摆臂时，两手握拳，肘关节自然弯曲成 90°，以肩关节为轴前后摆动，做到“前不漏肘、后不漏手”。臂的前后摆动是由上臂在肩关节处屈伸、屈肌群和前臂在肘关节处的屈肌群收缩完成的。

摆臂与摆腿同样重要，有维持身体平衡与调节步长和步频的作用（图 8-1-3)。

图 8-1-3

(四) 终点冲刺跑

终点冲刺跑是指全程跑最后 15～30 m 的一段距离。其任务是保持途中跑的正确技术，以最快的速度跑过终点。终点跑的技术与途中跑基本相同，但要加强两腿蹬地力量和两臂的摆动。在离终点最后一步时上体迅速前倾，用胸或肩部撞终点线，并跑过终点，注意不要突然停止，以免摔倒。

二、中长距离跑

中长距离跑既是一项竞技运动项目，又是具有很高健身价值的活动方法。参加中长距

离跑锻炼不受季节、场地条件限制，经常参加中长距离跑锻炼，能增强下肢肌肉力量，提高呼吸和循环系统的机能，能培养吃苦耐劳、不怕困难等意志品质，尤其是对提高心肺功能颇有价值。

（一）中长距离跑的基本技术

1. 起跑

中长距离跑一般采用站立式起跑。起跑前，先做1～2次深呼吸，然后走到或慢跑至起跑线后3 m集合线处听候起跑口令。听到"各就位"口令后，走或慢跑至起跑线后，两脚前后开立（前脚跟与后脚尖的距离约一脚长，左右间隔约半脚长），将有力的脚放在前面，后脚用前脚掌着地。两腿弯曲，上体前倾，身体重心的投影点落于前脚脚尖的稍前面。前腿异侧臂自然弯曲在前，同侧臂在后（自然屈肘约90°）。身体保持稳定的姿势，集中精力听枪声。听到枪声后，两脚用力蹬地，紧接着后腿蹬离地面后，以膝领先迅速前摆，前腿充分蹬直，同时两臂配合两腿的动作快而有力地前后摆动，使身体迅速冲出起跑线（图8-1-4）。

图8-1-4

2. 起跑后的加速跑

起跑后的加速跑主要是为了占据有利位置，在较短时间内达到预定的速度。这段加速跑的距离，根据项目的长短（中距离跑的加速跑距离较长，长距离跑较短些）、个人的特点与比赛的临时情况而定。

3. 途中跑

途中跑时上体稍前倾，头部正直，眼平视，面部表情放松自然。两臂自然屈肘约90°，以肩为轴前后协调摆动，与身体保持协调一致，调节跑动的速度。

腿部动作：跑的速度快慢决定于步长和步频。在跑的周期中，后蹬结束后，身体进入腾空阶段，支撑腿变为摆动腿，大腿积极向前摆动，小腿放松顺势自然折叠，经过垂直部位后，大腿带动同侧髋向前上方加速摆出，同时腰部协同送髋。当摆到最高点时，大腿转为积极下压，小腿顺势前摆，用前脚掌着地，迅速滚动到全脚掌支撑地面。在这之后摆动腿又变成支撑腿。由另一腿积极前摆，身体重心前移超过支撑腿开始后蹬，腿部发力送髋、伸膝、蹬踝，用脚趾蹬离地面。

在田径场训练，要有正确的弯道跑技术。整个身体稍向内倾斜、右侧高于左侧，右腿前摆时稍内扣，左腿前摆时膝与脚稍外转，上肢做相应的动作协调配合下肢跑好弯道。

4. 终点冲刺跑

终点冲刺跑是指临近终点时的最后一段距离的全力跑，需要以顽强的意志，加快摆臂加强脚步的蹬摆，奋力向前冲到终点。终点冲刺跑的距离根据训练水平、战术要求、个人体力、临场情况而决定。因此，终点冲刺跑的距离应因人而异。

（二）中长距离跑锻炼应注意的问题

1. “极点”的缓解方法

中长距离跑锻炼是一项剧烈的运动。由于内脏器官有一定的惰性，一时难以满足随意肌-运动器官的需要时，身体会有不良反应，如呼吸表浅、四肢无力、胸闷口干、协调性和跑速下降，有难以继续跑下去的感觉。这是一种正常的生理、心理反应现象，称之为“极点”现象。这时，只要有顽强的意志坚持跑下去，注意加深呼吸、坚持跑一段距离，“极点”现象就会消失，呼吸均匀，身体机能明显好转，富有轻松感，在生理上被称为“第二次呼吸”。

“极点”现象的产生与锻炼水平、运动强度、准备活动是否充分有关。经常跑步的人，“极点”现象出现得晚，不良反应轻，持续时间短；反之，不经常锻炼的人，“极点”现象出现得早，不良反应大，持续时间长。所以，克服“极点”现象，关键是经常进行中长距离跑锻炼，锻炼前要认真做好准备活动。

2. 腹痛的缓解方法

中长距离跑时最使人头疼的莫过于腹痛（人们常说的肚子疼），它能破坏跑的节奏，使意志薄弱者中途退却。

造成腹痛的主要原因是胃肠内食物的重力牵扯（对同一个人来讲，早晨空腹跑几乎没有肚子疼现象），为此，在比赛和测验之前应尽量少吃东西。另外，不做准备活动、开始时跑速过快等也是导致腹痛的原因之一。再有，有些人还存在神经系统的条件反射，一跑就疼，不跑不疼。鉴于上述情况，要认真寻找自己肚子疼的原因，然后，或是做好准备活动，或是做好体力分配。至于条件反射，只要坚持跑，转移注意力，挺过去就会好的。

三、跨栏跑

跨栏跑是在一定距离内，跨过规定的高度和数量的栏架，技术性较强的短跑项目，属田径运动中径赛的一种。国际比赛男子为 110 m 和 400 m 栏，女子为 100 m 和 400 m 栏，栏数 10 个。

（一）起跑线至第一栏

起跑线至第一栏的主要任务是：使身体迅速摆脱静止状态，积极加速并准确地踏上起跨点，为过好第一栏和形成良好的栏间节奏，做好心理与身体上的准备。

（二）途中跑

1. 起跨攻栏

起跨攻栏阶段的任务是保持较高的水平速度，使身体重心达到过栏所必需的腾起高

度。起跨攻栏阶段是跑跨结合的关键技术，这一阶段中的任何失误都会在下栏着地及栏间跑时反映出来，因此起跨攻栏技术是整个跨栏步技术的关键。

（1）合适的起跨距离可以减小起跨离地时的蹬地角度，有助于摆动腿向前上方的摆动，加大身体腾空时水平分力的比例。

（2）保持较高的身体重心位置可以较好地减小整个跨栏步的重心波动差，有助于起跨攻栏阶段重心腾起角度的减小。

（3）运动员争取重心总移动距离不变的前提下，适当加大后支撑与前支撑的比例，以此来达到提高后蹬效果的目的。

（4）摆动腿的积极前摆有助于起跨腿力量、速度、方向、角度的把握；摆动腿腾空后与躯干互为作用，促进躯干积极前倾，加大两腿的分腿角度，有利于摆动腿小腿前伸动作的进行。

（5）躯干在起跨腿蹬离地面后要积极攻栏，在起跨攻栏结束时达到最大幅度的前倾。积极前倾攻栏，有助于起跨腿的提拉，有助于摆动腿迅速向前上方的继续抬摆和小腿向前的摆伸。

2. 下栏着地

下栏着地技术是指身体重心腾空达到最高点，到摆动腿脚着地支撑这一动作过程。此阶段的任务是使身体平稳、快速地转入栏间跑，尽可能地减少水平速度的损失。

（1）摆动腿积极下压，起跨腿迅速提拉。摆动腿脚一过栏就应进行积极的下压动作，在着地瞬间保持膝关节伸直。同时起跨腿大小腿折叠外展，脚背屈并外翻，膝关节领先经腋下向前上方迅速提拉，摆动腿脚着地后起跨腿应提拉至身体的侧前方。两腿的动作要协调配合动作连贯。应注意的是，下压与提拉的动作应同时开始，这样会使两腿的剪绞动作进行得充分有力。

（2）保持较高的重心位置。下栏着地瞬间，摆动腿脚掌先着地，为减小对地面的冲击力，通过踝关节进行缓冲。在着地支撑时膝关节要保持伸直，使着地时的重心高度高于起跨时的重心高度。

（3）身体各部分的协调配合。在下栏着地过程中，上体配合摆动腿的下压自然地向上抬起。摆动腿同侧臂自然向前摆动，摆动腿异侧臂由前上方向后下方做较大幅度的划摆，以抵消起跨腿从体侧提拉沿身体纵轴所产生的旋转力。

3. 栏间跑

栏间跑技术是指从下栏着地点到下一栏起跨点间的距离，其任务是发挥跑速，保持节奏，准备攻栏。由于栏间跑是在固定距离上以固定步数跑过，同时又要为过栏做准备，所以在技术动作、步长、步频比例方面同短距离跑途中跑相比有所不同。栏间跑步长不但要靠良好的肌肉力量，而且还要有目测和空间定向能力才能准确踏入起跨点，节奏感要求非常强。

（三）终点冲刺跑

此阶段是从过第十栏至终点。其任务是发挥出运动员的所有体能，以最快的速度冲过终点，是途中跑段的延续。运动员为了增大后蹬力量，应尽量保持上体倾斜角，同时加大摆臂的幅度和力量，保持步频竭尽全力冲向终点，用胸部后肩部撞向终点线的垂直面（图 8-1-5）。

图 8-1-5

四、接力跑

接力跑，是田径运动中唯一的集体项目。一般分为 4×100 m 接力跑和 4×400 m 接力跑，以队为单位，每队 4 人，每人跑相同距离。接力棒为光滑的空心圆管，由木料、金属或其他材料制成。长度为 28～30 cm，直径为 3～3.5 cm，重量为 50 g。接力棒应涂成彩色，以便在比赛中明显可见。正式接力比赛在标准田径场地上进行，接力区为 20 m。每个接力区前有 10 m 的预跑区。

（一）起跑

第一棒队员必须采用蹲踞式起跑，第二、三、四棒队员可用站立式或半蹲踞式起跑。比赛一般在 400 m 跑道上进行，第一、三棒队员需要跑弯道，应右手持棒沿各自分道的内侧跑进，这样即可沿跑道的最短距离跑进，又可避免冲撞。

（二）传、接棒的方法

接力跑传、接棒的方法一般有上挑式、下压式和混合式 3 种。

1. 上挑式

接棒人手臂自然向后伸出，掌心向后，虎口张开朝下，传棒人将棒由下向上挑，送入接棒人手中。上挑式传、接棒的优点是接棒人向后伸手的动作比较自然，容易掌握。缺点是容易造成掉棒和影响持棒跑动，必须在跑进中换手或调整握棒的部位（即倒棒）。

2. 下压式

接棒人的手臂后伸，掌心向上，虎口张开朝后，拇指向内，其余四指并拢向外，传棒人将棒的前端由上向前下压，放入接棒人手中。下压式的优点是接棒后不必再调整持棒手的位置。缺点是由于接棒运动员的手臂后伸，掌心朝上，会引起身体前倾，传棒运动员手臂前伸，都会降低跑速。

3. 混合式

第一棒用“上挑式”传棒，第二棒用“下压式”传棒，第三棒仍用“上挑式”。

（三）项目规则

除了起跑者用蹲踞式起跑之外，其他人都可采用站立式起跑。

在 4×400 m 接力跑中，第一棒全程及第二棒的第一弯道是分道跑，第二棒运动员要跑至抢道线后方可自由抢道。第一棒的传接必须在参赛者指定的分道内进行，其余各棒的传接，裁判员会根据第二及第三棒运动员通过 200 m 起点处之先后，按次序让其第三及第四棒的队友在接棒范围内，由内至外排列等候接棒，所有接棒者均不可以在接棒区外起跑。

接力棒必须拿在手上，直到比赛结束为止。任何人掉了棒，必须由其本人拾回，而且要在不影响别人的情况下，方可越出自己的跑道以拾回接力棒。所有接力赛事，必须在接棒区内完成交接棒。接棒区内的判定是根据接力棒的位置，而不是根据参赛者的身体或四肢的位置。任何参赛者在传接棒完毕后故意越出跑道以妨碍其他参赛队伍，其队伍可以被取消资格。

（四）各棒队员的配合

无论是 4×100 m，还是 4×400 m，都需要 4 名运动员具备高水平的 100 m 和 400 m 单项成绩，加之良好的传接棒技术，才能在接力赛跑中取得好成绩。4×100 m 接力跑在安排各棒队员时，必须考虑发挥每个人的特长。一般第一棒应安排起跑好、并善于跑弯道的运动员；第二棒应是速度快、专项耐力好，善于传、接棒的运动员；第三棒除应具备第二棒的长处外，还要善于跑弯道；通常把全队成绩最好、冲刺能力最强的运动员放在第四棒。4×400 m 接力跑，由于 400 m 后程的跑速明显降低，传接棒的技术比较简单，一般是右手传棒左手接棒，然后再换右手持棒跑动。各棒之间的配合以第一棒和第四棒的安排为主。一般将速度较快的运动员放在第一棒，争取获得领先地位；第四棒安排速度耐力好，意志品质较顽强的运动员，一旦前三棒落后，可奋起直追，一拼到底。

第二节　田　　赛

一、跳远

跳远是通过快速的助跑和有力的起跳，采用合理的腾空姿势和动作，使人体腾跃尽可能远的水平距离的运动项目。它能有效地提高速度，发展弹跳力和协调性，增强神经系统、循环系统和运动器官的机能，培养勇敢、顽强的意志品质。

它是田径比赛项目之一，完整的跳远技术由助跑、起跳、腾空、落地 4 个部分所组成。目前的跳远技术有 3 种：蹲踞式、挺身式和走步式。

（一）助跑

1. 助跑的任务

是获得最大的水平速度，为准确踏板和迅速有力的起跳做好准备。

2. 助跑的起动方式

有原地起动和行进间起动两种，前者更适合初学者。

3. 助跑常用的加速方式

有两种，即平稳加速（也称为逐渐加速）和积极加速。平稳加速方式：开始步频较低，然后逐渐加大步长或在保持步长的基础上提高步频，加速过程均匀平稳，时间较长。其助跑动作比较轻松，起跳的准确性好，成绩比较稳定。积极加速方式：上体前倾较大，步频始终保持较高的水平。积极加速跑动作比较紧张，起跳准确性差，适合于绝对速度较快的运动员。

4. 助跑距离

从助跑起点到踏跳板之间的距离。一般而言，技术水平越高，速度越快，助跑距离越长。男子助跑距离为 35～45 m，18～24 步；女子助跑距离为 30～35 m，16～18 步。

5. 助跑节奏

表现为对步长、步频变化的控制，以利于最高速度的发挥及利用。跳远助跑的最后几步呈加速状态，身体重心适当下降，为快速起跳做好准备。

（二）起跳

起跳的任务是利用助跑所获得的最高速度，瞬间创造尽可能大的腾起速度（助跑和起跳动作共同产生的合速度）和适宜的腾起角度，使身体充分向前上方腾起。起跳是跳远技术中最重要的环节，起跳的动作过程可分为起跳脚着地（上板）、缓冲和蹬伸 3 个阶段。着地过程要迅速且富有弹性，缓冲是及时、积极地前移身体，蹬伸是爆发式用力动作，要快而有力。起跳时，抬头挺胸，上体正直，提肩、拔腰，髋、膝、踝 3 个关节要充分蹬直，蹬摆配合要协调，一致用力。

（三）腾空

腾空阶段指起跳后人体在空中维持身体平衡，完成各种动作的阶段。跳远的腾空动作目前主要有 3 种姿势：蹲踞式、挺身式、走步式。

1. 蹲踞式

起跳成腾空步（起跳结束时，身体姿势在空中延续）后，上体保持正直，摆动腿继续向上摆动，起跳腿顺势屈膝前摆，逐渐靠近摆动腿，使两腿屈膝在空中成蹲踞姿势。然后收腹举腿并前伸小腿，两臂由后向前摆动，使身体重心前移，顺势落地（图 8－2－1）。

2. 挺身式

起跳成腾空步后，摆动腿下落，膝关节伸展，小腿由前向下向后呈弧形摆动，两臂下

图 8－2－1

垂经由体侧向后上方绕环摆动，起跳腿自然回摆与摆动腿靠拢，形成挺胸展髋的姿势。继而收腹举腿，大腿向胸部靠拢，小腿前伸，两臂上举或后摆，顺势落地（图 8－2－2）。

图 8－2－2

3. 走步式

起跳成腾空步后，以髋关节为轴，摆动腿大腿带动小腿，由前向下、向后摆动。同时起跳腿屈膝前摆，向上抬起大腿，前伸小腿，在空中自然地完成换步动作。两臂与下肢协调配合做大幅度直臂绕环摆动或自然前后摆动，然后摆动腿顺势前摆，两腿靠拢，收腹举腿，前伸小腿，顺势落地。在空中完成一次换步后落地的称为“两步半”走步式，完成两次换步后落地的称为“三步半”走步式（图 8－2－3）。

（四）落地

落地阶段指身体腾空后落入沙坑的着地动作阶段。其任务是选择合理的技术，获得较大的跳跃距离，并防止伤害事故的发生。完成腾空动作后，收腹举腿，小腿前伸，脚尖勾起，两臂向后摆动。脚跟触及沙面后，迅速屈膝缓冲，臀部顺势前移，两臂由后向前摆动，上体前倾，成团身姿势，平稳地落入沙坑。

图 8-2-3

二、背越式跳高

1. 助跑

（1）助跑的任务。从背越式跳高的助跑路线可以看到，在助跑开始的前段直线跑，应尽可能大地获得水平速度。在助跑后段的弧线跑应为跑跳创造尽可能大的离心加速度，有助于向横杆方向运动。

（2）助跑的技术要点。开始采用直线助跑，双肩要下垂，用脚前掌着地，跑时具有弹性；提高重心，步幅均匀，不断加速；进入弧线跑时，外侧摆动腿富有弹性地蹬地。为了克服离心加速度的作用，上体应稍向弧线内侧倾斜。前脚掌沿弧线落地，身体重心轨迹向内越出足迹线。助跑的节奏要快，特别是助跑最后两步髋关节前送幅度要大，迈步时上体保持较垂直的姿势，摆动腿积极，充分后蹬，起跳腿快速前伸，同时髋部自然前送。助跑过程中两臂应积极有力地前后摆动，弧线跑时外侧手臂摆动幅度应大于内侧手臂的摆动幅度。

2. 起跳

起跳的目的在于使助跑获得的水平速度迅速转变为垂直向上运动，以使身体充分向上腾起，并为过杆做好准备。起跳动作可分为起跳腿的着地、缓冲和蹬伸 3 个阶段及摆动腿与双臂的配合。

（1）起跳腿的着地、缓冲和蹬伸技术。为加快起跳的速度，起跳腿应大幅度、平稳地以脚掌外侧着地，并迅速从脚跟向前脚掌滚动。这时由于迈步放脚时髋关节的积极快速前送和迅速的弧线助跑而形成了身体向后、向内的倾斜姿势。在起跳的缓冲阶段，为了提高

起跳的速度还应减小屈膝的幅度，以利于保持水平速度。在这阶段当身体由倾斜转为垂直至身体重心移至起跳腿的上方时，迅速有力地充分蹬直起跳腿的3个关节。这时起跳腿的蹬伸方向应在身体重心的外侧，从而产生了过杆所必需的旋转冲力。

（2）起跳时摆动腿与双臂的协调配合技术。起跳时离横杆较远的一臂用力向上摆动，另一臂不要充分摆出，并且较早地制动，这样有利于肩轴倾向横杆。摆动腿的摆动应从屈膝的起跳腿旁开始，以膝盖领先，先屈膝折叠，后向上用力摆出。当摆动腿摆到起跳腿前方之后应向里转，而小腿和脚要稍微外展。这样的积极动作，有助于使骨盆保持在起跳力量的作用线上，围绕纵轴产生转身动作。此时，头应补偿性地转向横杆。

3. 过杆和落地

过杆就是充分利用起跳获得的腾空时间改变身体姿势，缩短身体重心与横杆之间的距离，并利用身体的屈伸、旋转越过横杆。过杆时，立即屈髋收腹，下颚迅速引向前胸，同时双腿高举，两小腿积极向上甩起。应注意，落地前的收腹举腿，以背先着地，或团身以肩先着地，然后再做一个后滚翻。为了控制腾越方向，头部不能后仰，注意落垫过程中两眼始终注视横杆方向。

三、掷铅球

根据田径规则要求，掷铅球是在2.135 m直径的圆圈内进行的，它要求投掷者以单臂从肩上把球推出去。推球时可以原地推，也可以滑步。推出的铅球必须落在40°的扇形区内。在正式比赛中，男子铅球重量规定7.26 kg，女子铅球重量规定4 kg。掷铅球技术要求是：长的工作距离、快的推球速度、适宜的出手角度，充分发挥全身的力量集中作用于铅球上，将球推出更远的距离。

掷铅球技术可分为：①握持球；②预备姿势；③滑步；④最后用力；⑤维持身体平衡。

下面是背向推铅球的技术要领。

（一）握球与持球

在完成这些动作时应强调两点：一是握球时要将球的重量放在指根上，手臂力量强的可将铅球适当上移，手腕尽量向后屈伸。这不仅加长了对铅球的工作距离、充分发挥出小肌肉群的力量，而且在推球时避免了铅球脱手或扭伤手腕、指关节；二是持球时一定要使铅球贴紧颈部，置于锁骨窝处，持球臂与肩平行或稍低于肩，所以推球时应降肘，并充分发挥胸、肩、臂的用力效果，为最后用力做好准备。

（二）预备姿势

持球后，背对投掷方向，站在圈内靠近后沿处，两脚前后站立，相距20～30 cm，右脚尖靠近投掷圈内沿（脚也可稍向内转），左腿在后并自然弯曲以前脚掌或脚尖着地，上体正直放松，左臂自然上举，体重落在伸直的右腿上。

（三）背向滑步

在做好推球预备姿势后，左腿可做1～2次预摆，以便检查一下身体是否平稳，当最后一次预摆即将结束时，在左脚回摆的同时，右脚弯曲，降低身体重心，使身体呈半蹲姿势。当左腿回摆到靠近右腿时，紧接着要以左大腿带动小腿向投掷方向摆去。同时，右腿用力蹬摆，并利用这两个向前的力量带动髋部向投掷方向移动。

当右腿充分蹬直后迅速收小腿，前脚掌沿地面向投掷方向滑步，并落在圆圈中心处，在右脚落地的同时，左腿主动迅速地以前脚掌内侧着地。这时体重落在弯曲的右腿上，形成了有力的推铅球动作。

（四）最后用力

最后用力是推铅球技术中最关键的环节，对铅球的飞行距离起着决定性作用。推铅球基本上属于直线运动的投掷项目，为了提高用力效果，要保持施力的连续性和稳定性，既不能停顿，也不能突然用力，以便保证铅球加速运行，这是良好技术标志之一。

滑步结束的瞬间，右腿积极蹬转推动髋部向投掷方向转动，上体边转边抬。当面对投掷方向的一瞬，两腿充分蹬伸，挺胸推手，将球推向前上方，随即手腕内旋，手指快而有力地拨球，使球沿着38°～42°的出手角度飞出。可以用“蹬、转、推、拨”这4个字来概括这一过程。“蹬”是指蹬地；“转”是指转髋、转肩；“推”是指推球伸臂；“拨”是指中间三指的拨球动作。

（五）维持身体平衡

在铅球出手的刹那间，右腿顺势前摆，降低重心，以维持身体平衡（图8-2-4）。

图8-2-4

四、掷铁饼

掷铁饼的技术动作分为握法、预备姿势和预摆、旋转、最后用力和维持身体平衡4个技术环节。

（一）握法

五指自然分开，拇指和手掌平靠铁饼，其余四指的最末指节扣住铁饼边沿，铁饼的重心在食指和中指之间，手腕微屈，铁饼的上沿靠在前臂上，持饼臂自然下垂于体侧。

（二）预备姿势和预摆

预备姿势：背对投掷方向，两脚左右开立约一肩半，站于圈内靠后沿处的投掷中线两侧。两脚平行开立或左脚稍后，持饼臂自然下垂于体侧，眼平视。

预摆：预摆是为了获得预先速度，为旋转创造有利条件。目前常见的预摆有两种。①左上右后摆饼法。开始时，持饼臂在体侧前后自然摆动，当铁饼摆到体后时，体重靠近右腿，接着以躯干带动持饼臂向左上方摆起，当铁饼摆到左上方时，左手在下托饼，体重靠近左腿，上体稍左转。回摆时，躯干带动持饼臂将铁饼摆到身体右后方，身体向右扭紧，体重处于右腿上，上体稍前倾，左臂自然微屈于胸前，眼平视，头随上体的转动而转动。②身体前后摆饼法：开始时，持饼臂在体侧前后自然摆动，当铁饼摆向体前左方时，手掌逐渐向上翻转，右肩稍前倾，体重靠近左腿。铁饼回摆到体后时，手掌逐渐翻转向下，体重由左向右移动，上体向右后方充分转动，使身体扭转拉紧。这种方法动作放松，幅度大。目前大多数优秀选手都采用它。

（三）旋转

预摆结束后，弯曲的右腿蹬地，上体向左转动，同时左膝外展，体重由右脚向边屈边转的左腿移动。接着两腿积极转动，并以左脚前脚掌为轴向投掷方向转动，身体向投掷方向倾斜，投掷臂在身后放松牵引铁饼。当左膝、左肩和头即将转向投掷方向时，右膝自然弯曲，以大腿发力带动整个腿绕左腿向投掷方向转扣（右脚离地不能过高），这时左髋低于右髋，身体呈左侧单腿支撑旋转，接着以左脚蹬地的力量推动身体向投掷圈的中心移动，右腿、右髋继续转扣。当左脚蹬离地面，右腿带动右髋快速内转下压，左腿屈膝迅速向右腿靠拢，左肩内扣，上体收腹稍前倾。接着，左脚积极后摆，以脚掌的内侧着地，落在投掷圈中线左侧，圆圈前沿稍后的地方，身体处于最大限度的扭转拉紧状态，铁饼远远留在右后方，左臂自然微屈于胸前，为最后用力做好准备。

（四）最后用力和维持身体平衡

当左脚着地时，右脚继续蹬转，使右髋积极向投掷方向转动和前送。接着，头向投掷方向转动，左臂微屈于胸前，胸部开始向前挺出，体重逐渐移向左腿。当体重移向左腿时，右腿继续蹬伸用力，以爆发式的快速用力向前挺胸挥饼。与此同时，左腿迅速用力蹬伸，左肩制动，左侧支撑，使身体右侧迅速向前转动，将全身的力量集中在铁饼上，当铁饼挥至右肩同高并稍前时，用小指到食指依次用力拨饼出手，使铁饼顺时针方向转动向前飞行。铁饼出手后，应及时交换两腿，身体顺惯性左转，同时降低身体重心，维持身体平衡（图 8－2－5）。

图 8-2-5

五、标枪

（一）握法和持枪

握法：常见的有现代式和普通式两种。

现代式握法：标枪斜放于掌心，大拇指和中指握在标枪缠绳把手末端第一圈的上沿，食指自然弯曲斜握在枪杆上，无名指和小指自然地握在缠绳把手上。这种握法可加长投掷半径，便于控制标枪出手角度和飞行的稳定性，为多数运动员所采用。普通式握法，手腕紧张，不利于控制出标枪角度，很少有人采用。

持枪：现在多数人都采用肩上持枪。持枪于右肩上方，稍高于头，枪尖稍低于枪尾。这种持枪法手腕放松，便于向后引枪，目前采用的人多。持枪于右肩上方右耳旁，枪身与地面几乎平行，这种方法引枪时，能较好地控制标枪的角度，但投掷臂与手腕比较紧张。持枪于头右侧，枪尖稍向上，这种持枪法臂和手腕紧张，很少有人采用。

（二）助跑

助跑的目的，是为了在最后用力前获得预先速度，并在助跑中做好引枪动作，为最后用力创造条件。助跑的距离一般为 25～35 m。

预跑阶段：从第一标志线到第二标志线为预跑阶段，为 16～20 m。跑双数步 8～12 步，跑单数步 9～13 步。预跑时动作自然，上体微前倾，逐渐加速，用前脚掌着地，持枪臂随跑的节奏自然前后摆动，从容地进入投掷步。

投掷步阶段：从第二标志线到起掷弧线为助跑的投掷步阶段。投掷步的步数通常有四步、五步和六步。

下面以四步投掷步为例进行分析。

第一步：左脚踏上第二标志线，右脚积极向前迈步，脚掌落地部位稍偏右，右肩向右转动并开始向后引枪，左肩向标枪靠近，左臂在胸前自然摆动，眼前视。

第二步：当右脚落地，左脚离地前迈时，髋轴向右转动，右肩继续向右转动并完成引枪动作。上体转成侧对投掷方向，左脚掌落地后，与投掷方向成较大的角度，左臂摆至身体左侧，上体正直，眼前视。

第三步（交叉步）：投掷步第二步左脚落地时，右股自然弯屈，大腿带动小腿积极向前迈步，左腿猛蹬伸，使右大腿加速前迈，成交叉步，左臂自然摆至胸前，投掷臂伸直充分后引，右脚尖与投掷方向成45°左右，躯干与右腿呈一条直线。

第四步：从助跑过渡到最后用力的衔接步。交叉步结束前，左腿积极迈第四步，用脚掌内侧落地。

（三）最后用力和缓冲

最后用力：投掷步第四步落地后，右腿积极蹬地转髋，肩轴向投掷方向转动，投掷臂上臂向上转动，带动前臂和手腕向上翻转。当上体转到正对投掷方向时，投掷臂翻到肩上，呈“满弓”姿势。然后，上臂带动前臂向前做爆发式的“鞭打”动作，使标枪向前飞出。在标枪离手的一刹那，甩腕指，使标枪沿纵轴顺时针方向转动。

缓冲：标枪出手后，运动员随着向前的惯性，继续向前运动，为了防止犯规，应及时向前跨1～2步，身体稍向左转，并降低身体重心，维持平衡（图8-2-6）。

图8-2-6

第三节　田径运动比赛规则

一、径赛主要规则

（一）利益受损

运动员挤、撞、踩鞋或阻挡别人而妨碍该运动员走或跑进时，应取消其该项比赛资格。发生此类情况后，径赛裁判长有权令被取消资格以外的运动员重赛。如发生于预赛，可令受损失的运动员参加下一赛次的比赛。

（二）串道

径赛裁判长根据裁判员、检查员或其他人员的报告，证实某运动员已跑出自己的分道，则应取消其比赛资格。若运动员在直道上跑出自己的分道或在弯道上跑出自己分道的外侧分道线，未从中获得实际利益，也未阻挡其他运动员，且在自己的分道跑过终点，则不应取消其比赛资格。

（三）标志物

除分道接力赛跑外，运动员不得在跑道上做有利于自己的标记或沿跑道放置标志物。标志物一般为大会提供的胶布。

（四）擅离跑道

在中、长距离跑时，运动员擅自离开跑道或在公路赛跑时擅自离开比赛路线，不得继续比赛。

（五）起跑犯规

对第一次起跑犯规的运动员应给予警告，之后的每次起跑犯规的运动员均应被取消该项目的比赛资格。全能径赛项目起跑时运动员第 1 次犯规，发令员应予警告，第 2 次犯规即取消比赛资格。

（六）起跑口令

400 m 及 400 m 以下各项径赛起跑时，发令员的口令为“各就位”“预备”，当运动员全部“预备”就绪，即可鸣枪。400 m 以上的项目，只用“各就位”口令，在所有运动员稳定时鸣枪。

（七）跨栏犯规

（1）运动员在过栏瞬间其脚或腿低于栏顶水平面。

（2）跨越他人的栏架。

（3）裁判长认为有意用手或脚推倒栏架。

（4）手臂或身体的其他部位越出自己的分道而影响他人。

（5）因摔倒而影响他人。

（6）弯道上下栏时，起跨腿或摆动腿踩踏左侧分道线。

有上述情况的应取消其比赛资格。除上所述之外，不得因碰倒栏架而取消比赛资格。

（八）接力犯规

（1）运动员未手持接力棒跑完全程。

（2）棒掉落未由掉棒运动员拾起。

（3）未在接力区内完成传接棒（接力棒只有传到接棒运动员手中的瞬间才算完成传接；是否在接力区内，仅取决于接力棒的位置）。

（4）运动员传棒之后，跑错位置或跑出分道而阻碍他队队员者。

（5）4×400 m 接力中，第 2 棒运动员未越过抢道线切入里道。

(6) 4×400 m 接力中，第 3、4 棒运动员在接力区擅自改变裁判员已安排好的位置或阻挡其他运动员（按照同队传棒运动员跑完 200 m 时的先后顺序，由内向外排列各自的接棒顺序，不应改变其在接力区起点处的位置）。

(7) 接棒人得到助力后跑进。

有上述情况之一者均应取消该队的比赛资格。

（九）竞走

竞走是两脚与地面保持不间断接触地向前跨步走。每步中，在后脚离地之前，前脚必须与地面保持接触。支撑腿在垂直部位时至少有一瞬间必须是伸直的（即膝部不得弯曲）。

（十）计时

计时应从看到发令枪发出的烟或闪光开始，到运动员躯干的任何部位触及终点线后沿垂直面的瞬间为止。

二、田赛主要规则

（一）时限

裁判员通知运动员一切准备就绪，试跳（掷）开始，该次试跳（掷）的时限，应从这一瞬间算起。

（二）无故延误

得到本人试跳（掷）的通知后，无故延误该项规定的时限，以失败论处。如果再次无故延误，即取消其继续比赛资格，但在此以前的所有成绩仍为有效。

（三）提升计划

高度项目比赛中每轮横杆提升的幅度不得少于 2 cm（撑竿跳高为 5 cm），横杆升高的幅度不得增大。当比赛中只剩下 1 名运动员，并且他已获得该项比赛冠军时，应征求该运动员意见，然后确定横杆提升的幅度。

（四）有关跳高的一些规定

(1) 在任何高度上，只要连续 3 次试跳失败，即失去继续比赛的资格。

(2) 运动员可以在事先宣布的横杆升高计划中的任一高度上开始起跳，也可在以后任一高度上决定是否免跳。

(3) 犯规情况。

① 双脚起跳。

② 试跳后由于运动员在试跳时的动作致使横杆未能留在横杆托上。

③ 在越过横杆之前，身体任何部分触及立柱之间、横杆延长线垂直面以外的地面或落地区者。运动员在试跳中，倘一脚触及落地区，而裁判员认为其并未从中获得利益，则不应判为试跳失败。

(4) 超时限者。

（五）田赛远度项目试跳（掷）次数及顺序

参加比赛的运动员如超过 8 人，每人可试跳（掷）3 次，有效试跳（掷）成绩最好的前 8 名运动员可再试跳（掷）3 次。倘第 8 名出现成绩相等，则成绩相等的运动员均可再试跳（掷）3 次。如果只有 8 人或不足 8 人参赛，则每人均可试（掷）6 次。后 3 轮和最后 1 轮比赛前均需根据前面的成绩优劣进行倒排序。

（六）在跳远比赛中，如有下列情况之一者，则判为试跳失败

（1）在未做起跳的助跑或在跳跃动作中，运动员身体的任何部分触及起跳线以前的地面。

（2）从起跳板两端之外起跳，无论是否超过起跳线的延长线。

（3）在落地过程中触及落地区外地面，而区外触点较区内最近触点离起跳线近者。

（4）触及起跳线和落地区之间的地面。

（5）完成试跳后，向后走出落地区。

（6）有空翻动作。

（7）超时限。

下列情况不为犯规：①运动员在任意位置跑出助跑道白色标志线不算犯规；②如果运动员的脚或鞋的一部分触及起跳板两端以外起跳线后面的地面，不算犯规；③如果运动员在落地过程中其身体的任何部分触及了落地区以外的地面，不算犯规；④如果运动员以正确方式离开落地区后，再向后穿过落地区，不算犯规。

（七）三级跳远的有关规则

三跳顺序是单足跳、跨步跳和跳跃。单足跳用起跳腿落地，跨步跳用另一条腿（摆动腿）落地。运动员在跳跃中以摆动腿触地不作为试跳失败。其余规则同跳远。

（八）投掷项目犯规情况

（1）运动员必须在规定的助跑道或投掷圈内进行试掷。

（2）运动员进入圈内必须从静止姿势开始投掷。

（3）身体的任何部位不得触及圈外地面，或触及铁圈上缘（包括推铅球的抵趾板上缘）。

（4）以不符合规定的方式将器械掷出（如铅球投掷时不得置于肩轴线后方）。

（5）运动员在器械落地后方可离开投掷圈。

（6）离开投掷圈时，最先接触到的铁圈上沿或圈外地面必须完全在圈外白线的后面。

（7）投掷器械必须完全落在落地区角度线内沿以内。

（九）投掷项目中应该阻止的一些情况

（1）用胶布或绷带缠住手指。

（2）使用手套。

（3）在圈内或鞋底喷洒任何物质。

（十）远度项目的丈量

每次有效试掷后，应立即进行丈量，从器械着地的最近点与圆心之间的直线量至投掷圈内沿。

（十一）有关标枪项目的一些规定

（1）投掷标枪时手应握在把手处，从肩部或投掷臂上方投出，不得抛甩。

（2）在标枪出手以前，身体不得完全转向背对投掷弧。

（3）只有标枪的金属枪尖先于枪的其他部位触地，试掷方为有效。

（4）运动员开始试掷以后，身体任何部位不得触及投掷弧、助跑道边界线、助跑道以外的地面。

（5）标枪落地后，运动员方可离开助跑道。

（6）离开助跑道时，首先接触的助跑道两侧平行线或线外地面必须完全在投掷弧（起掷线）及两端延长线后面。

（演示：李　桐　臧　昊　蔡博文）

【思考题】

1. 中长跑锻炼应注意哪些问题?

2. 跳高、跳远、推铅球的动作技术有哪些?

第九章 CHAPTER NINE 大学体育与健康

球 类 运 动

第一节 篮 球

一、基本技术

篮球技术是篮球比赛中运动员为了进攻与防守的需要所采用的专门动作方法的总称。它主要分为进攻技术和防守技术，以及由这些技术动作进行各种各样的组合而形成的综合动作体系。包括移动、传接球、运球、投篮、持球突破、抢断、防守、抢篮板球等技术动作，其中基本辅助练习是熟练篮球技术的重要环节。

（一）移动技术

1. 起动

起动是队员在场上由静止状态变为跑动状态的一种脚步动作。突然快速起动在比赛中运用最多，是摆脱对方最简单、最有效的方法。

2. 跑

跑是队员在球场上改变位置、争取时间完成攻防任务的脚步移动方法。具有快速、灵活突然、多变的特点。篮球场上最常用的有侧身跑、变速跑、变向跑、后退跑等。

3. 滑步

滑步是防守的主要移动步法。特点是移动速度快，重心转移快，易控制身体平衡，可向不同方向移动，堵截对方进攻或移动路线。根据滑步时移动的方向，滑步可分为侧（横）滑步、前滑步、后滑步和攻击步等。

4. 急停

急停是队员在运动中突然制动、停止的一种脚步动作。球场上急停常和其他脚步动作结合以摆脱防守或阻挠进攻。最常用的有跨步（两步）急停、跳步（一步）急停两种。

5. 转身

转身是以一脚为中枢脚，另一脚向不同方向跨出后，使身体方向改变的一种转向方法。进攻时，转身常与急停和跨步结合运用，借以摆脱防守或创造进攻机会；防守时，运用转身堵截进攻路线，抢占防守位置，抢篮板球等。转身技术可分为前转身和后转身两种。

（二）传接球技术

1. 双手胸前传球

动作方法：双手持球的方法是两手手指自然分开，拇指相对呈八字形，用指根以上部位持球，手心空出。两肘自然弯曲于体侧，将球置于胸腹之间的部位，身体呈基本站立姿势。传球时，在后脚蹬地、身体重心前移的同时前臂迅速向传球方向伸出，拇指用力拨球，手腕前屈，食指和中指用力拨球将球传出，球出手后身体迅速调整呈基本站立姿势。传球距离近，前臂前伸的幅度小，远距离的传球则需加大蹬地、伸臂和腰腹的协调用力。传球距离越远，蹬地、伸臂的动作速度越快（图 9－1－1）。

图 9－1－1

2. 双手接球

动作方法：双手接球时，两眼注视来球，两臂伸出迎球，手指自然分开，两拇指呈八字形，手指向前上方，两手呈一个半圆形。当手指触球后，迅速抓握球，两臂随球后引缓冲来球的力量，两手握球于胸腹之间。保持身体的平衡，做好传球、投篮或突破的准备。来球的高度不同时，两臂伸出迎球的高低也有所不同。

3. 双手反弹传球

动作方法：双手持球于胸前，两脚开立，传球时，眼睛注视着传球目标，前臂迅速向传球方向伸直，手腕翻转，拇指用力下压，食指、中指用力拨球并将球传出，双手手臂向前下方伸展，手指顺势发力拨球，使球通过击地反弹到同伴的手中，球触及地面反弹的高度以同伴的腰腹为适宜。

4. 单手肩上传球

动作方法（以右手传球为例）：传球时，左脚向传球方向迈出半步，右手托球，同时将球引到右肩上方，肘部外展，上臂与地面近似平行，手腕后仰。肩对着传球方向，重心落在右脚上。右脚蹬地，转体，右前臂迅速向前挥摆，手腕前屈，通过食指、中指拨球将球传出。球出手后，右脚随着身体重心前移而向前迈出半步，保持基本站立姿势。

5. 单手体侧传球

动作方法：双手胸前持球，右手传球时，左脚向左跨半步，右手将球引至身体右侧，拇指向上，手心向前，左手离球。手臂向前做弧线摆动，手腕前屈，用食、中指的力量将球拨出，出球部位在体侧。

6. 单手接球

动作方法：以右手接球为例，右脚向来球方向迈出，双眼注视着来球。接球时，手掌呈勺形，手指自然分开，右臂向来球的方向伸去。当手指触球时，手臂顺势将球向后下方引，左手立即抱球，双手将球持于胸腹之间，保持基本持球姿势。

（三）运球技术

1. 高、低运球

动作方法（以右手运球为例）：运球时，上体稍前倾，两腿微屈，目平视，以肩关节为轴，右手用力向前下方按推球、把球的落点控制在身体侧前方，身体重心不要起伏，使球的反弹高度位于胸腹之间。手脚要协调配合，使球有节奏地向前运行。当在运球中突然遇到防守时，迅速进入低运球状态，两腿应迅速弯曲，瞬间降低重心，上体前倾，目视前方，右手运球于身体的侧后方，同时用左手和左腿保护球。右手按拍球时要短促、连贯，使球从地面向上反弹的高度在膝关节以下，以便更好地控制球和摆脱防守。

2. 体前变向换手运球

动作方法（以右手运球为例）：运球队员从防守队员左侧变向突破时身体重心先向右侧倾斜，同时右手向右侧做拉球假动作，当对手移动堵截，然后用右手按拍球的右侧后上方，使球经身体前下方向左侧前方反弹，同时左脚迅速随球向左侧前方跨小步，上体同时向左扭转，重心要降低，侧肩贴近防守者，将球压低。当球反弹至腰腹部高度时，右脚蹬地迅速向左侧前方迈进，左手拍球的后侧上方，超越防守。

3. 后转身运球

动作方法（以右手后转身运球为例）：当对手从右侧突破时，迅速上左脚、微屈膝，重心移至左脚，并以左脚前脚掌为轴做后转身，右手将球拉至身体的后侧方，并按拍球落在身体的外侧方（重心转动要平稳，不要上下起伏），然后换左手运球，加速超越防守。

4. 背后运球

动作方法：（以右手运球为例）当球运至防守者左侧（进攻者右侧）时，右脚在前，右手将球拉到身体右侧后方，迅速转腕按拍球的右后方，在左脚上步的同时，将球从身后拍至左侧前方，换左手加速运球超越对手。

5. 运球急停急起

动作方法：当运球急停时，用手快速按拍球的前上方，同时两脚跨步急停，并转入低运球，用臂、腿和身体来保护球；当运球急起时，后脚用力蹬地，重心迅速前移，按拍球的后上方，向前运球，加速超越防守方。

（四）投篮技术

1. 双手胸前投篮

动作方法：双手持球于胸前，两脚前后或左右开立（与肩同宽），两膝微屈，两眼注视球篮，两手手指自然分开，用五指的根部以上部位触球，两拇指呈八字形，握球侧后部，掌心空出，屈肘两臂自然下垂。投篮时，两臂随两脚蹬地向前上方伸出，均衡发力，手腕抖动，使球在体前做向内绕环动作。出手时，手掌略向外翻，拇指略向下压，使球沿

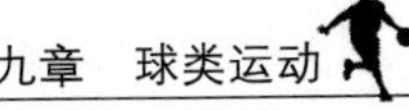

横轴向后放置，通过食指、中指力量将球投出。

2. 原地单手肩上投篮

动作方法（以右手投篮为例）：右手五指自然分开，指根以上部位持球于肩上，手腕后屈，左手扶球左侧，右脚稍靠前，左脚在后，脚尖对准投篮方向，右臂屈肘，肩关节放松，上臂与地面平行，前臂与地面垂直。投篮时，两脚用力蹬地，身体向前上方伸展，同时，向前上方抬肘伸臂，手腕前屈，手指拨球，通过食、中指指端将球投出。球出手后，手臂自然伸直，脚跟提起（图 9－1－2）。

图 9－1－2

3. 行进间单手低手投篮

动作方法（以右手投篮为例）：右脚向前跨大步同时接球，左脚接着跨小步并用力起跳，右腿抬起，同时双手向前上方举球，右手心朝上托球下部，手臂向上伸展，接近球篮时，手腕和手指的食指、中指同时用力挑球，通过指端使球充分向前旋转，将球投出。

4. 跳投

动作方法（以右手投篮为例）：双手持球于胸腹之间，两脚左右（或前后）开立，两膝微屈，身体重心落在两脚之间，上体放松，眼睛注视篮圈。起跳时两膝适当弯曲（两脚前后开立时也可上一步再做此动作），接着双脚前脚掌蹬地发力，向上迅速摆臂举球并起跳，双手举球至头的侧前上方（眼睛的前上方约 45°），左手扶球左侧。当身体升至最高点或接近最高点时，左手离球，右臂向前上方伸展，手腕屈腕，以食、中指拨球，使球通过指端投出。投篮后手随出球方向停留片刻，身体随投篮方向伸展（图 9－1－3）。

图 9－1－3

5. 行进间反手上篮

动作方法（以右手为例）：当沿端线运球接近篮下时，右脚跨出一大步，左脚迈出一小步并蹬地起跳，身体呈反弓形，控制向前的冲力。起跳后头稍后仰，眼的余光留意篮筐，两手举球，当身体接近最高点并越过篮筐时，左手离球，右手托球向球篮方向伸展，右前臂和手腕同时外旋，小指、无名指、食指、中指顺势拨球，使球侧旋碰板入网（图 9－1－4）。

图 9－1－4

（五）持球突破技术

1. 交叉步运球突破

动作方法（以右脚做中枢脚为例）：突破时，两脚左右开立与肩同宽，两膝微屈，重心下降并控制在两腿之间，持球于胸腹。突破时，上体和球同时向左侧虚晃，吸引防守者移动，当防守者向他右侧跨步时，持球人上体迅速右转，左肩前探下压，将球拍至身体右侧，右脚迅速蹬离地面，快速运球，超越防守者（图 9－1－5）。

图 9－1－5

2. 顺步（同侧步）运球突破

动作方法（以左脚做中枢脚为例）：准备动作同交叉步突破相似。突破时，利用上体虚晃，吸引防守者移动，中枢脚前脚掌内侧用力蹬地，移动脚（右脚）迅速向防守者左侧跨步，上体右转，左肩前探下压。同时，将球引放至右脚侧方，左脚迅速蹬跨抢位护球，加速运球，超越防守者。

（六）抢篮板球技术

1. 抢防守篮板球

动作方法：防守队员一般站位于进攻队员的内侧，处于抢篮板球的有力位置，一半多采用“挡抢”，即先卡位后拼抢。防守队员两腿弯曲，重心下降，两臂屈肘侧张，扩大占据面积。当对方投篮出手后，注意观察对手动向，运用合理的脚步移动，把对手挡在身后，根据球的反弹规律做好起跳准备。起跳时，两脚用力蹬地，身体充分伸展，至最高点时，用双手或单手抢球或点拨球给同伴，落地后，应迅速转体，侧对或正对前场，保护好球。

2. 抢进攻篮板球

动作方法：进攻队员抢篮板球时一般处于防守队员的外侧，当同伴投篮时，如进攻队员面向球篮，则首先要观察判断球的反弹方向、速度和落点后，突然起动冲向球反弹方向进行补篮或抢获篮板球。以从防守人身后左侧冲抢为例，进攻队员面向球篮时，右脚向右跨步，做突破假动作，随后以左脚为支撑脚，右脚向左跨出一小步，重心移至左脚，同时右脚向前跨步绕前，挤靠防守人，跳起抢篮板补篮。

（七）防守技术

1. 防守无球队员

动作方法：首先要抢占能人球兼顾的位置。站在对手与球篮之间偏向有球一侧的位置上，随球的转移而不断移动防守位置。防离球近的对手，采用面向人、侧向球的站法；防离球远的对手，采用面向球、侧向人的站法。尽量做到以球为主，人球兼顾。

2. 防守有球队员

动作方法：当对手接球后，防守方一般两脚前后开立，屈膝降低身体重心，两臂伸出挥摆。及时抢占持球者与篮之间的位置，若持球者离篮近，则防守者离持球者也近，持球者离篮远则防守者离持球者也远。对于有技术特长（善投、善突破）的对手，要善于判断其动作意图，做到人球兼顾，伺机进行抢球、打球、断球。

二、篮球基本战术与练习方法

篮球战术是篮球比赛中队员和队员之间有策略、有组织、有意识地协同运用技术进行攻守对抗的布阵行动，是以篮球技术为基础，在一定的战术指导思想支配下的集体攻守方法。是篮球运动的重要组成部分，是比赛中发挥集体力量和个人作用的手段。其目的是把队员组织起来，保证整体实力和特长的发挥，制约对方，掌握比赛的主动，争取比赛的胜利。

（一）战术基础配合

1. 进攻战术基础配合

（1）传切配合。传切配合是指进攻队员之间利用传球和切入技术组成的简单配合。它包括一传一切和空切配合。随着现代篮球高空技术和技巧的发展，具有配合简洁、突然、攻击性强的吊扣配合，一传一扣和空切与空中接球直接扣篮配合也成为比赛中经常使用的配合方法。一传一切的配合方法见图 9－1－6。

空切的配合方法：无球队员趁防守人不备突然摆脱对手切向篮下，接同伴传球投篮或做其他进攻，④将球传给⑤，⑥突然切入，⑤及时准确地将球传给⑥，⑥接球后投篮或做其他进攻（图 9－1－7）。

（2）突分配合。突分配合是持球队员运用突破打乱防守布置或吸引防守，并及时将球传给同伴，使同伴获得进攻的配合方法。

配合的方法：如图 9－1－8 所示，④持球从底线突破，遇到❻补防时，④及时传球给横插到有利位置的⑤投篮。

（3）掩护配合。掩护配合是进攻队员通过合理的行动，用自己的身体挡住防守同伴者的移动路线，使同伴借以摆脱防守的一种配合方法。根据掩护的位置和方向不同，掩护可分为侧掩护、后掩护和前掩护 3 种。

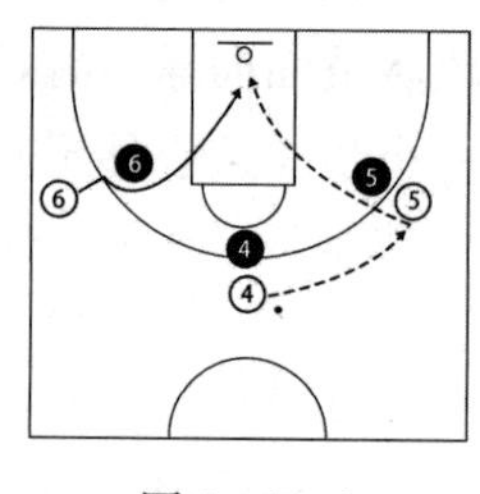

图 9－1－6

图 9－1－7

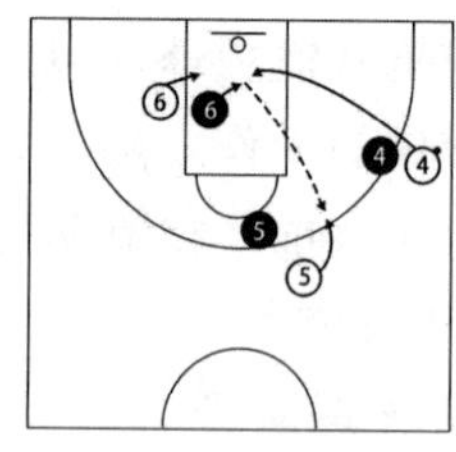

图 9－1－8

配合的方法：

侧掩护配合：如图 9－1－9 所示，⑤传球给④后，即向相反方向跑动给⑥做侧掩护。当⑤跑到❻侧面掩护到位时，⑥摆脱防守者切入篮下接④的传球投篮。

后掩护配合：如图 9－1－10 所示，⑤传球给⑥，④跑到❺身后给⑤做后掩护，⑤传球后做向左切入假动作吸引❺的防守，当④掩护到位时⑤突然向右侧切入篮下接⑥的传球投篮。

前掩护配合：如图 9－1－11 所示，⑥跑到❺的前面给⑤做前掩护，⑤利用掩护拉出，接④传来的球投篮或做其他攻击动作。

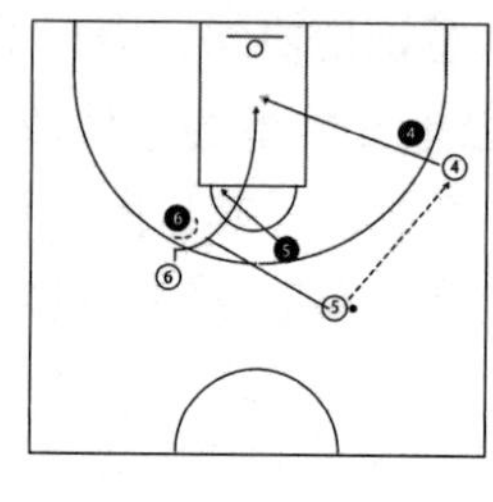

图 9－1－9

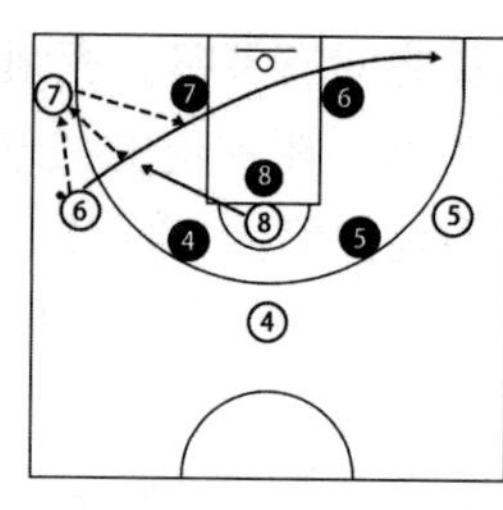

图 9－1－10

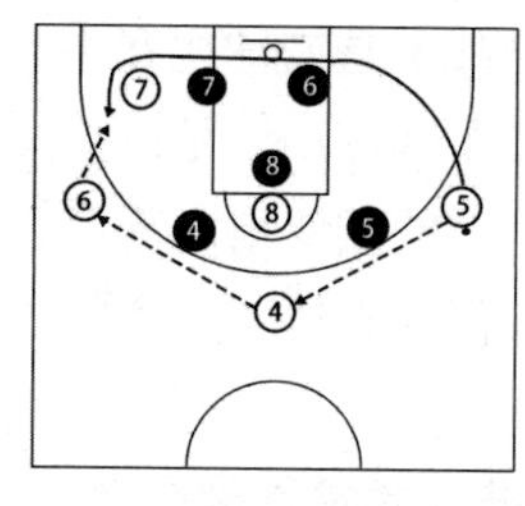

图 9－1－11

（4）策应配合。策应配合是指进攻队员（大前锋或中锋）背对或侧对球篮接球，并以他为枢纽，与同伴相互配合而形成里应外合的进攻方法。如图 9－1－12 所示，④摆脱防守插到罚球线做策应，⑤将球传给④并立即空切篮下，接④的策应传球投篮。

图 9－1－12

2. 防守战术基础配合

防守战术基础配合是两三名队员在防守中运用协同防守配合的方法。它包括挤过、穿过、交换防守、“关门”、夹击、补防等防守配合，是组成全队防守战术的基础。

（二）快攻与防守快攻

1. 快攻

快攻是防守队获球后转入进攻时，以最快的速度，创造人数、区域上的优势，进行快速而有组织的反击的一种进攻配合方法。

（1）快攻的结构。①发动与接应阶段；②推进阶段；③结束阶段。

（2）快攻发动的主要时机。抢获防守篮板球时；掷界外球时；抢球、打球、断球获球时；跳球获球时。

（3）快攻的战术方法。

长传快攻。是队员在防守中获得球后，用一次或两次传接球，将球快速地长距离传给迅速快下的同伴进行攻击的一种配合方法。如图 9－1－13 所示，④抢到篮板球后，首先应观察全场情况，掌握发动快攻的时机，⑦和⑥及时快下超越防守者。④根据情况长传球给⑦或⑧进行投篮。④⑤⑥应随后插空跟进。

短传快攻。是队员在防守中获得球后，立即以快速的短距离传接球和快速推进来进行攻击的一种配合方法。如图 9－1－14 所示，④抢到篮板球后，将球传给接应的⑥，⑥又把球传给插中路的⑤运球推进。⑦和⑧沿边线快下，⑤根据情况将球传给⑦或⑧投篮，④和⑥随后跟进。

结合运球突破的快攻方法。是队员在防守中获球后，采用快速运球推进，创造快攻机会的一种配合方法。如图 9－1－15 所示，④抢到篮板球后，⑤插中接应将球传给沿边线跑动的⑧，⑧再回传给⑤，从中路推进，⑦和⑧沿边线快下，⑥和④随后跟进。

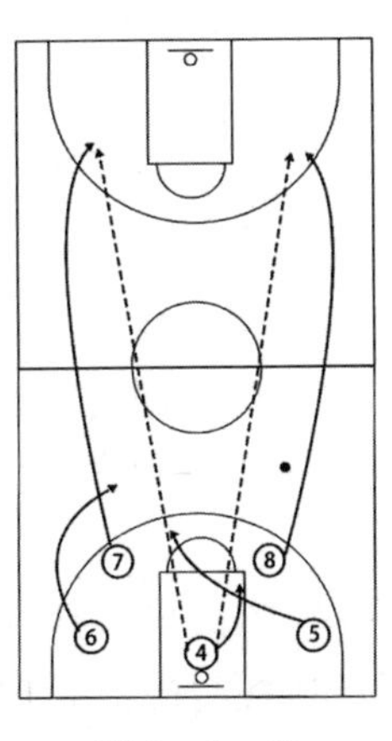

图 9－1－13

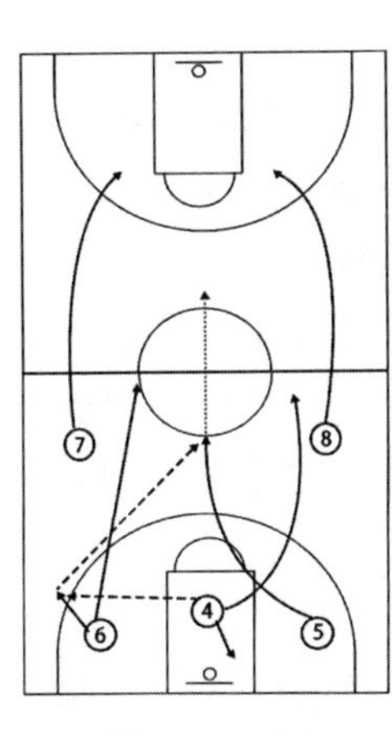

图 9－1－14

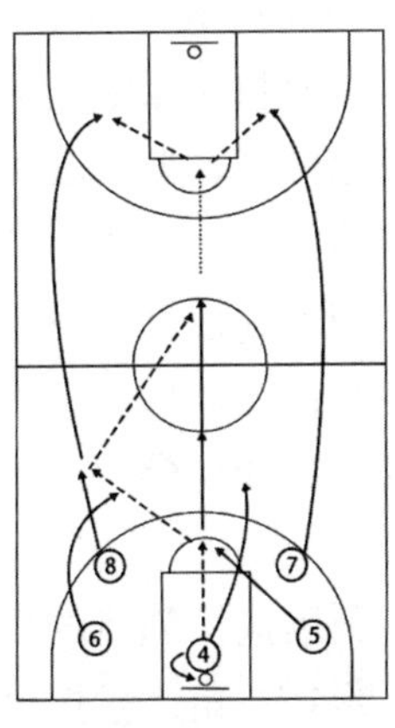

图 9－1－15

2. 防守快攻

防守快攻是指由攻转守的瞬间及时组织阻止和破坏对方快攻的防守战术。防守快攻要从全力拼抢前场篮板球开始，在失去球权后，首先封堵第一传，堵截接应队员，边退边干扰，延缓对手进攻速度，借机及时组织全队防守。

防守快攻战术的方法：

（1）提高投篮命中率，拼抢前场篮板球。现代篮球比赛中，根据实战的统计资料看，由守转攻抢后场篮板球后发动快攻的概率最大。因此，进攻队员积极拼抢前场篮板球是制约对方发动快攻的有效方法。

（2）积极封堵第一传和接应。及时封锁和堵截对方的第一传和接应，是防守快攻的关键环节，延误其快攻时间，为本队退守和组织全队防守争取时间。

（3）堵截接应点。当对方采用固定接应方式时，应抢占对方的接应点，截断接应队员与第一传的联系，以干扰与控制对方任一队员的接应意图与行动，从而达到破坏和延误对方快攻发动和推进的速度。

（4）防守快下队员。由攻转守时，防守队员应积极堵截中场，使进攻队员不能直线长驱直入篮下，积极运用快速退守，并追截沿边线的快下队员。

（5）提高以少防多的能力。提高一防二、二防三的能力，重点防篮下，为同伴回防赢得时间，这就必须提高个人防守能力，以及同伴之间的相互补防能力。

（三）区域联防与进攻区域联防

1. 区域联防

区域联防的形式："2－1－2"阵型联防；"2－3"阵型联防；"3－2"阵型联防。

2. 进攻区域联防

进攻区域联防常用的有"1－3－1""3－2""2－2－1""2－3"等战术队形。

进攻区域联防的方法：

（1）利用快速传球创造中远距离投篮的机会。如图9－1－16所示，④⑤⑥⑧之间互相快速传球，调动❹❺❽来回滑动，迫使对方三防四，造成进攻者有一人处于暂时无人防守的局面。这时，要抓住时机，果断而大胆地进行中远距离投篮。也可以由④⑤互相快速传球，假攻右侧，当把❺❹吸引上来时，⑤或④立即把球转移给⑥进行中投。⑤⑧⑦抢篮板球，④⑥准备防守。

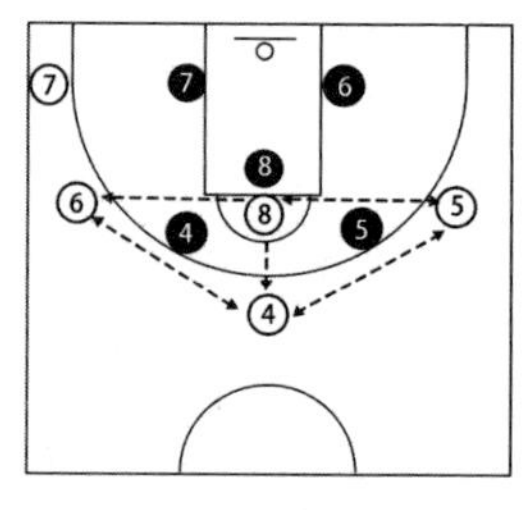

图9－1－16

（2）利用穿插创造篮下或中远距离投篮的机会。如图9－1－17，⑥传球给⑦以后，突然向篮下空切。这时如果❼上前防守⑦，则⑦立即传球给切进中路的⑥投篮；如果❽回撤堵截⑥，不让⑥接球，则⑧乘机插向限制区左侧的腰上接⑦的传球投篮。

（3）利用掩护创造的投篮机会。如图9－1－18所示，⑤传球给④以后，快速向篮下空切，并跑到左角。④把球传给⑥，⑦给跑到左角的⑤做前掩护把❼挡住。⑥把球传给⑤，⑤投篮。

（4）利用突破分球创造投篮的机会。如图9－1－19所示，⑦接⑥的传球以后，也可以从底线突破。如果❽补防，⑧应迅速横插到中间，这时⑦可用低手传球或反弹球传给⑧投篮；⑦也可以传给⑤，⑤趁防守者尚未防守过来的机会从容投篮。

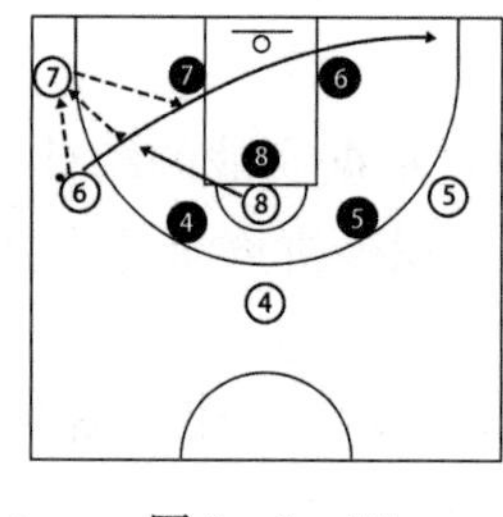

图9－1－17

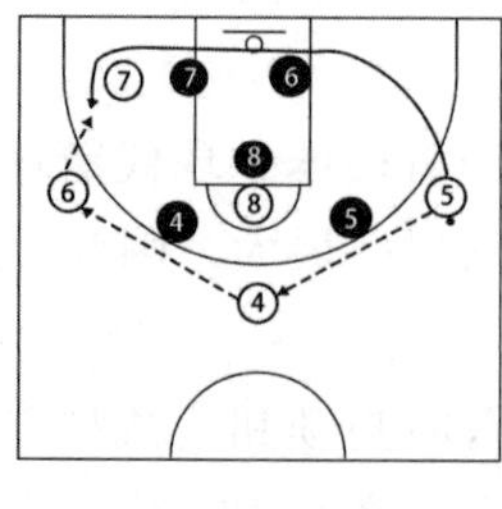

图9－1－18

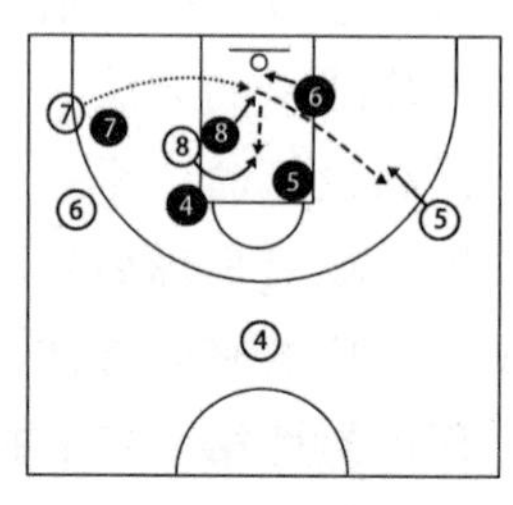

图9－1－19

三、篮球竞赛规则简介

(一) 裁判、场地、器材

1. 裁判

裁判组成员应由裁判员、记录台成员和技术代表组成。1 名主裁判和 1 名或 2 名副裁判员组成临场裁判员。记录台成员包括 1 名记录员、1 名助理记录员、1 名计时员和 1 名 24 s 计时员，1 名技术代表坐在记录员和计时员之间。

2. 场地

国际篮球联合会规定正式比赛的篮球场地必须是一块平坦、坚实且无障碍物的表面。其为长 28 m、宽 15 m，所有的线宽均为 5 cm，并清晰可见，在边端线以外 2 m 以内的区域无障碍物（图 9－1－20）。

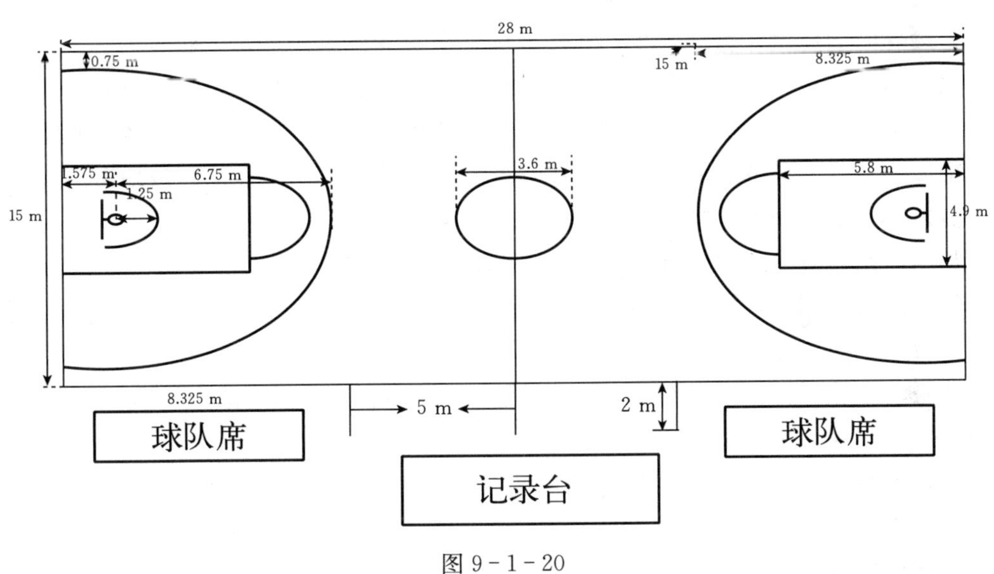

图 9－1－20

3. 比赛用球、篮圈、篮板

比赛用球必须为使用过的篮球，篮球的重量不得少于 567 g，不得大于 650 g（男子用球）。从 1.80 m 的高度落在比赛场地上，其反弹高度在 1.20～1.40 m。篮圈其内沿直径最小为 450 mm，最大为 457 mm，篮圈与地面高度为 3.05 m。篮板横宽 1.8 m，竖高为 1.05 m，下沿距地面 2.9 m，由适宜的坚固、透明材料制成。

(二) 规则简介

1. 比赛人数、服装

每队应由不超过 12 名有参赛资格的球队成员组成，其中包括 1 名队长。在比赛期间，每队有 5 名队员在场上并可被替换。球员服装应统一，每一球队成员应穿前后有号码的背心，其清楚的单色号码与背心的颜色有明显的区别，号码要清晰可见，队员不得佩戴任何可能使其他队员受伤的装备（物品）。

2. 比赛方法

比赛分 4 节，每节 10 min。在第 1 节和第 2 节之间，第 3 节和第 4 节之间以及每一决胜期之间均有 2 min 的比赛休息时间。中场休息时间为 15 min。如果在第 4 节比赛时间终了时比分相等，需要 1 个或多个 5 min 的决胜期来继续比赛，延长期休息时间仍为 2 min，直到决出胜负为止。

3. 得分种类

球投进篮筐经裁判员认可后，方算得分。在 3 分投篮区域投中得 3 分，非 3 分投篮区域内投中得 2 分，罚球投中得 1 分，如果某队无意把球投进本方球篮，应判对方球队得分。如果是有意将球投进本方球篮，应按相应罚则进行判罚。

4. 违例

违例就是违反规则，大致可分为：

（1）时间类违例。3 s 违例；5 s 违例；8 s 违例；24 s 违例。

（2）运球时的违例。带球走步；非法运球；拳击球或脚踢球；球回后场。

（3）跳球时的违例。跳球队员应站在靠近本方球篮的中圈半圆内，一脚靠近中线；在球达到它的最高点后，球必须被至少 1 名或 2 名跳球队员用手拍击；在球触及非跳球队员之一或地面前，任一跳球队员都不得抓住球或拍击球超过 2 次；在球已被拍击前，非跳球队员的身体部分不得在圆圈上或圆圈（圆柱体）上方，违反上述规则之一即构成跳球时违例。球员或球出界时的违例：球员出界的违例；球出界的违例。

（4）干涉得分和干扰得分违例。

5. 犯规

犯规是规则的违犯，含有与对方队员的非法身体接触或违犯体育道德的举止。大致可分为：

（1）侵人犯规。

（2）双方犯规。

（3）技术犯规。

（4）违反体育道德的犯规。

（5）取消比赛资格的犯规等。

（演示：韦思宇　朱　墨）

体育视窗

篮 球 小 百 科

街头篮球

街头篮球起源于美国。比赛并不需要在正式的篮球场上进行，1 个球，1 个旧篮筐，即可进行比赛。老旧的皮球在地面跳跃，求胜的渴望向空中高飞，充斥着街头舞蹈和震耳欲聋的音乐，这就是篮球的本质！胜者为王，败者为寇，竞争极度激烈，球技超乎想象—— 这就是美国的街头篮球。无论是 NBA 还是 NCAA 都和街头篮球有着密不可分的关系，如果没有街头篮球，所有篮球赛都会失去那撼人心神的魅力。

近几年，街头篮球传入我国，在一些大、中城市已经进行了多次比赛，很受人们欢迎。每个优秀的街头篮球玩家都用自己独特的风格和技巧来赢得观众的赞同和尊重，他们使街头篮球更具有观赏性与娱乐性。如果你能亲眼看他们打球你就会真正明白街头篮球不仅仅是一种运动，而且更是一种艺术，使你置身其中而感受到它带来的震撼力。街头篮球讲究风格，是因为街头篮球体现了篮球的自由和创意，不同的人有着不同的风格，使篮球更具有观赏性和艺术性。首先要讲的就是服装，最好是穿一些比较大或是特大号的衣服，这样的衣服给人感觉很宽松很舒服，而且在做动作时也会觉得很自由，没有什么拘束的感觉。其次就是动作，相信每个打篮球的人都知道“CROSS OVER”这个基本动作，如果想提升自己的控球技术和感觉，那么你一定要熟练这个基本动作，因为无论多花哨的动作都离不开控球技术。最后就是街头篮球的意义，其实有许多人都接受不了这种花哨和自由的玩篮球的方式，也许是因为传统的篮球教育(传统的篮球教育有死板的篮球规则和技术水平的限制)。然而街头篮球就是脱离了许多限制，达到一种艺术的表现形式，使它比正统的篮球比赛更具有观赏性和娱乐性，同时街头篮球手们能使观众们也一起融入到比赛中去，一起体验真正的胜利，真正的街头篮球。

【思考题】

1. 分析投篮命中率的影响因素。
2. 简述篮球竞赛的组织与编排。

学习资源（视频）

背后运球

侧滑步

侧掩护配合

策应配合

打持球队员手中的球

打行进间投篮队员手中的球

打运球队员的球

单手肩上传球

单手肩上投篮　单手接球　单手抢篮板球　单手体侧传球

单手胸前传球　低运球　盖帽　高运球

行进间单手低手投篮　行进间单手肩上投篮　行进间反手投篮　行进间勾手投篮

横断球　后撤步　后转身　后转身突破

交叉步突破　空切配合　胯下运球　前滑步

前转身　前转身突破　抢球　双手接低于腰部的球

双手接头部高度的球　双手抢篮板球　双手胸前传球　双手胸前投篮

顺步突破　体前变向换手运球　原地跳起单手肩上投篮　运球急停急进

运球急停跳起投篮

运球转身

纵断球

第二节　排　　球

排球运动是两队各 6 名队员在长 18 m、宽 9 m 的场地上，从中间隔开的球网（男子网高 2.43 m、女子网高 2.24 m）两边，运用发球、垫球、传球、扣球、拦网等技术，进行攻防对抗，不使球在本方场内落地的一种球类运动。

一、基本技术

（一）准备姿势

运动员在起动、移动和击球前所采用的合理的身体姿势，称为准备姿势。合理的准备姿势是指既要使身体重心处于相对稳定的状态，又要便于移动和完成多项击球动作，为迅速起动、快速移动及击球创造最好的条件。

依据比赛中（或练习中）完成各项技术动作的需要，按照身体重心的高低，准备姿势可分为稍蹲、半蹲和低蹲 3 种。

（二）移动

运动员从起动到制动之间的位移动作称为移动。移动的目的是为了及时接近球，保持好人与球的位置关系以便击球，同时也是为了迅速占据场上有利位置，争取时间和空间。

移动步法包括并步与滑步、跨步和跨跳步、交叉步、跑步、综合步法。

（三）传球

利用全身协调力量并通过手指手腕的弹力，将球传至一定目标的击球动作称为传球。传球是排球运动中的一项重要的基本技术，是组织进攻战术的基础。

传球技术主要包括正面传球、背向传球、侧向传球、二传球。

1. 正面传球

面对目标的传球称正面传球。它是传球中最基本的方法，是掌握和运用其他各种传球技术的基础（图 9-2-1）。

（1）准备姿势。采用稍蹲准备姿势，上体稍挺起，抬头看球，两手自然抬起，屈肘，放松置于额前。

（2）迎球动作。当来球接近额前时，开始蹬地、伸膝、伸臂、手指微张从脸前向前上方迎出，全身各部位动作应协调一致。

（3）击球点。在额前上方约一球距离处。

（4）手型。当手触球时，十指应自然张开使两手呈半球状，手腕稍后仰，以拇指内侧、食指全部、中指的二、三指节触球的后下部，无名指和小指在球两侧辅助控制传球的方向，两拇指相对近一字形（图 9-2-2）。

图 9-2-1　正面传球　　　图 9-2-2　传球手型

（5）用力方法。在迎球动作的基础上，当手和球即将接触前，手腕和手指要有前屈迎球的动作，当手和球接触时，各大关节应继续伸展，最后用手指手腕的弹力将球击出。

2. 背向传球

背对传球目标的传球称背向传球。背向传球是传球技术中的一种基本方法，在比赛中运用较多。

（1）准备姿势。上体比正面传球时稍后仰，双手自然抬起置于脸前。

（2）迎球动作。抬上臂、挺胸、上体后屈。

（3）击球点。在额上方，比正面传球略偏后。

（4）手型。与正面传球相同，但触球时手腕要稍后仰、掌心向上，拇指托在球下，击球的下部。

（5）用力方法。利用蹬腿、展体、抬臂、伸肘和手指手腕的弹力，把球向后上方传出。

3. 侧向传球

身体侧对传球目标，在不转动身体的情况下，靠双臂向侧方传球的动作称为侧向传球。侧传的准备姿势、手型及迎球动作同正面传球，但击球点应偏向传出方向一侧。迎球时，通过下肢蹬地使身体重心向上伸展，上体和双臂向传球方向一侧伸展。异侧手臂动作的幅度要大些，伸展的速度也应快些，以双臂和上体侧屈的协调动作将球传出。

4. 二传球

传球在组织进攻中一般是第 2 次击球，故称为二传。它是从防守转入进攻的桥梁和纽带。二传质量的好坏，直接影响着进攻的质量和技术、战术的发挥。

（1）顺网正面二传。这是二传中最简单、常用的技术。当一传来球时，二传队员身体不宜正对来球方向，要适当转向传出方向，尽量保持正面传球，使球顺网飞行。顺网正面二传可根据扣球手的需要和对方的拦网情况将球传高一点或低一点，拉开一点或集中一点。

（2）调整二传。将一传不到位或离网太远的球，调整成便于扣球队员进攻的球，称为

调整二传。在比赛中，场上每个队员都有做调整二传的任务。调整二传以传高、远球为主，所以要充分利用蹬地伸膝、伸臂及屈指腕的全身协调力量将球平稳传出。调整二传应根据扣球队员的位置来调整传球的角度、弧度和落点。传球路线与球网形成的夹角越小越利于进攻队员扣球。一般来说，调整二传时，传球的落点应在扣球队员的前方，离网不宜太近或太远，也不宜太拉开。

（3）背向二传。背向二传可利用球网全长增加进攻点，使进攻战术更丰富，且有一定的隐蔽性和突发性。传球时，主要靠“手感”来控制传球的方向、速度和落点。背传拉开高球时，要充分利用蹬地、挺胸、展腹和向后上方提肩伸臂动作将球平稳传出。

（4）侧向二传。这种传球适应于一传来球近网或平冲飞向球网的球。侧向二传可增加进攻的隐蔽性，有时还用来做二传吊球。侧向二传球难度较大，准确性较差。

（5）跳起二传。主要用于传网上高球和即将过网的一传球。跳起二传可分为双手、单手和晃传 3 种。

（6）传快球。二传队员在传快球时，必须根据扣球队员的特点和扣球队员上步速度、起跳时间、弹跳高度和挥臂击球动作的快慢等，来决定传球的速度、高度、距离和出手时间，投其所好，主动把球“喂”到扣球队员最方便扣球的位置上。

（四）垫球

用除手指弹击动作外的身体任何部位击球的动作称为垫球。垫球是排球的基本技术之一，最常用的是前臂垫球。

垫球技术主要包括正面双手垫球、体侧双手垫球、背向双手垫球、跨步垫球、单手垫球、挡球、滚翻垫球、前扑垫球、鱼跃垫球、其他部位垫球。

1. 正面双手垫球

正面双手垫球是指运动员用双手在腹前将球垫起的动作方法。它是最基本的垫球方法，是各项垫球技术的基础，适合于接各种发球、扣球和拦回球，有时也用于垫二传。

正面双手垫球在垫轻球、垫中等力量球和垫重球时，其动作方法是有区别的（图 9－2－3）。

图 9－2－3　正面双手垫球

（1）准备姿势。面对来球，呈半蹲或稍蹲姿势站立。

（2）垫球手型。两手掌根紧靠，手指重叠互握，两拇指平行向前，手腕下压，两前臂外翻呈一个平面，此手型称为叠掌式。

（3）垫球动作。当球飞到腹前约一臂距离时，两臂夹紧前伸，插入球下，同时配合蹬地、跟腰、提肩、顶肘、压腕、抬臂等全身协调动作迎击来球，身体重心随着击球动作向前上方移动。

(4) 击球点。保持在腹前高度。

(5) 球触手臂部位和击球部位。用前臂手腕关节以上 10 cm 左右的两小臂桡骨内侧所构成的平面击球的后下部(图 9-2-4)。

(6) 击球后动作。在击球瞬间，两臂要保持稳定，身体重心继续协调地向抬臂方向伴送球。垫击动作结束后，立即松开双臂做好下一动作的准备。

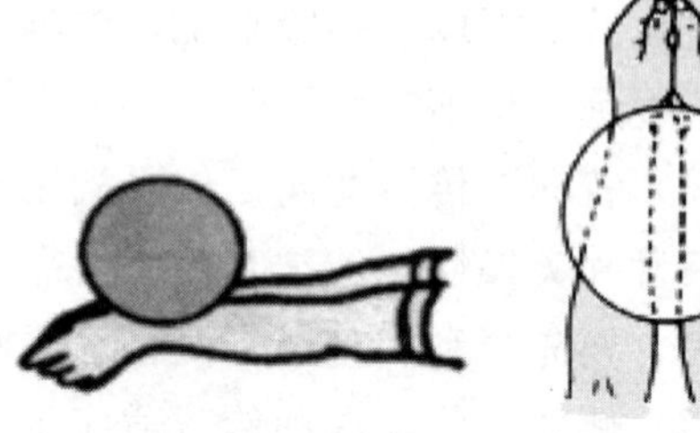

图 9-2-4　击球部位

常用的双手垫球手型有 3 种：

除前面已介绍的叠掌式外(图 9-2-5)，还有抱拳式(图 9-2-6)和互靠式(图 9-2-7)。

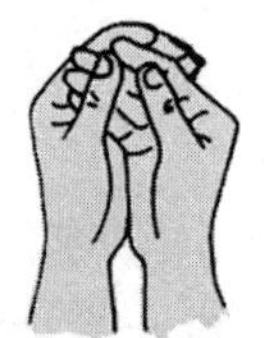

图 9-2-5　叠掌式

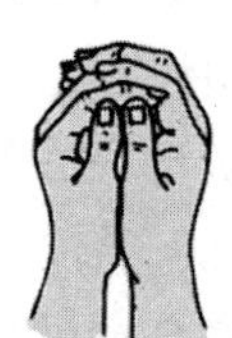

图 9-2-6　抱拳式

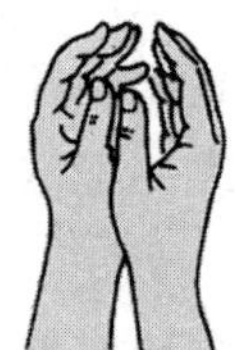

图 9-2-7　互靠式

2. 体侧双手垫球

在身体侧面用双手垫球称体侧双手垫球。当来球飞向体侧，队员来不及移动对正来球时，可采用体侧双手垫球。其特点是伸臂动作快，控制范围大，但不易控制垫球方向，准确性不及正面垫球。

3. 背向双手垫球

背对垫球目标，从身前向背后的双手垫球称为背向双手垫球。在接应同伴起球后，球飞得较远而又无法进行正面垫球时，以及须将球处理过网时运用较多。其特点是垫击点较高，准确性稍差。

4. 跨步垫球

向前或向侧跨一步垫球的动作称为跨步垫球。跨步垫球是当来球离身体前方或斜前方较远而低，队员来不及移动对正球时采用，在接发球和防守中运用较多，它又是各种低姿垫球动作的基础。

5. 挡球

来球高，速度快，力量大，不便于传球和垫球时，用双手或单手在胸部以上挡击来球的动作称为挡球。其特点是伸手动作快，挡击胸、肩部以上高度的来球较方便，可扩大防守范围，是垫球的重要补充。

(五) 发球

队员在发球区用一只手将自己抛起的球直接击入对方场区的技术动作称为发球。发球

是比赛的开始，是排球比赛中唯一能充分运用技术主动权的技术手段。发球可直接得分或破坏对方的一传。发球技术主要包括正面上、下手发球，侧面下手发球，正面、勾手发飘球，跳发球。

1. 正面上手发球

发球队员面对球网站立，利用收腹、转体动作带动手臂加速挥动，在右肩的前上方用全手掌击球过网的发球方法。这种发球击球点高，可以充分利用胸腹和上肢的爆发力，加之运用手掌的推压动作使球呈上旋飞行，不易出界，因此它具有较大的攻击性和准确性（图 9－2－8）。

图 9－2－8　正面上手发球

（1）准备姿势。面对球网，两脚自然开立，左脚在前，左手托球于体前。

（2）抛球与引臂。左手将球平稳的抛于右肩的前上方，高度适中，同时右臂抬起，屈肘后引，肘与肩平，上体稍向右侧转动，抬头、挺胸、展腹、手掌自然张开。

（3）挥臂击球。利用蹬地，使上体向左转动，同时收腹，带动手臂向前上方快速挥动。在右肩前上方伸直手臂的最高点，用全手掌击球的后中下部。击球时，手指自然张开与球吻合，手腕要迅速主动做推压动作，使击出的球呈上旋飞行。击球后，随着重心前移，迅速入场。

2. 正面下手发球

发球队员面对球网，手臂由后下方向前摆动，在体前腹部高度击球过网的一种发球方法。其特点是动作简单，容易掌握，准确性大。但由于击球点低，球速慢，攻击性不强。这种发球方法，在比赛中已很少采用，适合初学者。初学者学习这种技术后，有利于进行接发球练习和教学比赛时使用（图 9－2－9）。

图 9－2－9　正面下手发球

（1）准备姿势。面对球网，两脚前后开立，左脚在前，两膝微屈，上体前倾，左手持球置于腹前。

（2）抛球。左手将球轻轻抛起在体前右侧，球离手约一球高度，同时右臂伸直，以肩为轴向后摆动。

（3）击球。右脚蹬地，身体重心随着右臂由后向前摆动而前移，在腹前以全手掌击球的后下部。击球后，随击球动作重心前移，迅速进场比赛。

3. 侧面下手发球

侧对球网，手臂由后经下方向前摆动，在体前腹部高度击球过网的发球。这种发球动作较简单，容易掌握，可借助转体力量来击球，便于用力，适合于女子初学者。发球失误少，但攻击性不强（图 9－2－10）。

图 9－2－10　侧面下手发球

（1）准备姿势。左肩对网，两脚左右开立，约与肩同宽，两膝微屈，上体稍前倾，重心落在两脚之间。

（2）抛球。左手将球平稳上抛于胸前，距身体约一臂远，球离手高度约一个半球。抛球同时，右臂摆至右侧后下方。

（3）挥臂击球。利用右脚蹬地向左转体的力量，带动右臂向前上方摆动，在腹前用全掌、虎口或掌根击球后下方。击球后，身体转向球网，并迅速进场比赛。

4. 勾手发球

发球队员侧对网站立，利用蹬地转体带动手臂由体侧下方经头前上方，作轮摆式挥臂击球的一种发球方法。

5. 跳发球

发球队员利用助跑跳起，像扣球似的将球击入对方场区的一种发球方法。跳发球由于击球点的升高，能充分的发力，增强发球的攻击性。

（六）扣球

队员跳起在空中，用一只手或手臂将本方场区上空高于球网上沿的球击入对方场区的一种击球方法，称为扣球。扣球技术主要包括正面扣球、单脚起跳扣球、扣快球。

1. 正面扣球

正面扣球是扣球技术中最基本的一种方法。由于面对球网，便于观察，准确性较高，加之正面扣球挥臂灵活，能根据对方防守情况，随时改变扣球的路线和力量，控制落点，因而进攻效果较好。现以两步助跑，右手扣球为例来分析其动作方法和技术要领（图 9－2－11）。

（1）准备姿势。扣球助跑前采用稍蹲准备姿势，两臂自然下垂，站在离网 3 m 左右处，身体转向来球方向，观察来球，做好向各个方向助跑起跳的准备。

（2）助跑。助跑开始时，边观察球的飞行轨迹，左、右脚先向前边迈步边调整距离起跳点的距离至左脚前右脚后，决定起跳点和时机后，右脚再快速跨出一大步，左脚及时并上，踏在右脚之前，两脚尖稍向右转。两臂绕体侧向上引摆。

（3）起跳。在助跑跨出最后一步（即第 2 步），左脚并上踏地制动的同时，两臂自后积极向前摆动，随着双腿蹬地向上起跳，两臂配合起跳有力的向上摆动。

图 9－2－11　正面扣球

（4）空中击球。起跳后，挺胸展腹，上体稍向右转，右臂向后上方抬起，身体呈反弓形。挥臂时，以迅速转体、收腹动作发力，依次带动肩、肘、腕各部位关节向前上方呈鞭甩动作挥动。击球时，五指微张，以掌心为主，全掌包满球，在手臂伸直最高点的前上方击球的后中部，同时主动用力屈腕屈指向前推压，使扣出的球呈上旋（图 9－2－12）。

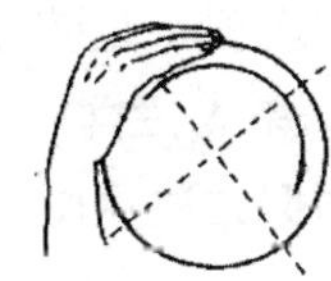
图 9－2－12　推压动作

（5）落地。落地时，以两脚前脚掌先着地再迅速过渡到全脚掌着地，同时顺势屈膝、收腹，以缓冲下落的力量，并立即做好下一个动作的准备。

2. 单脚起跳扣球

单脚起跳扣球是指助跑的最后一步以单脚踏地，另一只脚直接向前上方摆动帮助起跳的一种扣球方法。这种扣球在现代排球中由于各种冲跳扣球的大量采用，使其更有了新的发展前景。

单脚起跳扣球，可采用一步、二步或多步助跑。助跑的路线与球网的夹角宜小，以免造成前冲力过大而碰网或过中线犯规。助跑到最后，以左脚向扣球点位置跨出一大步，身体重心稍后倾，在右脚向上摆动时，左脚用力蹬地起跳，两臂积极配合上摆，起跳后的扣球动作与正面扣球基本相似。

3. 扣快球

（1）近体快球。助跑路线宜与球网保持 45°～60°的夹角。助跑起动时间较早，跑速要快，一般是随一传球同时跑到网前，也可早于一传助跑。在二传队员传球出手时或出手前瞬间快速起跳。要浅蹲快跳，以便于加快起跳速度，跳起在空中等球。击球手臂后引动作要小，主要利用含胸、收腹的动作，带动前臂和手腕快速鞭打式挥动，用全掌击球的后上部。

（2）半高球。又称半快球。是在二传队员附近起跳，扣超出网口两个半球高度的球。半高球比一般扣球速度快，比快球速度慢，队员可利用高点看清对方拦网者的手，以便改变扣球手法和扣球路线。

（3）短平快球。在二传队员体前 2～3 m 处，扣二传队员传过来的快速平弧度球，称短平快球。扣短平快球一般采用外绕弧形助跑或正对球网的直线助跑，与二传队员传球出手同时起跳。起跳后，左肩侧对球网，当球飞行至击球点时，截住球的飞行路线，利用迅速的含胸动作带动前臂和手腕加速挥动，以全掌击球的后上方。

（4）平拉开扣球。扣球队员在4号位标志杆附近，扣二传队员传来的长距离的平快球。这种扣球，二传球弧线低而平，飞行速度快，因而进攻的突然性大，进攻区域宽，容易摆脱对方的集体拦网。

（5）背快球。在二传队员背后约50 cm处扣的快球称背快球。其扣球方法与扣近体快球相同。但因二传队员看不见扣球队员助跑起跳的情况，需要扣球队员主动配合，去适应二传。

（七）拦网

前排队员将手伸向球网上空阻挡对方的来球并触及球称为拦网。拦网是排球运动的基本技术之一，是防守的第一道防线。拦网技术包括单人拦网和集体拦网两种。

1. 单人拦网

动作方法见图9-2-13。

图9-2-13 拦 网

（1）准备姿势。队员面对球网，两脚左右开立，约与肩同宽，距网30～40cm，两膝微屈，两臂自然屈肘置于胸前。

（2）移动。常用的步法有一步、并步、交叉步、跑步等。无论采用哪种移动步法，都要做好制动动作，以保证向上跳起，避免触网和冲撞同队队员。

（3）起跳。原地起跳时，两腿屈膝，重心降低，随即用力蹬地，两臂以肩发力，在体侧近身处，做划弧前后摆动，帮助身体迅速起跳。移动后的起跳，其起跳动作与原地起跳一样，但要注意制动并使移动与起跳动作紧密衔接。

（4）空中动作。起跳时，两手从额前沿球网向上方伸出，两臂伸直并保持平行，两肩上提。拦网时，两臂应伸过网去接近球。两手自然张开，屈指屈腕呈半球状。当手触球时，两手要突然紧张，手腕用力下压盖在球的前上方。

（5）落地。拦网后，要做含胸动作，以保持身体平衡。手臂要先后摆或上提，从网上收回至本方上空，再屈肘向下收臂，以免触网。与此同时，屈膝缓冲，双脚落地，随即转身面向后场，准备接应来球或做下一个动作。

2. 集体拦网

以单人拦网为基础，通过两人或三人的集体配合，扩大拦网范围，提高拦网效果，减小后排防守压力的战术形式。

（1）双人拦网。由前排两个队员互相靠近，同时起跳组成的拦网，称双人拦网。双人拦网是集体拦网的一种，是比赛中最常用的一种拦网形式，主要是在对方大力扣球时采用。拦网的技术动作与单人拦网相同。

（2）三人拦网。以三号位队员主拦直线，其他队员配合拦网，拦斜线。

二、基本战术

（一）阵容配备、交换位置

1. 阵容配备

阵容配备是参赛队根据比赛的任务、本队战术组织的特点及队员的身体情况，有针对性的、合理的安排出场队员及位置分工，充分调配力量，科学的组合人员的筹划过程。目的在于把全队的力量有效的组织起来，扬长避短，最大限度的发挥每个队员的作用和特长。

阵容配备有以下两种基本形式：

（1）“四二”配备。由两名二传队员，两名主攻队员和两名副攻队员组成，他们分别站在对角的位置上（图 9－2－14）。这样每个轮次前后排都能保持有 1 名二传队员和 2 名进攻队员，便于组织和发挥本队的攻击力量。目前在水平一般的球队中采用较多。

“四二”配备的优缺点：优点是前排每一个轮次都有 1 名二传队员和 2 名进攻队员，便于组织“中一二”“边一二”进攻。战术配合有一定的稳定性。缺点是前排进攻点相对较少，隐蔽性差，不能适应高水平球队的要求。

（2）“五一”配备。由 5 名进攻队员和 1 名二传队员组成（图 9－2－15）。队员位置的站位与“四二”配备基本相同。只是 1 名二传队员作为接应二传主要承担进攻任务。目前在水平较高的队中普遍采用这种形式。当二传轮转到后排时，可采用插上进攻形式，组织前排进行三点进攻。

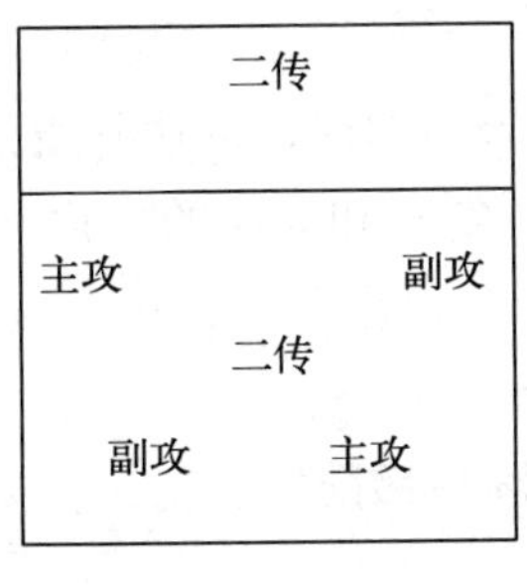

图 9－2－14

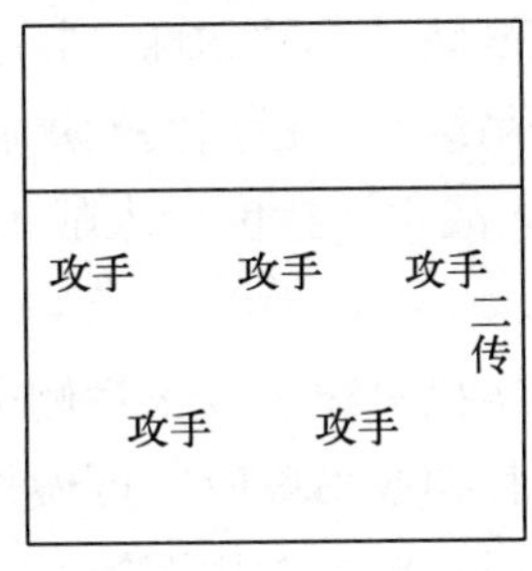

图 9－2－15

“五一”配备的优缺点：优点是加强了拦网和前排进攻力量，使全队的进攻队员只需要适应 1 名二传队员的技术特点，有利于统一指挥、相互配合，能够更好地控制比赛的进行，使进攻战术富于变化。缺点是当二传队员轮转到前排时，有三轮次前排只有 2 名进攻队员，进攻点过于暴露，影响了前排整体进攻的威力。

2. 交换位置

为了最大限度的发挥每个队员的特长，调动一切积极因素，加强攻防力量，弥补阵容配备上的某些缺陷，在规则允许的条件下，交换场上队员的位置用以组织战术的方法。

交换位置的方法包括：前排队员之间的换位；后排队员之间的换位；前、后排队员之间的换位。

（二）基本战术

1. 个人战术

个人战术是指在集体战术配合的基础上，队员根据个人的特点和战术的需要，巧妙地运用个人技术的变化，以达到有效的进攻和防守的目的。

（1）发球个人战术。控制落点的发球；找人发球；有性能变化的发球。

（2）一传个人战术。根据本队进攻战术的需要垫出各种不同弧度、速度、落点的一传。

① 组织快攻战术。一传弧度要低平，速度稍快，以加快进攻节奏。

② 组织二次球战术。一传弧度要高，便于扣二次球或转移。

③ 向对方场区直接找空挡垫球。

（3）二传个人战术。二传个人战术的基本任务是有效地组织进攻战术，利用空间和动作上的变化，给扣球队员创造有利的进攻条件。二传动作上的变化，主要包括假动作、晃传和隐蔽传球等。

① 根据战术目的和队员的特点，掌握好集中与拉开，近网与远网，高与低等传球。

② 传球时，尽量避开对方拦网强的区域。

③ 通过隐蔽性传球迷惑对方，以便进行突然攻击。

④ 根据临场一传的情况，到位或不到位，高球或低球来合理运用技术组织战术。

（4）扣球个人战术。扣球既是个人战术的体现，又是集体配合的最后一环，因此，扣球的成败与个人战术的运用有直接关系。

① 灵活运用扣球路线的变化，避开拦网的扣球。

② 利用击拦网队员手的扣球（打手出界）。

③ 采用扣、吊结合，运用突然单脚起跳或原地起跳扣球，以达到避强打弱的目的。

（5）拦网个人战术。拦网个人战术是通过时间、空间和动作的变化，准确地判断来实现的。

① 佯拦直线实拦斜线，或正拦侧堵、侧堵正拦。

② 发现对方轻扣或吊球时，可做拦网假动作实际后撤防守。

③ 盯人拦网或重叠梯次拦网等。

（6）防守个人战术。主要体现在防守的意识，善于做出正确的判断，选择有利位置，采用合理的接球动作，以保证组成战术的需要。

① 根据二传队员的取位和球的落点，预判来球，选择最佳位置，垫球到位。

② 根据对方队员的进攻特点，采取相应的防守行动。

③ 根据对方扣球队员的挥臂动作、扣球手法的变化和本方拦网队员的封网位置，预判球的路线，采取灵活的防守位置。

2. 接发球组织进攻战术

(1) 接发球站位。接发球站位阵型一般常用的有 5 人接发球和 4 人接发球 2 种。

① 5 人接发球站位。常在“中一二”和“边一二”进攻战术中运用。可站成“一三二”阵型，也称“W”形（图 9－2－16）。若对方发球落点比较分散或比较集中，可使阵形稍松散或相对集中（图 9－2－17）。

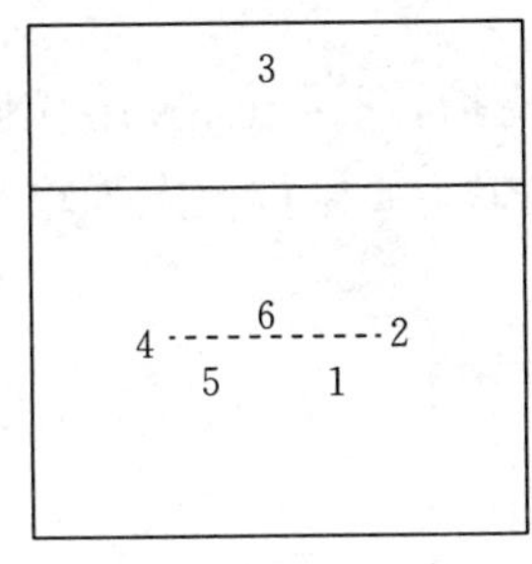

图 9－2－16

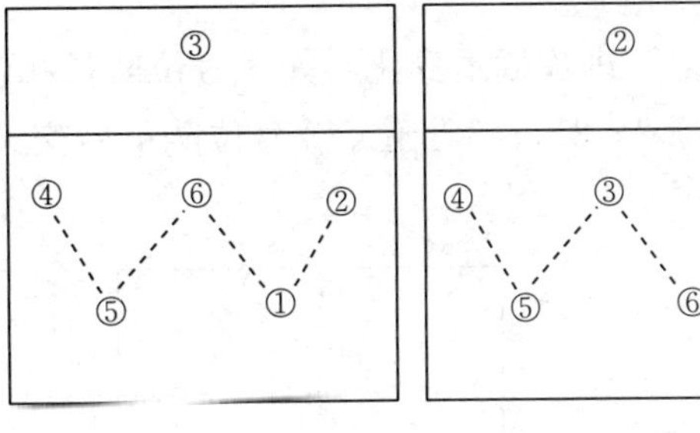

图 9－2－17

② 4 人接发球站位：根据战术需要可采用 4 人接发球阵型。如在插上进攻战术中，为缩短插上时间，插上队员与同列前排队员站在网前不接发球，其他 4 人站成弧形接发球阵型（图 9－2－18）。

③ 二传队员转到二或四号位时，可采用换位“一三二”的形式（图 9－2－19）。换位后组成“中一二”进攻战术。

图 9－2－18

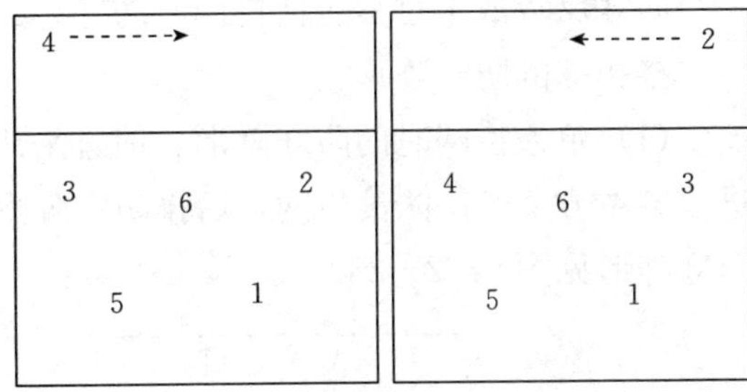

图 9－2－19

(2) 进攻战术。进攻战术主要有“中一二”“边一二”和“后排插上”等战术形式。

①“中一二”进攻战术。由 3 号位队员做二传，将球传给 4 号位、2 号位队员进攻的形式称为“中一二”进攻战术。这种战术简单易学，适合于技术水平较低的队采用。其缺点是两点进攻，战术变化少。

②“边一二”进攻战术。由 2 号位队员做二传，将球传给 4 号、3 号位队员进攻的形式称为“边一二”进攻战术。此战术简单易学，有较多的战术变化形式。

③“后排插上”进攻战术。后排 1 号位、6 号位或 5 号位队员，由后排插到前排做二传，将球传给前排三名队员进攻的形式称为“后排插上”进攻战术（图 9－2－20）。

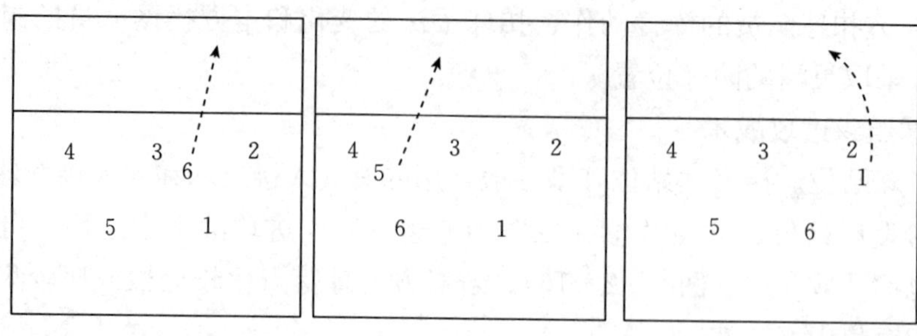

图 9－2－20

“后排插上”进攻战术变化，如 3 号位队员扣快球或快球掩护，2 号位、4 号位队员拉开进攻（图 9－2－21）；3 号位、2 号位队员后交叉、前交叉进攻，4 号位定点强攻等。

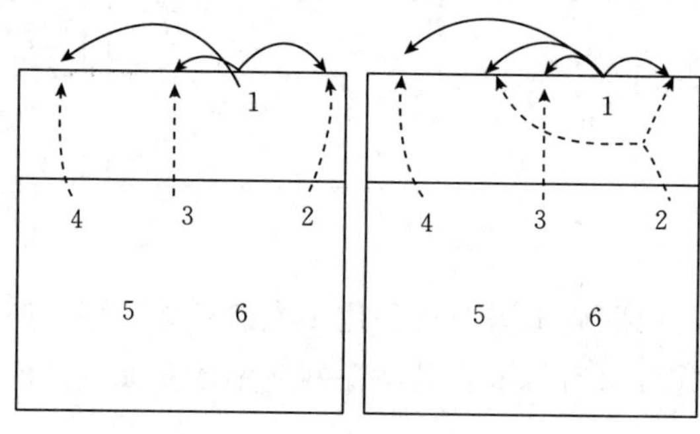

图 9－2－21

3. 防守反攻战术

防守反攻战术过程包括拦网、防守、二传或调整二传、扣球等几个相互衔接部分。

接扣球的防守阵形：

（1）单人拦网时的防守阵形。前排采用与对方扣球队员相对位置拦网。如对方 4 号位进攻，本方 2 号位队员拦网，后排防守阵形见图 9－2－22。若本方 3 号位队员拦网，后排防守阵形见图 9－2－23。

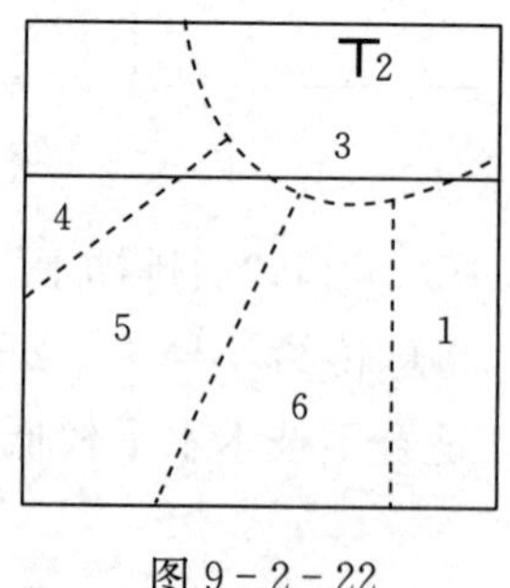

图 9－2－22

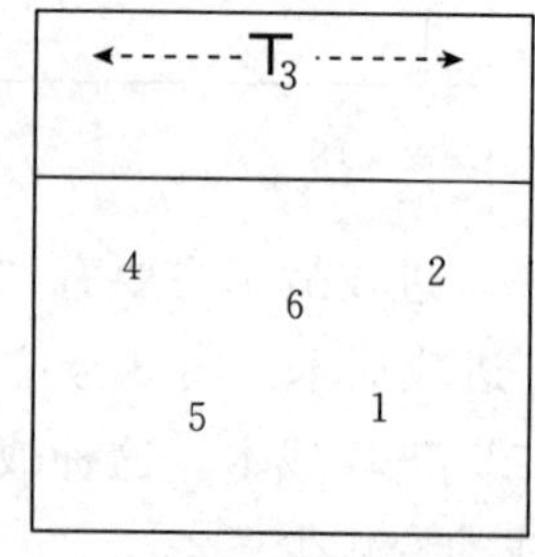

图 9－2－23

（2）双人拦网时的防守阵形。“边跟进”防守（也称“马蹄形”防守）：由 1 号位或 5 号位队员跟进防吊球及前场区球称为“边跟进”防守，也称为“1 号位、5 号位跟进”防守阵形。如对方 4 号位进攻，则由本队 2 号位、3 号位队员双人拦网，1 号位队员“死跟”

或“活跟”保护拦网，4 号位队员后撤与 5 号位、6 号位队员共同组成后排防守阵型——“马蹄形”（图 9－2－24）。其弱点是中间空隙较大。

“心跟进”防守（又称“6 号位跟进”防守）：固定由 6 号位队员跟进防吊球及前场区球，称为“心跟进”防守或称为“6 号位跟进”防守阵型。如本队 2 号位、3 号位队员双人拦网时，6 号位队员跟上保护拦网，4 号位队员后撤与 5 号位、1 号位队员共同组成后排防守阵型（图 9－2－25）。其优点是加强了网前的防守能力；缺点是后排防守队员之间的空当较大，防守力量减弱。

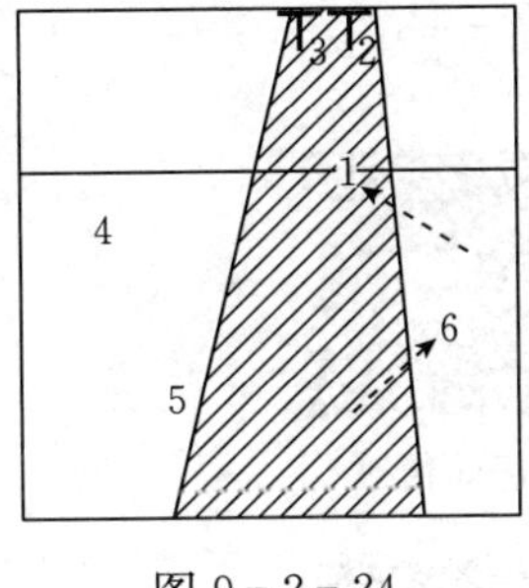

图 9－2－24

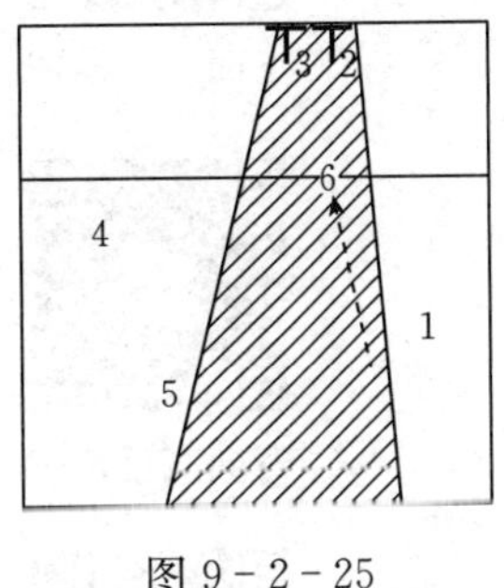

图 9－2－25

【思考题】

1. 排球运动有哪些基本技术？请描述其技术要领。
2. 排球比赛中各项技术经常怎样应用？
3. 什么是“四二”配备和“五一”配备？针对两种打法在比赛中要注意什么？
4. 简述“心跟进”和“边跟进”防守，并进行比较。

体育视窗

沙滩排球与气排球

1. 沙滩排球

沙滩排球，简称“沙排”，是现在风靡全世界的一项体育运动。沙滩排球比赛场地包括比赛场区和无障碍区。比赛场区为 16 m×8 m 的长方形。场地边线外和端线外的无障碍区至少宽 5 m，最多 6 m，比赛场地上空的无障碍空间至少高 12.5 m。比赛场地的地面是水平的细沙沙滩。

2. 气排球

气排球是我国土生土长的一项群众性排球活动，是一项集运动、休闲、娱乐为一体的群众性体育项目。源于 20 世纪 80 年代。男子网高为 2.10 m，女子网高为 1.90 m，混合网高为 2.00 m；比赛场地可采用羽毛球场地，全场长 13.4 m，宽 6.1 m，室内外均可开展活动。

学习资源（视频）

第三节 足 球

足球运动是一项古老的体育活动，源远流长。它是以脚支配球为主，两队在同一场地内进行攻守的体育运动项目，是世界上最受大众喜爱、开展广泛、影响力最大的单项运动，被誉为“世界第一运动”。

古代足球起源于我国春秋战国时期齐国的都城临淄。据《轩辕黄帝传》记载：“黄帝令作蹴鞠之戏，以炼武士。”据考古发现，在更远时期，“足球舞”就已被刻画在甲骨上。

之后，这种被称为“蹴鞠”或“踏鞠”的足球游戏历经数千年不衰，至唐、宋、元、明代，除开展对抗性的足球竞赛，还盛行各种形式的个人足球表演，进一步证实了我国古代足球与现代足球的大致相似性。2004 年 7 月 15 日，在北京举行的“第三届中国国际足球博览会”开幕式上，时任国际足联主席布拉特宣布：世界足球起源于中国。

现代足球运动诞生于英国。1863 年 10 月 26 日，英国 11 个足球俱乐部的代表在伦敦举行会议，成立了第一个足球运动组织——英格兰足球协会。从此这一天就被称为现代足球的诞生日。1900 年，足球首次在奥运会上露面；1908 年，被正式批准为奥运会项目。1930 年，乌拉圭成功举办了第一届世界足球锦标赛。1904 年 5 月 21 日，在巴黎成立了国际足球协会联合会（FIFA，简称国际足联），总部设在瑞士苏黎世，现有协会会员 211 个。国际足联大型足球赛事主要有：国际足联世界杯、奥运足球比赛、国际足球女子世界杯。

一、基本技术

（一）概念及分类

足球技术是指运动员在足球竞赛规则条件下，运用身体的有效部位合理完成各种动作方法的总称（图 9－3－1）。

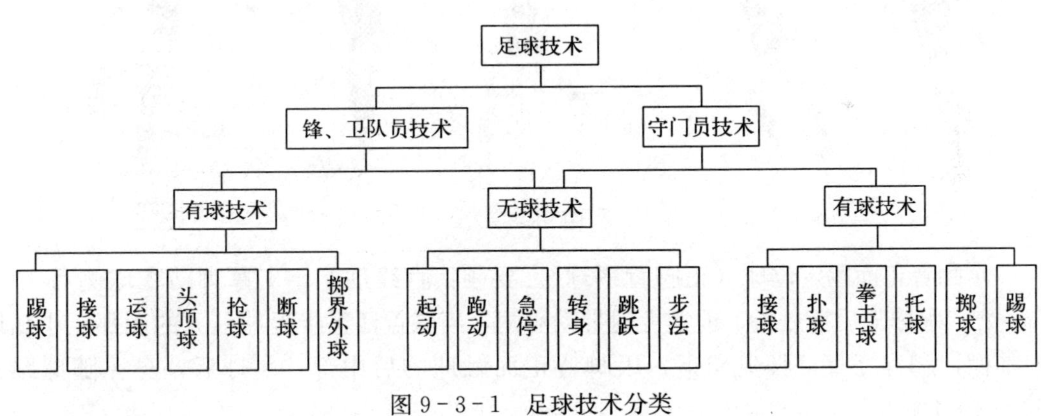

图 9－3－1 足球技术分类

（二）技术分析

1. 颠球技术

颠球是指运动员用身体的各个有效部位连续地触击球，并加以控制尽量使球不落地的技术动作。颠球是运动员熟悉球性的一种练习手段。

颠球的技术动作要领：颠球大致可分为脚背正面颠球、脚内侧颠球、脚背外侧颠球、大腿颠球、胸部颠球、肩部颠球、头颠球等。

2. 踢球技术

踢球是用脚的某一部位将球踢向预定目标的技术动作，主要用于传球和射门。可分为脚内侧、脚背内侧、脚背正面、脚背外侧踢球等。

（1）脚内侧踢定位球（又称脚弓踢球）。要领：支撑脚踏在球侧后 15 cm 处，膝盖稍弯曲，踢球腿稍后摆，前摆时小腿加速，脚跟扭转前顶，脚尖翘起，用脚内侧触球的后中部，将球踢出（图 9-3-2）。

图 9-3-2

（2）脚背内侧踢定位球（内脚背踢球）。要领：与出球方向成 45°斜线助跑，支撑脚踏在球侧后 20～25 cm 处，踢球腿大腿带动小腿由后向前摆，当膝盖摆至接近球内侧上方刹那，小腿爆发时前摆，脚背绷直，脚尖指向外斜下放，用脚背内侧触球的后中部。踢球后，踢球腿随球前摆（图 9-3-3）。

图 9-3-3

（3）脚背正面踢定位球（正脚背踢球）。要领：直线助跑，支撑脚踏在球侧后 10～15 cm 处，踢球腿后摆放松，前摆大腿带动小腿，当膝盖摆至接近球上方的刹那，小腿爆发时前摆，脚背绷直，脚尖向下，用脚背正面触球的后中部。踢球后，身体随球跟进（图 9-3-4）。

图 9-3-4

（4）脚背外侧踢定位球（外脚背踢球）。要领：与正脚背踢球基本相同，只是踢球脚的膝关节和脚尖向内转，脚面绷直，脚趾扣紧，以脚背外侧部触球。在踢弧线球时，支撑

脚踏在球侧 20 cm 左右处，身体稍向支撑脚侧倾斜，踢球的偏后方（偏支撑脚一侧）部位，同时脚腕用力切削球。踢球后，腿向侧前上方（偏支撑脚一侧）摆出（图 9-3-5）。

图 9-3-5

3. 头顶球技术

头顶球是指运动员有目的地用额头部位将球击向预定目标的动作方法，根据球与头部接触的位置，可分为前额正面顶球和前额侧面顶球两类。

（1）前额正面顶球。顶球时选好站位，使身体正对来球方向，两脚前后开立，膝关节微屈，重心在后，两眼注视来球，判断好来球的速度，做好准备工作，两腿前后开立、腰部前挺，胸部上提，下颌平收，两臂自然张开，上体后倾，身体重心放在右脚上，顶球时后脚迅速蹬地，上体由后向前摆动，在即将触击球的刹那，两腿迅速用力蹬伸，以腰腹和颈部的快速摆动主动迎击来球。击球时，颈部肌肉保持紧张，两眼注视出球方向（图 9-3-6）。

（2）前额侧面顶球。部位是前额的两侧。这个部位虽坚硬，但不平坦，面积也小，又在两眼的侧前方，顶球时摆体用力方向又与来球方向不是迎面相遇，出球力量较小。故在击球时间，难以正面顶球。其优点是动作突然，能变换出球方向。

原地顶球：顶球前与出球方向同侧腿向前跨出一步，两膝微屈，身体重心放在后脚上，上体和头稍向异侧倾斜并转体约 45°，两眼斜视来球，两臂自然张开。顶球时，后脚蹬地，上体和头向出球方向迅速扭转，屈体甩头，在与出球方向同侧肩的前上方，用额骨侧面顶球（图 9-3-7）。

图 9-3-6

图 9-3-7

4. 运球及运球过人

（1）运球。指运动员在跑动中为将球控制在自身范围内，用脚部进行的推拨球动作。

① 脚背外侧运球。直线运球时，自然跑动，步幅偏小，上体稍前倾，两臂协调摆动。运球腿提膝、送髋提踵、脚尖向内转斜下指，用脚背外侧推拨球的后中部，重心随球跟进（图 9－3－8）。

② 脚背正面运球。自然跑动，步幅稍小，上体前倾，两臂协调摆动，运球腿提膝前摆，绷脚背，提脚跟，脚趾下指，推球后中部，自然落步（图 9－3－9）。

图 9－3－8　　图 9－3－9

③ 脚背内侧运球。自然跑动，步幅稍小，上体略前倾并向球侧稍转，两臂协调摆动，运球腿提膝，脚尖外转，用脚背内侧推球中后部（图 9－3－10）。

④ 脚内侧运球。支撑脚在球的侧前落位，膝微屈，上体稍前倾侧向球，随重心前移，运球脚膝外转，用脚内侧部位推运球中后部（图 9－3－11）。

图 9－3－10　　图 9－3－11

（2）运球过人。是在控球的基础上，根据临场需要，准确判断和把握对手的防守站位及重心变化情况，利用速度、方向活动做变化，获得时间和空间位置优势，从而突破防守的一种技术手段。可分为 5 种方法：①强行突破；②假动作突破；③变向突破；④变速突破；⑤人球分离突破。

5. 拨球、拉球、扣球

运球突破时用于控制和支配球的基本动作。

（1）拨球。是利用脚腕抖拨动作，以脚背内侧或脚背外侧触球，将球拨向身体侧方（图 9－3－12）。

（2）拉球。触球脚前脚掌在球的上部，然后向后向下用力，将球拉回，也可向两侧拉球（图 9－3－13）。

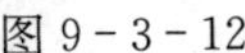
图 9-3-12

图 9-3-13

(3) 扣球。与拨球动作基本相同，但它的用力是强劲急促的，并伴随着突然转身或急停，分为里扣和外扣（图 9-3-14）。

图 9-3-14

6. 接球技术

指运动员有目的地用身体的合理部位触球，以改变运动中球的力量、方向，将球处于所需的控制范围内，按照触球部位可分为脚部、腿部、胸部、腹部和头部接球几类。下面仅介绍脚部、腿部、胸部接球。

(1) 脚部接球。

① 脚内侧接球。这是用脚内侧部位接球的一种技术。由于脚触球面积大、准确性强，动作简单，较易掌握，所以在比赛中经常使用这种技术接各种地滚球、平球、反弹球和空中球。

a. 脚内侧接地滚球。支撑脚脚尖正对来球，膝关节微屈，同侧肩正对来球。接球腿提膝，大腿外展，脚尖微翘，脚底基本与地面平行，脚内侧正对来球并前迎。当脚内侧面与球接触的一刹那迅速后撤，把球接在脚下。

b. 脚内侧接反弹球。根据来球的落点，及时移动到位。支撑脚踏在球的落点的侧前方，膝关节弯曲，上体稍前倾并向停球方向微转，同时停球脚提起，踝关节放松，用脚内侧对准球的反弹路线。当球落地反弹，刚离地面时，用脚内侧推压球的中上部，同时身体前倾。

② 脚背正面接球。这种接球方法多用来接有较大抛物线的来球。接球时根据来球的落点，及时移动到位，脚背正面上迎下落的球。当球与脚面接触的一瞬间，接球脚与球下落的速度同步下撤，此时膝关节、踝关节、脚趾均保持适度的紧张，脚尖微翘。脚背正面

接高球时，可以将脚微抬起，并适度背屈，当球接触脚背的瞬间，踝关节放松将球接到身体附近（图 9-3-15）。

（2）大腿接球。一般用来接略高于膝的低平球或抛物线较大的高空球。

① 接抛物线较小的低平球时，面对来球方向，根据球的落点迅速移动到位，接球腿大腿略抬起，当球与大腿接触的瞬间大腿下撤，用大腿中部将球接到需要的位置上（图 9-3-16）。

图 9-3-15　　图 9-3-16

② 接高空球时，面对来球方向，接球腿大腿要比接低平球抬高一些，并送髋前迎来球。当球与大腿接触瞬间收撤大腿，使球落在所需要的位置上（图 9-3-17）。

图 9-3-17

（3）胸部接球。由于接球部位较高，加之胸部面积大，肌肉较丰满，易于掌握，故是接高球的一种好方法。有挺胸式、收胸式两种接球方法。

① 挺胸式接球。挺胸式接球时，面对来球站立（两脚左右或前后开立），两膝微屈，重心置于支撑面内，上体后仰，下颌微收，两臂自然张开。接触球瞬间，两脚蹬地，膝关节伸直，用胸部轻托球的下部，使球微微弹起于胸前上方。对于较高的平直球也可采用这种方法将球接于胸前。但触球瞬间膝关节由直变屈，脚由提踵状态变全脚掌落地，整个身体保持接球时姿势下撤，将球接在胸前（图 9-3-18）。

② 收胸式接球。收胸式接球多用于接齐胸高的平直球。面对来球，两脚开立（左右或前后开立），两臂自然张开，上体稍前倾。触球瞬间收胸、收腹，臀部后移将球接在体前。若需将球接在体侧时，则触球瞬间转体将球接在转体后相应的一侧（图 9-3-19）。

7. 抢截球技术

指运动员在规则允许的范围内，使用身体的合理部位，把对手的球夺过来或破坏掉。

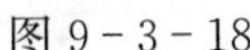

图 9-3-18

图 9-3-19

抢截球包括抢球（包括铲球）和截球两种不同动作。抢球包括正面抢球和侧面抢球；铲球包括正面和侧后面倒地铲球；截球包括截断和封阻。

（1）正面跨步抢球。抢球者两脚前后开立，两膝微屈，当运球者与抢球者间的距离缩小到一定范围（即抢球者向前跨一大步可触及球），运球者脚触球后即将落地或刚刚落地时，抢球者后脚用力蹬地并跨步向前，以脚内侧去堵截球，另一脚迅速上步，重心迅速跟上。若双方抢球脚堵住球时，抢球者应将另一脚迅速前移做支撑脚，抢球脚在不离球的情况下迅速向上提拉，使球从对手脚面滚过（图 9-3-20）。

（2）侧面冲撞（合理冲撞）抢球。当与持球对手平行跑动或从侧后方追成平行跑动时，可采用侧面冲撞抢球。动作方法：当与对手并肩跑动时，身体重心稍下降，靠近对手一侧的手臂要紧贴自己的身体。当对手靠近自己一侧的脚离地时，用肩以下的部位冲撞对手的相应部位，使其失去平衡而离开球，抢球者同时将球控制在自己脚下继续前进（图 9-3-21）。

图 9-3-20

图 9-3-21

（3）侧后面铲球。一般在持球者已经越过自己，来不及用其他方法抢球时，可采用从侧后面铲球的动作。根据铲球脚的不同分为同侧脚与异侧脚铲球两种。

① 同侧脚铲球。防守者在跑动中根据双方离球的距离做出判断，当对手不能立即触球时，用异侧脚用力蹬地，使身体向前方跃出，同侧腿沿地面向前滑出的同时向外摆踢（脚腕也应有向外的动作），用脚背外侧将球踢出，或脚尖将球踢出（图 9-3-22）。

② 异侧脚铲球。防守者应根据与球的距离，同侧脚用力蹬地使身体跃出，异侧脚向前沿地面对着球滑出，用脚底将球铲出，然后小腿外侧、大腿外侧、手依次着

地（图 9－3－23）。

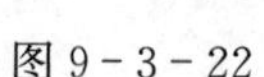

图 9－3－22

图 9－3－23

8. 守门员技术

是指守门员围绕球门所采取的有效防御性行动和组织发动进攻时所采用的动作方法的总称。其主要表现形式是用手进行接球、扑球、拳击球、托球和传球等。在接球和扑球前，守门员还要正确选择位置、做好准备姿势和快速合理地移动。

（1）下手接球。接地滚球有直腿式和屈膝半跪式两种方法。一种方法是接球时两脚左右分开约 10 cm，两腿伸直，上体前屈，两臂自然下垂，两手小指相对掌心向前，以手指先接触球，然后迅速屈肘把球抱于胸前（图 9－3－24）；另一种方法是向着来球两脚前后开立，前腿屈膝支撑身体重心，后腿屈膝斜向前脚跟靠拢，呈半跪姿势，两臂下伸，掌心对球，当手一接触来球就迅速屈肘，把球抱于胸前（图 9－3－25）。

图 9－3－24

图 9－3－25

（2）接平直球。首先移步使身体正对来球。接球时两臂主动前伸，两手掌心对球（胸以上的球两拇指相对；胸以下的球两小指相对），在手接触球时，两臂屈肘回缩缓和来球力量，并顺势把球抱于胸前（图 9－3－26）。

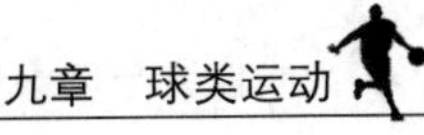

图 9-3-26

二、基本战术

足球战术就是比赛中为了战胜对手，根据主客观的实际所采取的个人和集体配合的手段的综合表现。足球比赛由攻和守这对矛盾组成，攻和守不断地变换组成了比赛的全过程。

（一）局部进攻战术配合（二过一配合）

二过一配合是指在局部地区 2 名进攻队员通过连续 2 次传球配合，越过 1 名防守队员的配合方法。攻击面在 10 m 左右，以地滚球和低平球为主，脚法多采用脚背内侧和脚背外侧。它与传切配合的主要区别是：二过一是连续 2 次传球，传切配合只有 1 次传球。

1. 斜传直插二过一配合

当防守队员身后有一定空当，防守队员距插入队员较近时采用此种二过一配合效果较好，斜传多采用踢墙式二过一（图 9-3-27）。

2. 直传斜插二过一配合

当防守队员身后有较大的空当，防守队员移向接应队员时采用此种配合（图 9-3-28）。

3. 回传反切直传二过一配合

当接应队员与控球队员有一定的纵深距离，而防守队员贴身逼抢时，可突然向后扯动，拉出空当采用此配合（图 9-3-29）。

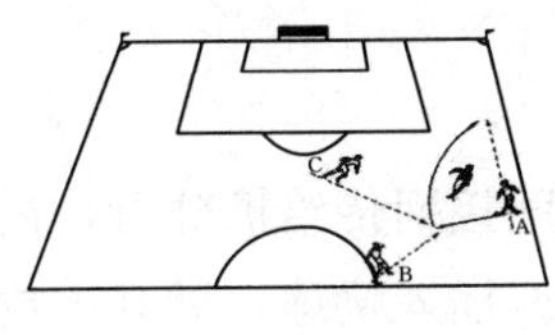

图 9-3-27

图 9-3-28

图 9-3-29

（二）全队进攻战术

指比赛中一方获得球后，通过队员之间的传递配合达到射门的目的而采用的配合方法。与局部进攻战术相比，全队进攻战术的进攻面比较广，参与进攻和快速反击等。

（三）定位球战术

定位球战术是指在比赛中，利用“死球”后重新开始比赛的机会组织进攻与防守配合的战术方法。定位球战术包括中圈开球、掷界外球、球门球、罚球、点球、角球和任意球。特别是被世界足坛越来越重视的角度球和罚球区附近的任意球战术。

1. 任意球攻守战术

一般来说，战术配合简练，成功的可能性就会大些。能对对方构成较大威胁的是发生在罚球弧处的任意球，但是比赛的实际告诉我们这个地域的任意球机会较少，而罚球区两侧的任意球机会较多。重点是前场 30 m 罚球区附近的任意球。

（1）直接射门。无论在场地中间或两侧获得任意球的机会时，只要有可能射门，最好的方法就是直接射门，随着守队排墙人数的增加，直接射入对方球门变得更加困难，因此，射手更需要掌握高超的踢弧线球的技术。同时，攻队队员常采用在对方人墙的两侧或中间“夹塞”的方法，或者在罚球点自行排成人墙，以此在射门前阻挡守门员的视线，使其看不清罚球队员动作，而在射门时这些队员迅速让出空当，使射出的球通过空当（图 9 - 3 - 30）。

（2）配合射门。在罚球区的侧角和两边，当不可能直接射门时，则应进行配合射门，经常采用短传配合和长传配合。但配合的传球次数宜少、宜简不宜繁。传球和射门配合要默契。为避开人墙要用声东击西假动作分散对方注意力（图 9 - 3 - 31）。

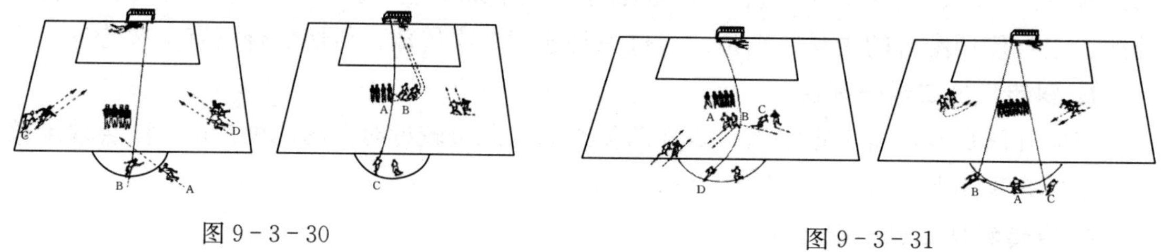

图 9 - 3 - 30　　图 9 - 3 - 31

2. 角球攻守战术

（1）进攻战术。随着技术的提高和角球战术的发展，角球的威胁大增。角球进攻战术可分为短传角球和长传角球。

（2）防守战术。对方踢角球时，可由 9～11 人参加防守。由一队员离球 8～9 m，封堵和限制对方角球的有效落点。

3. 界外球攻守战术

（1）掷界外球进攻战术。①直接回传。由接球者直接或间接回传给掷球者，由掷球者组织进攻。②摆脱接球。用突然的变速变向摆脱防守，接应或插入接球，展开进攻。③长传攻击。由擅长掷球的队员掷出长传球，由同伴在对方门前配合攻击是经常用的方法。如掷球给跑动中的同伴，接球后用头顶后蹭传球，另 2 名队员配合，同时包抄抢点攻门。

（2）界外球防守战术。①在掷球局部要紧逼，特别是有可能接球者，要死盯。②相对较危险的地域和有可能出现的空当要重点防守和保护。③对手在前场掷球时，应采取相应的防守对策，派人在掷球者前面影响掷球的远度和准确性，对重点对象要盯紧，选择防守的有利位置。

4. 球门球战术

（1）进攻方法。①长传和短传方式，直接将球踢出组织进攻。②通过守门员的后卫的配合，由守门员再发球进攻。

（2）球门球的防守。①对方大脚发球时要严密控制落点和紧逼盯人并做好保护。②本队进攻结束，对方踢球门球时，除前锋队员干扰对方配合，延缓进攻速度外，其他队员应回防到位。

5. 罚球点球的攻守战术

（1）主罚队员。①以射准为主，以力射为辅，射球门的底角和上角最优，但要留有余地。②心理要稳定，有必进的信心。③先看守门员位置，决定射门方向，不能轻易改变决定。

（2）守门员防守。①应有必胜的信心，心理要稳定，因为对方主罚队员更紧张。②可以采用故意放大一侧的方法，或者用假动作迷惑干扰对手。③掌握对手惯用的脚法和射门方位等特点，有针对性的防守。④不论射向哪个方向，总是向某一底角扑出，因为单纯靠反应再扑救是来不及的。

（四）比赛阵形介绍

比赛阵形是指比赛场上队员的位置排列，是一个攻守力量搭配和队员位置分工的形式服务于一定的战术需要。选择阵形，需要根据对手的特点来确定。随着足球运动的发展，阵形也在不断演变，种类繁多，常用的比赛阵形包括 1＋4＋4＋2、1＋4＋3＋3、1＋3＋5＋2、1＋5＋3＋2、1＋4＋2＋3＋1 阵形。

三、足球竞赛规则简介

（一）比赛场地

1. 球场

球场必须是长方形，长为 90～120 m，宽为 45～90 m。国际比赛的球场长为 100～110 m，宽为 64～75 m。场地各线宽不超过 12 m（球门线的宽度必须与球门柱宽度相等），边线与球门线应包括在场地面积之内，其他各线宽度也应包括在该区域面积之内（图 9－3－32）。

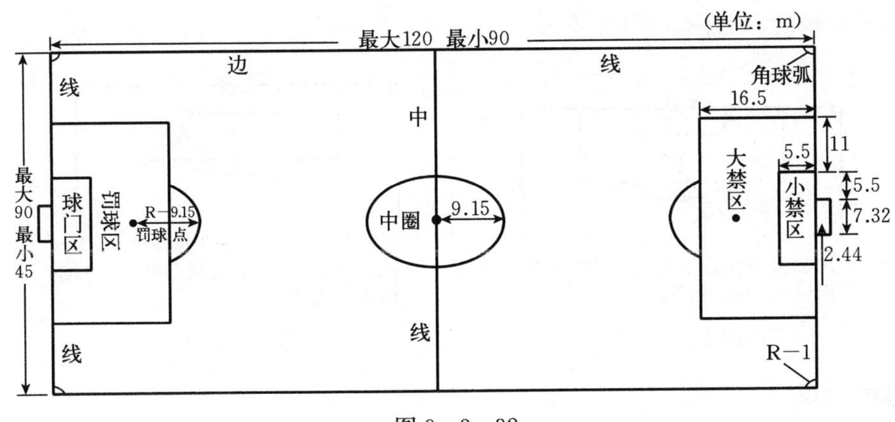

图 9－3－32

2. 球门

立柱、横梁直径不超过 12 cm，两立柱内沿相距 7.32 m，横梁下沿垂直地面距离为 2.44 m，立柱与横梁直径应相等。

（二）队员

1. 每队应为 7～11 人，其中 1 人必须为守门员。

2. 正式比赛提名替补队员为 7 人，但最多可以替换 3 人。

（三）比赛时间

正式比赛时间为 90 min，上、下半场各 45 min，中场休息不得超过 15 min。加时赛 30 min，每半场 15 min，中间立即交换场地不再休息。

（四）队员装备

队员不得使用或佩戴可能危及自己及其他队员的装备或任何物品，守门员服装颜色应区别于其他队员和裁判员、助理裁判员。队长须佩戴袖标。

（五）越位

1. 处于越位位置的条件

①在对方半场内。②较球更接近于对方球门线。③在该队员与对方球门线之间，对方队员不足 2 人。上述 3 个条件中，若缺少任何一个，队员均不属于越位位置（图 9－3－33）。

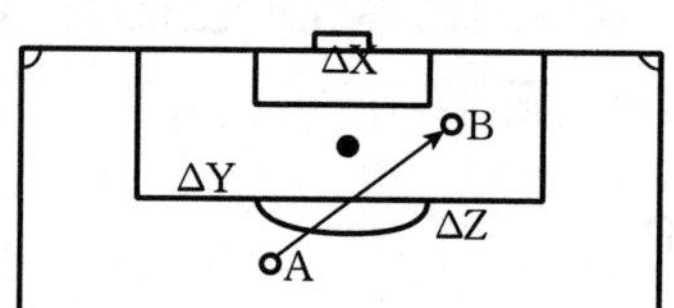

B在对方半场，在球前，在他到对方球门线之间只有X，此时队友A传球给他一瞬间，B为越位

图 9－3－33

2. 判断

判断是否处于越位位置的时间是同队队员踢或触球的一瞬间，而不是该队员接得球的一瞬间（图 9－3－34、图 9－3－35）。

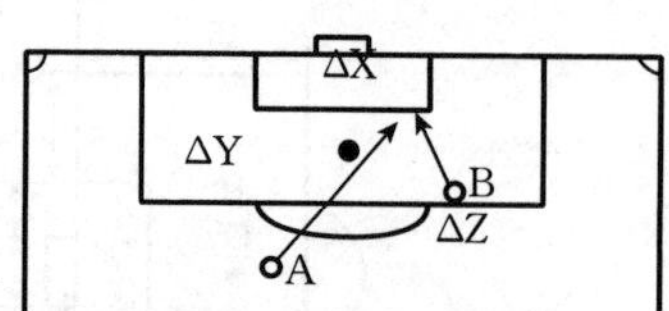

A传球一瞬间，B不处于越位位置，而插上接球，他不越位

图 9－3－34

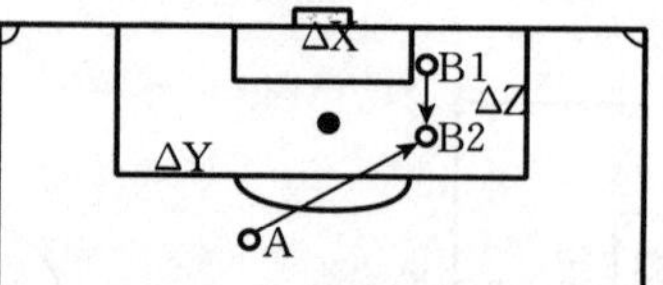

A传球一瞬间，B处于越位位置，B由B1跑到B2位置直接接得同伴A的球也为越位

图 9－3－35

3. 越位犯规

处于越位位置的队员，在同队队员踢或触及球的一瞬间，裁判员认为其有下列情况而

"卷入"了现实比赛中时才被列为越位犯规：①干扰比赛。②干扰对方。③利用越位位置获得利益。"现实比赛"不是一个区域范围的量化概念，而是指对处于越位位置队员的行为和效果（上述3条中任何一条）而言的。

处于越位位置队员，直接接到同队队员的球门球、界外球和角球时，则不是越位犯规。

（六）任意球、罚球点球、掷界外球、球门球、角球

1. 任意球

任意球分为直接任意球和间接任意球2种。

（1）如果直接任意球直接踢入对方球门，判为得分；如果直接任意球直接踢入本方球门。判给对方踢角球。

（2）如果间接任意球直接踢入对方球门，判为球门球；如果间接任意球直接踢入本方球门，判给对方踢角球。

2. 罚球点球

罚球点球可以直接进球得分。

3. 掷界外球

（1）掷界外球不能直接进球得分。

（2）在掷出球的一瞬间，掷球者应面向比赛场地；任何一只脚的部分站在边线上或站在边线外的地上；使用双手将球从头后经头上掷出。掷球队员在其他队员触球前不得再次触球。

4. 门球

（1）球门球可以直接射入对方球门而得分。

（2）在踢球门球时，对方队员在球被踢出罚球区前应在罚球区外，当球被直接踢出罚球区时，比赛即为进行。

（3）如果球未被直接踢出罚球区进入比赛，应重踢。

5. 角球

角球可以直接射入对方球门得分。

（演示：陈东方　刘　哲　胡天旭　孔明远　于滨超）

体育视窗

世　界　杯

国际足联世界杯（FIFA World Cup）简称"世界杯"，是世界上最高荣誉、最高规格、最高竞技水平、最高知名度的足球比赛，与奥运会并称为全球体育两大顶级赛事，影响力和转播覆盖率超过奥运会的全球最大体育盛事。

世界杯每4年举办1次，任何国际足联会员国（地区）都可以派出代表队报名参加这项赛事，至今已经举办了21届。历届世界杯时间、举办国和冠军归属见表9-3-1。

表 9-3-1　历届世界杯举办时间、举办国和冠军归属情况

届数	第一届	第二届	第三届	第四届	第五届	第六届	第七届	第八届	第九届	第十届	第十一届
年份	1930 年	1934 年	1938 年	1950 年	1954 年	1958 年	1962 年	1966 年	1970 年	1974 年	1978 年
举办国	乌拉圭	意大利	法国	巴西	瑞士	瑞典	智利	英格兰	墨西哥	联邦德国	阿根廷
冠军	乌拉圭	意大利	意大利	乌拉圭	联邦德国	巴西	巴西	英格兰	巴西	联邦德国	阿根廷
届数	第十二届	第十三届	第十四届	第十五届	第十六届	第十七届	第十八届	第十九届	第二十届	第二十一届	
年份	1982 年	1986 年	1990 年	1994 年	1998 年	2002 年	2006 年	2010 年	2014 年	2018 年	
举办国	西班牙	墨西哥	意大利	美国	法国	韩国 日本	德国	南非	巴西	俄罗斯	
冠军	意大利	阿根廷	联邦德国	巴西	法国	巴西	意大利	西班牙	德国	法国	

【思考题】

1. 常见的比赛阵型有哪些（不少于 7 个），并画图解释各个位置名称和职责。

2. 越位的定义是什么？判定越位的 3 个条件是什么？举例说明哪种情况为越位，哪种情况为不越位。

3. 列举出足球局部配合有哪些，并画图解释。

学习资源（视频）

脚背正面颠球

大腿颠球

脚内侧踢球

脚背内侧踢球

脚背正面踢球

脚背外侧踢球

原地前额正面顶球

原地跳起前额正面顶球

原地前额侧面顶球

运球过人假动作

脚背正面运球

脚内侧颠球

脚内侧停反弹球

大腿停球

挺胸停球

直传斜插二过一

回传反切二过一

第四节　羽 毛 球

一、基本技术

（一）握拍方法

1. 正手握拍

左手持拍，使拍框与地面垂直。右手张开，虎口位置对准拍柄窄面，用近似握手的方法握住拍柄，食指与中指之间留出空隙，其余手指自然握住拍柄，掌心、虎口位置与拍柄留有空隙，握拍自然、放松（图 9－4－1）。

图 9－4－1

2. 反手握拍

左手持拍，使拍面平行于地面。右手张开，大拇指按在拍柄上方宽面，其余四指自然托在拍柄下方，食指稍向下靠，下三指放松。击球时，依靠食指以后的三指握紧拍柄，同时拇指前顶发力击球（图 9－4－2）。

图 9－4－2

（二）发球和接发球

1. 发球和接发球站位与准备姿势

（1）正手发球站位与准备姿势。

发球站位：正手发球在中线附近，站在离前发球线 1 m 左右。

准备姿势：身体左肩侧对球网，左脚在前，脚尖指向发球方向，右脚在后，重心在右脚上。右手持拍向右后侧举起，肘部放松微屈，左手拇指、食指夹住球，举在胸腹间。发球时，身体重心由右脚移至左脚。

此发球站位和准备姿势适用于各种正手发球。

（2）反手发球站位与准备姿势。

发球站位：反手发球站在前发球线后 10～50 cm 及发球区中线的附近，也可以站在前发球线及场地边线附近的地方。

准备姿势：面向球网，两脚前后站立（左脚或右脚在前均可），上体稍前倾，身体重心在前脚上。右手反手握拍，左手拇指、食指捏住球的 2～3 根羽毛，球托明显朝下，球体与拍面平行或球托对准拍面放在拍面前方。

（3）接发球站位与姿态。

接发球站位：单打的接发球站位离前发球线约 1.5 m；在右发球区应站在靠中线的位置，在左发球区则站在中间稍偏边线的位置。双打接发球时站位可靠近前发球线。

准备姿势：单打接发球应左脚在前，右脚在后，侧身对网，重心在前脚，后脚脚跟稍提起，收腹含胸，持拍于右身前，两眼注视对方（图 9-4-3）。

图 9-4-3

2. 正手发球

正手发高远球：正手握拍，以正拍面击球，球的飞行轨迹又高又远、下落时与地面垂直、落点位于对方场区底线附近的球称正手发高远球。

动作要领：发球时，左手持球举在身体的右前方，胸部高度，松手使球自然下落。右手同时持拍由大臂带动小臂，从右后方沿着身体向前并向左上方挥动。当球落身体右前下方的一刹那，握紧球拍，并利用手腕的力量向前上方发力击球。身体重心由右脚完全移至左脚，击球之后，手腕呈展腕状态，球拍顺势向左上方随挥（图 9-4-4）。

3. 反手发球

反手发球主要靠挥动前臂和伸腕闪动发力，其特点是动作小、出球快、动作一致性好、对方不易判断，主要用于双打比赛中。

发球站位：站在前发球线后 10～50 cm 及发球区中线的附近，也可以站在前发球线及场地边线附近。

图 9-4-4

准备姿势：面向球网，两脚前后站立（左脚或右脚在前均可），上体稍前倾，身体重心在前脚上。右手反手握拍，左手拇指和食指捏住球的两三根羽毛，球托朝下，球体与拍面平行或球托对准拍面放在拍面前方。

动作要领：反手发网前球击球时，小臂带动手腕，球拍由后向前横切推送，使球的最高弧线略高于网顶，通过拍面的切削动作使球落到对方场区的前发球线附近（图 9-4-5）。

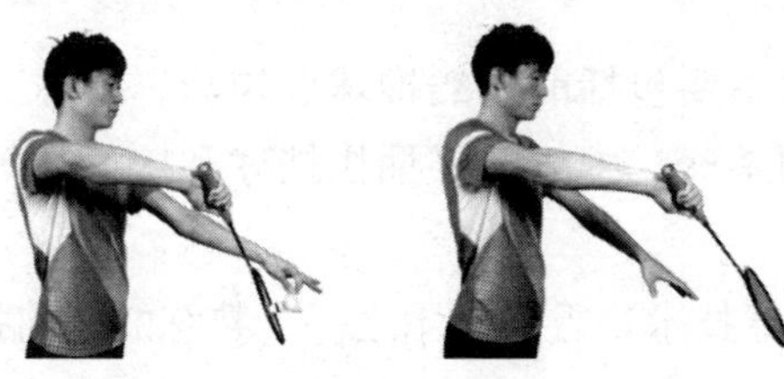

图 9-4-5

（三）基本步法

羽毛球步法大致分为 3 大类：一是上网步法；二是中场两侧移动步法；三是后场步法。在实践中常运用跨步、垫步、蹬步、并步、交叉步、腾跳步等综合步法。

1. 上网步法

上网步法是指从场地中央位置向网前移动的步法。

（1）右侧上网步法。判断对方来球后，迅速将重心移到右脚，左脚掌内侧用力蹬地向来球方向迈出一步，当左脚着地时，右脚加速向前跨出，左腿用力蹬地使右脚向前跨一大步，以从脚跟到掌外侧的顺序着地，再过渡到脚掌，脚尖朝外，上体稍前倾，右膝关节变屈成弓箭步。前腿用力缓冲，控制住身体，左脚自然向前脚着地的方向靠一小半步，保持正确的击球姿势。

（2）左侧上网步法。与右侧动作相同、方向相反。

2. 中场两侧移动步法

从中心位置向左右两侧移动到击球点上击球的步法，称为两侧移动步法。两侧移动步法多用于接对方的扣杀和打来的半场低平球。其移动前的准备姿势及站位基本同上网步法。

（1）向右侧移动步法。起动后，左脚掌内侧用力起蹬，左脚向右脚并一步，右脚向右侧跨出一大步（重心落在右脚上，脚尖偏向右侧，以脚跟制动），上体略向右侧倒（根据击球点的高低来确定侧倒的程度）做正手击球。

（2）向左侧移动步伐。与右侧动作相同、方向相反。

3. 后场步法

从中心位置移动到后场各个击球点的位置上击球的步法，称为后退步法。后退步法分为正手后退步法和反手后退步法 2 种。

（1）正手后退步法。正手交叉步（并步）后退步法，这种步法的特点是移动范围大，多用于回击端线附近的球。判断准来球后，先将重心调整至右脚，然后右脚迅速向右后撤一小步，同时上体右转，左肩对网，然后，左脚从右脚后交叉后撤一步（或用并步靠近右脚），右脚再向后移至来球位置。当右脚着地时，迅速向上蹬，使击球点增高同时左脚向身后伸出。

（2）反手后退步法。反手后退时，应根据离球距离的远近来调整移动步子。如果离球较近，可采用两步后退步法；离球远时，则要采取三步或五步后退步法。

（四）击球法

羽毛球运动的击球技术主要包括前场的推球、勾球、扑球、挑球和放网前小球；后场的高远球、平高球、吊球和杀球；中场的平抽快挡球和接杀球等多项技术。

1. 前场击球技术

羽毛球比赛中，前场击球技术是重要技术之一。熟练的网前技术往往可使本方由被动转为主动，并有利于控制和调动对方。前场技术包括网前的搓、放、扑、推、勾、挑球等。

（1）搓球。搓球一般在对方来球较靠近网上时运用。它是用球拍搓击球托侧下部，使球旋转翻滚越过网顶的击球技术。分为正手搓球和反手搓球 2 种。

① 正手搓球。侧身对右边网前，两腿跨成弓箭步，重心放在右脚，正手握拍。击球前，球拍随前臂稍外旋，并向右前上方斜举，手腕由后伸至稍内收闪动，握拍手的食指和拇指夹住拍，中指、无名指和小指轻握拍柄，使球拍在手腕和手指的挥摆下用力，击来球球托的右下底部，使球旋转翻滚过网（图 9－4－6）。

图 9－4－6

② 反手搓球。侧身对左边网前，反手握拍。击球前前臂稍向前上举，手腕前屈，手背约与网同高，拍面低于网顶，反拍迎球。搓球时，主要靠前臂的前伸外旋和手腕由内收至外展的发力，搓击球托的右侧后底部，使球倒旋滚动过网（图 9－4－7）。

（2）推球。推球是将网上来球用推击的方法，往对方底线击出的弧度较平、速度较快

图 9－4－7

的球。由于击球点离网距离很短，球速快、弧度低，再加上落点好控制，所以，推球具有很强大的进攻性。

① 正手推球。推球时，身体稍往前移，右前臂往前伸，并带内旋，手腕和手指控制拍面角度，手腕由后伸到伸直并闪腕，食指向前压和小指、无名指一起突然握紧拍柄，拍子竖起挥动推球，使球沿边线飞向对方后场底角；推对角线球，击球前的准备动作同推直线球相似，不同之处是推击球的右后部，使球沿对角线方向飞行至对方场区底角边（图 9－4－8）。

图 9－4－8

② 反手推球。肘关节微屈，手腕外展，变成反手推球的握拍法，球拍松握，反拍面迎球。前臂往前伸的同时稍外旋，手腕由外展到伸直闪腕，中指、无名指、小指突然紧握拍柄，拇指顶压，往左前方向挥拍时，推击球托的后部，使球沿边线方向飞行（图 9－4－9）。

图 9－4－9

（3）放球。

① 正手放网前球。击球前准备姿势同上。击球时，前臂稍外旋，手腕由后伸至稍内收闪动，握拍手的食指和拇指夹住球拍，中指、无名指、小指轻握拍柄，使球拍在手腕和手指的挥摆用力下，轻击球托把球轻送过网（图 9－4－10）。

② 反手放网前球。击球前的动作要领同正手放网前球，只是方向相反（图 9－4－11）。

（4）扑球。扑球是把对方击来高于网上的球迅速扑压下去。

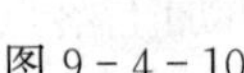

图 9－4－10　　图 9－4－11

① 正手扑球。跨步上网或右脚下蹬步上网，身体稍向右前倾，屈肘向右前上方举拍，拍面前倾，击球时，利用前臂带动手腕和手指快速闪动发力（图 9－4－12）。

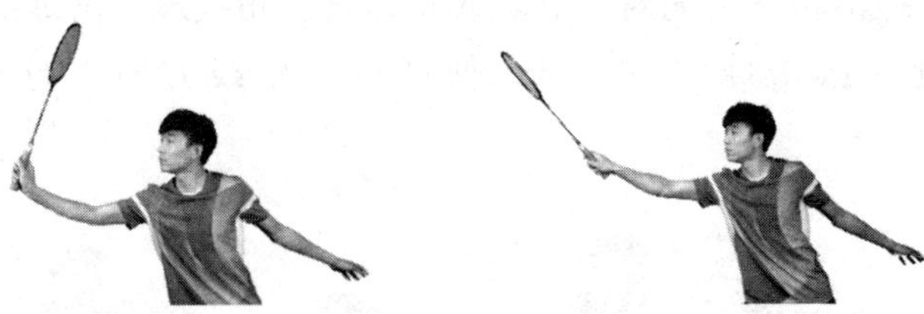

图 9－4－12

② 反手扑球。右脚跨至左前再蹬跳上网，身体右侧前倾，反手握拍举于左前上方。击球时，前臂伸直外旋带动手腕内收到外展，拇指顶压并加速挥拍扑球（图 9－4－13）。

图 9－4－13

（5）挑球。把对方击来的网前球、吊球挑高回击到对方后场，称为挑球。

① 正手挑球。准备动作同正手放网前球。击球前前臂充分外旋，手腕尽量后伸，右脚向右网前跨出一大步，重心在右脚上。击球时，从右下向右前方至左上方挥拍击球（图 9－4－14）。

② 反手挑球。准备动作同反手放网前球。击球前右臂往左后拉，屈肘引拍至左肩旁，同时右脚向左前方跨出一大步，重心放在右脚上。击球时前臂充分内旋，手腕由屈至后伸闪动挥拍击球（图 9－4－15）。

2. 中场击球技术

（1）挡网前球。

① 正手挡直线网前球。该技术多用于接对方快速下压的球。接球前身体移至右场区

图 9-4-14

图 9-4-15

并右倾，手臂右伸，前臂外旋，手腕外展。击球时，前臂内旋稍翻腕，带动球拍由右下向前上方挥动击球，把球挡向直线网前，也可以在击球时前臂由外旋到内收，带动球拍由右向前切送挡直线网前球。击球后，身体左转成正面对网，然后右脚上前一步球拍随身体向左转收至体前（图 9-4-16）。

② 正手挡对角网前球。准备姿势同上。挥拍击球时，在肘关节屈收的同时前臂稍旋内，手腕由后伸到内收闪动击球托右侧。击球点在右侧前，手腕、手指控制拍面角度，使球向对角线网前坠落。

③ 反手挡直线网前球。准备姿势同正手相似，只是动作方向与正手握拍法相反。击球时，借对方来球的冲力，以前臂带动球拍由左上方向左前方用拇指的顶力挥拍轻击球托，把球挡回直线网前。击球后，身体右转成正面对网，球拍随身体的移动收至体前（图 9-4-17）。

图 9-4-16

图 9-4-17

④ 反手挡对角网前球。采用反手勾对角接杀球握拍法。击球时，手腕由外展到反伸闪动挥拍击球托的左下部，使球向对角网前坠落。

（2）平抽球。抽球是把在头部以下，腰部以上，身体左右两侧的来球平扫过网的击球方法。它可分为正手抽球和反手抽球两种。

① 正手平抽球。站在右场区中部，两脚平行开立稍宽于肩，重心在两脚间，微屈膝收腹，正手握拍举于右肩前。击球前，肘关节前摆，前臂稍往后带外旋，手腕稍外展至后伸，引拍至体后。击球时前臂内旋，手腕伸直闪动，手指抓紧拍柄，球拍由右后往右前方高速平扫来球。击球后，手臂顺势左摆，左脚往左前迈进一步，准备迎击

第 2 次来球。

② 反手平抽球。右脚前交叉在左脚前，重心在左脚上，右手反手握拍在左侧前，击球前，肘部稍向上指，前臂内旋，手腕外展，引拍至左侧。击球时，前臂在左髋的右转带动下外旋，手腕由外展到伸直闪腕，挥拍击球托底部。击球后，球拍随身体的回动收到右侧前。

3. 后场击球技术

后场击球技术包括击高球、吊球和杀球。

（1）后场击高球。

① 正手击高远球。动作要领：首先要判断好来球的方向和落点，侧身后退，使球处在自己的右肩稍前上方位置。左肩对网，左脚在前，右脚在后，重心在右脚上。左臂屈肘，左手自然高举，右手持拍，手臂自然弯曲，将球拍举在右肩上方，两眼注视来球。击球时，右上臂后引，肘关节上提至明显高于肩部的位置，将球拍后引至头部，自然伸腕（拳心朝上），然后在后脚蹬地、转体收腹的协调用力下，以肩为轴，上臂带动前臂快速向前上方甩腕（鞭打），在手臂伸直的最高点击球。击球后，持拍手臂顺惯性往前左下方挥动并收拍至体前。与此同时，右脚向前迈出，左脚后撤，身体重心由后脚移到前脚上（图 9－4－18）。

图 9－4－18

② 反手击高远球。在自己左后场区上，以反手握拍法用反拍面击出的高远球，称为反手击高远球。在被动情况下，可采用反手击高远球过渡，帮助自己重新调整位置。

动作要领：当判断来球是在后场区上空时，迅速将身体转向左后方，背对球网，并用反手握拍法握拍。最后一步用右脚前交叉跨到左后方，球拍由身前举到左肩附近，以大臂带动前臂转动，击球时前臂由左肩上方往下绕半弧形，最后瞬间手指紧握球拍，击球点在右肩上方为好，以手腕往右后上方或者根据击球的需要，掌握好球拍的角度进行鞭打击球。击球后，转身，手臂回收至胸前。

③ 头顶击高远球。在自己的左后场区，用正手在头顶中间部位或在左肩上方将来球击到对方底线去的高远球，称为头顶击高远球。这种击球动作较反手击球主动性更强，具

有更大的攻击性。

动作要领：击球前准备姿势以及击球动作与正手击高远球基本相同，只是击球点偏左肩上方。准备击球时，侧身稍左后仰。击球时，大臂带动小臂使球拍绕过头顶，从左上方向前加速挥动，注意发挥手腕的爆发力以及蹬地收腹的力量击球。落地时左腿向左后方摆动幅度大些，并用左脚后蹬向中心位置回动。

(2) 吊球。运用劈切、拦截等技术动作，击打在中、后场的高球，使球坠落在对方前场，称为吊球。吊球技术分为正手、反手和头顶 3 种手法，按球的飞行弧线和击球动作的不同分为劈吊、拦截吊和轻吊。

① 正手吊直线。击球前动作同正手击高远球。击球的一刹那，拍面稍倾斜，手腕快速切击球托的右侧后下部。关键是用力方向朝前下，使球越网后旋转下落。击球后，手臂随惯性自然回收至胸前（图 9－4－19）。

图 9－4－19

② 正手吊斜线。击球前动作同正手击高远球。击球的一瞬间，用较轻的力量击球（切击），关键是用力方向朝对角线斜下方。击球后，球拍随惯性自然回收至胸前。

③ 头顶吊直线。击球前动作同头顶击高远球。击球的一刹那，前臂突然往前下方挥拍，向前轻切球托后下部，使球朝直线方向飞行，球越网后立即下落。

④ 头顶吊斜线。击球前动作同头顶击高远球。击球的一刹那，前臂突然反腕（内旋）往前下方挥拍，经内旋手臂和手腕的后伸外展动作，球拍轻切或轻点球托的左侧后下部，使球向对角方向飞行，球越网后立即下落。

(3) 杀球。杀球是把对方击来的高球全力向下扣压。这种球的特点是力量大、弧线直、速度快，给对方的威胁很大。它是进攻的主要技术。杀球分为正手杀直线球和正手杀对角线球、头顶杀直线球和头顶杀对角线球。

① 正手杀直线球。准备姿势与正手击高远球相似，不同之处是最后用力的方向朝下。右脚起跳后，身体后仰呈反弓后收腹用力，靠腰腹带动大臂、大臂带动前臂、前臂带动手腕，形成鞭打向下用力，球拍正面击球托的后部，无切击，使球沿直线向前下方快速飞行。击球后立即恢复为准备姿势（图 9－4－20）。

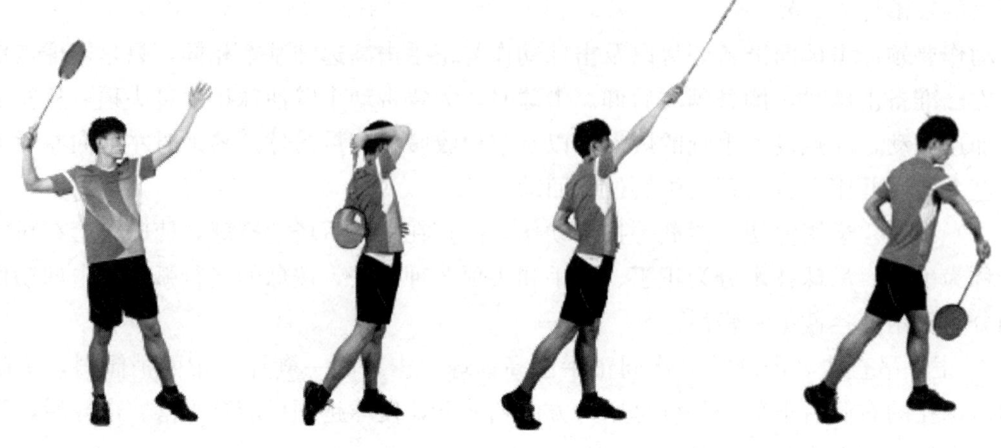

图 9-4-20

② 正手杀对角线球。准备姿势同正手杀直线球。不同之处是右脚起跳之后，身体向左前方转动用力，协助手臂朝对角方向击球。

③ 头顶杀直线球。准备姿势同正手杀直线球，不同之处是挥拍击球时，靠腰腹带动大臂、前臂、手腕的鞭打动作，全力往直线下方击球，拍面和击球用力方向水平面的夹角小于 90°。

④ 头顶杀对角线球。准备姿势同正手杀直线球，技术动作同头顶击直线球。不同之处是用全力向对角线下方击球。

二、基本战术

羽毛球战术是指在比赛中运动员根据场上对手的技术、体力和思想意志等具体情况而采取的争取比赛胜利的一种对策和战略。下面介绍一些常用的单打和双打战术。

（一）单打基本战术

1. 攻后场战术

这种战术要求把球击到对方场地的端线或两底角处，给对方后退进攻击球制造难度。特别是高远球弧线高、飞行时间长、球从高处落下来，后退步法慢、进攻技术差的对手就较难下压进攻。此战术是通过击高球、重复压对方的底线两角，造成对方的被动，然后寻找机会进攻。

2. 攻前场战术

这种战术要求先发制人，以快速、凶狠、凌厉的进攻，从速度、力量上压住对方，速战速决。

3. 杀、吊上网战术

此战术是利用快速的平高球、吊球、杀球和网前搓、推、勾球，准确地将球击到对方场区的后场底线两角和前场网前两角 4 个点上。

4. 防守反击战术

如果防守能力好，足以抵挡对方的进攻，而对手又正好是喜好盲目进攻，且体力又差，即可用此战术。先将各种来球回击至对方后场，以诱使对方发起进攻，在对方只顾进攻而麻痹于防守时，即可伺机采取突击进攻。或当对方疲于进攻、体力耗尽、速度减慢时再发起进攻，也就是后发制人战术。

（二）双打基本战术

1. 攻中路战术

当对方一左一右分边站位时，要尽可能把球攻到对方两人之间的空当区域，造成对方因为争抢回击球而发生碰撞，或相互让球而出现漏接失误。

2. 攻人战术

集中优势盯住两人中的一人攻击，伺机再突击其他空当，就是攻人战术。在具体运用攻人战术时可采用多种攻击方法。

3. 后杀前封战术

后杀前封战术是双打中最常见的进攻战术。当我方取得主动进行强攻时一人在后场大力杀球，另一人在网前抓住对方有可能回球的线路，有意识、有目的地准备封网，这就是后杀前封战术。

4. 防守反攻战术

这是一个对付对方后场进攻能力较差选手的战术，为消耗对方的体力也可采用这种战术。其特点是通过拉后场底线两角诱使对方在左右移动中进攻，我方通过防守伺机进行反攻，以后发制人。但要想成功地使这种战术，前提是我方需具备一定的防守能力，能防住对方的进攻才行。

三、羽毛球竞赛规则简介

（一）比赛办法

1. 比赛的项目

团体赛和单项赛。其中，团体赛分为男子团体、女子团体、男女混合团体；单项赛分为男子单打、女子单打、男子双打、女子双打、混合双打。

2. 比赛方法

一般采用单淘汰赛和单循环赛 2 种。有时也可以综合这 2 种比赛方法的优点采用阶段赛方法，例如，第一阶段分组循环赛，第二阶段淘汰赛。

（二）比赛计分方式及主要竞赛规则

1. 挑边

比赛开始前应挑边来决定发球方和场区。挑边赢者将优先选择是发球、接发球以及在哪个场区开始比赛，输者在余下的一项中选择。

2. 计分方法

除非另有规定（“礼让比赛”和“其他计分方法”）场比赛应以三局两胜定胜负。先得 21 分的一方胜一局，20 平后领先 2 分的方胜该局，29 平后先到 30 分的一方胜该局。一局的胜方在下一局首先发球。对方“违例”或球触及对方场区内的地面成死球，则本方胜这一回合并得 1 分。

3. 交换场区

第 1 局结束；第 2 局结束（如果有第 3 局）；在第 3 局比赛中，一方先得 11 分时，双方运动员应交换场区。如果运动员未按规则规定交换场区，一经发现，在死球后立即交换，已得比分有效。

4. 常见的违例情况（即判对方得分）

①发球不合法。脚违例；发球时未击中球；过腰过手；延误发球。②球落在球场界线外（球压线算为界内球）。③球触及屋顶或场外的障碍物。④球不过网或从网下进入对方场区。⑤球触及运动员的身体或衣服。⑥球触及运动员的球拍后继续向该运动员的后场飞去。⑦运动员的球拍或身体、衣服触及球网或网柱。⑧过网击球。球拍或身体从网上侵入对方场区，但击球时球拍与球的接触点在击球者网这方，而后球拍随球过网的情况除外。⑨运动员的身体或球拍从网下侵入对方场区，并影响对方击球。⑩连击。同一运动员 2 次挥拍连续击中球 2 次（但 1 次击球动作中被拍框和拍弦面击中除外），或双打比赛中，同方 2 名运动员连续各击中球 1 次。

（演示：陈玉权）

体育视窗

世界重大羽毛球比赛

国际羽联主办的有：

1. 汤姆斯杯

即世界男子团体羽毛球锦标赛，在偶数年举行。比赛由三场单打、两场双打组成。历史上夺得汤姆斯杯冠军最多的国家是印度尼西亚，共 13 次。

2. 尤伯杯

即世界女子团体羽毛球锦标赛，1956 年举行首届比赛，两年一届，在偶数年举行。比赛由三场单打、两场双打组成。历史上夺得尤伯杯冠军最多的国家是中国，共 11 次。

3. 苏迪曼杯

即世界羽毛球混合团体比赛。1989 年开始举办，两年一届，在奇数年举行，比赛由 5 个单项组成。

【思考题】

1. 击高远球时如何协调运用全身力量？

2. 如何形成自己的战术打法?

3. 双打的基本战术有哪些?

学习资源(视频)

第五节　乒　乓　球

乒乓球运动于19世纪末起源于英国，由网球运动派生而来。1926年，国际乒乓球联合会正式成立，并决定举行第1届世界乒乓球锦标赛。90多年来，乒乓球运动的发展大约经历了3次大变革：第1次大变革，日本的长抽取代欧洲的削球。第2次大变革，中国的快攻打败日本的长抽。第3次大变革，弧圈快攻融于一体，欧洲复兴与“世界打中国”“中国打世界”局面的形成。

一、基本技术

(一) 基本站位和基本姿势

站位的基本姿势：两脚平行站立(略比肩宽)、提踵、前脚掌内侧用力着地，两膝微屈、上体略前倾；重心置于两脚之间；下颌稍向后收，两眼注视来球；以右手握拍为例：持拍手臂自然弯曲置于身体右侧，手腕放松持拍于腹前，离身体 20～30 cm。“做到注视来球、上体微倾、屈膝提踵、重心居中。”

（二）握拍

1. 直握拍法

（1）快攻型直握拍法。拍柄贴在虎口上，拇指的第 1 关节压住球拍左肩，食指的第 2 指节压住右肩，拇指第 1 指节和食指第 1、2 指节位于球拍前面呈钳形，两指间距离 1～2 cm，其他 3 指自然弯曲叠置于拍后（图 9-5-1）。

（2）弧圈型直握拍法。食指扣住拍柄与拇指共同形成环状，其他 3 指在拍背面自然微伸叠置于拍后（图 9-5-2）。

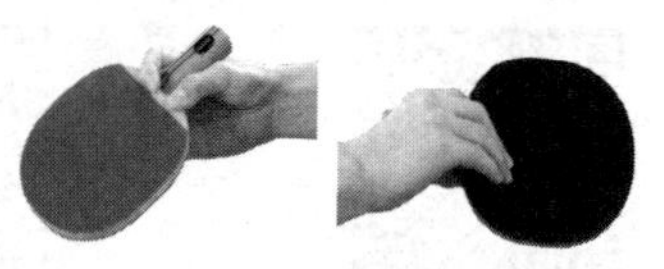

图 9-5-1

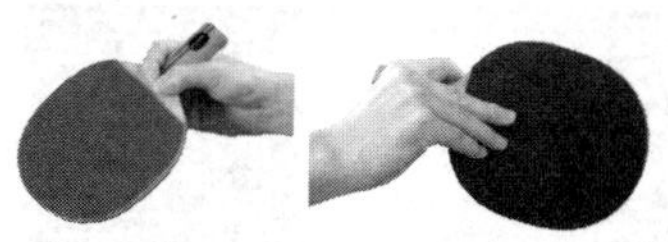

图 9-5-2

2. 横握拍法

攻击型横握拍法：拇指自然斜伸，贴于拍面。食指自然斜伸，贴于球拍背后，用第 1 指节顶住球拍，顶点略偏上（图 9-5-3）。

图 9-5-3

（三）步法

1. 单步

动作方法：以一脚为轴心，另一脚向、前、后、左、右移动一步，身体重心也随之落到移动脚上，挥臂击球。

特点：移动简单，范围小，重心移动平稳。当来球离身体较近时使用。

2. 滑步

动作方法：两脚几乎同时向来球方向蹬地，几乎同时离地，来球异方向脚先落地，同方向脚紧随着地，挥臂击球。

特点：移动范围较大，重心转换迅速。当来球离身体较远时使用。移动后两脚距离基本不变，适合连续快速回击来球。

3. 跨步

动作方法：来球异方向脚蹬地，同方向脚向来球方向跨出一大步，身体重心随之移到该脚（攻球时可落脚、击球同时进行），另一脚迅速跟上。

特点：移动范围比单步大。当来球离身体较远时使用。移动速度快，多用于借力回击。但由于一脚移动幅度大，常会降低身体重心，不易连续使用。

4. 跳步

动作方法：以来球异方向的脚用力蹬地为主，使两脚同时或几乎同时离地向来球的方

向跳动，蹬地用力大的脚先落地，另一只脚紧跟落地。可以原地或向左、右、前、后跳动。

特点：快速灵活，移动幅度比单、并、换步大，有短暂的腾空时间，靠膝关节和踝关节的缓冲来减少重心的起伏。

5. 交叉步

动作方法：来球同方向脚蹬地，异方向脚向来球方向跨出一大步。此时，在体前形成交叉状，让后蹬地脚迅速跟上解除交叉。

特点：移动范围比其他步法大。当来球离身体远时使用。适用于主动发力进攻。动作过程要求上肢、腰髋、下肢密切配合。

6. 结合步

动作方法：在完成一次击球时，使用2种或2种以上单一步法的动作方法进行结合。

特点：使用一种步法仍不能获最佳击球位置时，即可用结合步来完成。

（四）发球与接发球

1. 发球

（1）发球的意义。发球是一项重要的基本技术。它不受对方的制约，可以选择最合适的站位，按自己的战术意图把球发到对方球台的任何位置上去，用以压制对方的进攻，为自己发球抢攻创造有利条件。球发得好，还能在比赛中引起对方心理上的紧张，甚至造成接发球失误。

（2）发球的种类。划分发球种类的方法多种多样，如按方位来分，可分为正手发球、反手发球、侧身发球；按发球的性质来分，可分为速度类发球、落点类发球、单一旋转发球和混合旋转类发球；按形式的不同来区分，又可分为低抛发球、高抛发球和下蹲发球等。

（3）发球技术。

① 发平击球。

方法：正手发平击球。右脚稍后，身体稍向右转，左手掌心托球，置于体前偏右侧，右手持拍，置于身体右侧。当球向上抛起瞬间，同时右臂稍向后引拍，接着从身体右后方向前挥拍，在球降至网高时击球，拍面稍前倾，击球中上部。

反手发平击球：右脚在前，身体稍向左转，引拍至身体左侧。球向上抛起后，右手持拍从身体左后方向前挥拍，拍面稍前倾，在球降至近于网高时，击球中上部。

特点：平击发球是一种一般上旋、一般速度的发球。它是初学者最基本的发球方法，也是学习其他发球技术的基础。

② 发急球（奔球）。

方法：正手发急球（奔球）。右脚稍后，身体稍向右转，右手持拍于身体右侧。当持球手将球向上抛起后，持拍手随即向右后上方引拍，待球下落时，前臂迅速由后向左前方挥动，拇指压拍，拍面略向左偏斜，稍前倾，当球降落至与网同高或略比网高时击球，球拍沿球的右侧中部向中上部摩擦。击球后，前臂和手腕随势向前挥动（图 9－5－4）。

图 9－5－4

反手发急球：右脚稍前，身体稍向左转，左手掌心托球于腹前左侧，右手持拍于身体左侧。抛球后，待球下落时前臂迅速挥动，击球点应与网同高或比网稍低，拍面稍前倾，击球的中上部。击球后，前臂和手腕随势向前挥动（图 9－5－5）。

图 9－5－5

特点：球速快、落点长、冲力大，球的飞行弧线低，前冲力大。

③ 正手发左侧上（下）旋球。

方法：右脚在后。抛球时，持拍手向右上方引拍，手腕略向外展。当球下落时，手臂迅速向左下方挥动，在与网同高时触球，触球瞬间手腕快速向上方转动，使球拍从球的中部偏下向左上方摩擦。发左侧下旋球时，手腕快速向左下方转动，使球拍从球的中下部向左下方摩擦（图 9－5－6）。

图 9－5－6

特点：发左侧上或下旋球时，手法较为相似，并能充分发挥手臂和手腕的作用，旋转力较强，对方挡球后，向其右侧上（下）方反弹。

④ 反手发右侧上（下）旋球。

方法：右脚在前。持拍手向左上方引拍，拍柄略向下。抛球后，当球下落时，前臂和手腕同时发力，向右下方挥拍，在与网同高时击球，触球瞬间手腕向右上方转动，使拍从球的中部略偏下向右上方摩擦。发右侧下旋球时，手腕向右下方转动，使拍从球的中下部向右下方摩擦（图 9－5－7）。

图 9－5－7

特点：能充分运用转体动作，旋转力较强；对方挡球后，向其左侧上（下）反弹。

⑤正手发转和不转的球。

方法：发旋转球时，右脚在后，前臂向后上方引拍，拍面略后仰。抛球后，待球下落时前臂迅速向前下方挥动并略外旋，手腕用力转动使拍面后仰角度大些，约与网同高时击球，摩擦球的中下部（图 9－5－8）。发不转球时，手臂向前下方挥摆时，前臂外旋与手腕的转动要慢，或外旋后的触球瞬间略有内旋，使拍面后仰角度小些，用球拍下部偏右处向前撞击球，减小向下摩擦力（图 9－5－9）。

图 9－5－8

图 9－5－9

特点：球速较慢，前冲力小。主要是以相似手法，用旋转变化来迷惑对方。造成对方接球失误或为自己抢攻创造条件。

（五）推挡球

1. 挡球技术

方法：两脚平行站立或右脚稍后，身体靠近球台。击球前，两膝微屈，稍含胸收腹。击球时，前臂向前伸球拍由后向前，拍触球时，拍面与台面近乎垂直，在上升期击球的中部，借助对方来球反弹力将球挡回。击球后迅速还原，准备下次击球（图 9－5－10）。

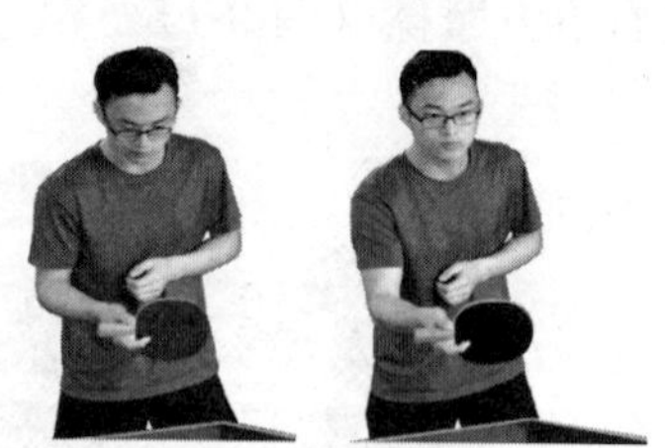

图 9－5－10

特点：球速慢，力量轻，动作简单，容易掌握，是初学者的入门技术。

2. 推球技术

（1）快推。

方法：站位近台，右脚稍后或两脚平行开立，上臂和肘关节靠近右侧身旁。击球前，前臂稍向后引。击球时，前臂向前推出，食指压拍，拇指放松，拍面前倾，在来球上升期击球中上部。击球后，手臂顺势前送（图 9－5－11）。

图 9－5－11

特点：站位近，动作小，速度快，变化多。在发挥速度优势的情况下，能起到助攻的作用。是推挡球中最常用的一种技术。

（2）加力推。

方法：击球前，前臂上提，球拍后引，肘部贴近身体，拍面前倾。在来球上升后期或高点期击球中上部，触球瞬间用力推压并配合转腰加大推压力量。击球后，手臂随势前送（图 9－5－12）。

图 9－5－12

特点：回球力量重，球速快，有落点变化。能有效地牵制对方，夺得主动。是推挡球中威力较大的一种技术。

（六）攻球

攻球具有速度快、力量大，应用范围广泛等特点，是比赛中争取主动，获得胜利的重要手段。因此，必须学会全面的攻球技术。

1. 正手攻球技术

（1）正手近台攻球。

方法：直拍正手近台攻球时身体靠近球台，右脚稍后，两膝微屈，上体略前倾。击球前，引拍至身体右侧呈半横状，上臂与身体约成35°，与前臂约成120°。当球从台面弹起时，手臂由右侧向左前上方迅速挥动，以前臂发力为主。击球时，食指放松，拇指压拍，使拍面前倾并结合手腕内转动作，在来球上升期击球中上部（图9-5-13）。

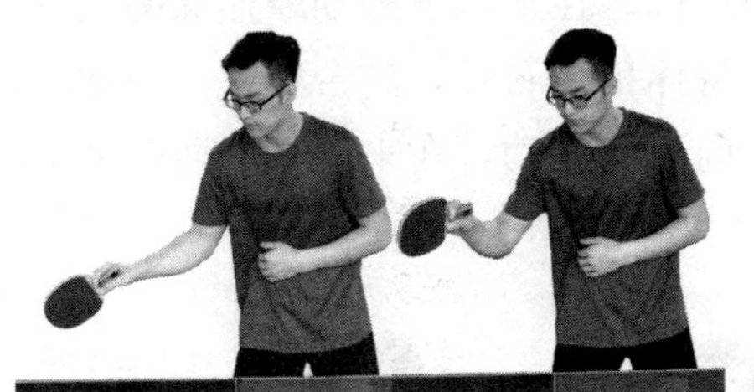

图9-5-13

横拍正手近台攻球时，前臂与手腕成直线并与台面接近平行，拍柄略朝下。击球的时间、部位、拍面角度及手臂挥动方向，基本上与直拍相似。

特点：站位近，动作小，球速快，能借来球反弹力还击。

（2）正手拉球。

方法：站位近台，右脚稍后，重心放在右脚上。击球前，引拍至身体右侧下方呈半横状，拍面近乎垂直。当球从最高点开始下降时，上臂和前臂由后下方向前上方挥动，前臂迅速内收，结合手腕转动力量摩擦球的中部或中下部。击球后，重心移至左脚，球拍顺时挥至头部。

特点：这种球是快攻打法中拉出的一半上旋球，具有速度快、动作小、线路活的特点。

2. 反手攻球技术

（1）反手近台攻球。

方法：直拍反手近台攻球，身体靠近球台，两脚平行开立。击球前，引拍至腹前左侧，肘关节略前出，上臂和前臂约成100°，拍柄稍向下。击球时，上臂贴近身体，前臂外旋向右前方挥动，配合转腕动作，使拍面略前倾，在上升期击球中上部。击球后，顺势将拍挥至右肩前。

横拍反手近台攻球，两脚平行开立，上体稍前倾，肘关节自然弯曲，上臂和前臂约成100°，前臂和手腕几乎成直线，拍柄稍微向下，球拍置于腹部左前方。击球时，前臂向右前方挥动，在上升期击球中上部，触球时手腕向外转动。

特点：站位近，动作小，速度快，进攻性强。

（2）反手快拨。

方法：两脚平行站立。击球前，肘关节自然弯曲，引拍至腹部左前侧，拍柄稍向下，肘部稍前出。击球时，前臂带动手腕向前方挥动，拍面稍前倾，在上升期击球的中上部，借来球反弹力将球拨回。击球后，球拍顺势挥至右肩前。

特点：具有站位近，动作小，落点变化多和有一定速度、力量的特点。

（七）搓球

1. 慢搓

方法：反手慢搓。两脚开立，身体离台稍远，手臂自然弯曲，向左上方引拍。击球时，前臂内旋配合转腕动作，向前下方用力，拍面后仰，在来球下降期摩擦球的中下部。

正手慢搓。两脚开立，右脚稍后，两膝微屈，身体稍向右转，离台稍远。击球前，向右上方引拍，拍面后仰。击球前，前臂和手腕向左前下方挥动，在来球下降期摩擦球的中下部（图 9－5－14）。

图 9－5－14

特点：慢搓动作幅度较大，回球速度慢，一般在下降期击球。在对搓中如能运用旋转变化，可以直接得分或为进攻创造条件。

2. 快搓

方法：反手快搓。两脚开立，两膝微屈，身体靠近球台。击球时，拍面稍后仰，前臂配合手腕转动动作向前下方切动，在来球上升期摩擦球的中下部，将球快速搓出（图 9－5－15）。

图 9－5－15

3. 搓转与不转球

方法：搓加转球时，前臂和手腕要加速向前下方用力，摩擦球的中下部；搓不转球时，是用拍面把球托出即可（减少拍与球的摩擦力）。

特点：以相似手法能搓出转（下旋球）与不转球，可使对方判断错误而直接得分或为进攻创造条件。

（八）削球

削球是一项重要的防守技术。但它能通过旋转和落点的变化，可直接得分或在调动对方的情况下，伺机反攻。削球分为近削与远削 2 种。下面以远削为例进行技术分析。

1. 正手远削

方法：正手远削。两脚开立，右脚在后，身体离台1 m以外，两膝弯曲，上体稍后右转，重心放在右脚上，手臂自然弯曲，引拍至右肩侧。击球时，手臂向左前下方挥动，拍面后仰，在拍与球接触时，前臂加速削击，手腕配合转动，在来球下降期摩擦球的中下部。击球后，迅速还原，准备下一次击球（图 9－5－16）。

图 9－5－16

2. 反手远削

两脚开立，右脚在前，两膝微屈，上体略向左转，重心放在左脚上，引拍至左肩侧。击球时，上臂带动前臂向右前下方挥动，拍面后仰，手腕跟着前臂用力方向转动，在来球下降期摩擦球的中下部，将球削出，重心移至右脚。击球后，迅速还原，准备下一次击球（图 9－5－17）。

图 9－5－17

特点：大臂带动前臂向前下方发力，手腕配合转动，在下降期摩擦球的中下部或下部。

运用：回击对方杀球、弧圈球和轻拉球等。以削转与不转球找机会伺机进攻。当对方注意到球的旋转变化而改用稳拉时，就应在对方拉得轻或拉得角度不大时，及时反击。

（九）弧圈球

弧圈球是一种上旋非常强的进攻技术。它从 20 世纪 60 年代出现以来，有了很大的发展，至今已为各国运动员所广泛采用。弧圈球可分为加转（高吊）弧圈球、前冲弧圈球以及侧旋弧圈球、假弧圈球（不太转的高吊拉球）等。并且正、反手均可拉。以下仅对正手加转与前冲弧圈球做简单介绍。

方法：两脚开立，右脚稍后，身体略向右转，两膝微屈，重心放在右脚上。准备击球时，持拍手臂自然下垂并向后下方引拍，球拍引至身后靠近臀部，右肩略低于左肩，拇指压拍使拍面略为前倾，并使拍面固定。当来球从台面弹起时，手臂向前上方挥动，前臂在上臂带动下很快收缩，拍面与台面约成 80°，在下降期摩擦球的中部或中上部。摩擦球时，配合腰部向左上方转动和右脚蹬地的力量。击球后，手臂随势将拍挥至额前，重心移至左脚（图 9－5－18）。

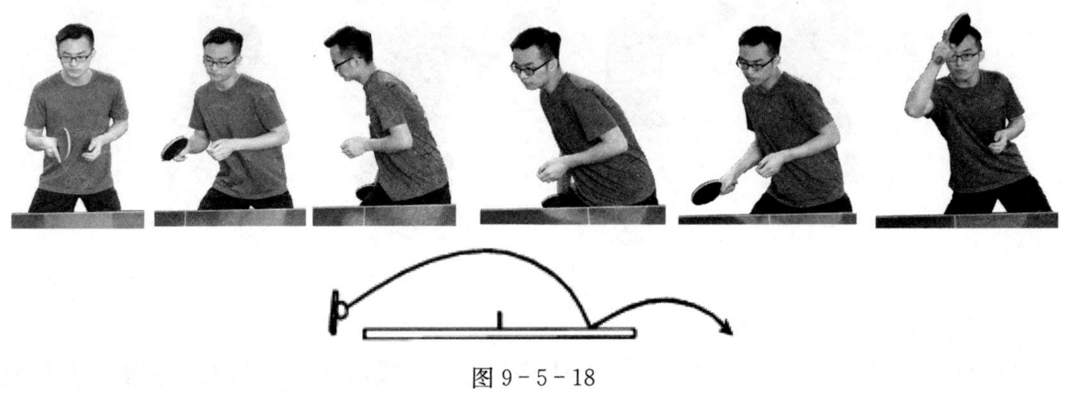

图 9－5－18

特点：飞行弧线较高，速度较慢，上旋很强，着台后向下滑落快。这种球往往能使对方回球出界或回高球，可为扣杀创造机会，也可直接得分。

二、基本战术

（一）发球抢攻战术

发球抢攻是我国直板快攻打法的“撒手锏”，是力争主动、先发制人的主要战术。各种类型打法的运动员都普遍采用发球抢攻来抢占每个回合的上风。发球抢攻战术因打法的类型不同而有所差异，但常用的发球抢攻战术，主要有正手发转与不转、侧身正手（高抛或低抛）发左侧上（下）旋球、反手发右侧上（下）旋球、反手发急球或急下旋球、下蹲式发球。

（二）接发球抢攻战术

接发球抢攻战术与发球抢攻战术同样重要，在某种意义上讲，接发球水平的高低可以反映运动员的实战能力以及各项基本技术的应用程度。事实上，接发球者只是暂时处在被控制状态，如果你破坏了发球者的抢攻意图或者为他制造了障碍，减弱了对方抢攻的质量，也就意味着已经脱离被控制状态，变被动为主动了。控制与反控制是辩证的统一。常用的接发球抢攻战术有稳健保守法、接发球抢攻时盯住对方的弱点处，寻找突破口、控制接发球的落点、正手侧身接发球。

（三）搓攻战术

搓攻战术是进攻型打法的辅助战术之一，主要利用搓球旋转的变化和落点的变化为抢攻创造机会。这一战术在基层比赛中被普遍采用。搓攻战术也是削球型打法争取主动的主要战术之一。常用的搓球战术有慢搓与快搓结合、转与不转结合、搓球变线、搓球控制落点、搓中突击、搓中变推或抢攻。

（四）对攻战术

对攻战术是进攻型打法在相持阶段常用的一项重要战术。快攻类打法主要依靠反手推挡（或反手攻球）和正手攻球（或正手拉弧圈球）的技术，充分发挥快速多变的特点来调动对方。常用的对攻战术有紧逼对方反手，伺机抢攻或侧身抢攻，抢拉、压左突右、调右压左、攻两大角、攻追身球、变化击球节奏，加力推和减力挡结合，发力攻、拉与轻打轻拉结合，也可造成对手的被动局面，改变球的旋转性质。

（五）拉攻战术

拉攻战术是以攻为主的选手对付削球的主要战术。为发挥拉攻的战术效果，首先要具备连续拉的能力，并有线路、落点、旋转、轻重等变化，其次要有拉中突击和连续扣杀的能力。常用的拉攻战术主要有拉反手后，侧身突击斜线或中路追身球；拉中路杀两角或拉两角杀中路；拉一角或杀另一角；拉吊结合，伺机突击；拉搓结合、稳拉为主，伺机突击。

（六）削中反攻战术

削中反攻战术主要靠稳健的削球，限制对方的进攻能力，为自己的反攻创造有利条件。它不仅增强了削球技术的生命力，也促进了攻防之间的积极转化，常用的削中反攻战术主要有削转与不转球，伺机反攻；削长短球，伺机反攻；逼两大角，伺机反攻；交叉削两大角，突击对方弱点；削、挡、攻结合，伺机强攻。

（七）弧圈球战术

由于弧圈球战术把速度和旋转有效地结合起来，稳健性好，适应性强，许多著名选手用它去替代攻球或扣杀，常用的战术有发球抢攻、接发球果断上手、相持中的战术运用。

（演示：周子涵）

体育视窗

乒乓球主要打法流派及其代表人物

世界乒乓球运动发展至今，由于规则和器材的不断革新，形成了百花齐放、各式各样的技战术打法流派。乒乓球打法类型可分为快攻、弧圈和削球三大不同打法类型，每个类型打法又可以细分出不同的技术类型。

快攻类代表人物有：蔡振华、刘国梁、杨影、马琳、闫森、王皓等。

快攻结合弧圈类代表人物有：郗恩庭、曹燕华、陈静、邓亚萍、孙晋等。

弧圈球结合快攻类代表人物有：孔令辉、王励勤、王楠、刘国正、张怡宁、瓦尔德内尔、萨姆索诺夫、施拉格、鲍罗斯等。

削球类代表人物有：张燮林、林慧卿、郑敏之、绍勒尔。

【思考题】

1. 简述乒乓球正手攻球的动作要领与特点。
2. 乒乓球运动的技术与战术种类有哪些？
3. 通过乒乓球课程的学习，浅谈对发球抢攻战术的理解。

学习资源（视频）

跨步

跳步

交叉步

正手发左侧上(下)旋球

反手发右侧上(下)旋球

正手发下旋与不转球

正手快攻

正手拉加转弧圈球

接发球战术

第六节　网　　球

网球运动最早起源于12—13世纪，法国传教士在教堂回廊里用手掌击球的一种游戏。后来成为宫廷里的一种室内消遣娱乐活动。到14世纪中叶，法国的一位诗人把这种球类游戏介绍到法国宫廷中，作为皇室贵族的消遣。在1358—1360年，这种球类游戏从法国传到了英国。英国国王爱德华三世对此特别感兴趣，下令在宫内建造一处室内球场。从此，网球开始在英国流行，成为英国上层社会的一种娱乐活动，所以有“贵族运动”之雅称。现代网球运动的历史是从1873年开始的。英国人沃尔特·克洛普顿·温菲尔德将早期的网球打法加以改进，使之成为夏天在草坪上进行的一种体育活动，并取名“草地网球”。

网球场地为长方形，一片标准网球场地的占地面积不小于36.57 m（长）×18.28 m

（宽）。在这个面积内，有效双打场地的标准尺寸是长 23.77 m、宽 10.97 m，单打球场长 23.77 m，宽 8.23 m。球网将球场横隔成相等的 2 个区域（图 9－6－1）。

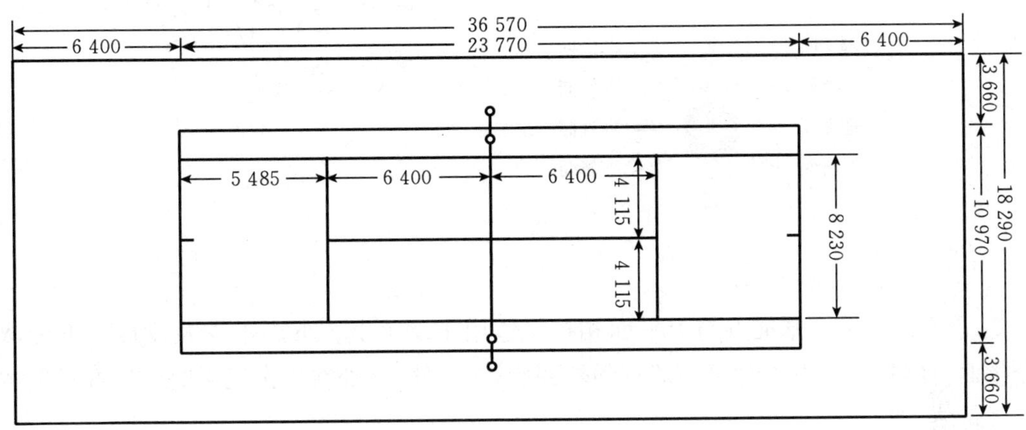

图 9－6－1
（单位：厘米）

一、网球基本技术

（一）握拍、拍面与球的旋转及基本准备姿势

对于网球初学者来说，学习击球之前了解一些关于握拍、拍面、球的旋转等知识非常有必要。

1. 握拍

握拍时，拍面垂直于地面，拍底冲向自己，手掌边缘要与拍柄的底部齐平，不要握在拍柄的中央部位；掌心和手指应与拍柄最大面积地贴合在一起，体现出拍手一体、拍手无间的感觉，不要仅用手指“捏”住拍柄；拇指环过拍柄贴压于中指之上，不能留有空间以免在击球时球拍脱手；食指略与中指分开并自然与拍柄靠拢在一起。握拍最重要的是合理、自然、协调。

除上述要领之外，网球拍的握法还有方式上的区分。传统上有东方式（包括东方式正手及东方式反手）、大陆式（也称握锤式）、西方式、半东方半西方式、双手反手等，其依据是持拍手的基准点（食指第三指关节与手掌相接处）相对于拍柄各棱面、平面的位置（图 9－6－2）。

在实际击球过程中，每一种握拍方式都有其特定的适用范围，因为它们都有各自的长处和局限。

（1）东方式。

① 东方式正手。基准点与垂直面相接。此方式握拍就像在与别人握手一样，比较自然得体且易于控制球拍，不易导致伤痛，但在击反手球时需换握成东方式反手，上旋球击打时也略显不足。

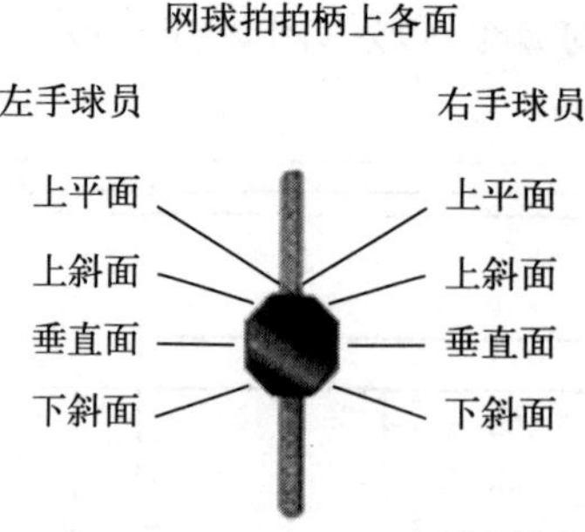

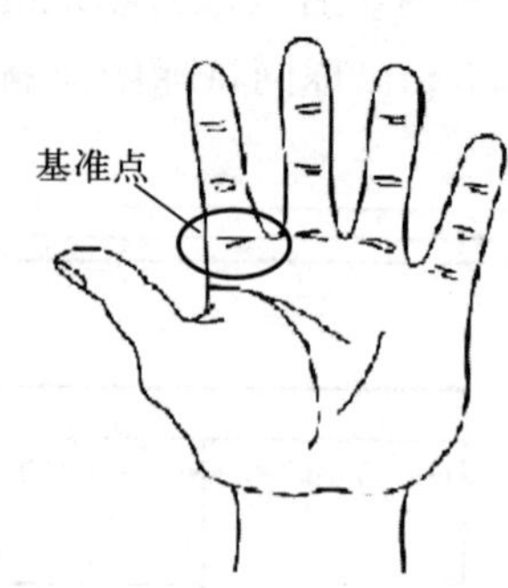

图 9－6－2

② 东方式反手。基准点与上平面相接，适用于反手上、下旋击球及发球。下旋球时可令拍面自然打开，发球时可令球有强烈的旋转，局限之处在于击正手时需换握且发球时攻击力偏弱。

（2）大陆式（也称握锤式）。基准点与上斜面相接，适用于双手反手上旋击球、单手下旋击球、网前截击、高压球、发球。

（3）西方式。基准点与下斜面相接，适用于正反手上旋击球。

（4）半东方半西方式。基准点与垂直面和下斜面的交界线相接，是一种介于东方式正手与西方式之间的"混合式"握拍法。它没有特别严格的限定标准，同样也适用于击正手上旋球，并且可能比单纯的东方式或西方式更灵活、更随意。

（5）双手反手（以右手选手为例）。右手基准点与右侧上斜面或上平面相接，左手基准点与左侧下斜面相接。双手握拍一般适用于单臂力量较薄弱不足以对抗来球者。

2. 拍面与球的旋转

（1）拍面。击球时的基本拍面有 3 种：垂直（平击）、开（拍面后仰）、关（拍面前倾），它们都是相对于拍面与地面的角度而言的，并且掌心所对方向为出球方向。

（2）球的旋转。

① 平击球。这是几乎不旋转的球。由于没有旋转的影响，所以球的冲力大，速度快。

② 上旋球。球顺时针旋转，球落地突然，落地后会高高地弹起。

③ 下旋球。也称削球。球逆时针旋转，落地后反弹不高。这种球空气阻力大，滞空时间长，常被用于回击上网击球，在打削球或搓球时，也能进行同样的旋转。

④ 侧旋球。主要在发球时使用。顾名思义，球是左侧向旋转。如果是右旋的话，则球从右往左曲线前进。

3. 基本准备姿势

双手自然持球拍于体前，非持拍手以拇指、食指、中指辅助持拍，拍头面向进攻方向，拍底面向自己；两脚分开与肩同宽或略宽于肩，稍呈内八字，重心落在前脚掌上；膝关节微弯并稍内收，保持弹性（便于起动、变向）；上体自然前倾，抬头注视前方或来球方向。

（二）击落地球

击落地球是指球落地弹起后再进行击打的方式。包括 3 个动作方式：正手击球、反手击球、击下旋球。

1. 正手击球

在网球场上，任何击球动作几乎都可由准备、引拍、挥拍击球及随挥这 4 个环节组成，每个环节完成得越到位，环节间接续得越连贯、越周密，击球的效果也就会越好（图 9－6－3）。

图 9－6－3

（1）准备。双手自然持球拍于体前，非持拍手以拇指、食指、中指辅助持拍；两脚分开与肩同宽或略宽于肩，稍呈内八字，重心落在前脚掌上；膝关节微弯并稍内收，保持弹性（便于起动、变向）；上体自然前倾。

（2）引拍。在准备动作基础上，与持拍手相异一侧的脚向来球方向迈进半步至一步，并将重心移至持拍手相同一侧的脚上，同时向后转体带动手臂后摆球拍，谨记是身体带动手臂。初学者重心转移的同时握拍方式应用东方式或半西方式正手握拍。

（3）挥拍击球。在后摆动作的基础上，重心由支撑脚移到前脚，同时蹬地、转体并带动手臂自下而上挥拍迎击来球，注意拍面角度。

（4）随挥。即随球挥动球拍。到达击球点之后，虽然球与拍面的接触已经完成，但这并不意味着整个击球过程的结束，转体及自下而上前挥球拍所形成的惯性仍然存在，随挥就是要顺应此惯性并且利用此惯性引导手臂及球拍沿出球方向继续送出，最后在其势末收住球拍，结束击球。尽可能地随挥有利于稳定性。

2. 反手击球

反手击球分为单手反手击球（图 9－6－4）和双手反手击球（图 9－6－5）。每个人根据自己的力量和习惯采用单手反手或双手反手击球，两者击球技术都是由准备姿势、转体引拍、挥拍击球和随挥 4 个环节组成。

图 9－6－4

图 9－6－5

（1）准备。准备动作与正手击球准备动作相同。

（2）引拍。当判断对方来球飞向反手侧而决定打反手球时，应立即转肩，单手反手选手应在左手的帮助下迅速完成反手握拍动作（单手反手初学者应使用东方式单手反手握拍法，双手反手初学者应换握成双手握拍法），并转肩带动球拍向左后方摆动。同时，左脚掌转动，右脚随着身体左后方转动做向前方上步动作，成“关闭式”步法，并使右肩或右背对网，拍柄底部对着击球方向，全身自然放松，注意力集中，单手反手选手握拍手肘关节弯曲并贴近身体。

（3）挥拍击球。向前挥拍击球时，应蹬地发力并向右转动身体，以右侧身体为轴，沿着来球的轨迹迎前挥击，球拍由后下向前上方挥出。在击球时，手腕应固定，拍面垂直于地面。击球点一般在身体的左前方，与腰齐高或稍高于腰，击球高度可通过屈膝，调整身体重心高度来调节。初学者应注意，当向前挥拍击球时，朝着球网一鼓作气地回身转腰，手腕紧锁，在将要击球时刻，身体重心由后脚移向前脚，使身体重心顺畅地移到击球中去。

（4）随挥。反手击球动作由于腰的扭转，击球后身体面向球网，为了控制球，球拍跟进动作应向上挥到肩或头部的高度，同时保持身体平衡并准备下一拍的击球。

3. 击下旋球

“下旋球”即常说的“削球”，是一项适用面相当广泛且经常令对手防不胜防的技术，只要来得及做准备，击球者几乎可以在网球场的任何角落运用此技术处理任何来球。相对于上旋球来说，因为下旋球是反向旋转的，所以球落地后有一种“弹不动”或“弹不起来”的黏滞感。

这里重点介绍一下反手击下旋球技术，因为在实际击球过程中，反手下旋球远比正手下旋球要实用得多（图 9－6－6）。

图 9－6－6

（1）握拍。东方式反手或大陆式握拍均可。

（2）准备。基本准备姿势。

（3）引拍。在上步、转体的同时以拍头为先导，引领持拍手向异侧肩头方向做后摆。由转肩动作带动球拍向后，手腕稍微翘起，以保持拍头向上，高于腕部，后拉拍动作完成。

（4）挥拍击球。球拍在大臂的带动下由高于击球点处斜线“下切”击于球的后下部将球击打出手。

（5）随挥。击球后手、臂、拍乃至整个人体重心顺应出球方向也有一个向前跟进的动作。削球的随挥应体现简捷、短促的特点，随挥路线越短越好，收拍要及时，小臂和手腕不要甩动和上下地翻转，随意地挥洒球拍将令球失去控制。

（三）截击球

1. 截击时的心理应对

相对于在底线击落地球而言，上网截击技术里所包含的进攻意味显然要浓重许多，球员身处底线时无论攻防进退，在时间和空间上都可以有稍微大一些的回旋余地，一到网前就两样了，非进则退，容不得多考虑更容不得有任何犹豫不决、模棱两可的所谓“过渡”。

2. 截击球的技术环节

从技术环节上讲，截击球在几大技术中属于最简单的一种，但是掌握、运用起来却并不容易，最重要的原因是技术的迁移性，也就是说球员常常会把已学过的击落地球的某些技术和感觉带到截击球技术当中去，而两者无论在动作结构上还是用力技巧上都是有很大区别的。

（1）站位。一般应取位于发球区底线至球网间距的中部或中后部。在此区域内进可攻至离网更近处强力得分，退可退步打高压或返身守至底线附近。

（2）握拍。正反手截击皆采用大陆式握法，正反手之间不换握。

（3）准备。球员上网后的准备应比其他任何时候都更为积极、更为机警，表现在：

① 抬高拍头位置。至少要高过持拍手的高度，在此辅助手应起到帮助抬起拍头的作用。

② 手臂“架”起来。换而言之，前臂最好伸出去，两肘距身体远一些（以肘部不伸直为限），避免把球拍“抱”在怀里。

③ 降低重心。同时可以有节奏的轻轻跳动（脚掌不离地）。

（4）引拍。本着幅度越小越好、持拍手不超出视线范围的原则，在准备姿势的基础上以大臂和肘为轴，小臂外翻拉开球拍。

（5）前挥击球。在后摆动作的基础之上迎球上步同时击球。击球点：最好保持在身体侧前方且越靠前、越早击球越有利于发力、有利于抢占先机、控制球路。到达击球点时拍面应与球充分相撞，拍面触球的后下部，拍面、手臂及上身的任何部位都不要有晃动或不果敢的摇摆；否则出球角度、力度都将受很大影响。

（6）随挥。截击越近网前越是几乎没有随挥动作，因为时间不允许，网前是分秒必争之地，没有多余的时间让球员做多余的动作；否则定要延误战机甚至被动挨打。

（四）发球与接发球

相对于底线击落地球和截击而言，发球是一项比较难掌握的技术，因为发球时动员的身体部位较多，动作幅度较大，需要肌肉的协调程度较高。

1. 发球

发球是进攻、得分的开始，而稳定情绪又是发球必不可缺的前奏，就让我们从这里开始，看看怎样能发出一个好球（图 9－6－7）。

图 9－6－7

（1）稳定情绪。在发球的位置上做几次深呼吸，再拍拍球，然后站定准备发球。

（2）握拍。东方式反手或握锤式握拍。

（3）准备动作。双脚自然分开站立，两脚的连线根据球员的习惯可与底线相垂直，也可以保持另外一个合适的角度，通常情况下应微有点侧背对发球方向站位；身体自然前倾；最好只持 1 个球，并切忌用力将球握在手里，因为那样容易使球打转。

（4）抛球引拍。两指或三指拖球，在身体侧前方 5～15 cm 的位置直臂上送抛球。同

时，持拍手将拍子拉引至身体侧向，沉肘立拍。身体重心平稳地向前脚移动。抛球的高度应能满足击球手臂的充分伸展，并使击球感到舒适。

（5）挥拍击球。抛球后，身体开始向前转动，球拍在身后做环绕动作，并最后向前挥动击球。必须尽力伸展身体，在最高点击球。击球点应在身体右前方，基本上与右肩充分伸直相一致。击球时手臂和球拍充分伸展。击球时，身体的转动和身体重心的向前转移。理想的要求是，从球拍的顶部到左脚后跟呈一直线。

（6）随挥。击中球时虽然挥拍击球动作已告完成，但整个发球过程却仍在继续。到达击球点后球员应顺着身体及挥拍的惯性做收腹、转肩和收拍的动作，最终拍子由大臂带动收向持拍手的异侧体侧，结束发球动作。这一过程被称为随挥，即随球挥动，与底线击球的随挥异曲同工。

2. 接发球

发球与接发球一“矛”一“盾”是针锋相对的两项技术。二者对于球员赢得比赛具有同等重要的意义，接发球者在一定程度上必须接受发球员的支配，必须在瞬间完成动作。

接球员可从以下几方面判断。

（1）观察发球员抛球时两脚的前后位置。

（2）粗算一下自己在比赛中接发球失误的概率。

（3）注意观察发球员的某些特殊习惯。如站位贴近底线中点时发出的球多是斜线还是直线，站位靠于边线时经常会有哪些变化，在左区喜欢发什么线路的球，在右区又喜欢发什么线路的球等，只要细心一点儿总会有所收获的。

（五）高压球与挑高球

1. 高压球

高压球是一项绝对的强攻性技术。一般来说，打高压球就意味着得势、得分，如没有这样的信念，那么掌握高压球技术也就失去了意义，因为实际比赛中打高压球的机会不多，而即使是不会打高压球的人也照样能够堂而皇之地活跃在网球场上——他们可以等球落地后反弹至合适的高度时再攻击。

（1）高压球的种类。高压球可分为凌空高压球、落地高压球、前场高压球、后场高压球，其动作与发球相似。凌空高压球指的是不等来球落地，在空中就将其扣杀回去，此种球杀伤力极大但击球者需具备良好的空中定向、判断能力及熟练而精准的脚步移动能力，对初学者而言有点儿难度。落地高压球则相反，一般是在来球虽高但飘忽不定或很难取到最佳点将其凌空击回去的情况下，让球落地反弹后再扣压。

（2）握拍。高压球与网前截击球都是大陆式握拍。

（3）准备。上网或在上网途中随时都要准备，并且是心理上的准备，动作外形与一般情况无异。

（4）引拍。以准备姿势为基础，在脚步开始调整、身体位置相应变化的同时转体、侧身并以最短捷的动作将球拍摆至肩上。

（5）挥拍击球。判断准击球点并移动到位后，以双脚为支撑向击球点方向蹬地、转体、收腹（反弹背弓）继而挥拍击球，身体呈前倾状。

（6）随挥。随挥动作与发球类似，击球过后顺势将球拍收于持拍手异侧的腿侧就可以了。

2. 挑高球

高压球与挑高球也是互为矛盾的 2 种“武器”，但在网球场上，挑高球并非只与高压球成双配对，击球者无论处于什么状态都可以挑高球，因为挑高球本身既可是防守性的也可是进攻性的。

（1）握拍。挑高球可以分为平击挑高球和上旋挑高球 2 种，握拍也据此而有区别。平击挑高球，它只要求拍面按照出球的角度打开就可以了，所以握法比较随意。上旋挑高球在技术外形上与正手击上旋球相像。

（2）技术。挑高球时关键要掌握好的两点是拍面的控制及发力程度的控制。在正手上旋击球动作的基础上，平击挑高球时拍面的开放和发力则必须相应地有所节制，若挥击太随意的话，球肯定是很难驾驭的；上旋挑高球则相反，发力要足够，拍面当然较为关闭，但比正手上旋击球时的拍面要挥得开一些。

二、网球基本战术

（一）单打

1. 常见种类

（1）发球上网战术。发出落点深而变化多的球，球发出后迅速向网前移动，封住对方回球角度。

（2）接发球上网战术。先击出有一定力量和角度的回球，然后迅速上网进行截击，多用于对发球质量不高，而自己的接发球较好时。

（3）底线球战术将。球尽量回到靠近对方端线的地方，并注意球的旋转和落点的变化，从而阻止对方上网，造成对手回球失误或为自己赢得主动。

2. 比赛应注意的问题

技术、战术的运用能力有了一定积累之后，初学者往往会比较迫切地希望找个对手打比赛，但是不自觉地又怕自己的积累太少不够比赛之用。其实，只要具备了以下 3 个条件就可以大胆尝试一下与别人对抗、比赛了。

（1）懂得比赛的程序、记分方法及基本的界内、界外球的判定，特别是一定要搞清楚发球的先后次序及左右区的轮换。

（2）掌握了一定的底线正反手击球技术，起码应该能够与人在底线对打 5～10 个回合不失误。没有掌握正规的发球技术没关系，就像正手上旋击球一样把球发到发球区内就可以了。

（3）能够把胜负及比赛的精彩程度完全置之度外。网球场上变化万千，其战术的基本变化与组合（不包括心理战术）其实就是直线、斜线、弧线及旋转的变化、组合，只不过距离长短、力量和角度大小相异而已，其运用之妙，存乎一心也存乎一力。

（二）双打

双打比赛可以设置男子双打、女子双打和混合双打，这将使比赛的形式更为丰富。

1. 双打站位

对初学者而言，个人击球技术的不纯熟是可以通过合理的双打战术来弥补的，而“站位”又是其中非常关键的一个环节。双打比赛中，一方的2个人应尽量避免站在1个层面上，交错站位使2个人分别形成2道屏障，这样攻防才有层次感和安全感；否则，极易被对方撕破防线。例如，发球队员站在终点和单打线的中间，准备发球后迅速上网；同伴站在发球线与球网之间，准备封住单打线和双打线之间的狭道及球场中区。另外，站位一定要注意互补，尽量控制全场的各条线路。

2. 上网

球员的上网能力在双打比赛中对胜负是有直接关系的。高水平的双打比赛其实就是短兵相接的网前“肉搏”之战，离球网越近斗争越残酷，一旦有一方被迫经常远离球网，那么这一方距失败也就不远了。

三、网球竞赛规则简介

（一）场地选择和发球选择

比赛开始前将通过掷币来决定由谁来选择场地和在第1局中成为发球员。掷币获胜者可以选择或要求其对手来选择。

（1）选择成为第1局的发球员或接球员，则由对手来选择场地。

（2）选择了场地，则由对手来选择成为发球员或接球员。

（二）脚误

整个发球过程中，发球员不能：

（1）走动或跑动来改变位置（没有从本质上改变原来站位的轻微移动则没关系）。

（2）双脚触及到端线后、中心标识的假定延长线之间的区域以外的任何地方。

（三）界内、界外球的判定

以白线为界，落在场区内的球为界内球（好球），落在场区外的球为界外球。那么落在线上的球该怎么算呢？《网球规则》第二十一条明确说明：落在线上的球算界内球。因为网球场的丈量是从白线外沿起量的（救球时，从场外击回场内，球即使在网柱外低于网高处飞回去，只要是界内，也是好球）。

（四）有效回击

以下情况为有效回击：

（1）如果球触到球网、网柱、单打支柱或网带并且从上面越过后落在对方场地内时。

（2）如果回击的球从网柱或单打支柱以外，无论是高于还是低于球网的上部高度，即使触到网柱或单打支柱，只要落在有效的场地内时。

（3）运动员或他的球拍（无论是否在他手中）或他穿戴的或携带的任何物品在击球过程中没有触到球网、网柱、单打支柱、网绳或钢丝绳、中心带或网带或者他对手场地的地面的规定的。

（4）运动员 A 发球或回击球时，球落到有效区内后又反弹回来并过网时，运动员 B 越过球网击球并且没有违反其他规则时。

（5）如果运动员的球拍在击球后越过球网，而不是在球过网前击打并且回击有效时。

（6）无论是发球还是回击球时，如果运动的击球击到了停在场内的另一个球时。

（五）盘、局、分、场地交换

（1）正式网球比赛中，网球男子单打和网球男子双打采取五盘三胜制。网球女子单打、网球女子双打和混合双打采取三盘两胜制。

（2）每盘为 6 局，每局为 4 分，比分为 3∶3 时，要净胜 2 分才算胜 1 局，先胜 6 局为胜 1 盘，当局比分为 5∶5 时要净胜 2 局为胜 1 盘。平局决胜制：除三盘两胜制的第 3 盘和五盘三胜的第 5 盘不能使用此制度外，一般当每盘的局数为六平时，可用平局决胜制即先得 7 分者为胜：若比分 6∶6 时比赛时间延长，直到一方净胜 2 分为止。

（3）比赛的报分。第 1 分称为 15；第 2 分称为 30；第 3 分称为 40；第 4 分一局结束；零分称为 0；每局从 0 分开始。

（4）失分。①发球员连续 2 次发球失误；②在球第 2 次落地前还未击球过网或击球失误（击空）；③球出界、过网击球、连击、抛拍击球；④除球拍外，接球员身体或穿戴的物体触球。

（5）场地交换。双方应在每盘的第 1、3、5 等单数局结束后，以及每盘结束时双方局数之和为单数时，交换场地，如双方局数之和为双数，则等下一盘第 1 局结束后再交换。

（演示：张　奎　张学谦）

体育视窗

网球重大赛事

1. 网球四大公开赛

①澳大利亚网球公开赛；②温布尔登网球公开赛（也称锦标赛）；③法国网球公开赛；④美国网球公开赛。

2. 大满贯

在网球界，人们经常要提到“大满贯”这个名词。“大满贯”是网球运动的王冠称号，是指一位或一对网球运动员在同赛季获得温布尔登网球锦标赛、美国网球公开赛、澳大利亚网球公开赛、法国网球公开赛这四大锦标赛的冠军，即为获得“大满贯”。

【思考题】

1. 除了四大公开赛还有哪些重要的网球赛事?

2. 网球底线对抽球时平击好用还是上旋好用?

学习资源(视频)

基本步法

单手反拍上旋球

发球

反手削球

高压球

双手反拍上旋球

网前截击球

正手平击球

正手上旋球

正手下旋球

第十章 CHAPTER TEN 大学体育与健康

体操运动

第一节 健美操

一、概述

（一）健美操的兴起与发展

健美操是我国体育运动的一个新兴项目。它作为一项独立的体育运动项目兴起于20世纪60年代末70年代初，源于人们对健康和美的追求，是体操、音乐、舞蹈三者结合的产物。健美操起源于传统的有氧健身操，是以有氧运动为基础，以健、力、美为特征，融体操、音乐、舞蹈为一体的大众健身方式，也是竞技运动的一个项目。从2005年起，国际上将健美操统一命名为健美操（aerobics gymnastics）。

健美操动作优美，韵律性强，既能锻炼身体，形成健美的体态，又可陶冶情操，是一项能使身体得到全面锻炼的运动项目。它将体操、舞蹈和跑跳融为一体，在节奏欢悦、明快的音乐伴奏下进行练习，使人有一种动在其中、美在其中的感觉，根据不同的年龄特点、人体解剖学、生理学、人体艺术造型等，按照身体发展各部位的要求，科学、合理地安排运动量，能很好地把形体美、姿态美及气质特点有机结合起来，对改善大学生形体有明显的效果。

1. 现代健美操的兴起与发展

从20世纪60年代末开始，信息产业和电子技术的快速发展，使人们脑力工作增加，体力活动减少，加之营养物质的过多摄入，给人们带来了一系列健康问题，人们开始意识到“健康”“健美”的重要性和迫切性。在发达国家，为了抵御这种健康危机，人们发明了各种各样的健身方法，如慢跑、骑自行车、打球等，通过一系列有氧运动达到减肥、健身、保健的目的。

1968年，美国太空总署医生库帕博士根据宇航员所处的特殊环境和对宇航员身体机能的特殊要求，为太空人的体能训练设计了健美操锻炼（aerobics exercise），这种有氧操出现不久便引起了人们的注意。

简·方达是20世纪70年代崛起的好莱坞电影明星，她为了苗条，采用“节食”“呕吐”、服用可卡因和利尿剂等方法减肥，但她发现，体重减轻了，体力也下降了。1976

年，英国伦敦一名医生告诫她，长期服用利尿剂会对身体造成很大伤害。简·方达在经历了一系列失败后，走上了体育锻炼的道路，她终于成功了，为了向人们介绍健康减肥的方法，她撰写了《简·方达健身术》一书。该书自1981年首次在美国出版以来一直畅销不衰，并被译成20多种文字，在世界30多个国家发行。她在书中写道："健美操可以改变你的形体，烧掉身体各处寄存的多余脂肪，并且在你从未想到的部位增强肌肉张力，它使你在身体上和心理上感觉更加良好。"简·方达用健美操来保持身体健康和体态苗条的成功经验进行现身说法，对世界健美操运动的发展产生了巨大影响。

20世纪70年代末80年代初，现代健美操传入中国。1984年，北京体育学院成立健美操教研室，接着上海体育学院也成立了健美操教研室，率先开设了选修和专修课，培养了一大批健美操师资。目前，健美操已被教育部列为普通高等学校体育教育专业的主干必修课，并已成为我国各级各类学校体育课或课外活动中一项深受师生欢迎的教学内容和锻炼项目。

2. 现代竞技健美操的诞生与发展

随着健美操运动的发展，健美操的种类日益丰富，竞赛活动也较为活跃。1982年，美国出现了竞技健美操单人赛。1984年，又出现了单人、双人、三人比赛项目。1985年，美国举行了首届全美健美操锦标赛。

竞技健美操的首次国际比赛是由国际健美操联合会（IAF）在1983年举办的第一届国际健美操比赛，有近百名运动员参加。此外，比较著名的比赛还有由国际健美操冠军联合会（ANAC）举办的世界健美操冠军赛。从1995年开始，国际体操联合会（FIG）每年举办国际体联健美操世界锦标赛，到2004年已举办过8届，每届均有30多个国家、百名以上运动员参赛。目前，健美操界正在为使健美操成为奥运会正式比赛项目而努力。

在中国，以竞技为主要目的的竞技健美操也在迅速发展。1986年4月6日，首届"全国女子健美操邀请赛"在广州举办，设有集体6人和个人两项比赛。这次比赛开创了我国竞技健美操的新路，探索了我国竞技健美操的比赛方法，展示了我国健美操的发展成果。为了把我国健美操推向世界，1988年6月，在北京举办了长城杯国际健美操邀请赛，有中国、日本、巴西等国家和地区的30多名运动员参赛。同时，北京还成立了中国健美操协会，以促进国际健美操运动的发展。

（二）健美操的分类与特点

根据当今世界和我国健美操运动的发展状况及未来的发展趋势，按照不同的目的和任务，健美操运动可分为健身性健美操、竞技性健美操和表演性健美操三大类。

1. 健美操的分类

（1）健身性健美操。健身性健美操按练习形式可分为徒手健美操、器械健美操和特殊场地健美操。健身性健美操练习的主要目的是锻炼身体、保持健康。健身性健美操的动作简单，实用性强，音乐速度也较慢，而且为了保证一定的运动负荷和锻炼的全面性，动作多有重复，并均以对称的形式出现。健身性健美操的练习时间可长可短，在练习的要求上也可以根据个体情况而变化，严格遵循健康、安全的原则，防止运动损伤的出现，在保证安全的基础上，达到锻炼身体的目的。

（2）竞技性健美操。竞技性健美操的主要目的是“竞赛”，有男单、女单、混双、三人和混合六人比赛项目。竞技性健美操以成套动作为表现形式，在成套动作中必须展示连续的动作组合、柔韧性、力量与7种基本步伐的综合使用并结合难度动作完美地完成。竞技性健美操在参赛人数、比赛场地、成套动作的时间等方面都必须严格按照规则进行，规则对成套动作的编排、动作的完成、难度动作的数量等也都有严格的规定。

目前，世界上公认的竞技性健美操的定义是“竞技性健美操是在音乐伴奏下，完成连续复杂的和高强度动作的能力，该项目起源于传统的有氧健身舞。”

（3）表演性健美操。表演性健美操是我国健美操运动历史发展过程中出现的一种特殊形式，在国外是没有的。表演性健美操的主要练习目的是“表演”，它是事先安排好的、专为表演而设计的成套健美操，时间一般为2～5 min。表演性健美操的动作较健身性健美操动作复杂，音乐速度可快可慢；为了保证一定的表演效果，动作较少重复，也不一定是对称性的；参与人数不限，并可在成套健美操中加入队形变化和集体配合的动作。演示者可以利用轻器械，如花环、旗子等，还可采用一些风格化的舞蹈动作，如爵士舞等，以达到烘托气氛、感染观众、增加表演效果的目的。

表演性健美操较健身性健美操的动作复杂多变，所以对参与者的身体素质要求较高，不仅要具备较好的协调性，还要有一定的表演和集体配合意识。

2. 健美操的特点

健美操与其他体育锻炼方式相比较，具有以下几个主要特点：

（1）健身美体的实效性。健美操动作讲究健美大方，强调力度和弹性，趋向以不停顿地连续走、跳、跑，使练习者消耗过剩的脂肪，增强肌肉力量，提高协调灵敏性，表现健美的体姿。可以说健美操对塑造人健美的体形、培养健美体态、提高人的协调性和弹跳能力、培养人的审美意识作用较大。

（2）强烈的时代感与动律性。健美操把基本体操、现代舞蹈和有节奏感的音乐巧妙地融于一体，是具有鲜明特色和强烈时代感的新型体育项目。健美操的配乐更强调旋律的激昂振奋，节奏的鲜明强劲，使健美操体现出一种鲜明的动律感，充满着青春活力。

（3）高度的艺术性。健美操是一项追求健与美的运动项目，强调艺术性。与同样具有艺术性的体育项目相比，健美操比起健美运动更具动感和弹性，比艺术体操更强调健美和力度，比基本体操更讲究多变与活力。

（4）广泛的适用性。健美操能够健身美体，符合现代人追求健美身心的需要。在激昂振奋的音乐声中，舒活筋骨，自娱自乐，能给人们带来欢快奔放的情感体验。健身健美操的动作套路形式多样，节奏有快有慢，套路有长有短，动作有难有易，运动负荷和强度的大小可随意调节，适合不同职业、不同年龄、不同性别、不同体质的人锻炼。另外，健美操的锻炼不受场地、器材的限制，具有广泛的适用性。

二、健美操锻炼指导

（一）健美操的锻炼价值

1. 增强运动系统的功能

长期坚持健美操锻炼有益于肌肉、骨骼、关节的匀称协调发展，有利于形成正确的体态和健美的形体。

2. 促进内脏器官功能的提高

长期坚持健美操锻炼，可以使心肌纤维增粗，心肌收缩率增强，心输出量增多，提高供血能力，通过循环系统向全身细胞提供更多的氧和养料，改善新陈代谢，减少脂肪堆积，延缓血管硬化。坚持健美操锻炼可使肺通气量成倍增长，肺泡的张开率提高，使机体具有较强的有氧代谢能力。由于健美操的髋部全方位活动较多，不但腰腹肌和骨盆肌得到了锻炼，而且加强了肠胃蠕动，增强了消化系统的功能，有助于营养的吸收和利用。

3. 塑造健美形体、培养高雅气质

健美操是动态的健美锻炼，动作频率较快，跳跃动作较多，讲究力度，运动负荷较大，因而消耗身体能量较多，有利于消除体内多余的脂肪，在减少多余脂肪的同时，发展某些部位的肌肉，使人的体型按健美的标准得以塑造。

4. 陶冶情操

健美操是在音乐伴奏下进行的身体练习，音乐给健美操带来了生机，使健美操动作充满了活力。人们在欢乐的气氛中进行锻炼，心情愉快，不易疲劳，还可排除精神紧张，使人的心灵和情操得到陶冶及净化，使身体得到全面协调发展、健康娱乐的同时，人的精神面貌、气质修养都会得到很大的改善和提高。

（二）健美操锻炼应注意的事项

1. 安全问题

无论初级、中级还是高级健美操锻炼者，在锻炼前都应把安全问题放在第一位，这主要包括两方面的内涵：一是锻炼者参与锻炼前的身体健康检查。主要是看锻炼者是否适合健美操锻炼，适宜的负荷量与强度是多少，参与活动的最佳动作形式与难度是什么，尤其对高血压、心脏病、高血脂等患病人群，以及老年人群在锻炼前更应进行健康检查。二是做好活动过程中的安全预防。主要是指防止运动损伤和各种意外伤害，如由于准备活动不足而造成的各种拉伤、扭伤等。

2. 动作的选择及顺序

以伸展动作开始，动作由大关节到小关节，由四肢到全身，由易到难，由少到多，由简到繁。高潮以跑跳为主，最后部分注意整理，动作幅度由小到大，动作节奏由慢到快，逐渐增加动作的强度与难度。

3. 锻炼环境与着装

参加健美操锻炼最好选择有弹性、纯棉、柔软、舒适得体的服装。每次练习后，要及时清洗服装，保持干爽、柔软。鞋子不仅要大小合适，而且鞋底要具有一定的弹性和弯曲性。切忌穿高跟鞋、厚底鞋。

锻炼的场所最好选择空气清新、噪声小的地方。室内锻炼应保持光线明亮，通风要好，地面平整洁净。不宜在水泥地、大理石地或柏油场地等硬度高、无弹性的场地练习。

三、健身性健美操编排

（一）健身性健美操编排的一般原则

1. 安全、有效原则

健身性健美操的练习目的是锻炼身体、增进健康，因此在动作选择和编排时首先要考虑的是安全，其次是有效。有些动作非常有效但不一定安全，而有的动作很安全但不一定有效，我们需要在安全和有效之间寻求一个平衡点。另外，安全、有效原则还体现在左右肢体动作的平衡、高低冲击力动作的平衡、原地与移动的平衡等许多方面。

2. 针对性原则

在组合编排时一定要注意学生的现有水平，尤其是协调性、方向感、平衡感、身体的肌肉力量等影响动作完成质量的因素。

3. 有利于提高心率原则

健身性健美操练习的主要目的是提高心肺功能，改善人体心血管系统的机能，因此，练习时心率要达到一定的目标范围。

4. 合理搭配与衔接原则

根据人体生理解剖结构，动作之间的搭配要合理、科学，动作之间的衔接要自然、流畅。

（二）健身性健美操编排的变化因素

1. 方向变化

由于身体正面朝向的不同从而有 10 种不同的方向。例如，正面、后面、左侧面、右侧面，对角线中的左前对角线、右前对角线、左后对角线、右后对角线，还有向顺时针、逆时针方向转共 10 种。

2. 节奏变化

这一变化因素与音乐的节拍及动作速度的变化有关。常见的是一个动作由半拍或两倍节奏来完成。

3. 动作重复次数的变化

这里是指重复单侧身体动作以后才换到反方向。重复次数常有 1 次、2 次、3 次、4 次甚至 6 次。

4. 动作移动的变化

这里是指身体从原地出发移动到不同方向的不同点。常用的有向前移动、向后移动、向侧移动、旋转。

5. 动作杠杆的变化

这里是指手臂和腿长度的变化。

6. 单、双侧动作的变化

单侧动作指一次只练习一侧上肢和腿部动作；双侧动作指一次同时练习双侧上肢和腿部动作。

7. 动作模式的改变

这里是指冲击力步的难度水平，既可以是无冲击力步或低冲击力步，也可以是高冲击力步。

8. 动作平面的改变

这里是指上肢和腿部运动时所属的运动平面。

四、健美操的运动损伤与预防

（一）健美操运动损伤的概念

健美操运动损伤是指健身者在进行健美操练习中所发生的各种损伤。在健美操的练习中，伤害事故的发生往往与运动训练安排不当、技术动作错误、运动训练水平较低、运动环境不适以及自身存在的某些生理解剖弱点等息息相关。

（二）健美操运动损伤的分类

（1）按损伤后皮肤和黏膜的完整性分，有开放性损伤和闭合性损伤 2 种，有氧健美操的损伤多以闭合性软组织损伤为主，如肌肉与肌腱损伤、关节损伤、腱鞘炎和骨膜炎等。

（2）按损伤病程分，有急性损伤和慢性损伤 2 种。急性损伤指在健美操运动中瞬间遭受直接冲力或间接冲力造成的损伤。慢性损伤指局部过度负荷、多次微细损伤积累而造成的损伤，或由于急性损伤处理不当转化而来的陈旧性损伤。

（三）健美操运动损伤的原因

健美操对人体的力量、柔韧、耐力和协调等身体素质要求较高，其运动损伤的原因有以下几个：

（1）练习活动结构内容衔接不流畅。

① 准备活动不充分，在神经系统及其他器官的功能尚未达到适宜水平时就进入运动状态。

② 运动量过大，持续时间过长，超过身体的负荷能力。

③ 背面与镜面示范所造成的理解错误。

④ 练习方法不正确，没有针对性的力量练习，造成个体损伤。

（2）身体素质跟不上动作技术的要求，如肌肉力量和弹性不足。

（3）缺乏必要的运动知识，参加运动时生理和心理状态不良。

（4）场地、器材、保护用具、服装、鞋等不符合常规要求。

（四）导致运动损伤常见的因素

1. 极端动作

指在长度和方向上超出安全运动范围的动作。许多涉及过度弯曲和过度伸展的动作属于极端动作，它们具有潜在的危险性，负重练习时更是如此。

2. 过度负重

健美操训练中，负荷过重也是导致受伤的常见原因。例如，屈膝蹲，当膝关节角度小于安全角度 90°时，膝部就会承受过度的负荷。

3. 持续运动

过多重复会导致疼痛、不适和受伤。例如，连续踢腿动作不要超过 32 次，单腿连续踢腿不得超过 8 次。

4. 持续受压

使肌群或关节持续受压的动作或位置。例如，背部没有支撑的仰卧起坐，使骶骨持续受到较大压力。

五、基本技术

健美操基本技术主要有落地技术、弹动技术、半蹲技术和身体姿态控制技术。所有这些技术要求都是从保证练习安全性的角度出发的，它们紧密联系在一起。

（一）落地技术

健美操的落地技术主要是指落地缓冲技术。落地时，由脚跟过渡到全脚掌或由前脚掌过渡到全脚掌，然后迅速屈膝、屈髋缓冲。每一个动作都要有一个“全脚掌”落地过程。落地缓冲的目的是使身体尽可能地保持稳定，同时减少地面对关节、肌肉的冲击力，以避免造成运动损伤。

（二）弹动技术

健美操的弹动技术是健美操最重要的基本技术之一，是健美操最基本的特征，是区别于其他运动项目的重要因素之一。健美操的弹动技术主要是依靠踝关节、膝关节、髋关节的屈伸来完成的，它的主要作用是减少运动对关节的冲击力，从而减少运动对人体造成的损伤。

（三）半蹲技术

在健美操练习过程中，每一个动作都需要做半蹲动作，因为无论是落地缓冲技术还是弹动技术实际上都是和半蹲动作联系在一起的。因此，半蹲技术的掌握对健美操练习的完成质量具有重大影响。半蹲时，身体重心下降，臀部向后下 45°方向用力，膝关节不应超过脚尖，腰腹、臀部和大腿肌肉收缩，上体保持正直，重心在两腿之间，起落要有控制。

（四）身体姿态控制技术

健美操的身体姿态是根据练习的安全性和现代人体与行为美的标准而建立的。身体姿态取决于肌肉用力的感觉和程度，正确动作感觉应是有控制但不僵硬、松弛而不松懈。在整个非特殊条件下的运动过程中，身体应保持自然挺拔，头部稍稍昂起的姿态，颈椎、胸椎、腰椎处于正常生理曲线的位置，并始终保持腰腹和背部肌肉收缩，避免因腰腹部位的摆动和无控制而可能引起的腰部损伤。

六、基本动作

（一）常用手型

手型：健美操手型主要有掌和拳2种（图10-1-1）。

图10-1-1

1. 掌

并掌、开掌、花掌。

2. 拳

五指弯曲紧握，大拇指压在食指弯曲处。

（二）常用上肢基本动作

1. 举（rise）

臂伸直向某方向抬起。

2. 屈臂（bicep curl）

前臂与上臂角度不断减小。

3. 绕和绕环（scoop circle）

以肩关节为轴，手臂在180°～360°运动为绕；大于360°以上的圆周运动为绕环。

4. 伸臂（tricep extention，kickback）

前臂与上臂角度不断增大。

5. 屈臂摆动（low row）

屈肘在体侧自然摆动。

6. 摆动（swing）

以肩关节为轴，手臂在180°以内的运动称之为摆动。

7. 交叉（cross）

两臂重叠呈X形。

8. 冲拳冲拳（punch）

屈臂握拳，由摆间猛力向前冲拳。

9. 胸前推（chest press）

立掌，臂由肩部向上推。

（三）健美操基本步伐

健美操基本步伐是健美操动作的基本组成部分。主要有七大类：踏步类、弓步类、开合跳、弹踢类、吸腿类、后踢腿跑及踢腿类。

1. 踏步类

踏步类动作的运动强度较低，要求在运动过程中至少有一只脚与地面保持接触。常见的踏步类动作有：

（1）踏步（march）。由自然站立开始，左腿屈膝抬起的同时，右腿膝关节稍屈，胯微收，接着左腿下落，由脚尖过渡到脚跟着地，着地后保持膝关节稍屈，胯微收，同时右腿屈膝抬起，两臂自然前后摆动（注意：做此动作时上体腰腹肌一定要收紧，使上体固定，避免上体随下肢动作而前后摆动）。踏步种类有：脚尖不离开地面的踏步；脚离开地面的踏步；高抬腿的大幅度踏步。可原地做、移动中做、转体时做，也可结合不同的方向去做，如向前的踏步，向左的踏步。

（2）走步。同生活中的走步。可结合不同的方向去做。如向前的走步；斜方向的走步；弧形走等。

（3）V字步（V step）（以正V字步，右腿开始为例）（图10－1－2）：右脚向右前方迈出一步，由脚跟过渡到全脚掌着地，接着左脚向左前方迈出一步，两脚距离稍比肩宽，两膝自然弯曲，然后依次收回。种类有正V字步；倒V字步。可结合不同的方向、不同的形式去做。如左腿开始做小幅度跳的正V字步。

图10－1－2

（4）恰恰步（水兵步）。在2拍节奏中，快速踏步3次。

（5）并步（step touch）（图10－1－3）。右脚向右侧迈出一步，接着左脚并于右脚，重心随下肢移动，两膝自然屈伸。种类有两腿同时屈的并步和一直一屈的并步。可原地做、移动中做（“之”字步）、转体做，也可结合不同的方向去做。

（6）移重心。以自然站立开始，左腿向左（或前）迈出一步，经两腿半蹲过渡到两腿伸直，重心移至左腿成左腿支撑的侧（或前）点立。

2. 弓步类（lunge）

由于弓步的形式很多，可做移动、转体、跳的弓步，因此在做法上有所不同，但在两脚落地后均呈一腿屈膝，脚尖与膝垂直，另一腿伸直，重心落在两腿之间的姿势。在方向上可向前、向后及向侧做弓步（图10－1－4）。

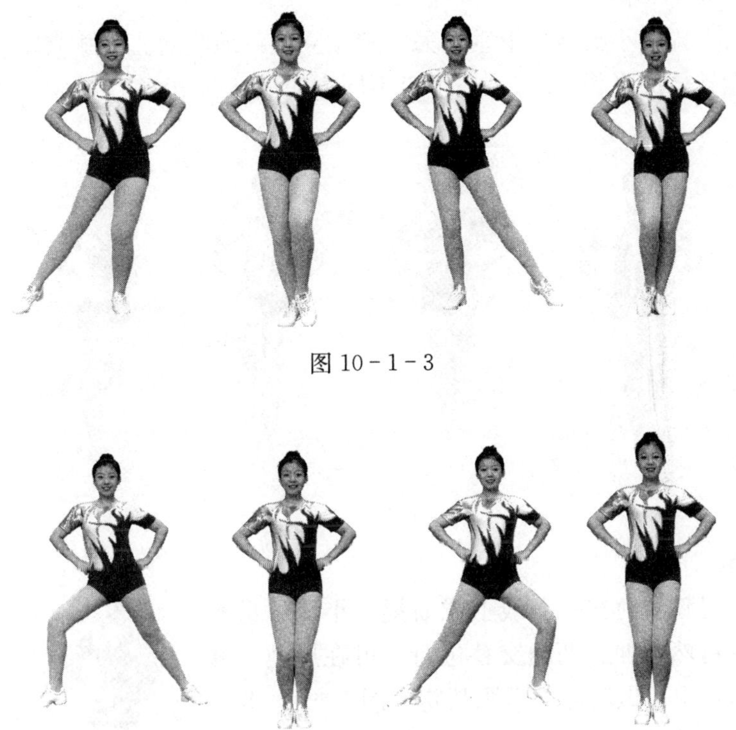

图 10-1-3

图 10-1-4

3. 开合跳（jumping jack）（以双起双落的开合跳为例）

由自然站立开始，两腿蹬地跳起时，两腿左右分开，比肩宽，脚尖稍外开，膝关节对准脚尖方向。落地时，在脚跟落地前稍屈膝缓冲，双脚经前脚掌迅速过渡到全脚掌。种类有双起双落的开合跳、单起双落的开合跳。可原地做，也可移动中做或做转体的开合跳（图 10-1-5）。

4. 弹踢类（skip）

第一动时，动力腿屈膝后摆；第二动时，大腿向前抬起至一定角度后，小腿自然弹直。弹踢腿（跳）可原地做、移动中做，也可做转体的弹踢腿（跳）（图 10-1-6）。

图 10-1-5　　图 10-1-6

5. 吸腿类（knee up）

一大腿用力上提，小腿自然下垂，另一腿站立或蹬地跳起。吸腿（跳）可原地做、移动中做，也可做转体的吸腿（跳），还可沿不同方向做（图 10－1－7）。

图 10－1－7

6. 后踢腿跑（jog）

跑动中，一腿膝和髋在一条线上或后提，小腿尽量叠于大腿，另一腿自然下伸。两腿交替进行。可在原地、移动中做后踢腿跑，也可做转体的后踢腿跑（图 10－1－8）。

图 10－1－8

7. 踢腿类（kick）（以一般的直踢腿为例）

自由腿用力快速上踢，膝关节伸直，踝关节处于自然状态。上体直立，尽量保持不动。种类有弹动踢腿、一般的直踢腿。踢腿可在原地、行进间、转体中进行，也可做跳的踢腿动作，还可沿不同方向去做（图 10－1－9）。

图 10－1－9

七、基本动作组合

健美操动作组合是以健美操基本动作为基本元素进行编排的，以展示健美操的连续性、柔韧性、力量性的连串或成套动作。

例：

（1）腰左右侧并步（1步）（2×8拍）。

（2）腰左右侧并步（2步）（2×8拍）。

（3）化左右侧并步（2步）（2×8拍）。

（4）腰左右侧弓步（1步、2步）（2×8拍）。

（5）化左右侧弓步（1步、2步）（2×8拍）。

（6）并步接连续2次侧弓步（8×8拍）。

（7）左右腿依次后屈膝6次，左右转身各1周（4×8拍）。

（8）左右腿依次后屈膝6次，左右转身各1周（4×8拍）。

（9）左右腿连续2次后屈膝（2×8拍）。

（10）右腿连续2次后屈膝（2×8拍）。

（演示：姜雪莹）

体育视窗

各类健身性健美操简介

1. 低强度的有氧操（low impact aerobics）

在地板上进行的没有跳跃的有氧健美操运动（不包括踏板操）。低强度有氧操简单，音乐速度较慢，在运动中始终有一个脚接触地面。它也包括一些哑铃练习或地面垫上运动。比较适合中老年练习者和初级健美操爱好者。

2. 高强度的有氧操（hi/lo）

高强度有氧操有难度，音乐速度快一些，可增加有腾空和跳跃的动作（双脚可以同时离地）。高强度有氧操能量消耗更大些。

3. 有氧舞蹈（cardio dance）

中低强度的有氧运动，它结合健美操和各种现代舞的内容（特别是拉丁舞、摇摆舞等），幅度相对大些。

4. 搏击健美操（kickboxing）

在音乐伴奏下，结合健美操、拳击和自由搏击的技术而形成的有氧操。动作有各种步伐、各种踢腿、刺拳、冲拳、勾拳等。

【思考题】

1. 健美操编排的注意事项有哪些？
2. 健美操锻炼的好处是什么？
3. 健美操锻炼中如何预防运动损伤？

学习资源（视频）

“V”字步	摆腿	并步小跳	并脚跳
侧并步	垂地劈腿和依柳辛	单人竞技健美操	弹动
弹腿跳	点地	分腿半蹲	俯卧撑和后退倒俯卧撑
弓步	弓步跳	后踢腿跑	混双
交叉步	开合跳	迈步点地	迈步后屈腿
迈步吸腿	曼波步	踏步	踢腿
踢腿跳	提踵	团身跳和屈体分腿跳	吸腿跳

一字步

直角支撑和分角支撑

走步

第二节 体育舞蹈

一、体育舞蹈概述

（一）体育舞蹈的起源与发展

体育舞蹈是源于西方国家的一种舞蹈形式，经历了几百年的演变过程，从劳动人民的文化中吸取营养，经过一代又一代人的加工创造而逐渐形成现代各种形式的交际舞。体育舞蹈14世纪、15世纪产生于意大利，16世纪末流传到法国。1768年，巴黎出现了世界上第一家舞厅，从此它流行欧美各国。随着当今科技、文化的发展，交际舞已经不仅是一种自娱性舞蹈，而且发展为一种艺术性高、技术性强的表演和竞技性舞蹈。1950年，世界杯交际舞锦标赛正式举行。1960年，拉丁舞也成为世界交际舞锦标赛的比赛项目。至此，国际标准交际舞已形成了2类10个舞种，它们是摩登舞（区别于老交际舞）和拉丁舞。摩登舞中有华尔兹、探戈舞、狐步舞、快步舞、维也纳华尔兹；拉丁舞包括伦巴舞、恰恰恰、桑巴舞、斗牛舞和牛仔舞。1964年以后，在当代国际标准交际舞中又增加了新的表演及比赛内容，这就是“团体舞”。

20世纪70年代以来，国际标准交际舞以它高度的文明典雅和严格的规范，在舞坛上影响越来越大，每年不同规模的各种国际赛成为人们增进友谊、陶冶情操、锻炼身体的极好形式。由于它既有文化娱乐的内涵，又有体育竞赛的特点，因此也被称为体育舞蹈。

体育舞蹈作为一项体育与艺术完美结合的运动，在世界范围内已越来越受到重视。国外有这样的评论：体育舞蹈运动的普及程度及其发展水平，可以从侧面折射出一个民族的文化素养和精神面貌。

（二）体育舞蹈的概念

体育舞蹈的概念，可以从广义和狭义两方面来解释：

根据体育舞蹈的本质属性，广义的定义为：“体育舞蹈是以舞蹈化的身体动作为基本内容，以双人或集体成套练习为主要运动形式的娱乐型体育项目”。

为了突出体育舞蹈在国际体育中的地位和作用，我们不妨把狭义的体育舞蹈定义为：“体育舞蹈是以国际规范化了的现代舞（摩登舞）、拉丁舞为主要内容，以男女双人练习为基本形式的娱乐型体育项目”。

（三）体育舞蹈的特点与分类

1. 体育舞蹈的特点

（1）内容丰富，易于普及。体育舞蹈包括10种不同风格的舞种，内容丰富，运动形式多样，有步、跳、拧、甩、起、伏、放、收等，不同的个体和群体可以从自身的需要出发，选择适合自身练习的内容，如双人配合练习、多人集体共同练习等。体育舞蹈不受年龄、性别、职业、身体条件、地点的限制，只要学习者产生并保持这一兴趣爱好，就会终身受益。

（2）严格的规范性。体育舞蹈与中国的古典舞和西方的芭蕾舞等舞蹈一样，是一个完整的舞蹈系统，它是经过英国数百年历史的锤炼而形成的，特别是经过英国皇家教师舞蹈协会的整理，对每一个动作技术的步位、脚法、行进、方位、转度、反身动作等做了严格规定，使动作技术呈现出“多一分嫌过，少一点欠火”的规范特点。

（3）全面锻炼身体。体育舞蹈是一项有节奏的全身运动，运动时，人体上肢、下肢、髋部、腰部、头颈的肌肉、关节、骨骼、韧带都参与了运动，对提高人体协调性、灵活性有明显的作用，同时对心血管系统、呼吸系统、消化系统等都能产生良好的刺激，有较高的锻炼价值。此外，参加体育舞蹈锻炼时，优美动听的音乐、活泼欢快的气氛、美妙动人的舞姿会感染每个人，使人忘掉生活中的忧愁、工作学习中的烦恼和困难，使人们在愉悦中得到放松，达到促进身心全面发展的效果。

（4）较强的美学特征。体育舞蹈是融舞蹈与音乐于一体、追求人体健与美的艺术运动项目，它属于体育美的范畴，具有高度的艺术性。体育舞蹈的艺术性不仅体现在提高人的精神境界和教人求真、向善、尚美的项目特征中，还表现在选手的动作技术规范娴熟的高雅美、选手间配合默契实现自身价值的美、服饰展现传统与时尚的美、动作造型和队形变化呈现体育舞蹈的形式美。在体育舞蹈运动中，无论是摩登舞还是拉丁舞，无不表现出这种美学特征，它既给人以美的享受，又提高人的艺术修养，它是体育舞蹈项目不同于其他运动项目的显著标志之一，也是人们热爱体育舞蹈运动的主要原因。

（5）表演观赏性。体育舞蹈融音乐美、舞蹈美、服装美、风度美、体态美、造型美于一体，是体育美与艺术美的有机结合，是观赏性较强的运动项目。它能把人们的审美经验带到崇尚美的层面，使人们从中获得体育艺术的力量。从竞赛角度看，体育舞蹈运动员在比赛中所表现出的健美的形体、高超的技术、充沛的体力和充满活力的精神气质，也都给观众留下深刻的印象。体育舞蹈的魅力使审美的主体——观众在观赏中达到高层次的美的享受。体育舞蹈既有观赏的价值，又有激发人们参与这项运动的作用，被认为是一项拥有艺术魅力的体育项目。

2. 摩登舞与拉丁舞风格特点的比较

摩登舞和拉丁舞两大系列具有迥然不同的舞蹈风格。摩登舞起源于欧洲，具有端庄、含蓄、稳重、典雅的风格和绅士风度。采用贴身握持姿势，顺着舞程线沿逆时针方向绕场行进，步法严谨规范。上体和髋部保持相对稳定挺拔的状态来完成各种前进、后退、横向、旋转、造型等舞步动作，使舞蹈轻柔洒脱、起伏有序，音乐节奏清晰，曲调抒情，旋律感强。这种舞蹈富于技巧性，是老少皆宜的运动。

拉丁舞起源于非洲和拉丁美洲，具有热情、奔放、浪漫的风格特点。舞伴之间可贴身、可分离，并在各自固定的范围内辐射式地变换方向和角度，展现舞姿。各舞种通过对

髋部及身体的摆动完成不同类型、不同技术要求的舞步，表现不同的舞蹈风格。舞蹈动作豪放粗犷、速度多变，手势和脚步的内容丰富，充满激情。音乐曲调缠绵浪漫，活泼热烈，节奏感强，尤为中青年人所喜爱。

摩登舞和拉丁舞2个舞系共性特点比较见表10-2-1。

表10-2-1　摩登舞和拉丁舞2个舞系共性特点比较

项目	摩登舞	拉丁舞
舞姿	贴身式，严格的握持方法	松散式，若即若离
舞技	严谨细腻，舞伴间合作默契	别致多变，步法灵活
风格	绅士风度，舞蹈为情绪型	现代感强，舞蹈有情节性
路线	游走型，沿舞程线方向移动	定位型，在基本位置上辐射性地变换方位、角度
音乐	曲调多优美抒情、潇洒华丽，旋律感强	曲调多缠绵浪漫、热情奔放，节奏感强
服饰	讲究传统形式，男子穿燕尾服，女士穿不过脚踝的长裙	有拉美风格，男士穿“萝卜”裤、宽松式上衣，女士穿露背露腿的短裙

同一系列的舞种除了在风格和内容上有其共同特点之外，每个舞种在步法、节奏、技术处理以及风格特点上都有自己的独特之处。

3. 体育舞蹈的分类和内容特点

按舞蹈的风格特点和技术结构，体育舞蹈可以分为两大类，即摩登舞和拉丁舞。按竞赛的项目进行分类，可以分成三类，即摩登舞、拉丁舞和团体舞。摩登舞包括华尔兹、探戈舞、狐步舞、快步舞和维也纳华尔兹等5种；拉丁舞包括桑巴舞、恰恰恰、伦巴舞、斗牛舞和牛仔舞5种；团体舞由8对选手组成，它选用摩登舞或拉丁舞任一系列的5个舞种，选手们默契配合，配以音乐、舞姿、队形、图案而成。团体舞的形式使体育舞蹈的风格特点得到了更为鲜明的体现。

（1）摩登舞。摩登舞融音乐、舞蹈、服装、风度、体态美于一体，仪态大方，端庄含蓄，稳重典雅。舞步流畅，舞姿优美，动作轻柔洒脱。重心起伏有序，音乐节奏清晰。舞蹈时，男性挺拔刚健，站立端庄，气宇轩昂；女性婀娜轻盈，柔美洒脱，高贵典雅。

① 华尔兹（Waltz）。华尔兹又称“圆舞”，是体育舞蹈中历史最悠久、生命力最强的一种舞蹈。起源于德国和奥地利地区的一种农民舞蹈——“土风舞”。华尔兹风格特点是庄重典雅，华丽多彩。舞蹈动作流畅，旋转性强，热烈而兴奋，重心起伏大，接连不断的潇洒转体配以华丽的服装、优美的音乐使华尔兹更为完美。莫扎特、肖邦、柴可夫斯基、约翰·施特劳斯等音乐大师都创作了不朽的华尔兹音乐，他们使华尔兹成为“舞蹈之王”。

华尔兹音乐3/4拍，每分钟30～32小节（职业组为27～29小节），基本上一拍一步，每音乐小节跳三步。

② 探戈舞（Tango）。探戈舞起源于非洲中西部的民间舞蹈“探戈诺”舞。16世纪末，随着贩卖的黑奴进入美洲，融合了拉美民间舞蹈风格，形成了舞姿优雅洒脱的墨西哥探戈舞和舞姿挺拔、舞步豪放健美的阿根廷探戈舞。探戈舞是阿根廷国舞，它的知名度甚

至超过了这个民族。摩登舞中的探戈舞就近来说是欧洲的“闪式探戈”，探戈舞动作刚劲有力，欲退还进。动、静、快、慢错落有致；头左右摆动、快速转动；舞蹈动静交织，潇洒大方；沉稳中见奔放，闪烁中显顿挫。

探戈舞音乐速度中庸，气氛肃穆。听之铿锵有声，振奋精神，舞曲为 2/4 拍，每分钟 30～34 小节，音乐特点是以切分音为主，带有附点和停顿，舞步分慢（S）和快（Q），其中 S 占一拍，Q 占半拍。舞蹈时膝关节松弛、微屈，重心略微下沉。脚下干净利落，不拖泥带水，斜行横步，步步为营。

③ 狐步舞（Slow Foxtrot）。狐步舞起源于美国黑人舞蹈。1914 年，美国演员哈利·福克斯模仿马在慢步行走时的动作，设计了一种舞蹈形式，迅速在全美风行。人们因此称狐步为福克斯。现在国际上跳的狐步舞是英国的约瑟芬·宾莉改编的。狐步舞的风格特点除具有华尔兹的典雅大方、舒展流畅和轻盈飘逸之外，更具有狐步舞独有的平稳大方、悠闲自在、从容恬适的韵味。狐步舞的舞步轻柔、圆滑、流畅，方位多变且不并步。在动作衔接中呈现出降中有升、升中有降的线型流动状。

狐步舞音乐 4/4 拍，速度中庸，节奏明快，情绪幽静而文雅，基本节奏与探戈相反，是慢快快（SQQ）。

④ 快步舞（Quick Step）。快步舞由美国民间舞改编而成，早期快步舞吸收了快狐步动作，后又引入芭蕾的小动作，使动作更显轻快灵巧。现在大家跳的是英国式的快步舞。快步舞的风格特点是轻快活泼，富于激情。舞步洒脱自由，饱含动力感和表现力。

快步舞音乐 4/4 拍，每分钟 50 小节，基本节奏是慢慢快快（SSQQ），慢快快慢（SQQS）。

⑤ 维也纳华尔兹（Viennese Waltz）。维也纳华尔兹起源于奥地利北部山区农民舞，是历史最悠久的舞蹈之一。维也纳华尔兹的风格特点是动作舒展大方，连绵起伏，节奏清晰，旋律活泼，动作优美，舞步轻快流畅，旋转性强。

维也纳华尔兹的音乐是 3/4 拍，每分钟 60 小节。在比赛中常放在第 5 个舞种进行，要求选手有充沛的体力才能从容地完成。

（2）拉丁舞。拉丁舞起源于非洲和拉丁美洲，具有热情、奔放、浪漫的风格特点。舞蹈动作豪放粗犷、速度多变，手势和脚步的内容丰富，充满激情。音乐曲调缠绵浪漫、活泼热烈、节奏感强，尤为中青年人所喜爱。

① 恰恰恰（Cha-Cha-Cha）。恰恰恰起源于非洲，传入拉丁美洲后，在古巴获得了很大的发展。恰恰恰名称动听，节奏欢快易记，配以邦伐斯鼓和沙球的“咚咚”“沙沙”声，所以备受欢迎，成为拉丁舞中最受欢迎的舞蹈。

恰恰恰的音乐曲调欢快有趣，4/4 拍，每分钟 29～32 小节，4 拍跳 5 步。

② 伦巴舞（Rumba）。伦巴舞是拉丁舞中具有独特魅力的舞蹈，舞蹈动作曾受雄鸡走路启发，舞蹈的形成与西班牙的舞蹈“波莱罗”以及非洲黑人舞蹈有关。伦巴舞音乐缠绵、浪漫，舞蹈风格柔媚而抒情，是表现爱情的舞蹈。伦巴舞在拉丁舞中历史悠久，舞型

成熟，具有独特的吸引力，被称为拉丁美洲音乐和舞蹈的精神与灵魂。

伦巴舞的音乐是 4/4 拍，每分钟 27～28 小节，舞蹈动作特点是臀、胯、膝盖绷直，胯向后扭摆，动作不能太突然。提、转、绕、沉，要不是单一的左右扭摆，重心脚踏降时，脚跟用力踏地，足部伸直到超直过程，需经专门训练才能做到。

③ 桑巴舞（Samba）。桑巴舞是从巴西农村的摇摆桑巴舞传入城市演变而来的，在里约热内卢狂欢节上公开表演后，以它微妙的节奏和强烈的感情倾倒了巴西人，逐步形成为巴西的民族舞，是巴西音乐和舞蹈的灵魂。20 世纪 20—30 年代桑巴舞传入欧美。桑巴舞的风格特点是动作粗犷，起伏强烈，舞步奔放、敏捷，富有强烈的感染力。由于它在移动时沿舞程线绕场进行，因此它是拉丁舞中行进性的舞蹈。

桑巴舞音乐 2/4 拍，每分钟 48～56 小节。

④ 斗牛舞（Paso Doble）。斗牛舞起源于西班牙，是模仿西班牙斗牛士动作，有西班牙风格的进行曲伴舞的一种拉丁舞。在舞蹈中，男士象征斗牛士，女士象征斗牛士的斗篷，因此舞蹈应表现出男子强壮英武和豪迈昂扬的气概。特色鲜明，风格迷人。

斗牛舞音乐 2/4 拍，每分钟 60 小节，一拍跳一节。

⑤ 牛仔舞（Jive）。牛仔舞原是 20 世纪二三十年代在美国西部盛行的牛仔舞蹈，舞步带有踢踏动作。节奏快速兴奋，动作粗犷，带有举持舞伴和甩动的技巧，是表现牧人强健体魄和自由奔放情绪的舞蹈，具有独特的魅力。后经规范进入社交界和表演舞范畴。第二次世界大战期间传入英国，获得迅速推广。

牛仔舞音乐 4/4 拍，每分钟 44 小节，舞曲欢快，有跃动感，舞步丰富多变，其强烈的扭摆和连续快速的旋转，常使人眼花缭乱，亢奋热烈。

二、体育舞蹈基本知识

（一）体育舞蹈的术语及概念

1. 舞程向

在一个舞池中，为避免互相碰撞而严格规定舞者必须按逆时针方向行进，这个行进方向称舞程向。

2. 舞程线

沿舞程向方向行进的路线称舞程线。

在跳舞时为了防止碰撞，必须按规定的行进路线有序进行，特别是在连续行进和旋转时就更为必要。因此，规定舞者必须按逆时针方向行进，这条路线就是舞程线（图 10-2-1）。

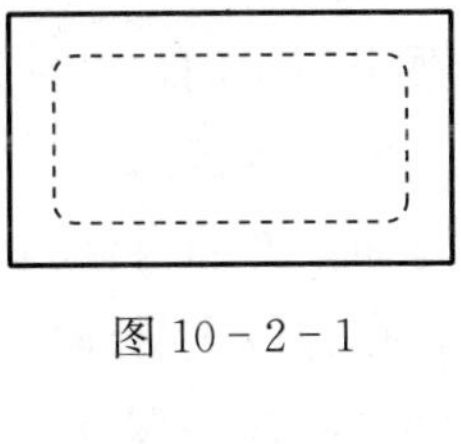

图 10-2-1

3. 舞姿

舞姿泛指舞者跳舞的姿态，即人体的姿态、造型、步伐等动作过程中的动态形象。

4. 合对位舞姿（闭式位舞姿）

“合”指男女交手握抱，“对”指男女面对面。泛指男女面对双手扶握的身体位置。

5. 侧行位舞姿

指男士的右侧与女士的左侧身体紧密贴靠，身体的另一侧稍微向外展开，呈“V”形的站立或行进的身体位置。

6. 外侧位舞姿

是指在摩登舞中，男女舞伴的一方向另一方的右外侧（常见）或左外侧（较少见）前进所形成的身体位置。

7. 并肩位舞姿

指拉丁舞中，男女面对同一方向肩臂相并的身体位置。以男士为基准，男士左肩与女士右肩相并称“左并肩位”；男士右肩与女士左肩相并称“右并肩位”。

8. 反身动作

一侧脚前进或后退时，异侧肩和胯后让或前送，使身体与舞步形成反向配合的身体动作。

9. 升降动作（起与伏）

是指在跳舞时身体的上升与下降。升降动作是在膝、踝、趾关节的屈和伸动作的转换中完成的。

10. 摆荡动作

是指舞者在身体上升做斜向或横向移动时，像钟摆似的把身体摆动起来。

（二）持握方法与基本舞姿

“国际舞”这种运动和娱乐形式对每一位参加者来说，无论是比赛还是娱乐，都是在公众场合的“亮相”行为，它必须通过自己的仪表、姿态、风度、气质来赢得公众的注目。因此，掌握舞伴间的持握姿势和走步的基本要领是一个重要前提。就其基本体态而言，由于舞种多，舞蹈风格不同，各种舞有其独特的要求。

基本舞姿：

男女平行相对站立，身体正直，两脚并拢，脚尖向前，男伴右肩放松，右手扶在女伴的左肩胛骨下方，手掌向里，右肩向上平抬，支撑女伴的左肩，头部自然挺直，视线透过女性右肩看向远方，女伴站立在男伴前方略向右 10 cm 左右，与男伴肩保持平行，举起右手，四指并拢，被男伴握于拇指与食指之间，右臂自肩略下斜，左臂轻置于男伴右肩上，左手指并拢置于男伴右肩靠近肩部处，视线透过男性右肩看向远方。

基本要领。男女双方做好准备姿势后，男伴应背向舞池，左脚后退一步，表示礼貌和谦让，然后引导女伴共舞。在两人共舞时，男伴始终是舞蹈进行中的引导者，带领女伴变换舞步和方向，女伴则是配合和跟随，不要主动带领男伴。

姿态规范后，要掌握行进间的动作要领，前进时保持姿态的同时，双膝放松，但不明显弯曲，然后身体自脚向上前倾，直至感觉身体重心已大部分移至脚掌，但两脚跟不离地，自胯以上身体姿势不改变。整个运步过程中，双膝自然放松，腿只有处于最大步幅时才伸直，移动脚越过支撑脚的那一刻，双膝最为松弛。

相比较而言，“后退步”要难些。后退步法由前脚掌脚法过渡至全脚掌脚法，后退脚

跟有控制的缓慢落下。后退中，足踝和脚背以保持松弛，这样步幅可大一些，动作舒展，前脚掌不要黏在地上，应随运动腿的移动逐渐抬起。

（三）体育舞蹈的礼仪

舞会是娱乐、体育、礼仪融为一体的群体活动，是培养文明礼貌、陶冶情操和审美教育的场所，因此参加者应要注意仪表与礼貌。

（1）参加舞会时要服装整洁，仪表大方，态度谦和。

（2）男士请女士共舞，若其亲友在场，则应向其亲友致意以示礼貌。

（3）男士请舞时应立正站好，切忌东张西望，心不在焉。请舞时应伸出右手，掌心向上，上体稍前倾，并配以礼貌的语言邀请女士，待对方同意后伴其进入舞池。如果对方不愿意接受邀请也不可勉强。

（4）起舞时男士应先退左脚。当一曲结束后，男士应先向女士致谢，并送其回原来的座位，向其亲友点头致意后方可离去。

（5）女士无故拒绝男士的邀请是不礼貌的，如果实在不愿与某男士共舞，可婉言辞谢，已辞谢后，一曲未终，不要再同别的男士共舞。

（6）跳舞时要注意舞姿，男士右手应放在女士左肩胛骨下方，切忌过分搂抱，以免有非理之嫌。跳舞时不要吸烟，不要嚼口香糖，不要戴口罩。

（7）在舞厅中严禁大声喧哗和打闹，共同维护好公共卫生，遵守公共秩序。

三、基本舞步

（一）华尔兹

1. 前直步

预备：松膝降重心，右腿支撑，左腿前出（图 10－2－2）。

第 1 拍：右脚推撑地面，将重心移至左腿经脚跟过渡全掌成支撑，此时重心处于最低点，右腿前出（图 10－2－3）。

第 2 拍：左脚推撑地面，将重心移至右腿前掌成支撑，后半拍重心开始上升（图 10－2－4）。

第 3 拍：右腿撑伸将左腿拉移靠并右腿，前 3/4 拍重心升至最高点，后 1/4 拍松膝降重心（图 10－2－5）。

图 10－2－2

图 10－2－3

图 10－2－4

图 10－2－5

2. 前右横步

预备：松膝降重心，右腿支撑，左腿前出（图 10－2－6）。

第 1 拍：右腿推撑地面，将重心移至左腿脚跟过渡全掌成支撑，此时重心处于最低点。右腿对角线侧伸至左腿的右侧，前掌内侧着地（图 10－2－7）。

第 2 拍：左腿推撑地面，将重心移至右腿，后半拍重心开始上升（图 10－2－8）。

第 3 拍：右腿撑伸将左腿拉移靠并右腿，前 3/4 拍重心升至最高点，后 1/4 拍松膝降重心（图 10－2－9）。

图 10－2－6　　图 10－2－7　　图 10－2－8　　图 10－2－9

3. 后右横步

预备：松膝降重心，右腿支撑，左腿后出。

第 1 拍：右腿推撑地面，将重心移至左腿脚前掌过渡全掌成支撑，此时重心处于最低点，右腿对角侧伸至左腿的右侧脚掌内侧着地（图 10－2－10）。

第 2 拍：左脚推撑地面，将重心移至右腿，后半拍重心开始上升（图 10－2－11）。

第 3 拍：右腿撑伸将左腿拉移靠并右腿，前 3/4 拍重心升至最高点，后 1/4 拍松膝降重心（图 10－2－12）。

图 10－2－10　　图 10－2－11　　图 10－2－12

4. 左转前三步（转 1/4）

预备：松膝降重心，右腿支撑，反身，左腿前出（图 10－2－13）。

第 1 拍：右脚推撑地面，将重心移至左腿脚跟过渡全掌成支撑，左转 1/4 同时右腿经左脚摆伸至右侧脚掌内侧着地（图 10－2－14）。

第 2 拍：左脚推撑地面，将重心移至右腿，后半拍重心开始上升（图 10－2－15）。

第 3 拍：右腿撑伸将左腿拉移靠并左腿，前 3/4 拍重心升至最高点，后 1/4 拍松膝降重心（图 10－2－16）。

图 10－2－13

图 10－2－14

图 10－2－15

图 10－2－16

5. 左转后三步（转 1/4）

预备：松膝降重心，左腿支撑，反身，右腿后出。

第 1 拍：左脚推撑地面，将重心移至右腿脚前掌过渡全掌成支撑，此时重心处于最低点，右转 1/4 同时左腿经右腿摆伸至左侧，脚前掌内侧着地（图 10－2－17）。

第 2 拍：右脚推撑地面，将重心移至左腿，后半拍重心开始上升（图 10－2－18）。

第 3 拍：左腿撑伸将右腿拉移靠并左腿，前 3/4 拍重心升至最高点，后 1/4 拍松膝降重心（图 10－2－19）。

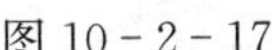

图 10－2－17

图 10－2－18

图 10－2－19

（二）组合范例面向斜墙开始（以男士为例）

（1）前右横步（图 10－2－20）。

（2）右转前三步（1/4 转）（图 10－2－21）。

（3）右旋转步（图 10－2－22）。

（4）左转后三步（1/8 转）（图 10－2－23）。

（5）后插步（半开式）（图 10－2－24）。

拍子：1 2 3

图 10-2-20

拍子：1 2 3

图 10-2-21

拍子：1 2 3

图 10-2-22

拍子：1 2 3

图 10-2-23

图 10-2-24

面向斜墙结束。

要点提示：①做转体动作时，后退者要定位定向主动引领前进者完成动作；②第 2 拍女士要左转 1/2，左脚位于右脚前成弓步；③做侧行追步时，男士要在女士右侧完成动作。

四、体育舞蹈竞赛

（一）竞赛特点

1. 体育舞蹈竞赛特点

由于体育舞蹈是从文艺转变而来的项目，因此表现在竞赛上既有文艺痕迹又具有体育特点。

（1）主持人制。体育舞蹈比赛自始至终在主持人的指挥和控制下运行，主持人既是司仪、广播员，又是宣传鼓动员、观众代言人，是场上的中心人物。

（2）比赛和表演结合。体育舞蹈比赛之前、中间或结尾经常穿插国内外优秀选手的表演，即使比赛更加丰富多彩、气氛热烈，又使裁判、选手和记分组工作人员得以休息和重新准备。

（3）“淘汰”与“顺位”结合的比赛方法。

① 淘汰法。体育舞蹈比赛从预赛至半决赛采用淘汰制比赛方式，即根据竞赛编排从参赛人数中按规定录取定量选手进入下一轮比赛，淘汰其余选手。

② 顺位法。体育舞蹈比赛决赛采用顺位法决定单项和全能的名次，即将决赛时评委给选手打的各舞名次通过顺位排列的方法计算名次。

2. 评分特点

体育舞蹈评议时每个评委在 1.5～2.5 min，要从 6～20 对选手中确定入选名单或名次顺序，这要求评委精力集中，业务熟练，眼光敏锐，反应迅速，判断正确。

3. 场地、灯光、音响

（1）场地。体育舞蹈场地面积为 23 m×15 m，一般采用塑料地板拼接而成，应不反光，防滑，平整，四周有界线。

（2）灯光。各类灯光齐备，大小、色彩、图案、追光等能及时变化，适于比赛表演等各种用途。

（3）音响。采用专业音响设备，配备 2 名以上专业人员操作，保持与主持人、选手的密切配合。决赛时每曲 2 min30 s，其他赛时每曲不少于 1 min30 s。

（二）评判

1. 评判要素

（1）基本要求。①足部动作；②姿态；③平衡稳定；④移动。

（2）音乐表现力。①节奏；②风格的理解和体现。

（3）舞蹈风格。①细微区别各种不同舞种之间的风格、韵味上的差别；②个人风格的展现。

（4）动作编排。①动作流畅新颖，运用自如；②体现舞种的基本风韵并有一定技术难度；③动作与音乐密切配合，达到最佳效果；④编排有章法，充分利用场地。

（5）临场表现。①赛场上的应变能力；②良好的竞技状态，专注、自信，能自我控制临场发挥。

（6）赛场效果。即舞者的风度、气质、仪表及出入场的总体形象。

在六要素中，前 3 项主要指选手的技艺品质，后 3 项是选手的艺术魅力。在第 1、2 次预赛中裁判着重于前 3 条要素的评判，在半决赛时着重于后 3 条要素的评判，在决赛中应全面地评价选手各项要素的完成情况。

2. 比赛场地与服装

（1）比赛场地。长 23 m，宽 15 m。选手按逆时针方向行进，交换舞程线时应过中心线。

（2）比赛服装。规定摩登舞男子穿燕尾服，女子穿不过脚踝的长裙。拉丁舞服装应有拉美风格，男女选手服装必须协调，男选手穿紧身裤或“萝卜”裤，上身穿宽松式长袖衣。女子穿露背、腿的短裙。服装的样式色彩随时代发展，在不断变化。男女舞鞋应与服装颜色一致。男子摩登舞一般穿黑色舞鞋，女子穿 5～8 cm 的高跟船鞋，鞋面可加镶嵌亮饰。男子拉丁舞同摩登舞鞋，女子穿高跟有襻凉鞋，鞋可加亮饰。

（3）发型。男子可留分头，头发前不遮耳，后不过领，不能留长发长须；女士为短发或长发盘髻，可加头饰，不可披长发。

（4）专业选手背号为黑底白字，业余选手背号为白底黑字。

3. 对选手的规定

（1）不许在同类舞场中交换舞伴。

（2）准时入场，违者按弃权论处。

（3）编组后不能改变组别。

（4）摩登舞比赛必须男女交手跳舞；拉丁舞比赛不许做托举上肩、跪腿等动作。

【思考题】

1. 简述体育舞蹈各舞种的分类及特点。

2. 体育舞蹈对大学生的身心健康发展有哪些影响？

体育视窗

世界体育舞蹈联合会（WDSF）大奖赛是世界体育舞蹈联合会的精品赛事，由 5 个分站赛、1 个总决赛组成，是世界顶级舞者之间的赛事“盛宴”，堪称世界体育舞蹈“大师赛”。2018 年的比赛依旧在中国上海举办，来自俄罗斯、意大利、德国、丹麦、法国等 10 多个国家和地区的选手在中国进行了冠军的角逐。本届比赛最受关注的无疑是 2018 年世界体育舞蹈大奖赛总决赛标准舞的比赛。在本届比赛中我国标准舞选手邱禹铭、魏丽颖首次获得世界体育舞蹈联合会国际标准舞年度总决赛资格，积分位列今年 WDSF 国际标准舞第 12 名，实现了中国体育舞蹈运动员在 WDSF 年度总决赛中零的突破。

学习资源（视频）

狐步舞自选套路演示 华尔兹银牌套路演示 华尔兹自选套路演示 换向步

开式推转步(分式激转步) 快步舞银牌套路演示 快步舞自选套路演示 伦巴舞阿莱曼娜

伦巴舞闭式扭臀转步 伦巴舞定点左转步 伦巴舞基本步 伦巴舞纽约步

伦巴舞曲棍球转步 伦巴舞扇形步 伦巴舞手接手 伦巴舞银牌套路演示

伦巴舞自选套路演示 牛仔舞背后换手步 牛仔舞并退基本步 牛仔舞侧行走步

牛仔舞连接步 牛仔舞美式疾转 牛仔舞绕转步 牛仔舞银牌套路演示

牛仔舞右至左换位步 牛仔舞自选套路演示 牛仔舞左至右换位步 恰恰恰闭式基本步

恰恰恰臂下右转步 恰恰恰肩对肩 恰恰恰纽约步 恰恰恰曲棍形转步

恰恰恰扇形步

恰恰恰时间步

恰恰恰手接手

恰恰恰向左定点转

恰恰恰银牌套路演示

恰恰恰自选套路演示

桑巴舞基本移动步

桑巴舞推割步

桑巴舞银牌套路演示

桑巴舞自选套路演示

桑巴舞左转步

探戈舞银牌套路演示

探戈舞自选套路演示

外侧换步

维也纳华尔兹标准套路演示

维也纳华尔兹右转步

维也纳华尔兹左转步

向右侧行追步

向右直角转步直行追步前进锁步右转踌躇步

影子位博塔弗戈斯步（行进侧点步）

犹豫换步

右扭转步

右扭转步右并进转步

右旋转步

右迂回步

右转步

右足并换步

迂回步

羽步三直步

原地桑巴舞走步

原地右转步

原地左转步

追步左转右旋转

左波浪步

左右桑巴舞扫形步

左转步

左足并换步

第三节 啦 啦 操

一、啦啦操运动概述

啦啦操原名 cheer leading。其中，cheer 的部分，有振奋精神，提振士气的意思。啦啦操来源于早期部落社会的仪式。为激励外出打仗或打猎的战士们，他们通常会举行一种仪式，仪式中有族人欢呼、手舞足蹈的表演来鼓励战士，希望他们能凯旋。啦啦操是体育运动中的一个新兴项目，起源于美国，遍布美国的 NBA、橄榄球、棒球、游泳、田径、摔跤等比赛现场，至今已经有 100 多年的历史。

进入 20 世纪，啦啦操的表演形式开始丰富起来，喇叭筒在啦啦操中开始流行，在大学和高中开始使用纸制作成花球作为道具。女性在啦啦操中发挥的作用越来越重要，还开始将体操、舞蹈动作融入到呐喊中。到了 20 世纪 50 年代、60 年代，学院啦啦操队开始有自己的培训教程和培训班，教授基本的啦啦操技巧，这时啦啦操的常规步伐称为“激情步伐”并且大力推广。进入 70 年代，啦啦操除了为传统的足球和篮球助威外，开始支持学校的所有运动队。1978 年春天，哥伦比亚广播公司通过电视第一次向全国转播学校啦啦操评选赛事，从此啦啦操开始作为一项严肃的运动被人们认可。这时候啦啦操队已经在以往的技巧基础上有了很大的提高，例如，增加了体操、搭金字塔（就是现在的叠罗汉）、向空中跳跃等动作，同时许多中学啦啦操队也开始为女性的运动助威，美国中学生啦啦操队也开始有比赛活动。进入 90 年代，美国各大州的大、中学校都拥有啦啦操队及团体协会，并且建立了自己的啦啦操网站，啦啦操队在美国的学校中都有极高的声誉，在美洲的影响下欧洲也兴起了啦啦操队，不同的是欧洲大部分的啦啦操队是业余的，以俱乐部形式进行各种培训和组织活动，在亚洲日本也有了啦啦操队协会。我国教育部大学生体育协会为了促进高等学校体育运动发展，提高大学生的身心健康水平，培养德、智、体全面发展的社会主义建设者和接班人，为了丰富高等学校校园文化生活，于 2001 年 9 月 28—30 日在广州举办了“统一冰红茶迎九运 全国首届高校动感啦啦操队挑战赛”。这也是国内首次啦啦操队比赛，它充分展现了校园内年轻人青春、动感、健康的一面，也标志着啦啦操文化在中国体育史中写下第一页。

现代啦啦操以团队的形式出现，并结合舞蹈（dance）、口号（cheer）、舞伴特技（partner stunts）（是指托举的难度动作）、技巧（tumbling）、轿子抛（basket toss）、叠罗汉（pyramid）、跳跃（jump）等动作技术，配合音乐、服装、队形变化及标示物品（如彩球、口号板、喇叭与旗帜）等要素，遵守比赛规则中对性别、人数、时间限制、安全规则等规定进行比赛的运动，称之为竞技啦啦操队。竞技啦啦操队分为技巧啦啦操队和舞蹈啦啦操队。其中，技巧啦啦操队包括男女混合组（mixed）、全女子组（all - female）和舞伴特技（partner stunts）；舞蹈啦啦操队又包括花球（pom）、高踢腿（high kick）、爵士（jazz）和道具（prop）4个组别。代表世界啦啦操最高水平的全美啦啦操队锦标赛参赛标准：队伍人数要在6～32人，分4个组别进行比赛，分别是业余组、中学组、大学组和全明星组。

二、啦啦操运动的基本技术

1. 身体的外部特征

（1）躯干。躯干是人体的重要组成部分，可以说是人体运动幅度最大的部位。它在人体的运动中起着上下身配合协调的桥梁作用和指挥全身的枢纽作用。躯干是啦啦操最具特色的表现部位，它能充分体现中华民族的审美追求和民族神韵。啦啦操队队员在完成动作的过程中，应该保持身体挺拔，头部稍仰，颈椎、胸椎、腰椎在一条直线上，身体姿态展现出健康活力、自信和积极向上的精神面貌。

（2）手臂动作。手臂是人体中最为轻巧、灵活的部分，这是由它的解剖特点决定的。没有手臂的积极参与，舞蹈就无法进行。因此，手臂在舞蹈中的重要性是不言自喻的。啦啦操运动手臂动作主要以肩关节为轴，如我们常用的典型动作A手位与V手位。提肩时要尽力向上，沉肩时要尽力向下，动作幅度大而有力。绕肩时上体不能摆动，颈与头不能前探。手臂伸展时应直臂，弯曲时应有一定的角度，手型多为握拳。要求完成动作清晰、有力，即在最短的时间内完成向下一动作的转变，其转变过程不得有多余的无控制形态出现，手臂到达下一个动作所规定的位置时不能有明显的晃动现象，同时手臂应处于身体额状面前方。

（3）步伐。啦啦操的步伐要求在短时间到达指定位置，每个步伐清晰、有力，不需要有意识的缓冲。动作伸展时不要屈膝，屈膝时的角度应有一定要求，膝关节与脚尖的方向要始终保持一致。

2. 内部特征

啦啦操基本动作的内部技术特征包括发力、重心控制、停顿3个方面，具体表现在头部运动、四肢运动和移动中的重心控制上。

（1）头部运动。上体保持正直，头颈移动的方向要准确，颈部被动肌群充分伸展，注意动作过程中的加速、最后的制动与定位。

（2）四肢发力。在动作过程中，肌肉用力使手臂或腿部的动作加速，在完成动作转变的过程中不宜用力过猛致使动作整体视觉效果僵硬。正确的动作要领是有力而不僵硬，松弛而不松懈，在手臂肌肉发力时肩部肌肉放松，不可耸肩。

（3）移动中的重心控制。不同的动作重心落点也是不同的，不同的动作重心落在脚的位置也是不同的。在啦啦操中每套动作的音乐是不同的，音乐的速度也是不同的，由于音乐速度的不同重心的控制也是不同的，每个变化动作重心都是有差别的，落在脚的位置也是不同的。控制好了重心也就控制好了身体，身体也就有了轴，身体也就有了挺拔的“柱子”，这样的啦啦操才会和谐优美。

3. 啦啦操常用的基本动作

（1）啦啦操队基本手型动作与意义。啦啦操中的手型有多种，是从芭蕾舞、现代舞、迪斯科、武术中吸收和发展的。手型是手臂动作的延伸和表现，运用得好，会使啦啦操动作更加丰富多彩，生动活泼，更具有感染力。

① 并拢式。五指伸直，相互并拢。大拇指微屈，指关节贴于食指旁。

② 分开式。五指用力伸直，充分张开。

③ 芭蕾手式。五指微屈，后三指并拢、稍内收，拇指内扣。

④ 拳式。握拳，拇指在外，指关节弯曲，紧贴于食指和中指。

⑤ 立掌式。五指伸直，手掌用力上翘。

⑥ 西班牙舞手式。五指用力，小指、无名指、中指自掌指关节处依次屈，拇指稍内扣。

胜利（victory）：食指和中指呈 V 形，其他手指紧握手心（图 10－3－1）。

力量（fist）：五指紧握与手心呈拳状（图 10－3－2）。

喝彩（open palm）：高举双手，五指使劲张开呈掌状并前后摆动（图 10－3－3）。

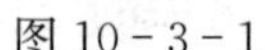

图 10－3－1

图 10－3－2

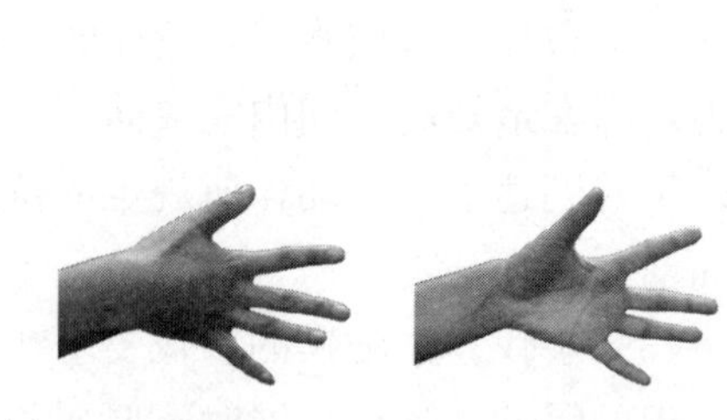

图 10－3－3

酷（cool）：拇指、食指和小指伸直并尽力张开，其余两指紧扣于手心（图10－3－4）。

团结（clap）：两手相扣，拇指与其余四指分开，且分开的四指紧挨（图10－3－5）。

真棒（thumb）：大拇指高高翘起，其余四指紧握于手心（图 10－3－6）。

勇往直前（forefinger）：食指伸直并翘起，其余四指紧握于手心（图 10－3－7）。

自信张扬（palm），动作特点：手指伸直呈掌状，四指并拢并与大拇指分开（图 10－3－8）。

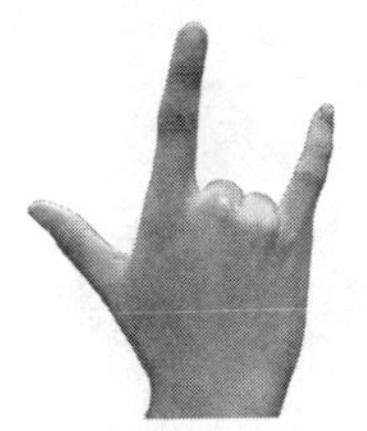
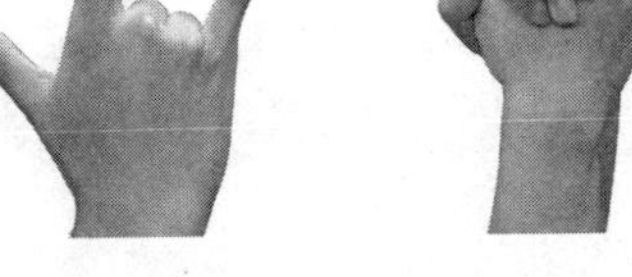
图 10-3-4

图 10-3-5

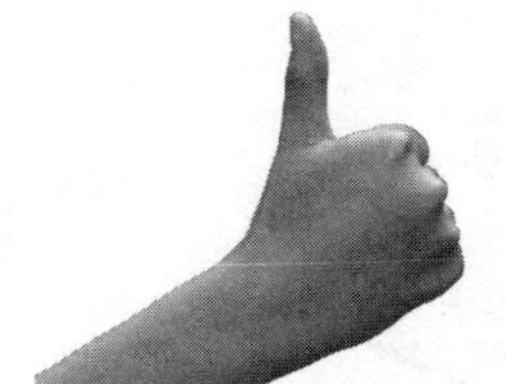
图 10-3-6

图 10-3-7

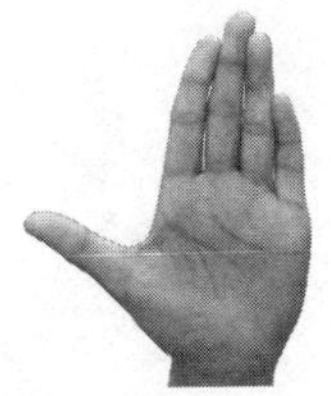
图 10-3-8

(2) 啦啦操队基本站位。

立正站 (feet together)：两脚并拢，两臂垂于体侧，手指微张，昂首挺胸抬头并目视前方（图 10-3-9）。

军姿站 (hands on back)：两脚分开与肩同宽，脚尖微向外，两手握住背于身后，昂首挺胸抬头并目视前方（图 10-3-10）。

弓步站 (lunge)：两腿分开成弓步站立，双手紧握放于身后，挺胸抬头目视前方（图 10-3-11）。

侧弓步站立 (side lunge)：一脚伸直并侧点地，另一腿膝关节弯曲，双手放于背后并目视前方（图 10-3-12）。

图 10-3-9

图 10-3-10

图 10-3-11

图 10-3-12

锁步站 (lock step)：两腿前后交叉并屈膝，脚尖微内扣，沉肩并目视前方（图 10-3-13）。

吸腿站 (knee)：一腿站立，另一腿提膝至大腿呈水平状态，踝关节放松，抬头挺胸并两眼目视前方（图 10-3-14）。

(3) 啦啦操队 32 位基本手位。

上 M (up M)：两脚开立与肩同宽，两手中指尖分别放在同侧肩的顶部，大臂呈水平状态（图 10-3-15）。

下 M (hands on hip)：两脚并拢呈立正姿势，两手半握拳放于腰际，抬头挺胸，目视前方（图 10-3-16）。

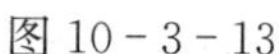
图 10-3-13

图 10-3-14

图 10-3-15

图 10-3-16

平举 W（muscle man）：两脚并拢呈立正姿势，两手半握拳上举到与头齐平，大臂呈水平状态，大小臂夹角为直角（图 10-3-17）。

高举 V 字（high V）：两脚并拢呈立正姿势，两手臂分别同侧斜向上 45°伸直，半握拳，抬头挺胸，目视前方（图 10-3-18）。

下举 V 字（low V）：两脚并拢呈立正姿势，两手臂分别同侧斜向下 45°伸直，半握拳，抬头挺胸，目视前方（图 10-3-19）。

图 10-3-17

图 10-3-18

图 10-3-19

T（T）：两脚并拢呈立正姿势，两手臂侧平举呈一条直线，手臂与躯干部呈 T 形，抬头挺胸，目视前方（图 10-3-20）。

斜举 T（diagonal）：两脚并拢呈立正姿势，一手臂斜向上 45°伸直，另一手臂斜向下 45°伸直，两手臂呈一直线，半握拳，手臂与躯干部呈斜 T 形，抬头挺胸，目视前方（图 10-3-21）。

小 T（half T）：两脚并拢呈立正姿势，两小臂抬至胸前与大臂平行位置，半握拳，抬头挺胸，目视前方（图 10-3-22）。

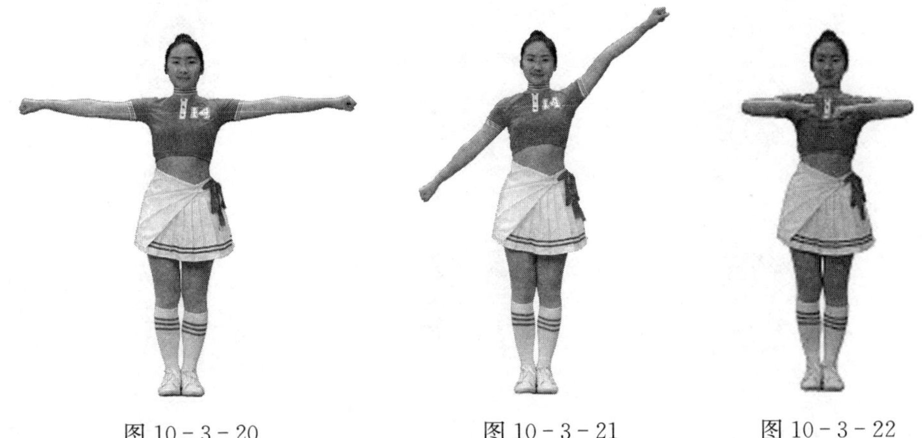

图 10-3-20　　图 10-3-21　　图 10-3-22

直臂平举 X（front X）：两脚并拢呈立正姿势，两手臂水平向前伸出并互相交叉于手腕处，半握拳，抬头挺胸，目视前方（图 10-3-23）。

高举 X（high X）：两脚并拢呈立正姿势，两臂上举越过头顶在手腕处互相交叉，半握拳，抬头挺胸，目视前方（图 10-3-24）。

下举 X（low X）：两脚并拢呈立正姿势，两手臂分别斜向下伸出并在小腹前互相交叉于手腕处，半握拳，抬头挺胸，目视前方（图 10-3-25）。

图 10-3-23

图 10-3-24

图 10-3-25

屈臂 X（bend X）：两脚并拢呈立正姿势，两小臂在胸前互相交叉于手腕处，半握拳，抬头挺胸，目视前方（图 10-3-26）。

X（X）：两脚开立与肩同宽，两手掌分别放于同侧耳朵的后面，肘关节撑直，抬头挺胸，目视前方（图 10-3-27）。

上举 A（up A）：两脚并拢呈立正姿势，两手掌紧握一起夹住耳朵越过头部上举，大小臂伸直，抬头挺胸，目视前方（图 10-3-28）。

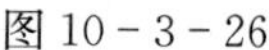

图 10-3-26

图 10-3-27

图 10-3-28

下举 A（down A）：两脚并拢呈立正姿势，两手掌紧握一起向下伸直，并与小腹部呈 45°夹角，抬头挺胸，目视前方（图 10-3-29）。

屈臂 A（applauding）：两脚并拢呈立正姿势，两大臂加紧躯干，两手紧握一起抱于胸前，抬头挺胸，目视前方（图 10-3-30）。

上举 H（touch down）：两脚并拢呈立正姿势，两手半握拳向上伸直，伸直的两手臂互相平行呈 H 形（图 10-3-31）。

图 10-3-29

图 10-3-30

图 10-3-31

下举 H（low touch down）：两脚并拢呈立正姿势，两手臂分别同侧向前下 45°伸直，半握拳，抬头挺胸，目视前方（图 10-3-32）。

小 H（little H）：两脚并拢呈立正姿势，一小臂屈于胸前并半握拳，另一手臂向上垂直伸出，半握拳，抬头挺胸，目视前方（图 10-3-33）。

L（L）：两脚并拢呈立正姿势，一手臂侧平举并半握拳，另一手臂垂直向上伸出并半握拳，抬头挺胸，目视前方（图 10-3-34）。

倒 L（low L）：两脚并拢呈立正姿势，一手臂同侧向前下方伸直，并与躯干夹角成

45°，另一手臂侧平举并半握拳，抬头挺胸，目视前方（图 10－3－35）。

图 10－3－32　图 10－3－33　图 10－3－34　图 10－3－35

K（K）：两脚并拢呈立正姿势，两手臂分别同侧斜向上和斜向下 45°伸出，从侧面看，两臂同躯干呈 K 形，半握拳，抬头挺胸，目视前方（图 10－3－36）。

side K（side K）：两脚并拢呈立正姿势，一臂同侧斜向上 45°伸出，另一手臂向异侧下举伸直并与小腹部成 45°夹角，半握拳，抬头挺胸，目视前方（图 10－3－37）。

R（R）：两脚并拢呈立正姿势，一手同侧放于脑后，另一手臂半握拳斜向异侧下举并伸直，与小腹部夹角为 45°（图 10－3－38）。

图 10－3－36

图 10－3－37

图 10－3－38

大弓箭（bow and arrow）：两脚并拢呈立正姿势，一手臂侧平举，另一大臂呈水平状态，小臂抬至胸前与大臂平行位置，半握拳，抬头挺胸，目视前方（图 10－3－39）。

小弓箭（bow）：两脚并拢呈立正姿势，一手臂侧平举，另一小臂屈于胸前且手部与脸齐平，半握拳，抬头挺胸，目视前方（图 10－3－40）。

旗兵 1（high punch）：两脚并拢呈立正姿势，一手臂半握拳贴住耳朵垂直上举，另一手臂半握拳放于腰际，抬头挺胸，目视前方（图 10－3－41）。

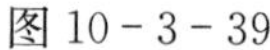

图 10-3-39

图 10-3-40

图 10-3-41

旗兵 2（low side punch）：两脚并拢呈立正姿势，一手臂半握拳同侧斜向下 45°伸出，且大臂与躯干夹角为 45°，另一手臂半握拳放于腰际（图 10-3-42）。

旗兵 3（low cross punch）：两脚并拢呈立正姿势，一手臂半握拳放于腰际，另一手臂半握拳斜向异侧下举并伸直，且与小腹部夹角为 45°（图 10-3-43）。

旗兵 4（up cross punch）：两脚并拢呈立正姿势，一手臂半握拳放于腰际，另一手臂半握拳越过头顶斜向异侧 45°伸直，抬头挺胸，目视前方（图 10-3-44）。

图 10-3-42

图 10-3-43

图 10-3-44

旗兵 5（half dagger）：两脚并拢呈立正姿势，一手臂半握拳放于腰际，另一小臂抬至与大臂垂直角度且手掌与头部齐平，半握拳，抬头挺胸，目视前方（图 10-3-45）。

旗兵 6（high side punch）：两脚并拢呈立正姿势，一手臂半握拳放于腰际，另一手臂同侧斜向上 45°伸出，半握拳，抬头挺胸，目视前方（图 10-3-46）。

（4）跳跃动作。啦啦操的跳跃动作是借助视觉效果来表达激情和体现速度的一种方式，完美地展示跳跃动作尤其重要。跳跃动作的要点是跳跃时有高度，并且保持空中姿态的准确性，同时展现队员们的力量和柔韧性；落地时由前脚掌过渡到全脚，身体保持轻

图 10－3－45

图 10－3－46

稳。啦啦操常见的跳跃动作有分腿小跳、团身跳、C 跳、纵跨跳、跳转、莲花跳、跨栏跳、屈体分腿跳、屈体并腿跳、反跨跳、变身跳和交换腿跳。

北京体育大学马鸿韬教授主编的《啦啦操运动》中，跳步类动作可分为双脚起跳、单脚起跳；按动作幅度又可分为小跳、中跳和大跳。

① 起跳技术。在整个起跳过程中要控制腰腹，以起到连接作用。准备时两腿微屈，手臂斜后举，两手握拳。起跳时腿部肌肉收缩，脚蹬地跳起，给地面一个作用力，使地面在此瞬间给人体一个反作用力，同时手臂向上摆动，起跳时人体给地面的作用力越大，即人体受力越大，腾空的高度就越高。

② 空中控制技术。空中技术分为单一动作技术和空中复合动作技术。

单一动作技术：在空中只需保持一个姿态，即在躯干稳定的基础上，动力腿起跳后迅速到达预期位置“停顿”。

空中复合动作技术：起跳后按动作的顺序与要求，由动力肢体远端带动其他肌肉协调控制，迅速到达预期位置，然后变换至下一动作位置。变换动作时，躯干必须与四肢协同用力、同时变换，以保持身体姿态的平衡性和动作的完整性。如分腿小跳动作，空中姿态为上体正直，腰腹收紧，同时两腿分开到规定角度，控制两侧髂腰肌，腿伸直，正对前方，两臂呈“high V”状态，身体呈 X 形姿势。

③ 落地技术。跳跃技术的最后一个阶段为落地环节，为了避免造成运动损伤，练习者从空中落地时应注意缓冲，使身体保持稳定，同时减少地面对关节、肌肉的冲击力。落地时，由前脚掌过渡到全脚，然后迅速屈膝、屈髋缓冲。同时，躯干与手臂应保持固定的姿态。

（5）啦啦操运动的倒立类技巧性动作。倒立是啦啦操难度动作中翻腾、软翻等动作的基础，是啦啦操技巧中最基础的动作。倒立训练除了能增强上肢支撑力量，提高上下肢协调能力外，还有一个很显著的功能，就是锻炼和发展大脑前庭器官的分析能力，培养运动员头朝下时清晰的方位感觉。啦啦操中常见的几种倒立姿势有：背向墙靠墙倒立、控倒立、头倒立、蹬倒立和提倒立。

（6）啦啦操运动的滚翻类技巧性动作。

① 单臂侧手翻。两脚前后站立呈准备姿势，两臂上举越过头顶做好向前翻的准备。两脚蹬地向前翻，用单臂支撑整个身体倒立，然后双脚落地还原成开始站立姿势。

② 倒立前滚翻。两脚前后站立呈准备姿势，双臂越过头顶做好向前翻的准备，两脚蹬地向前翻，双臂支撑整个身体呈倒立姿势，头部自然下垂，然后依次用肩、背、腰、臀触地滚翻，最后双脚触地并还原呈站立姿势。

③ 后滚翻倒立。两脚并拢，两臂自然下垂呈立正准备姿势，然后下蹲向后依次用臀、腰、后背、肩触地滚翻，最后两臂支撑呈倒立姿势，头部自然下垂。

④ 双臂前手翻。两脚前后站立呈准备姿势，双臂越过头顶做好向前翻的准备，两脚蹬地向前翻，双臂支撑整个身体呈倒立姿势后单脚向后落地支撑，然后另一只脚在双臂起立的同时也落地成支撑脚，最后双脚并拢还原成站立姿势。

（7）啦啦操的简单托举动作介绍。

托举：指尖子的身体重心被一人或多人托起离开地面上的所有技巧。托举可以称作是啦托举，动作要准、稳；底座和后点配合。

① 单底座髋位单脚吸腿（图 10－3－47）。首先，底座侧弓步，大腿尽可能接近水平，外侧的腿同样是膝盖注意绷直，脚尖向侧，面向向前。内侧腿也同样注意，屈腿弓步，大腿压平，脚尖向前。其次，尖子双手扶着底座的肩，左脚踩在底座的大腿中部立吸腿，然后再搬腿，注意，搬腿时身体与腿尽可能贴紧。再次，尖子先握住右侧底座的手，然后再依次握住左侧底座的手，然后右腿前伸下。最后，后侧底座，双手握住底座的腰部，当尖子在发力蹬上，在完成动作时，后点底座给予辅力和保护。

② 双底座两脚站立托举（图 10－3－48）。首先，底座面朝前侧弓步，外侧腿膝盖绷直，脚尖向侧。内侧腿屈腿弓步，大腿压平，脚尖向前。各做相反方向的弓步，一人左脚弓步，另一人右脚弓步。其次，尖子队员身体方向同底座队员身体方向一致，两脚站在 2

图 10－3－47

图 10－3－48

名底座队员弓步的大腿上，上体保持直立平衡。再次，下来的时候注意右手先握住底座的手，然后依次左手握住底座的手，然后把重心往左侧移，右脚前伸跳下。最后，底座队员的弓步前腿的同侧手从尖子队员的大腿后侧屈臂抱紧尖子队员的单腿，帮助尖子队员保持平衡。

(8) 啦啦操运动的金字塔造型。

① 金字塔配合一。首先，3 位底座队员站成 1 排，外侧的 2 位底座队员向内做侧弓步，中间的底座队员分腿做半蹲动作。其次，2 位女尖子队员上来，她们分别在外侧的底座队员和中间的底座队员的髋位上站立。

② 金字塔配合二。首先，3 位底座队员站成一排，外侧的 2 位底座队员向内做侧弓步，中间的底座队员做分腿站立。其次，2 位女尖子上前，她们站在外侧底座队员的髋位上做单脚髋位站立。

③ 金字塔配合三。首先，2 名底座队员到前面来，他们需要完成一个站肩托举的动作。其次，接下来 2 组底座队员在他们旁边站好，他们需要完成的是坐肩托举的动作。最后，2 位底座队员在他们的旁边站好。

(9) 啦啦操运动的抛接动作。

抛接 (toss)：底座将尖子抛向空中的技巧，在空中的尖子与底座没有任何接触。例如，“篮子抛”和“海绵抛”。

抛接的特点：轿子稳，空中尖子变化多。

① 三底座仰面摇篮抛。首先，底座面对面站好，双臂前伸，尖子双手环抱在底座的肩上，底座跟尖子形成摇篮接的动作，后点底座双手握住尖子的腋下。其次，当尖子腾空以后，有一个挺身的动作，然后再回收成刚才摇篮接的动作。

② 三底座直体抛接。首先，底座面对面半蹲，双臂前伸并紧握，尖子双手扶住底座的肩膀，底座跟尖子形成准备向上抛的动作，后点底座屈膝半蹲做好帮助和扶持准备。

③ 三底座团身抛接。首先，两底座相互搭乘轿子。尖子双手握着底座的肩，后点底座双手握着尖子的腰。其次，尖子左脚踩在底座的手上呈蹲立姿态。后点底座双手由腰部移到两底座的手上抛起，尖子腾空以后，有一个双腿团身屈膝的动作，最后再打开成直体腰拦接的动作。

三、啦啦操运动评分规则

1. 评价范围及标准

(1) 成套编排为 30 分。包括动作设计 15 分、音乐的适宜性 5 分、创造性 5 分和成套动作的合理性 5 分。

① 动作设计 15 分。动作设计要有舞蹈啦啦操的动作特点，动作要充分利用身体重心位置（上、下、低姿）的多样性变化。

② 音乐的适宜性 5 分。动作的风格与类型以及运动员的表现必须和音乐的风格、特色、结构及成套主题完美结合，音效必须是高质量的，要有意义，成套动作与音乐强弱节

奏相吻合编排，使动作体现动感的效果。

③ 创造性 5 分。成套动作编排要有独特性，要与众不同而令人难忘，连接过渡和音乐的体现要新颖独特，动作要有多样性，不重复，队形变化不少于 8 次，必须充分利用地面、地上和空中的流畅转换及队形变化的多样性，并展示出高水准的创造性。

④ 成套动作的合理性 5 分。成套动作的设计风格，过渡连接的独特性与音乐的完整性和结构要统一、自然、流畅，成套动作的设计必须符合运动员的能力，要充分体现成套动作的合理性和创造性。

（2）完成情况为 30 分。包括技术技巧 15 分、整体的一致性 5 分、合拍 5 分和团队默契度 5 分。

① 技术技巧 15 分。以最佳的准确性完成动作的能力。

a. 身体姿态。身体各部位应符合正常人体生理解剖位置，保持正确的重心低姿位置，完成动作时，保持身体重心平稳。

b. 准确性。动作清楚，部位准确。

c. 力度。动作要有力度和爆发力，动作到位要快速控制，无延伸动作，要展示瞬间完成动作的能力。

② 减分依据。

a. 小错误。是指几乎没有错误、微小的与轻微的偏离正确的完成。小错误也可视为好的完成。

b. 中错误。是明显地或严重偏离正确的完成。中错误可视为令人满意的或一般的完成。

c. 大错误。是指严重的偏离正确的完成。大错误被视为不令人满意的完成。

d. 失误。是指身体重心失去平衡或跌倒。

③ 整体的一致性 5 分。作为一个整体完成所有动作的能力。以同一运动范围、动作幅度、腾空高度和准确性完成所有动作。一致性体现在同时或依次完成动作的准确性。

④ 合拍 5 分。运动员的动作必须与音乐的节奏拍节相符，并配合乐句。

⑤ 团队默契度 5 分。团队配合要默契、交流自然、巧妙、流畅，队形变化迅速、准确。

（3）表演及总印象为 40 分。包括表现力、感染力、自信力 20 分，总印象 20 分。

总印象包括团队精神的体现，运动员外貌、体态、健康程度，成套动作的编排情况，场地使用的情况，成套动作的完成情况及服装等总体感觉。

2. 评分办法

（1）评分。比赛采用公开示分的方法。评判员的评分最小单位为 1.0 分。

① 动作设计。为 20 分。4 名评判员的评分，去掉 1 个最高分和 1 个最低分，中间 2 个分的平均分为编排分。

② 创作编排。满分为 30 分。4 名评判员的评分，去掉 1 个最高分和 1 个最低分，中间 2 个分的平均分为完成分。

③ 表演及总印象。满分为 30 分。4 名评判员的评分，去掉 1 个最高分和 1 个最低分，中间 2 个分的平均分为表现分。

④ 成套动作的合理性。满分为 20 分。4 名评判员的评分，去掉 1 个最高分和 1 个最低分，中间 2 个分的平均分为表现分。

⑤ 满分为 100 分。编排分、完成分、表演及总印象分相加为总分。成套动作满分为 100 分。

最后得分：总分减去总评判长减分为最后得分。

（2）评分表（例样）（表 10－3－1）。

表 10－3－1　评分表

评分范围	分值	评分内容	得分
成套动作	100	动作设计 20 分	
		创造编排 30 分	
		表演及总印象分 30 分	
		成套动作的合理性 20 分	
最后得分			

评判签字　　　　　　评判号码

（本规则引自《中国学生啦啦操竞赛评分规则》第二版）

（演示者：刘静俞　王小腾　刘　欢）

体育视窗

约翰尼·坎贝尔（Johnny Campbell）

最早的啦啦操出现于 19 世纪 80 年代的普林斯顿大学，在橄榄球赛中，加油人齐声呐喊“啦啦啦，tiger tiger tiger，希、希、希，蹦、蹦、蹦啊，普林斯顿、普林斯顿、普林斯顿！”以鼓舞士气。几年后，普林斯顿大学的校友汤玛士·培伯斯（Thomas Peebles）于 1884 年将这种齐呼加油口号的方式带到了明尼苏达大学，但直到 1898 年，明尼苏达大学的学生约翰尼·坎贝尔开始站到最前面，指挥大家一起喊口号，才使他成为第一位正式的啦啦操队队长。不久之后，明尼苏达大学由 4 位男生组成了“队呼小组”。

虽然现代的啦啦操队有九成以上是女生，早期的啦啦操队却清一色都是男生。20 世纪 20 年代，开始有女生加入啦啦操队，到了 20 世纪 40 年代，这种活动反而变成以女生为主了。啦啦操队和比赛种类有关，经常有啦啦操队的运动是橄榄球，篮球次之。足球和摔跤的场合很少有啦啦操队，而有的比赛如棒球则绝不会有美少女组成的竞技啦啦操队。（引自马鸿韬主编的《啦啦操运动》）

【思考题】

1. 啦啦操的基本手位和基本站姿有哪些?

2. 简述啦啦操的创编原则。

3. 试述啦啦操的评分规则。

第四节 瑜　　伽

一、概述

（一）瑜伽的概念

“瑜伽”这个词，是从印度梵语“yug”翻译而来，意为一致、结合或和谐。瑜伽是一种运用古老而易于掌握的方法，改善人们生理、心理状态，进而达到身体与内心和谐统一的运动形式。

（二）瑜伽的分类

瑜伽按照练习模式，可以划分为哈他瑜伽和流瑜伽。实际上，流瑜伽也属于哈他瑜伽体系，这里所指的模式是指体位练习的不同风格。

瑜伽按照练习的温度要求，可以划分为常温瑜伽和高温瑜伽。两者除了温度要求不同，其他没有本质区别。

瑜伽按照练习风格，可以分为中国风格、印度风格、欧美风格。其中，中国风格主要是以张蕙兰老师的哈他瑜伽为主。

（三）练习瑜伽的作用

瑜伽历经千年而不衰，从少数人的运动，到时尚的最前沿。到底做瑜伽有什么好处，可以让人们为之着迷呢?

1. 消除现代文明病，预防慢性病

很多现代人为了工作、家庭，长期处于精神紧张的环境中，加上运动不足，容易失眠、急性烦躁等，甚至患病，借由瑜伽各种体位法来矫正，不仅可促进血液循环，放松肌肉、使关节灵活，还能使腺体分泌平衡，强化神经，缓解压力。

瑜伽不同于其他运动的3项特性：

(1) 身心平衡统一。瑜伽主要讲求身心的平衡合一，必须集中意识，使身体在某一个姿势下静止，并维持一段时间，而达到身心的统一。因此瑜伽的动作是缓慢的，与其他运动相比，有很多优点。练习瑜伽不仅能锻炼肌肉，提高身体的感知力和柔韧性，还能使内在意识进入稳定心态。

(2) 身体和谐，动作顺畅。瑜伽着重身体的平衡安定，以各种动作活动身体，刺激已经偏斜的部位，并加以调整，使身体动作顺畅，疾病自然而然消除，还可借此训练一个人的耐性，进而平复情绪。一般体育运动大都偏用某部位，不但容易导致身体歪斜，甚至会

损及健康，且以速度、重量、次数、优胜为目的，并有达到最高纪录的要求。因此一般其他体育项目是以比赛来刺激人进步，而瑜伽是不与别人比较的。

（3）消除疲劳，恢复体能。练瑜伽所流的汗是由体内所发散出来的，与一般体育运动靠肌肉肢体是不同的。练瑜伽可恢复体能，但是其他体育运动却是消耗体能的。因此，疲劳时练瑜伽可使全身舒畅。

2. 消除紧张，集中注意力

由于工作、生活繁忙，很多人复杂的思绪一直运转，常常一心三用，这样会让判断力不准确，或者经常忘东忘西，也容易产生神经衰弱、焦虑等问题。而持之以恒的瑜伽练习，能使人自然地将意志力专注在一件事情上，使身体和意志力得到统一，感受肌肉的延伸，与自己的身体对话，自然而然，精神便能集中。

3. 美化身体曲线

美丽纤细的腰身，是很多女性的梦想。瑜伽练习，可由内而外改造体质，促进脂肪的分解，进而达到身、心平衡的状态。此外，瑜伽训练，可让人拥有更强的自控力来面对美食的诱惑。瑜伽的体位法和持之以恒的练习，可以让人的身体得到显著的变化：消除腹部脂肪，预防下半身肥胖；增加腿筋弹性，消除大腿、小腿脂肪等。

4. 调理生理，达到平衡

瑜伽强调身体是一个大系统，系统中由若干部分组成，使各个部分保持良好的状态才能有健康的身体。瑜伽通过体位法、呼吸法、收束法等方法，调整各个器官的生理机能，达到强身健体的目的。瑜伽中体位的练习，是一种深入的伸展运动，通过缓慢协调的大幅度伸展与收缩，有效刺激人体的肌肉、神经、内分泌系统和消化系统，改善血液循环和激素分泌。持续的练习更能增强身体柔韧性，使身体变得修长匀称，增强肢体的灵敏度。而呼吸、冥想等练习，可以使内心安静，心态平和，胸襟开阔，冷静沉着，处变不惊。

二、瑜伽的练习方法

（一）体位法

瑜伽体位法不是机械动作，而是融入思想，并达到运动与静止最终平衡的状态。勤加练习体位法对改善身心状态是至关重要的。练习瑜伽没有时间、频率等方面的硬性规定，但是显而易见，越是有规律地持久练习，获益越大。练习必须符合自身的状况，并且在每一阶段的强度和难度上有所反应。比如，在办公室工作一整天后可以练习轻松、宁静的姿势；如果觉得困倦或肢体僵硬，可以练习站式。

1. 向太阳致敬式

这是锻炼身体，练习呼吸节奏的最佳姿势，它由 17 个动作组成。练习整套动作可以使我们的头脑更加灵活，精力更加充沛，使我们的心灵更加宁静与清醒。练习此动作需要循序渐进的每天练习。

（1）山式（图 10－4－1）。

要点：双手胸前合掌，调整呼吸节奏，放松肩膀，头顶百会穴向上延展。

功效：心无杂念，集中注意力。

（2）脊柱后仰式（图 10－4－2）。

要点：脊柱后仰，髋关节向前推，把注意力放在脊柱上。

功效：使脊柱柔软，消除手臂多余脂肪，促进消化。

图 10－4－1

图 10－4－2

（3）脊柱前伸展式（图 10－4－3）。

要点：双腿不要弯曲，抬头向前看，双手抓住同侧脚踝。

功效：伸展双腿后侧韧带，柔软脊柱，促进消化，缓解便秘。

（4）云雀式（图 10－4－4、图 10－4－5）。

要点：右腿在后，伸直手臂，脊柱微微后仰，头部后仰。

功效：充分伸展右腿大腿前侧的肌肉和韧带，锻炼腿部力量，柔软脊柱。

图 10－4－3

图 10－4－4

图 10－4－5

（5）下犬式（顶峰式）（图 10－4－6）。

要点：双脚并拢，双肩下压，眼睛看向双脚。

功效：锻炼四肢肌肉和韧带，有助于放松身心。

（6）上犬式（图 10－4－7）。

要点：双膝双腿离地，只有双手双脚在地垫上支撑自己的身体。

功效：锻炼手臂力量，有助于消除手臂多余的脂肪，有助于柔软脊柱，增强脊柱供血。

图 10-4-6

图 10-4-7

(7) 大拜式放松（图 10-4-8）。

要点：臀部坐在双脚后跟上，闭上双眼，额头放在地垫上。

功效：放松手臂，放松背部，放松腿部，使呼吸尽可能地放慢。

(8) 蛇击式（图 10-4-9）。

要点：下巴，胸部贴着地垫向前慢慢前行。

功效：加强手臂力量，加快肠道蠕动，促进身体协调发展。

图 10-4-8

图 10-4-9

(9) 蛇伸展式（图 10-4-10）。

要点：伸直手臂，将上体撑起来。

功效：感觉自己的脊柱一节一节地被抬起，使脊柱进一步柔软。

(10) 蛇转动式（图 10-4-11）。

要点：拉长自己的脖颈，上体微微转动，转头看向同侧脚后跟。

功效：加强肾脏锻炼和按摩，有助于预防肾结石的产生。

图 10-4-10

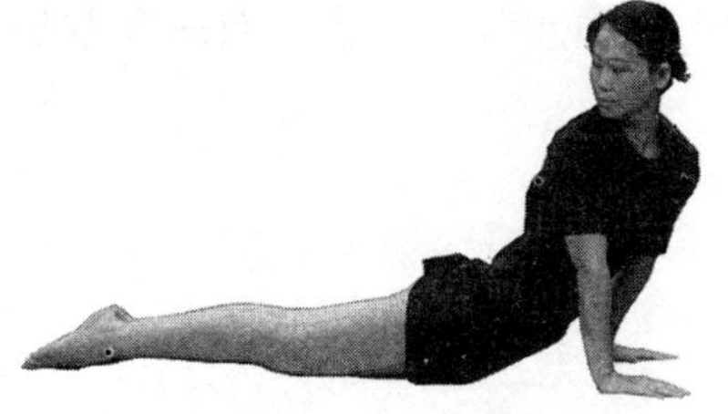
图 10-4-11

(11) 反蛇击式（图 10-4-9）。

要点：胸部、下巴贴着地垫慢慢向后，最后臀部坐在双脚后跟上。

功效：加强手臂力量，加快肠道蠕动，促进身体协调发展。

(12) 大拜式放松（图 10-4-8）。

要点：臀部坐在双脚后跟上，闭上双眼，额头放在地垫上。

功效：放松手臂，放松背部，放松腿部，使呼吸尽可能地放慢。

（13）下犬式（图 10－4－6）。

要点：双脚并拢，双肩下压，眼睛看向双脚。

功效：锻炼四肢肌肉和韧带，有助于放松身心。

（14）云雀式（图 10－4－4、图 10－4－5）。

要点：左腿在后，伸直手臂，脊柱微微后仰，头部后仰。

功效：充分伸展左腿大腿前侧的肌肉和韧带，锻炼腿部力量，柔软脊柱。

（15）脊柱前伸展式（图 10－4－12）。

要点：双腿稍微弯曲，额头贴向小腿前侧，双手交叉抱于双膝后侧。

功效：伸展双腿后侧韧带，柔软脊柱，促进消化，缓解便秘。

图 10－4－12

（16）脊柱后仰式（图 10－4－2）。

要点：脊柱后仰，髋关节向前推，把注意力放在脊柱上。

功效：柔软脊柱，加强脊神经，消除手臂多余脂肪，促进消化。

（17）山式（图 10－4－1）。

要点：双手胸前合掌，调整呼吸节奏，放松肩膀，头顶百会穴向上延展。

功效：使心无杂念，集中注意力。

2. 战士一式（图 10－4－13）

要点：双手合掌，伸直手臂，前腿大小腿夹角大约是 90 度，后腿蹬直。

功效：加强双踝、双膝、双髋和双肩的力量，扩展胸腔，增进深呼吸，对肺部有益。

图 10－4－13

3. 战士二式（图 10－4－14）

要点：两腿成弓步姿势，手臂向两侧平举与地面保持平衡状态。

功效：锻炼腿部力量的同时，可使小腿肌肉变地柔软。锻炼平衡力。

4. 战士三式（图 10－4－15）

要点：手臂、肩部、臀部和腿部保持在一个水平面内。

功效：维持身体的平衡，强壮双腿，加强手臂力量和背部力量。

图 10－4－14

图 10－4－15

5. 树式（图 10－4－16、图 10－4－17）

要点：双手合掌，手臂伸展，高举过头。

功效：加强腿部、背部和胸部的肌肉，改善形体的平衡和稳定。

图 10－4－16

图 10－4－17

6. 风吹树式（图 10－4－18）

要点：双脚并拢，双手合掌，手臂伸直，脊柱侧弯。

功效：改善体态，增强脊柱的灵活性，放松肩膀。

7. 大鹏展翅（图 10－4－19、图 10－4－20）

要点：微屈膝，手臂保持与肩向平，掌心向下，抬头塌腰，放松肩膀。

功效：练习平衡，锻炼腿部力量，使人的注意力更加集中。

图 10-4-18　　图 10-4-19　　图 10-4-20

8. 三角伸展式（图 10-4-21）

要点：两脚分开与地垫形成三角形，一手抓住同侧脚腕，另一只手上举，转头看向上面手，髋关节前顶。肩膀后移，脚、髋关节、肩膀与手在一个平面内。

功效：使身体全面柔软、灵活的极佳姿势，消除腰围区域的赘肉，健壮髋部肌肉。

9. 三角转动式（图 10-4-22）

要点：两脚分开与地垫形成三角形，一手放于体前的地垫上，一手上举，转头看向上面的手，肩膀尽量外展，塌腰挺胸，伸直双腿。

功效：帮助减少腰围线上的脂肪，按摩腹部器官。髋部、腘旁腱、大腿和小腿腿肚子的肌肉也得到伸展和补养。

图 10-4-21

图 10-4-22

10. 三角扭转式（图 10-4-23）

要点：两脚分开与地垫形成三角形，一手抓住异侧脚踝，另一侧手上举，肩膀尽量外展，塌腰挺胸，伸直双腿。比三角扭转式更能深层次地锻炼身体的各个肌肉层。

功效：增加对下脊柱区域的血液供应，滋养脊柱神经，强壮背部肌肉群。

11. 侧角伸展式（图 10－4－24）

要点：弓步，同侧手放于脚前地垫上，另一只手上举。为了将胸部、髋、臂形成一条直线，努力使胸部向上方和后方伸展，努力集中注意力伸展背部和脊柱。

功效：有助于胸部的发展，帮助发展两踝、两小腿腿肚子、双膝、两大腿，刺激肠胃系统蠕动，同时还有减少腰围线上脂肪的作用。

图 10－4－23

图 10－4－24

12. 侧角扭转式（图 10－4－25）

要点：弓步，异侧手放于脚前地垫上，另一只手上举。努力转动躯干。

功效：功效和三角转动式基本一样，只是更强些。刺激、兴奋消化过程，从而使结肠的清理过程顺畅，加快脊柱和腹部器官的血液循环。

13. 无支撑侧角（图 10－4－26）

要点：弓步，一手从胯下，一手从背后穿过，双手在背后互握。头、肩、髋和腿部在一条直线上，尽量顶髋。

功效：使腿部力量得到增强，柔软手臂和脊柱，增强灵活性和身体的平衡感。

图 10－4－25

图 10－4－26

14. 半舰式（图 10－4－27）

要点：双膝微屈，小腿保持与地面平行，双手放于小腿两侧。

功效：强壮双腿、腹部和背部，增强这三处的力量，强壮神经系统、脾脏、肝脏和胆囊，增强平衡感。

15. 猫式（图 10－4－28）

要点：两手放在地垫上，抬高臀部，做出爬行的姿势，垂下头，拱起脊柱。

功效：使脊柱更加有弹性，改善血液循环，增进消化作用。

图 10－4－27

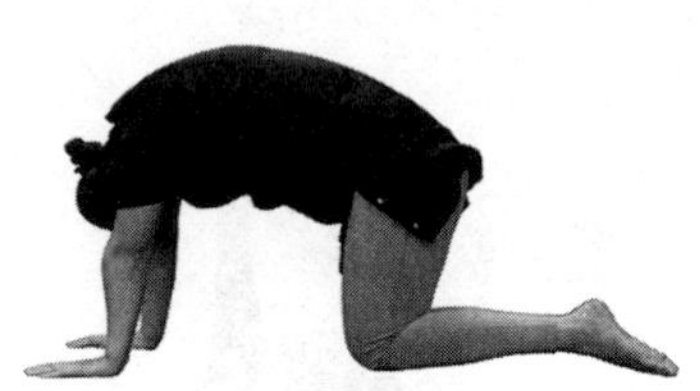

图 10－4－28

16. 虎式（图 10－4－29）

要点：两手放在地垫上，抬高臀部，做出爬行的姿势，两眼向前直视，将一条腿向后伸展。

功效：有助于强壮脊柱神经和坐骨神经，减少髋部和大腿区域的脂肪。

17. 半脊柱扭转（图 10－4－30）

要点：使脊柱在得到向上延展的同时，得到向左后的扭转。

功效：使脊柱更加柔软，防止背痛，消除髋部关节的疼痛。颈项肌肉得到伸展和加强，使肩关节放松，肩部运动变得更加自如、方便。

图 10－4－29

图 10－4－30

18. 脊柱扭转（图 10－4－31）

要点：比半脊柱扭转式能进一步地使脊柱得到扭转，其幅度更大，力度更强。

功效：使脊柱更加柔软，防止背痛，柔软双腿，拉伸臀部肌肉和韧带。同时活动颈部，使肩关节和手臂变得更加灵活、自如。

19. 犁式（图 10－4－32）

要点：双腿并拢，两膝伸直，越过头顶使脚趾碰到地面。

功效：不仅伸展背部，而且使整个身体得到伸展。消除肩膀和两肘的僵硬感，补养和增强胭旁腱肌肉，有助于消除腰围线、髋部、腿部的肌肉。在收缩腹部的同时，增强活力。

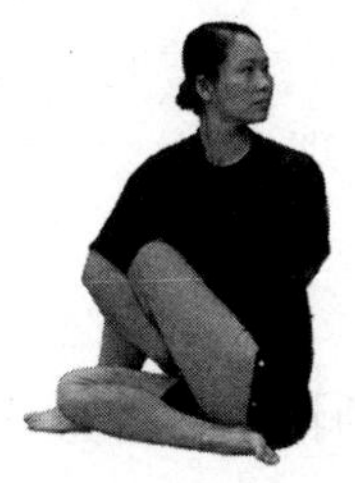

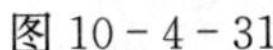

图 10-4-31

图 10-4-32

练习体位法应注意的事项：

（1）练习任何一种体位法时，应从最简单的姿势开始，然后逐步加大难度。

（2）练习时必须聚精会神，关注各个姿势所涉及的身体部位并缓慢、平稳地完成这些姿势。

（3）注意准确性和协调性。当肢体摆放正确时，能量流动才会畅通无阻。

（4）完成姿势时必须注意呼吸方式。

（5）在不导致身心疲惫的情况下，应尽可能长时间地保持姿势，并放松眼、嘴、喉、腹等部位。

（二）冥想

1. 冥想的定义

瑜伽认为“身体是小宇宙”，身体变化的规则和身体本身犹如一个小宇宙。因此，想要引导出存在于体内更大潜能的方法就是冥想。冥想是借助人体在一种精神深邃的休息状态，来消除或减少压力所造成的负面影响，进而减轻人体所承受的压力，可以产生一种特别的休息状态，并能对心智与行为产生正面作用，减少氧气消耗，减缓心脏跳动，使人进入几乎完全休息的状态。

2. 冥想的目的

冥想的目的在于获得内心和平与安宁，使人内心更为平静，少一点紧张、压力和怒气。人的免疫系统是和人的心态紧密相连的，可以说，瑜伽冥想是最强有力的预防性手段。瑜伽冥想是确保身体与精神两方面都健康的关键。

3. 瑜伽冥想的注意事项

（1）冥想的时候，可以听一些平缓的音乐，呼吸要均匀，心自然也会静下来。

（2）闭眼时，尽量放松眼部肌肉，精神也会跟着放松。

（3）正确的冥想动作为莲花坐或半莲花坐姿势。

4. 冥想的正确方式

冥想坐姿可以采用简易坐、至善坐、半莲花坐或莲花坐当中的任何一种，一旦选定某种坐姿，就可以按照以下步骤开始练习：

（1）拉伸脊柱，保持背部挺立，打开前胸。

（2）肩部放松，双臂下垂，双手放在膝盖上。

（3）目光柔和，注意力向下或彻底闭上眼睛，将注意力放在呼吸气流的自然流动上。

静坐时，留心脑中涌现的杂念，把所有杂念都吸收进来。看着它，观察它，感觉它，然后再轻轻地、缓慢地用呼气的方式将它排出，这样既能清理思想，也能将注意力重新转回到呼吸的自然气流上来。

（三）呼吸法

呼吸，是人类生命的象征。呼吸的力量可以改变我们的情绪，并形成许多呼吸方法，来创造所期望达到的境界。这种方法统称为呼吸法。

瑜伽是连接我们内在精神的练习。瑜伽可以调整情绪和愿望，并且通过身体快乐地将其表达出来，呼吸法则是我们建立这种连接的媒介。

1. 呼吸法种类

（1）自然呼吸法。自然呼吸法是能量在体内流动的最好表达。不受限呼吸能引起腹部的自然起伏，这是由横膈膜的移动造成的。当我们自然吸气时，横膈膜下降，胸腔的容积增大，空气被吸入肺部。由于横膈膜挤占了腹部的位置，腹部自然扩大了，而呼气时又复原了。增强对自然呼吸的意识，可使自己放松、平静。

每一次轻轻的呼气和吸气，牵引着身体上提又放下，推动着身体的能量“流动”于各个姿势之间，这使得各个姿势被流畅地连贯起来，身心也就被连接在一起。

（2）横膈膜呼吸法。开始练习时，仰卧在瑜伽垫上，做下面的三个动作。

a. 下腹部呼吸（腹式呼吸）：将双手放在下腹部肚脐正上方的位置，双手中指尖互相触碰，这样当腹部升起时，指尖就稍微分离。让吸进来的空气充盈整个下腹部和两侧，这样腹部会得到全方位的扩展。呼气时，下腹部收缩，指尖复位。

图 10－4－33

b. 胸部呼吸（胸式呼吸）：如图 10－4－33 所示，将手放在胸廓的侧面，轻压肋骨。吸气时，除了下腹部升高了，胸廓也要向两侧扩展，这样就为呼吸创造出更大的空间。注意观察胸廓扩展是如何使双手慢慢相互分离的。

c. 上胸部呼吸（肩式呼吸）：将手放在上胸部，食指放在锁骨上。吸气时，上胸部充气并抬升。会注意到即使非常努力地呼吸，这个部位的活动也是很细微的。

（3）瑜伽完全呼吸法。该方法用到了躯干的三部位：腹、胸、喉。它与横膈膜呼吸法有两个显著的不同：一是吸气时，收紧下腹部的肌肉，这样躯干就向身体侧面扩展了，不会引起腹部上升；二是呼气时，胸廓仍是扩展的（好像在吸气）。就是这两点不同，使得完全呼吸得以实现。练习瑜伽完全呼吸法与练习横膈膜呼吸法的三步是一样的。

（4）喉呼吸法。喉呼吸法是最普通的瑜伽呼吸法。通过有意识地收紧会厌部位，使气流通过喉头后端时发出声音。吸气时会发出“沙”的音，呼气时发出“哈”的音，有节律地呼吸时，这种声音就像海浪一样。这样，瑜伽练习者通过它来控制呼吸气流的流动时，可以得到一个直接的反馈。

（5）鼻孔交替呼吸法。该方法是用来净化能量经脉的。鼻孔交替呼吸法能净化并平衡左右脉的能量流动。在进行鼻孔交替呼吸时，伸出右手，掌心向上，食指和中指弯曲，拇指伸出，这样就可以用拇指来控制右鼻孔的呼吸，用无名指和小手指来控制左鼻孔了。

2. 练习呼吸时应该注意的事项

（1）不要过于心急，不要把悬息（不呼不吸）时间延续得太长。

（2）最好是在空腹时进行练习。最好是在和平安静、空气清新的地方。

（3）吸气和呼气的时间长度大致相等。

（四）收束法

收束法意为"结合、握住或锁住"，指出了收束法在练习过程中的身体动作要点。收束法有三种：收颌收束法、收腹收束法和会阴收束法。每一种收束法都能帮助我们消散身体内的压力，能更好地锻炼和刺激内脏器官以使身体更加健康。

1. 收颌收束法

这种收束法要求下巴向下紧缩锁骨中心的V形口处，这样就锁住了喉前部，有助于消除愤怒、紧张和忧伤。

动作要领：

（1）双手放于双膝上，背部挺直，但不能绷紧，保持身体放松，缓慢、充分地吸气。

（2）头向前伸，下巴朝下，紧贴锁骨中心V形口。

（3）保持收颌姿势片刻，然后抬起下巴，肩放松。缓慢、充分地呼吸4次。

2. 收腹收束法

收腹收束法是指腹肌的收缩会引起横膈膜的向上运动。这个练习把横膈膜向胸腔提升，而把腹部脏器推向脊柱方向，使腹腔内的脏器得到按摩和刺激，可以减轻消化不良，还可减少腹部脂肪。练习收腹收束法时可以盘腿，也可以做至善坐、半莲花坐或莲花坐等坐式练习。

动作要领：

（1）脊柱挺直，双手置于膝盖上，注意力转向内心。

（2）通过鼻孔缓慢、充分地吸气，然后用嘴大口呼气，完全排出肺部空气。

（3）继续呼气，收缩腹部，往内往上收缩腹部肌肉，同时，将下巴紧贴在锁骨中心V形口处。

（4）腹部放松，弯曲双肘，肩部放下。抬起下巴，缓慢而轻柔地吸气。在开始新一轮收腹收束法练习之前先正常呼吸几次。

3. 会阴收束法

会阴收束的部位在会阴肌肉处，即肛门与外生殖器之间的肌肉。女性这个部位的收缩往往可以更深入，所以也可以收缩子宫颈处。该收束法可以防止和治疗便秘，也有助于预防痔疮。

动作要领：

（1）以舒适坐姿（简易坐、至善坐、半莲花坐或莲花坐）坐好。

（2）伸展脊柱，放松双肩。

（3）目光焦点向下，或完全闭上双眼，将意识放到呼吸的自然流动上。

（4）继续稳定呼吸，注意力放在会阴肌肉或子宫颈上。将这个部位上提收缩，然后放松，重复该过程 4～5 次。

（五）瑜伽练习之后的放松和休息

每完成一个体位法，一定要做完全松弛的动作，来帮助身心放松。下列几种放松和休息的方式可帮助彻底放松。

1. 大休息式

（1）可仰卧躺下，稍微把下巴推出，嘴巴自然地放开。

（2）手掌向上，手臂放松；两脚放开与肩同宽，要放松。

（3）呼吸也要完全放松，保持安定、轻松，呈现幸福、愉悦的感觉。

2. 金刚式

（1）采用莲花坐姿势，双腿盘坐于地面，将脚后跟靠近会阴处，后背立直。

（2）吸气，双手手心向上，半握拳放在双膝盖上。

（3）双目微闭，缓缓吐气。

三、练习瑜伽的辅助用品、注意事项及常见误区

（一）练习瑜伽需要的辅助用品

1. 音乐

练习瑜伽时，可以播放单纯柔和的轻音乐，如海浪声、鸟鸣等大自然的声音，来帮助自己放松。借助音乐，让无形的大自然能量净化繁杂的思绪，进而舒展、放松肌肉，使内心达到宁静、祥和。

2. 瑜伽垫

瑜伽垫可以让身体在活动的时候免受伤害，因为瑜伽动作会有许多步骤，需要良好的支撑力，所以最好在地板上铺上一块专用的瑜伽垫来保护自己，防滑、防震，减少身体与地面接触时的疼痛感，避免因滑动而对身体造成伤害。

3. 蜡烛、线香

在房间里燃上一些熏香蜡烛或线香，让香气散布到整个房间，在进行瑜伽运动之余，还可以达到用芳香解压的目的。配上轻松的背景音乐，对于思考冥想有明显助益。

4. 服装

在选择服装时以合身、舒适为基本要求，以伸展度佳、手脚能够随意地前后左右活动的服装为宜。裤子最好是束脚的，以便练习倒立。尽量不穿鞋、袜，光脚进行练习是最好的。

5. 毛巾、水壶

在瑜伽练习过程中会流很多汗，毛巾可用来擦汗，保持身体的洁净。为了避免运动和流汗造成脱水。通常在练完瑜伽后，静坐下来后喝 1～2 杯水，并以温水为佳。

（二）练习瑜伽的注意事项

1. 最适合的练习场所

练习瑜伽时，最好是在地板或专业垫子上进行，避免太软或冷硬的地面。在练习时，应该使用毛毯、毡垫，以避免着凉。另外，瑜伽是一种相对注意呼吸的运动，所以练习的场地必须保持清洁，且选在通风良好、空气清新的地方。

2. 选择适当的时间

一般来说，练习瑜伽的最佳时间是早晨或傍晚，因为早晨包含人类以及一切生物开始活动前的短暂时间，是一日当中做事特别有效率的时段，所以如果要练习瑜伽，不妨利用早上的时间，不一定要练习 1 个小时，只做 10 分钟也有效果。

3. 练习瑜伽要持之以恒

练习瑜伽要专心、细致，有耐性，不但要关注呼吸和身体运动，还应留心感觉。既要吸收积极的想法和感觉，也要接纳消极的想法和感觉，且不带任何偏见和杂念，对两者一视同仁。呼气时，再把所有的想法和感觉统统排出体外，让练习瑜伽成为洁净身体的过程。每个人的体质不同，身体的柔韧度、进步的程度等也会不同。姿势做得好坏并不要紧，学会和之前的自己作比较，即使只进行一两种姿势的练习，只要能够一直持续下去，就是瑜伽追求的目标。

4. 饮食要清淡，保持身心洁净

练习瑜伽前的 1 小时最好不吃东西，若已经进食，则要在 2～3 小时后再进行练习，通常是以早上起床呈空腹状态时进行为佳。瑜伽练习之前最好先洗个手，保持身心的洁净，因为这个过程能让人感到自己正要展开一个净化身心的过程，可以去除世俗的烦扰。练习前后也可先花 2 分钟闭目沉思，将自己的心情沉淀，使身心达到平和的状态。

（三）练习瑜伽的常见误区

1. 只有身体柔软的人才可以练习瑜伽

身体柔软的人才适合练习瑜伽。这是多数人对瑜伽的误解。因为练习瑜伽身体才变得柔软。此外，瑜伽讲求适度即可，而并不追求动作完成的幅度大小，只要练习者尽力而为便可收到理想的效果。

2. 瑜伽是一种减肥运动

瑜伽练习的最终目的是身（身体）、心（思绪、情绪）、灵（感知事物的本能）三者的平衡，因此练习者不仅可获得身体的健康，还可获得心理的健康。就健身而言，瑜伽的作用还包括调节内分泌，缓解疲劳和压力等。因此，仅仅将瑜伽看作是一种减肥运动是不完全的，减肥只是练习瑜伽的目的之一。

3. 坚持练习是一件痛苦的事情

瑜伽并非一项累人的运动，相反它可以解除疲劳，焕发精神，每天练习瑜伽就像做了一个全身由内脏、腺体到肌肉、骨骼，甚至到大脑的休闲按摩，其舒适感非其他运动方式所易获得。此外，任何一种健身运动都需要长期坚持，才能有可喜的成绩。

（演示者：于媛媛）

体育视窗

学瑜伽最想知道的3个问题

1. 练瑜伽是不是越痛，效果越好？

练习瑜伽的原则是以“不勉强”为准则。一般来说，身体会感觉到疼痛前的阶段，即属于不勉强的姿势，应当努力达到。但如果忍痛到自己无法承受或伤害筋骨的程度，则会得到反效果。

2. 越难、越多的姿势，效果越好？

瑜伽并不是姿势越难、越多就越有效果，而是将一种姿势缓慢又正确地完成，才是最重要的，若太过急迫，反而会使效果减半。

3. 生理期间可以练习瑜伽吗？

生理期间不要做倒立、肩立姿势或扭转姿势，如果不舒服，不可勉强练习，但可做一些缓和的动作来缓解经期的不适。

【思考题】

1. 练习瑜伽的作用是什么？
2. 瑜伽呼吸法的种类有哪些？

第五节　形　　体

一、概述

1. 艺术的含义

一般认为，艺术是人们为了更好地满足自己对主观缺憾的慰藉需求和情感器官的行为需求，对社会生活进行形象的概括而创作的作品，她是一种文化现象，也是日常生活进行娱乐的特殊方式。艺术也指富有创造性的方式、方法。艺术的本质就是通过某种特定的媒介符号，如绘画、诗歌、音乐、舞蹈、小说、戏剧等，来反映和描述事物及其价值关系的运动与变化过程，从而对人的情感、知识和意志进行交流、诱导、感化和训练。

2. 形体的含义

形体是指人体在先天遗传变异和后天获得的基础上表现出来的身体形态上相对稳定的生理特征。如肤色红润而有光泽，光滑而有弹性。从美学角度看，形体是人体艺术美的一种自然表现形式，是人的躯体线条结合人的情感和品质，通过形象和姿态展现于众人眼前的一种美。男子形体体现匀称、强健、粗犷和阳刚之气；女子形体体现匀称、曲线、弹性和妩媚娇态。

著名美学家朱光潜先生曾说过："人体以它生动、柔和的线条与轮廓，有力的体魄与匀称的形态，滋润、光泽、透明的色彩，成为大自然中最完美的一部分，标志着我们这个星球上最高级生命的尊严。"车尔尼雪夫斯基说："生命是美丽的，对人来说，美丽不可能与人体的健康分开。"只有健康、朝气蓬勃、充满活力的身体，才能显示形体美、姿态美、动作美和气质美。

3. 艺术形体的含义

艺术形体不是简单的艺术和形体的叠合，而是人们为了满足追求美的主观与情感的需求，在美妙音乐的伴奏下，运用徒手或轻器械，通过身体训练创造性、个性化地塑造体态美，集表达美、陶冶情操、强身健体、娱乐和休闲为一体的运动项目。

艺术形体训练融体操、舞蹈、瑜伽和健美运动为一体，以艺术审美为核心，以人体科学理论为指导进行练习，实现改变人的原始状态、增进健康、优美体态、规范行为、提高艺术修养的目的。

二、艺术形体基本动作训练

（一）基本姿态训练

形体美的训练首先从形体姿态训练开始，艺术形体基本姿态包括站姿、坐姿、走姿和蹲姿等，通过站立、就座、行走、下蹲等形体基本姿态的训练，使练习者在举止中表现出良好的气质和美好的仪表，起到增强自信、提升气质的作用，形成富有个性和韵味的美感。

站姿是生活静力造型动作，优美而典雅的站立姿态，是人们在生活中不断追求的身体动作，也是发展不同动作美的起点和基础。站姿的美丑，可以反映出一个人的精神状态、道德文化修养、审美情趣及身体健康水平，因此站姿是艺术形体基本姿态训练中最重要的部分之一。通过一定的正确规范的艺术形体站姿训练，可提高形体美感和肢体表现能力。

1. 优美站姿

优美站姿应是抬头、挺胸、收腹、立腰、提臀、紧腿、重心前移、直臂侧下举。抬头是指两眼平视、下巴微收、面带微笑，给人一种健康、快乐、自信、阳光、高雅的印象。挺胸是指两肩下沉、胸部前挺、肩胛骨微后收。收腹、立腰是指腹肌和腰肌这组对抗肌收缩平衡，使躯干保持垂直地面状态。提臀是指臀大肌往上收，使身体重心往上提。紧腿是指股四头肌和腓肠肌等肌肉收紧，使得两腿伸直，膝关节和踝关节靠拢。重心前移是指重心落在双脚的前脚掌上，脚跟可随时抬起。直臂侧下举是指两臂伸直，与躯干夹角约45°，如果水珠从肩峰沿着手臂向下滑落，将从中指间落下。

2. 不良站姿

不良站姿主要表现在站立时目光斜视、低头、歪头、含胸、驼背、耸肩、斜肩、弯腰、侧屈、塌腰、挺腹、松髋、垂臀等，或者出现身体重心落在脚跟上或一条腿上，另一腿不停地抖动等现象。给人病态、懒散、轻佻、颓废、自卑等印象。

（二）基本动作训练

徒手练习是学习艺术形体的基础。徒手动作训练不但能够让我们掌握各类身体动作的技术方法，培养艺术形体的专项意识，发展专项身体素质，而且还能够有效地完成各种复杂动作练习。徒手练习包括身体方位、脚位、头位、手臂位和动作组合。

1. 身体方位

初学者学习徒手动作，首先要明确身体方位。一般以自身为基点，以身体所对的方向为正前方，依次每向右转45°为一个方向，共分8个方向即1～8点。

2. 脚位

在徒手基本训练中，脚的位置是否准确、到位，直接影响到身体的姿态和技术的准确性，初学者应了解每一个位置上两脚的角度和距离，而且每一个脚位练习都要做到全脚掌着地、收腹收臀、挺胸立腰、重心落于两脚上。在形体练习中，常用的脚位是古典舞脚位和芭蕾脚位。

（1）古典舞脚位。常用的古典舞脚位有正步、八字步、大八字步和丁字步等（图10－5－1）。

① 正步。身体面对1点，目视1点，脚尖向前，双脚并拢，重心在两腿上。

② 八字步。两脚跟并拢，两脚尖相距约一脚长，脚尖各向左右斜前方，重心在两脚上，目视1点。

③ 大八字步。两脚的方位与八字步相同，但两脚跟相距约一脚长，重心在两脚中间。

④ 丁字步。身体面对2点，右脚在前，左脚尖对8点，右脚尖对2点，右脚跟与左脚内侧中部相靠，呈“丁”字形。

图10－5－1

（2）芭蕾舞脚位。常用的芭蕾舞脚位有一位、二位、三位、四位和五位（图10－5－2）。

图10－5－2

① 一位。身体面对1点，两脚跟并拢，两只脚呈一直线，脚尖各向左右两侧，两腿伸直，腿部肌肉收紧，身体重心在两脚上，目视1点。

② 二位。两脚开立，两脚跟相距约一脚长，脚尖向两侧，两脚呈一直线，重心在两脚中间。

③ 三位。两脚平行站立，脚尖向两侧，两脚后半脚前后相叠。

④ 四位。两脚前后平行，脚尖向两侧，前后距离一脚长，重心在两脚中间。

⑤ 五位。动作同四位（三位），脚尖向两侧，但两脚全脚相叠，两腿伸直夹紧。

3. 头位

头的位置如果配合得协调灵活，动作就会显得富有生机、优美；相反，头位如果不正确，动作就会不协调。做头位练习时，上体要正直，颈部要自然放松。在形体练习中，基本头位有10种。

(1) 正头。颈部自然放松挺直，目视1点。

(2) 仰头。颈沿额状轴后屈。

(3) 低头。颈沿额状轴前屈。

(4) 转头。颈沿垂直轴左（右）转动。

(5) 偏头。颈沿矢状轴侧屈。

(6) 偏转头。颈沿矢状轴侧屈，沿垂直轴左（右）转，最后目视8点（2点）。

(7) 低转头。颈沿矢状轴侧屈，沿垂直轴左（右）转，最后目视7点（3点）。

(8) 仰头。颈沿矢状轴侧屈，沿垂直轴左（右）转，最后目视7点（3点）。

(9) 偏仰转头。颈沿矢状轴侧屈，沿垂直轴左（右）转，同时沿额状轴后屈，最后目视6点（4点）。

(10) 偏头转头。颈沿矢状轴侧屈，沿垂直轴左（右）转，同时沿额状轴后屈，最后目视6点（4点）。

4. 手臂位

手臂位，简单说就是有不同的位置，手臂基本位置（图10-5-3）有：

图10-5-3

(1) 一位。两臂呈弧形，下垂于体前，掌心向上。

(2) 二位。两臂斜前平举（比前平举略低些），掌心向内。

(3) 三位。两臂上举（略偏前），掌心向内、向下。

(4) 四位。一臂前平举，另一臂上举。

（5）五位。一臂侧平举，另一臂上举。

（6）六位。一臂侧平举，另一臂前平举。

（7）七位。两臂侧平举，掌心向前，略低于肩。

5. 动作组合

手位练习组合（2×8 拍）。

（1）预备。身对 2 点，手臂一位，左脚向前五位站立。

（2）第 1 个八拍。

① 一拍。左脚擦地前出一步，右腿半蹲，两臂摆至二位，脚尖点地，重心落在右脚上，上身略向右侧屈。

② 二拍。右臂举，左臂侧摆呈五位，同时重心移至左脚，目视前方。

③ 三拍。右臂向侧落呈七位，同时重心移至右脚。

④ 四拍。左臂举，右臂前摆呈四位，同时右腿半蹲，头向右倒，目视左前方，上体略向左转。

⑤ 五拍至八拍。原地不动。

（3）第 2 个八拍。

① 一拍。左臂下落呈二位，重心前移至左脚。

② 二拍。右臂向侧摆呈六位，同时右腿经屈膝向前一步，重心前移至右脚。

③ 三拍。左臂向侧摆呈七位，同时重心后移至左脚。

④ 四拍，两臂上举呈三位，同时左腿半蹲，头向左倒，目视右前方，上体略向右转。

⑤ 五拍六拍。不动。

⑥ 七至八拍。身体向左转 90°，左脚并于右脚后呈五位，同时两臂下落呈一位，右脚向前一步。

三、艺术形体把杆训练

（一）把杆动作

把杆练习就是扶持把杆进行徒手练习，它有助于发展下肢及躯干的柔韧性、协调性和力量，提高平衡能力。扶把的方法有双手扶把和单手扶把 2 种。双手扶把要求面向把杆，身体距把杆约一臂，双肘自然下垂，两肩放松；单手扶把要求侧向把杆，内侧手于身体略前方轻放在侧面的把杆上，另一臂呈具体要求的位置（图 10－5－4）。

图 10－5－4

1. 双手扶把练习组合

（1）蹲（3×8 拍）。蹲的准备姿势是一位站立，双手扶把，保持上体正直，两腿外开，臀部收紧，起直时要有向上顶的感觉，下蹲时有被迫下蹲的感觉。

动作方法（图10－5－5）：

① 第1个八拍。一至二拍，半蹲；三至四拍，起立；五至八拍，同一至四拍。

② 第2个八拍。一至四拍，全蹲；五至八拍，起立。第八拍后半拍一脚侧伸，呈二位站立。

③ 第3个八拍。一至二拍，半蹲；三至四拍，起立；五至八拍，同一至四拍。

图10－5－5

（2）五位擦地（3×8拍）。五位擦地的准备姿势是五位站立，双手扶把，擦开时全脚掌沿地面用力擦出，至脚尖点，然后脚掌紧贴地面收回，练习时要身体正直，收腹立腰。

动作方法（图10－5－6）：

① 第一个八拍。一拍，脚向前擦出；二拍将脚收回呈五位；三拍，同一拍；四拍，同二拍；五至八拍，同一至四拍。

② 第2个八拍。一至四拍，将脚收回呈后五位；五至八拍，同一至四拍。

③ 第3个八拍。一拍，脚向后擦出；二拍，将脚收回呈五位；三拍，同一拍；四拍，同二拍；五至八拍，同一至四拍。

图10－5－6

（3）画圆（1×4拍）。画圆的准备姿势是一位站立，双手扶把，练习时要注意重心腿要划到极点，髋要正直。

动作方法：一拍，半蹲；二拍，重心腿向前擦点地；三拍，动力腿向内侧划圈至后点地，同时支撑腿伸直。

（4）小踢腿（1×8拍）。小踢腿的准备姿势是五位站立，双手扶把，身体要挺直，动力腿踢时要快速有力，并控制在25°的高度，重心落在主力腿上，身体不能随踢腿动作而晃动。

动作方法：一拍，动力腿向前踢出25°；二拍，将脚收回五位；三拍，动作同一拍；四拍动作同二拍，五至八拍，动作同一至四拍。

2. 单手扶把练习组合

双手扶把难度较低，适合初学者练习，单手扶把难度较高，增加了一些姿态和协调练习，适合有一定基础的学者练习。

蹲（5×8拍）。蹲的准备姿势是七位手，五位站立。

动作方法（图10-5-7）：

① 第1个八拍。一至二拍，身体半蹲；三至四拍，起立；五至八拍，动作同一至四拍。

② 第2个八拍。一至四拍，手臂下摆至一位，全蹲；五至八拍，手臂经二位摆至七位，起立。

图10-5-7

③ 第3个八拍。一至四拍手臂下摆至一位，全蹲；五至八拍，手臂经二位摆至七位，起立。

④ 第4个八拍。一至二拍，身体呈二位半蹲；三至四拍，起立；五至八拍，动作同一至四拍。

⑤ 第5个八拍。一至四拍，手臂下摆至一位，身体二位半蹲；五至八拍，手臂经二位摆至七位，起立。

（二）徒手动作

艺术形体的徒手动作包括基本步法、常用动作、波浪动作、转体动作、弹性动作和放松练习几个部分。

1. 基本步法

（1）柔软步（1×4拍）。柔软步的准备姿势是自然站立，呈八字步。

动作方法：一拍，两臂自然摆成右臂前下举，左腿略前举，重心在右脚上；二拍，两臂自然摆至体侧下垂，左腿略屈，重心移至左脚上；三至四拍，同一至二拍，换右脚。

（2）柔软步跑（1×2拍）。柔软步跑准备姿势是两臂略屈，两脚起跟立，重心略向前倾。

动作方法：一拍，利用两脚蹬地的弹性，脚尖绷直，左腿自然迈出，经腾空柔和地伸直膝盖，由前脚掌过渡到全脚掌落地，重心随之前移，两臂自然小摆动，右臂在前，左臂在后；二拍，同一拍，换右脚。

（3）足尖步（1×2 拍）。足尖步的准备姿势是两手叉腰，两脚起跟立。

动作方法：一拍，收腹立腰，上体保持正直，脚跟提起，左脚绷直向前一小步，从足尖过渡到前脚掌着地；二拍，同一拍，换右脚。

（4）弹簧步（1×2 拍）。弹簧步的准备姿势是两臂自然下垂，两脚起跟立。

动作方法：一拍，左脚向前一步，柔软地从脚尖过渡到全脚掌着地，同时略屈膝，重心在左脚上，右腿在后自然弯曲，两臂自然摆动，右臂在前，左臂在后；二拍，膝踝伸直，脚向外，两臂自然摆动，左腿柔和并充分起跟，同时右腿前下举。

（5）滚动步（1×2 拍）。滚动步的准备姿势是正步站立，两手叉腰，左肩向前，抬头、挺胸，上体略向右转。

动作方法：一拍，左腿略向前抬膝，脚尖垂直触地于支撑脚前，支撑腿伸直；二拍，左脚向前脚掌过渡到全脚掌落地，右腿略向前抬膝，脚面绷直，脚尖垂直触地于左脚前，同时重心柔和地移至左腿。

（6）华尔兹步（1×3 拍）。华尔兹步的准备姿势是七位手，左脚前点地站立。

动作方法：一拍，左脚向前做一个柔软步，落地时略屈膝，重心移至左脚；二拍，右脚向前跟一个足尖步；三拍，左脚向前做一个足尖步，左臂完成一个侧波浪。

（7）变换步（1×2 拍）。变换步的准备姿势是七位手，起跟站立。

动作方法：一拍，上半拍左脚向前做柔软步，两臂呈侧弧形下摆，重心移至左脚上；下半拍右脚向左脚呈八字步，手臂呈一位；二拍，左脚再向前做一柔软步，右脚后点地，脚面向外，重心移至左脚，同时右臂弧形摆至前平举，左臂弧形摆至侧举。

（8）跑步跳（1×2 拍）。跑步跳的准备姿势是七位手，自然站立。

动作方法：一拍，上半拍左脚向前跑一小步然后落地，下半拍左脚跳起，右脚屈膝前举，同时两臂自然摆呈左臂上举，在臂后斜下举；二拍，动作与一拍相同。

2. 常用动作

（1）交换腿大跨跳。交换腿大跨跳的动作方法：

① 两臂侧举，两脚起跟立。

② 左脚向前做卡洛泼步（俗称并步跳），接着左脚上步蹬地起跳，右腿向前上方跨出，接近最高点时两腿快速前后交换摆动。

③ 左腿落地，右腿后举，同时两臂摆至右臂前举，左臂侧举。

（2）踹燕。踹燕的动作方法：

① 两臂上举，两脚起跟立。

② 右腿起跟立，在腿前踢至上举，上体向后弯，同时两臂经前向后绕，重心落在右脚上。

（3）鹿跳。鹿跳的动作方法：

① 两臂侧举，两脚起跟立，左脚向前做卡洛泼步接一投身跳。

② 两脚同时起跳，左腿屈膝，右腿后踢屈膝，上体后屈，同时两臂摆至右臂前举，左臂上举，呈鹿跳。

（4）侧跨跳。侧跨跳的动作方法：

① 两臂侧举，两脚起跟立。

② 右脚向右做侧卡洛泼步，拉着右脚向右上一步蹬地起跳，同时向右转体 180°，左腿向左上侧方跨出。

③ 两臂经一位摆至斜上举，掌心向外，左脚落地略屈膝，右腿下落呈侧屈。

（5）单腿脚转 360°。单腿脚转 360°的动作方法：

① 两臂侧举，两脚起跟立。

② 左脚向前做卡洛泼步，接着左脚向前一步蹬地起跳，右腿向前上方踢，踢腿时两腿伸直。

③ 同时左转头，向左摆臂至三位，带动身体向左转体 360°，左脚落地。

（6）结环跳。结环跳的动作方法：

① 两臂侧举，两脚起跟立。

② 左脚向前做卡洛泼步接一投身跳，双腿同时起跳，右腿后踢过头，上体后屈，同时两臂前摆至上举，呈接环跳。

3. 波浪动作

（1）手臂波浪。手臂波浪的动作方法：

① 两臂侧平举，由肩开始带动上臂、前臂和手部的肌肉依次用力，使肘、腕和手指各关节依次略屈。

② 然后以同样顺序用力，臂可在各方位上做，可同时做，也可依次做。

（2）身体波浪。身体波浪的动作方法：

① 身体前波浪，由两臂前举开始，半蹲，含胸低头。

② 从膝、髋、腹、胸、颈各关节依次向前上方挺伸抬头，两臂弧形摆至斜上举。

③ 躯干波浪，由髋、腰、胸到颈椎各关节依次挺伸，也可沿相反顺序做依次含收。

4. 转体动作

（1）双脚转。双脚转是以双脚支撑进行的转体。

动作方法：

① 左脚向侧上一小步，随即右脚向左侧上一小步，身体随之左转体 180°。

② 然后右脚跟向右转，左脚撤至右脚旁，身体继续向左转体 180°。

（2）单脚转。单脚转是以单脚支撑进行的转体。

动作方法：左脚向侧上一小步，经半蹲提跟立，并向左转体 360°，同时右腿后举，右臂由七位经二位摆至三位，左臂七位。

5. 弹性动作

(1) 腕关节弹性练习。腕关节弹性练习的动作方法：

① 两臂前举，掌心向前，右手向上立腕。

② 左手向下屈腕，掌心向后，手指相对，做有力而柔和的上、下交替立腕，屈腕弹动。

(2) 肘关节弹性练习。肘关节弹性练习的动作方法：

① 两臂侧举，肘、腕关节自然侧屈，以掌心带动。

② 做迅速有力地向两侧推直臂。

(3) 肩关节弹性练习。肩关节弹性练习的动作方法：

① 肩带放松，两臂上举，一臂快速有力地向上伸并立即还原。

② 然后换另一臂做，还可向侧、向下练习。

6. 放松练习

松弛练习组合的准备姿势是正步站立，两臂自然下垂。

动作方法：

(1) 第 1 个八拍。一拍，右脚向右一步，右臂经体前向外绕至右侧上举；二拍，左脚向右腿后交叉点地，左臂经体前向外绕至左侧上举；三拍，右臂松弛向前落下；四拍，左臂松弛向前落下，同时屈膝含胸低头；五至八拍，同一至四拍，动作相同，方向相反。

(2) 第 2 个八拍。同第 1 个八拍。

(3) 第 3 个八拍。一拍，两臂前交叉摆动，右脚侧出一步，体前屈，弹动一次；二拍，两臂向外摆动，上体再弹动一次；四拍，两臂放松侧后举，上体松弛向后弯腰，五至八拍，同一至四拍。

(4) 第 4 个八拍。同第 3 个八拍。

(5) 第 5 个八拍。一拍，右脚向右上一步，两臂经提前交叉向外绕至斜上举，二拍，左脚在右脚后点地，上体松弛前屈，略屈膝；三至四拍，同一至二拍，动作相同，方向相反，两臂经三位向后绕；五拍右脚开始向后做退并步跳，两臂向上绕；六拍，左脚退一步呈右弓步，两臂继续向后绕；七拍，两臂经前绕至上举；八拍，上体松弛，向后弯腰。

(6) 第 6 个八拍。同第 5 个八拍。

(7) 第 7 个八拍。一至二拍，右脚向右斜 45°上一步，左脚后点地略屈膝，同时上体松弛前屈，两臂下垂，含胸低头；三至四拍，左腿，右脚前点地，两臂向后绕，松弛下落呈斜后举，同时上体松弛向后弯腰；五至八拍，同一至四拍，动作相同，方向相反。

(8) 第 8 个八拍。同第 7 个八拍。

(演示：郑嘉慧)

【思考题】

1. 简述柔软步、变换步的动作要领。
2. 简述把杆练习中 3 个方向擦地动作的动作方法。

体育视窗

什么是形体美

形体美是指人的整体指数合理和人体各部位之间的比例关系恰当，形成优美和谐的外观特征。

形体是指人体的外在表现，人体只有在四肢、躯干、头部及头部五官的合理配合下才能显示出姿态美、体态美、线条美和外部形态与内部情感的和谐统一美。

1. 头部五官端正、面部红润、眼光有神、头发有光泽、颈部挺直而灵活，并与头部配合协调。

2. 双肩对称，男宽女窄。

3. 两臂修长，两臂之长与身高相等。

4. 胸部宽厚，比例协调，男性胸肌圆隆，女性乳房丰满，挺而不垂。

5. 腰部是连接上下体的主柱，呈现圆柱形，细而有力。

6. 腹部应扁平。

7. 臀部圆满，微显上翘，不下坠，男性鼓实，女性健而隆起。

8. 大腿修长，小腿长而腓肠肌位置高，并稍突出。

9. 人体骨骼发育正常，无畸形，身体各部位比例匀称。

第十一章 CHAPTER ELEVEN

大 学 体 育 与 健 康

民族传统体育

第一节 武 术

武术是以手型、手法、步型、步法、腿法、身法、平衡跳跃、闪展腾挪、起伏转折等动作与技术组成的拳术。其技术特点：舒展大方、灵活多变、快速有力、节奏鲜明。武术基本功是指为更好地掌握武术技法，发展某项专门素质的基础功法练习。武术基本动作是指武术拳术中最基础、最具有代表性的动作，主要包括肩、肘、手、髋、膝、足的基本攻防方法与跳跃、平衡动作。

一、拳术

（一）上肢练习

1. 手型

武术长拳的基本手型有 3 种：拳、掌、勾。

（1）拳。

各部位名称：拳眼、拳心、拳面、拳背、拳锋、拳轮（图 11－1－1）。

动作说明：五指卷紧，拇指压于食指、中指第二指节上。

（2）掌。

各部位名称：掌心、掌背、掌指、掌尖、掌根、掌外沿（图 11－1－2）。

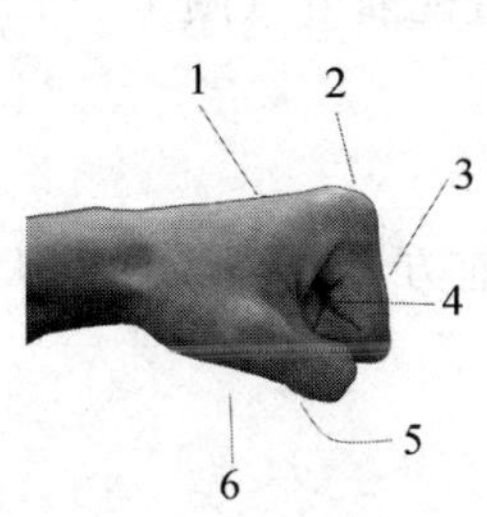

图 11－1－1

1. 拳背　2. 拳锋　3. 拳面　4. 拳眼　5. 拳轮　6. 拳心

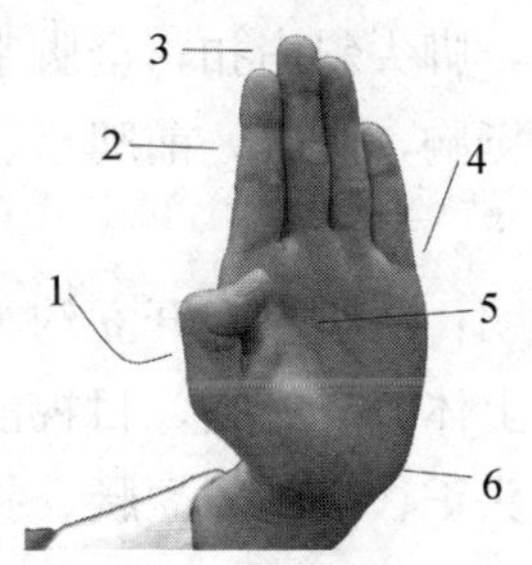

图 11－1－2

1. 掌背　2. 掌指　3. 掌尖　4. 掌外沿　5. 掌心　6. 掌根

动作说明：四指伸直并拢，拇指弯曲紧扣于虎口处。

（3）勾。

各部位名称：勾尖、勾顶（图 11－1－3）。

动作说明：五指指腹并拢成勾，屈腕。

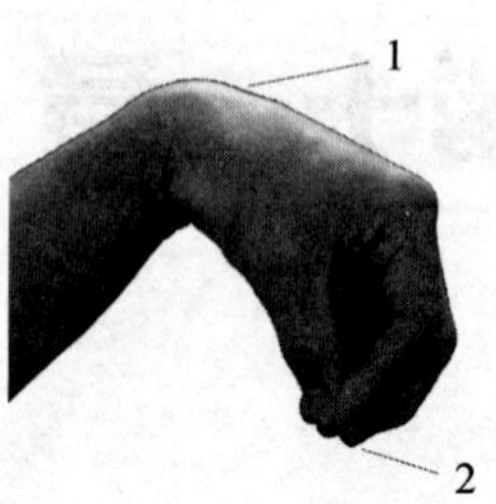

图 11－1－3
1. 勾顶　2. 勾尖

2. 手法

（1）冲拳。

预备姿势：两脚左右开立，两拳抱于腰间，拳心朝上。

动作说明：右拳从腰间旋臂向前猛力冲出，力达拳面，目视前方。

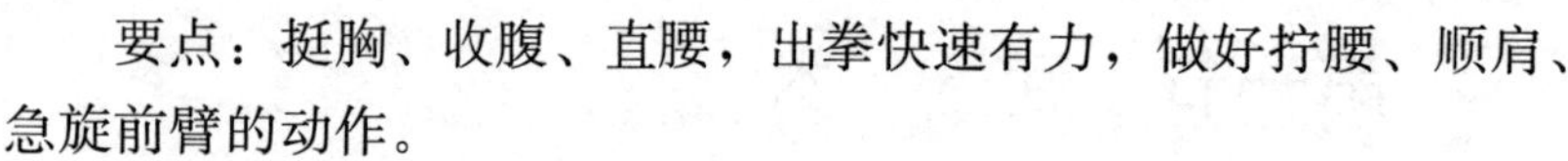
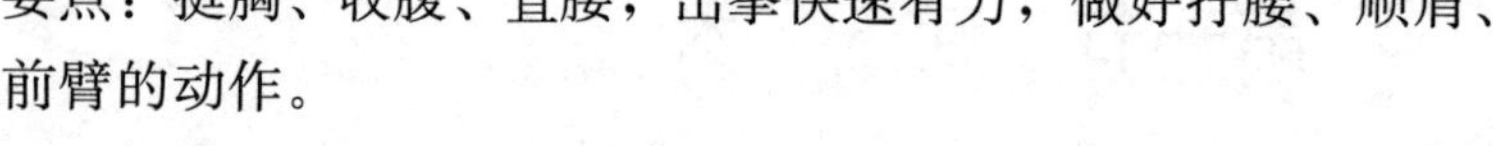
要点：挺胸、收腹、直腰，出拳快速有力，做好拧腰、顺肩、急旋前臂的动作。

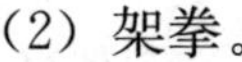
（2）架拳。

预备姿势：同冲拳。

动作说明：右拳向右上方架起，拳眼向下，目视左方。

要点：松肩、肘微屈、前臂内旋，力达前臂外侧。

（3）推掌。

预备姿势：同冲拳。

动作说明：右拳变掌，以掌外沿为力点向前猛力推出，目视前方。

要点：同冲拳，注意沉腕、翘掌，力达掌外沿。

（4）亮掌。

预备姿势：同冲拳。

动作说明：抖腕亮掌，臂呈弧形举于头上，目视左方。

要点：抖腕、亮掌与转头要同时完成。

（二）下肢练习

1. 步型

（1）弓步。

动作说明：前腿向前屈蹲呈水平，小腿垂直地面，前脚微内扣，全脚掌着地；后腿向后伸直挺膝，脚尖斜内扣，全脚掌着地，上体直立挺胸，目视前方（图 11－1－4）。

要点：挺胸，立腰；前腿弓、后腿绷。

（2）马步。

动作说明：两脚左右开立约为脚长 3.5 倍，脚尖正对前方，屈膝半蹲，大腿呈水平，两膝外展，上体直立挺胸，目视前方（图 11－1－5）。

要点：头正、挺胸、立腰、扣足。

（3）仆步。

动作说明：一腿全蹲，大腿和小腿靠紧，臀部接近小腿，全脚掌着地，膝与脚尖稍微外展；另一腿平铺接近地面，全脚掌着地，脚尖内扣（图 11－1－6）。

图 11-1-4

图 11-1-5

图 11-1-6

要点：挺胸、立腰、开髋，全脚掌着地。

(4) 虚步。

动作说明：后脚尖斜向前，屈膝半蹲，大腿接近水平，全脚掌着地；前腿微屈，脚面绷紧，脚尖虚点地面（图 11-1-7)。

要点：挺胸、立腰，虚实分明。

(5) 歇步。

动作说明：两腿交叉屈膝全蹲，前脚全脚掌着地，脚尖外展；后脚跟离地，臀部侧紧贴后小腿（图 11-1-8)。

要点：挺胸、立腰、两腿贴紧。

(6) 丁步。

动作说明：两腿半蹲并拢，一脚全脚掌着地支撑，另一脚停在支撑脚内侧相靠，脚尖点地（图 11-1-9)。

要点：挺胸、立腰、虚实分明。

图 11-1-7

图 11-1-8

图 11-1-9

2. 步法

(1) 插步。

预备姿势：开步站立，两手叉腰。

动作说明：右脚向左脚后横插一步，两腿交叉。

(2) 击步。

预备姿势：同插步，唯两脚前后开立。

动作说明：前脚蹬离地面，后脚向前以脚弓碰击前脚跟，后、前脚依次落地。

要点：跳起腾空时，保持上体正直并侧对前方。

（三）腿法

1. 压腿

（1）正压腿。

预备姿势：面对肋木，并步站立。

动作说明：左脚跟放在肋木上，脚尖勾紧，右脚脚尖朝前，两腿保持伸直，上体向前下做振压动作。左右互换。

要点：两腿伸直，脚尖勾紧，直体向下振压，压至疼痛时，进行耗腿练习。

（2）侧压腿。

预备姿势：同正压腿，唯侧对。

动作说明：左脚跟放在肋木上，脚尖勾紧，右臂上举，左掌附于右胸前，上体向左侧振压。左右互换。

要点：两腿伸直，脚尖勾紧，立腰展髋，直体向侧下压振，压至疼痛时，进行耗腿练习。

（3）后压腿。

预备姿势：同正压腿，唯背对。

动作说明：左脚背放在肋木上，脚面绷直。上体后屈并做振压动作。左右互换。

要点：挺胸，展髋，腰后屈。

（4）仆步压腿。

预备姿势：开步站立，大小与马步同宽。

动作说明：右腿全蹲，左腿挺膝伸直，脚尖内扣。两脚全脚掌着地，两手分别抓握两脚外侧，右膝向外打开，与右脚朝向一致，身体向左侧倾靠。左右互换。

要点：挺胸、立腰、沉髋，臀部尽量贴近地面。

2. 搬腿

预备姿势：并步站立。

动作说明：右腿支撑，左腿向前上方举起，挺膝、脚外侧朝前；也可由同伴托住脚跟或膝部做正搬、侧搬和后搬练习。

要点：易犯错误、纠正方法、教法提示同正、侧、后压腿。

3. 劈腿

（1）竖叉。

预备姿势：并步站立。

动作说明：两腿前后分开呈直线，左腿向前伸直，脚尖勾起向上，右腿向后伸直，膝盖着地，脚底翻向上。

要点：挺胸、立腰、沉髋。

（2）横叉。

预备姿势：并步站立。

动作说明：两腿左右分开呈直线，尽量伸直，腿内侧着地。

要点：挺胸、立腰、沉髋。

4. 直摆性腿法

（1）正踢腿。

预备姿势：并步站立，两臂侧平举（图 11-1-10）。

动作说明：左脚上步直立，右腿挺膝，脚尖勾起向前额处猛踢；目向前平视（图 11-1-11）。

要点：挺胸、收腹、立腰。踢腿时，迅速收髋收腹，脚尖勾起绷落，过腰后动作加快。

（2）斜踢腿。

预备姿势：同正踢腿。

动作说明：向异侧耳际猛踢，动作同正踢腿；目向前平视（图 11-1-12）。

图 11-1-10　　图 11-1-11　　图 11-1-12

（3）侧踢腿。

预备姿势：同正踢腿。

动作说明：左脚上步，脚尖外展；右脚跟稍提起，身体略左转，两臂后举（图 11-1-13）。随着右腿勾脚向右耳际踢起，左臂上举亮掌，右臂立于左肩前，目向前平视（图 11-1-14）。

要点：开髋、侧身、猛收腹。

（4）外摆腿。

预备姿势：同正踢腿。

动作说明：左脚上步，右脚尖勾紧，向左侧上方踢起，经面前向右侧上方摆动，直腿落在左脚旁，目向前平视。可用掌在面前依次迎击脚面（图 11-1-15、图 11-1-16）。

要点：展髋，腿呈扇形外摆，幅度要大。

（5）里合腿。

预备姿势：同正踢腿。

动作说明：同外摆腿，唯由外向内合（图 11-1-17、图 11-1-18）。

图 11-1-13　图 11-1-14　图 11-1-15　图 11-1-16

图 11-1-17　图 11-1-18

（6）拍脚。

预备姿势：并步站立。

动作说明：左脚上步；右腿挺膝、绷脚面向上猛力踢摆。同时右拳变掌，于前上方迎击右脚面；目视前方。

要点：收腹、立腰。踢腿高度过胸，击拍脚面要准确、响亮（图 11-1-19、图 11-1-20）。

图 11-1-19

图 11-1-20

5. 屈伸性腿法

（1）弹腿。

预备姿势：同拍脚。

动作说明：支撑腿直立或稍屈，另一腿由屈到伸向前弹出。脚面绷平，力达脚尖。

要点：收髋，弹击有寸劲，力达脚尖。

（2）蹬腿。

预备姿势：同弹腿。

动作说明：同弹腿，唯脚尖勾起，力达脚跟。

要点：同弹腿。

（3）侧踹腿。

预备姿势：呈插步。

动作说明：右腿伸直支撑；左腿由屈到伸，脚尖里扣，用脚掌猛力踹出，高与腰平，上体倾斜；目视左侧方。

要点：挺膝、开髋、猛踹，胸外侧朝上、力达脚掌。

6. 平衡

（1）提膝平衡。

动作说明：支撑腿直立站稳，上体正直，另一腿在体前屈膝高提近胸，小腿斜里扣，脚面绷平内收（图 11-1-21）。

（2）燕式平衡。

动作说明：支撑腿直立站稳，上身前俯略高于水平，挺胸展腹；后举腿伸直，高水平，脚面绷平（图 11-1-22）。

图 11-1-21

图 11-1-22

（四）跳跃练习

1. 腾空飞脚

预备姿势：并步站立。

动作说明：右脚上步蹬地跃起，左腿前上摆踢，两臂向头上摆起，右手背迎击左手掌（图 11-1-23、图 11-1-24）在空中，右腿向前上方弹（摆）踢，脚面绷直，右手迎击右脚面。左腿屈膝收控于右腿侧。左掌摆至左侧方变勾手，上体微前倾；目平视前方（图11－1－25）。

图 11－1－23　　图 11－1－24　　图 11－1－25

要点：踢摆腿脚高必须过腰，左腿在击响一瞬间，屈膝收控于右腿侧；在腾空的最高点完成击响动作。拍击动作必须连续、准确、响亮；在空中，上体正直、微向前倾，不要坐臀。

2. 旋风脚

预备姿势：并步抱拳站立。

动作说明：左脚向左迈出，同时左掌前推；随即右脚上步，落步呈高马步，脚尖内扣，上体向左旋转（图11－1－26）；重心右移，右腿屈膝蹬地跳起，左腿提起向左上方摆动，上体向左上方翻转的同时，两臂向左上方抡摆（图11－1－27）；身体继续旋转，右腿里合，左手在面前迎击右脚掌，左腿自然下垂（图11－1－28）。

图 11－1－26　　图 11－1－27　　图 11－1－28

要点：里合腿贴近身体，摆动时呈扇形；抡臂、踏跳、转体、里合腿等环节要协调一致，身体的旋转不少于270°。

3. 腾空摆莲

预备姿势：高虚步挑掌站立。

动作说明：左脚前上步，右脚随之向前上一大步，脚尖外展、屈膝、略蹲（图11-1-29）；身体右转，同时两臂顺势向右上方摆臂，提左腿（图11-1-30）；右脚蹬地跳起，同时左腿提膝内摆，两手上摆于头上，上体向右转体，身体腾空（图11-1-31）；右腿上踢外摆，两手先左、后右依次拍击右脚面，左腿伸直分开摆动控于体侧（图11-1-32）。

图11-1-29　图11-1-30　图11-1-31　图11-1-32

要点：上步要呈弧形，右脚踏跳时，注意脚尖外展和屈膝微蹲；上跳时，左膝盖内扣；右腿外摆呈扇形，上体微前倾。两手依次击拍右脚面。

（五）拳术技法

长拳中的拳术是指徒手的套路演练，长拳的传统技法有"四击""八法""十二型"之说。"四击"指踢、打、摔、拿，是长拳套路的技术核心，一切手法、身法、眼法都要贯穿"四击"内容。"八法"指手、眼、身、步、精神、气、力、功，即手法、眼法、身法、步法、精神、气息、劲力、功夫8个方面。其要求是：拳如流星眼似电，腰如蛇行步赛黏，精力充沛气宜沉，力要顺达功要纯。"十二型"是用自然景象和动物来比喻武术中的12种动静之势，传统的说法是：动如涛、静如岳、起如猿、落如鹊、站如松、立如鸡、转如轮、折如弓、快如风、缓如鹰、轻如叶、重如铁。这些比喻形象而生动地反映出了长拳运动中的节奏感。

二、太极拳

（一）基本技术要求

在太极拳的学练过程中，对身法和外形都非常注重，所以对周身各部位都有严格的要求，《太极拳论》上讲，"差之毫厘，谬以千里"。身体任何一个地方的问题，都会影响整体动作的完成，在动的学练中都是在纠正自己的过程，让身体运动达到高度协调一致。这里我们就身体主要部位进行论述，忽略个别部位，

1. 头

头为一身之主，六阳之首，统领全身，周身百骸都以此为中心，大脑中枢指挥身体各部位，统一协调。百会穴要虚虚张开领起身体，与长强穴呈上下对拔之势，使椎骨自然放

松拔长；顶劲自始至终不可丢，头部一定要自然放松，不要用僵力，保持中正。眼在定势时要平视前方；在运动时以身体的哪一侧为主时，用两眼的余光看着那一侧手的中指指尖；在开步时眼的余光看着开步的方向；如果向哪个方向进攻时，眼要看着进攻的方向。两耳要轻听身后，兼顾左右，做到似听非听。整个套路变化以鼻子呼吸为主，气息在口内也有出入，但是为辅。牙齿轻扣，嘴唇微闭，舌尖轻顶上颚，不可用力。下巴微收，保持头自然正。

2. 颈

颈部自然直立，肌肉要放松，使头部有悬起的感觉。不要勉强和呆板，避免前俯后仰东倒西歪，身体移动和旋转时，头颈部与身躯四肢要上下一致。

3. 胸

胸部要含、要虚、要松，锁骨和肋骨松沉，也就是胸要合住劲，又要放松放虚。胸部不要上挺，一挺则心往上浮，气往上顶，也就形成了横气填胸，长久以后，积气在胸部，对肺部不利，无益健康。所以，胸一定要放松，胸间一松开，则身体舒畅，上肢虚灵，心气自然会下沉。胸要空，腹要实。

4. 背

背部是由人体的两肩和背上部共同形成的骨架部分，它呈微弧形，有脊椎骨上下连接，是脊髓神经所在部位，背部也是督脉的通道。练太极拳时背部要舒展和向下松沉，还要自然拔长，做到牵动往来之气贴于背，转于腰，力发于脊。

5. 脊

脊椎位于人体背部正中，上连颅骨，中部与肋骨相连、下端和骶骨组成骨盆。自上而下有颈椎 7 块、胸椎 12 块、腰椎 5 块、骶骨 1 块（由 5 块骶椎合成）和尾骨 1 块（由 4 块或 5 块尾椎合成）。练习太极拳时要求身体整个椎骨做到上下贯通，自然拔长，腰脊松直。

6. 腰

腰部要以命门穴为中心放松、略向内收下沉、下塌，腰劲一下塌，能够使心气下降，两脚有力，下盘稳固，上肢缠绕不漂浮；两肋微内收，腰劲既要做到下去，贵坚实，还要做到腰中要松，松则上下皆灵。腰为承上启下、枢纽转关处，要放松，但还不可软。腰应随着动作的变化而变化，柔劲转换时应松而随之、发劲时应快而拧之，定势塌而和之。

7. 腹

胸部膻中穴微含，腹部放松，气便沉于下丹田，腹内自然就会宽广，用中气贯注，虚灵含于内，正所谓腹内松静气腾然。

8. 臀

臀部要泛，臀部泛不起来，前裆就合不住劲，自然后裆也就打不开。只要前后裆都开，还能合得住劲，下盘自然会稳固，但泛臀不是翘屁股，腰部一塌，臀部自然就会泛起，但不可勉强用力。

9. 肩

两肩要平正松沉，切忌拱肩、扛肩、晃肩、耸肩，行功中不许一肩高一肩低，肩不得妄动，它随胸腰变化而动，随胸部的开合而动，更不得左右或上下摇晃。肩之腋下要虚，不要夹死，有外撑之感。腋下能容一拳之隔为宜，便于推手时有回旋余地，故云“转关在肩”（运化之机也）。

10. 裆和胯

两大腿根内侧，会阴处即为裆，打拳裆要圆，要虚。会阴为两块髋骨，俗称胯，胯要松。裆胯的松活、端正，是内劲运转的关键部位，常有“腰胯膝，太极拳的发力机”之说。

11. 膝

膝关节在太极拳运动中有独特的作用。膝部要经常保持一定的弯度，屈膝，弓膝。弓膝时膝盖不准超过脚尖（仆步除外）。老架太极拳的低势拳架，要求更严，打拳时要求像坐在小板凳上一样，大腿放平（但小腿大腿夹角也不得小于 90°），加上倒换重心时裆要走下弧，膝的支撑力量相当大，为此要求练拳人的膝关节必须有很好的基本功。通过经常练习桩功和低架运动，不断增强膝关节韧带以及腿部肌肉的力量。

（二）基本手型步型

1. 掌

要求瓦拢掌。即大拇指、大鱼际都有向里与小指相合之意。手指合拢，既不许张开如“五股钢叉”，又不许死死并拢，也不要形成京剧青衣演员的“兰花手”。掌形变化：根据技击含义的变化，掌形有各种变化。如按掌、推掌、撩掌、劈掌、摔掌、拍掌、穿掌、切掌、挒掌、绞掌、采掌、卷掌、撑掌等所谓太极十三掌。掌还有顺缠与逆缠的变化，顺缠时，小指领劲大指合，突出小鱼际，逆缠时则相反。另外，握式则掌心瓦拢，前手顺缠则中指、食指、无名指可以扬指后翻。按式则可以扬指突出掌根。拿式则五指向掌心虚虚合住等。但上述变化都要注意气贯到中指肚，或劲松到中指肚，即陈鑫讲：“中指劲到，余指劲也到。”

2. 拳

四指卷拢，大指梢节扣到中指中节，拳心微微虚握，但外形又不能散，有“运时散手，着手成拳”之说。要使拳头浑圆一体，拳发劲时，腕不可软，但也不可过硬，要有掤劲，松活弹抖。

3. 勾手

向下折腕，五指捏拢。但腕不可折过，要腕背形成半圆形。腕部要松要圆，定势时，勾手虎口圆，手心要空，以示内气鼓荡之意。大指要与食、中、无名指尖合拢，小指贴附无名指之侧，不能散。勾手含有手掌解脱，以及擒拿、刁腕、腕背击人等技击含义。

4. 弓步

双脚前后站位，前脚尖朝前，后脚跟外摆 45°左右。前腿弓，膝盖不能超过脚，另一条腿自然伸直，髋关节正面向前。

5. 马步

双脚平行（或略外摆）站位，两脚距离比本人肩要宽，双膝同屈，重心略在脚心偏后位置，膝盖外展与脚成矛盾力，形成端坐状。

6. 虚步

一条腿屈膝支撑，另一脚脚尖或脚跟着地，两脚形呈丁八形站位。

易犯错误：屈膝腿容易内扣；双脚在一条直线上。

7. 仆步

仆步是在几种步法当中身法最低的。其中一只脚尖略微外摆屈膝下蹲，脚尖与膝盖方向一致，角度相同；另一条腿伸直，脚尖内扣；身体略向伸直腿方向屈转。

8. 丁步

支撑腿屈膝半蹲，另一条腿脚前掌着地，点于支撑脚侧。

（三）基本动作

1. 基本步法

（1）上步。首先以弓步站位开始（图 11－1－33），重心后移，要求在移动过程中，膝盖先屈再屈膝移动（这是初学者必须注意的问题，先屈膝的意思就是先让膝盖有一点弯度），前面脚尖顺势抬起（图 11－1－34）。转身向前时，脚尖边外摆边转身边屈膝向前（注意转身到位时，重心完全移到前面脚上，同时身体也要转到位，肩要与脚垂直，这两点是保证重心稳定的必需条件）（图 11－1－35）。收脚上步落脚跟（收上来的脚到达支撑脚脚跟时，收的腿膝盖外展，顺势出脚；身体在上脚时不要转身）（图 11－1－36）。先落

图 11－1－33

图 11－1－34

图 11－1－35

图 11－1－36

脚，再屈膝，再继续屈膝转身向前（转身时，一定要将髋转到正面向前）（图 11－1－37、图 11－1－38）。

图 11－1－37

图 11－1－38

注意问题：太极拳动作要求重心要均匀稳定平移，重心要平稳移动，就要求膝盖及时屈伸，重心在移动之前，一定要养成先屈膝再移动的习惯，初学者可以将这个动作分成两步来完成，逐渐将动作连贯起来。在转身上步时，一定要将重心移动到位，身体转到位，只要这样，在收脚上步时，重心稳，上步稳。

（2）退步。先以虚步站位开始（图 11－1－39），虚的腿直接收回到支撑腿后，右脚尖引领直线向身后送出，脚尖着地，身体在后撤的过程中，尽量保持不变（图 11－1－40）。转身落脚，并移动重心（图 11－1－41）。继续转身移动重心，同时调正前面脚位。

图 11－1－39

图 11－1－40

图 11－1－41

注意问题：收脚时脚尖要下坠；后送脚尖时不要形成交叉步，两脚的相对位置也不能在一条直线上；脚尖点地后再转身；重心平稳移动。

2. 基本手法

（1）云手。准备姿势（图 11－1－42），马步站位，双手都在右（或是左）侧，在身体转身的带动下，双手上下交换左手掌心向内，拇指向上，左手向上、向左画弧；同时右手掌心向下，向左画弧，身体慢慢由右向左转，眼睛看左手，双手上下同时向左侧移动（图 11－1－43）。左手过左肩时手掌边旋转边继续向左侧移动，右手也继续移动（图 11－1－44）。紧接着双手上下交换位置，以同样的方式移到右侧。如此循环连续练习。

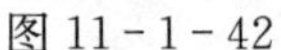
图 11-1-42

图 11-1-43

图 11-1-44

注意问题：此动作尽量体会，在身体转动的带领下，手臂有意识地完成相应的动作。身体转动时要慢、匀，这就需要腿部基本功的支持。身体转动其实主要的是转胯，腰起到承接作用带动肩，肩带动手臂一起转动，从而才算完成云手动作。

（2）掤按式。马步站位，双手提前抱球开始（左手下右手上抱球）（图 11-1-45），左转身，左手向左侧上方掤，右手直接向下方按掌（图 11-1-46）。右转身，左手随身向右平带，慢慢翻掌向下，止胸前高度，右手直接翻掌向上（图 11-1-47）。同样的运动方法，右掤左按，方向相反，轮换连续进行练习。

注意问题：按掌的位置应该在小腹前下方，保持一定的距离；身体的要求同云手一样。

图 11-1-45

图 11-1-46

图 11-1-47

（3）搂推式。马步站位，双手在身体一侧，前后分开，右手在后，左手在右胸前为例（图 11-1-48），通过转身带动右手向前运动，左手顺势向左下方搂（图 11-1-49）。身体继续转身，右手向前按推掌，左手按掌于身体左侧，掌心向下（图 11-1-50）。继续左转身，右手顺势收到左胸前，左手顺势向后上方摆臂，形成左手在后，右手在前的姿势（图 11-1-51）。身体再向右转，方法一样，方向相反。

图 11-1-48

图 11-1-49

图 11-1-50

图 11-1-51

注意问题：搂的手要掌心向下，手指微微内扣，放在大腿外侧。

（4）倒卷式。借鉴于倒卷肱的动作，马步站位，双手在身侧，前后分开，掌心向上，以右手在后为例（图 11-1-52），身体左转身，右手顺势屈收，准备向前按压推掌，左手随着转身收回到左腰间，掌心向上（图 11-1-53）。身体继续左转，右手向前按压推掌，左手顺势向后上方打开手臂（图 11-1-54）。身体向右转身，方法一样，方向相反。

注意问题：由身前收回来的手，一定要紧贴腰间向后打开，不能离身体太远；要以身体转动为动力。

图 11-1-52

图 11-1-53

图 11-1-54

（四）初学太极拳应该注意的事项

1. 动作姿势要正确

太极拳动作姿势的基本要求是虚领顶劲、含胸拔背、松腰敛臀、沉肩坠肘、舒指坐腕、尾闾中正。在练习时，如果动作不规范，不仅会影响其发挥，还会影响其体悟。

2. 技术动作要规范

规范的太极拳技术要求气沉丹田、圆裆活髋、内鼓外安、运动如抽丝、迈步如猫行，各种基本技术动作要做到起点准确运行路线清楚，止点到位，动作连贯，上下相随，手眼配合，从而使身法自如。

3. 运动量循序渐进

太极拳极为关键是体悟，贪快贪多对体悟是不利的，过度的运动量会导致体力不支，动作变形，影响"内听"身体内部感觉，甚至可能形成错误的体悟感觉。

4. 专业人士指导

练习太极拳的时候，一定要在专业人士的指导下学拳，包括极为重要的帮调桩功，纠正动作，太极拳不单纯是动作的学习，还有内在意识意念的引导，这就需要所学者了解一定的太极拳理论知识，正确的引导身体内在的感受。

三、器械

（一）剑术

剑是一种平直、细长带尖、两面有刃的短兵器。剑术是以刺、点、撩、挂、截、穿、崩、挑等剑法，配合步型、步法、平衡、跳跃等动作构成的套路。其运动特点：轻灵洒脱，身法矫健，刚柔相兼，富有韵律。其运动特点：腕力干脆灵活，身法轻快多变，姿势飘洒优美。

1. 剑的部位名称、规格和基本握法

（1）剑的部位名称见图 11－1－55。

图 11－1－55

1. 剑锋 2. 剑尖 3. 剑刃 4. 剑脊 5. 剑柄 6. 剑首 7. 护手 8. 剑穗

（2）剑的规格标准。剑的长度一般以直臂下垂反手持剑时，剑尖不得低于本人耳上端为准。也可根据规则要求，使用适宜尺寸、重量和型号的剑。

（3）剑的基本握法和剑指。

① 左手持剑法。臂内旋，护手握于掌心，食指伸直按于剑柄，拇指虎口卡于护手上方，其余手指为另一侧直腕扣握护手，剑脊贴近小臂后侧。

② 右手持剑法。右手全掌握剑柄，虎口靠近护手，剑必须与虎口相对。

③ 剑指。中指与食指伸直并拢，其余三指屈于手心，拇指压在无名指的第一指节上。

2. 剑法的主要内容

（1）刺剑。立剑或平剑向前直出为刺，力达剑尖，臂与剑呈一直线。剑刃朝上下为立剑，剑刃朝左右为平剑。

（2）劈剑。立剑，由上向下为劈，力达剑身，臂与剑呈一直线。抡劈剑沿身体右或左侧绕一立圆；后抡劈剑要与身体后转协调一致。

（3）挂剑。立剑，剑尖由前向上、向后或向下、向后为挂，力达剑身前部。上挂向上、向后贴身挂出；下挂向下、向后贴身挂出；抡挂贴身立圆挂 1 周。

（4）撩剑。立剑，由下向前上方为撩，力达剑身前部，正撩剑前臂外旋，手心朝上，贴身弧形撩出；反撩剑前臂内旋，余同正撩。

（5）云剑。平剑，在头顶或头前上方平圆绕环为云。上云剑在头顶由前向左后绕环要仰头；左（右）云剑在头前上方向左后（右后）绕环，头向左（右）肩侧倒。

（6）架剑。立剑，横向上为架，剑高过头，力达剑身，手心朝里或朝外。

（7）点剑。立剑，提腕，使剑尖猛向前下为点，力达剑尖，臂伸直。

（8）崩剑。立剑，沉腕使剑尖猛向前上为崩，力达剑尖，臂伸直，剑尖高不过头。

（二）刀术

刀是武术中短器械的一种，由古代兵器演变而来。刀术是以缠头、裹脑和劈、砍、斩、撩、扎等基本刀法配合步型、步法、跳跃等动作构成的套路。其运动特点：快速勇猛，激烈奔腾，紧密缠身，雄健剽悍。

1. 刀的部位名称、规格和基本提法

（1）刀的部位名称见图 11－1－56。

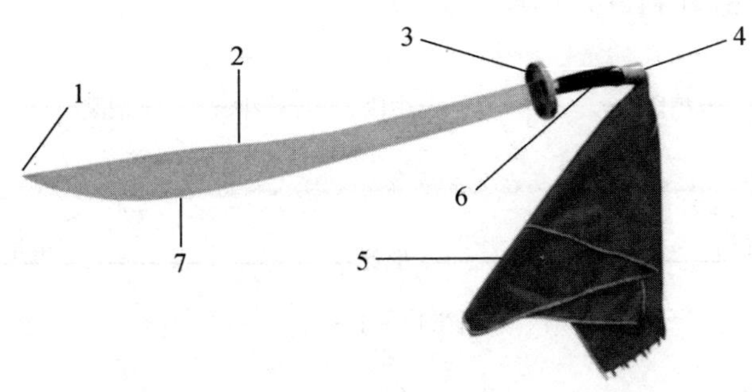

图 11－1－56

1. 刀尖　2. 刀背　3. 护手（刀盘）　4. 刀首　5. 刀彩　6. 刀柄　7. 刀刃

（2）刀的规格标准。刀的长度以直臂下垂抱刀姿势时，刀尖不低于本人耳上端为准。也可按规则要求使用适宜型号、尺寸和重量的刀。

（3）刀的基本握法。

① 左手抱刀法。臂内旋，拇指和虎口压住刀盘，食指和中指夹住刀柄，无名指和小指托住刀盘，使刀背靠近小臂内侧，刀刃朝前，刀尖朝上，刀身垂于身体左侧。

② 右手握刀法。右手虎口靠贴刀盘，拇指和食指紧握刀把，其余三指松握刀把，以刀平刺时与臂呈一直线为宜。

2. 刀法的主要内容

（1）缠头刀。刀尖下垂，刀背沿左肩贴背绕过右肩，头部正直。

（2）裹脑刀。刀尖下垂，刀背沿右肩贴背绕过左肩，头部正直。

（3）劈刀。刀由上向下为劈，力达刀刃，臂与刀呈一直线。抡劈刀沿身体右侧或左侧抡一立圆；后抡劈要求与转体协调一致。

（4）撩刀。刀刃由下向前上为撩，力达刀刃前部。正撩前臂外旋，手心朝上，刀沿身体右侧贴身弧形撩出；反撩前臂内旋，刀沿身体左侧撩出，余同正撩。

（5）挂刀。刀尖由前向上、向后或向下、向右为挂，力达刀背前部。上挂向上、向后贴身挂出；下挂向下、向后贴身挂出；抡挂贴身立圆挂 1 周。

（6）抹刀。刀刃朝左（右），由前向左（右）弧形抽回为抹，高度在胸腹之间，力达刃；旋转抹刀要求旋转 1 周或 1 周以上。

（7）斩刀。刀刃朝左（右），向左（右）横砍，高度在头与肩之间，力达刀刃，臂伸直。

（8）横扫刀。刀刃朝左（右），向左（右）横砍，与踝关节同高为扫，力达刀刃。旋转扫刀要求旋转 1 周或 1 周以上。

（三）棍术

棍是武术器械中长兵器的一种。棍术是以劈、扫、抡、戳、撩、挑等棍法配合步型、步法、跳跃等构成的套路。其运动特点是：勇敢泼辣，横打一片，密集如雨，稍把并用。

1. 棍的部位名称

棍的各部位名称见图 11－1－57。

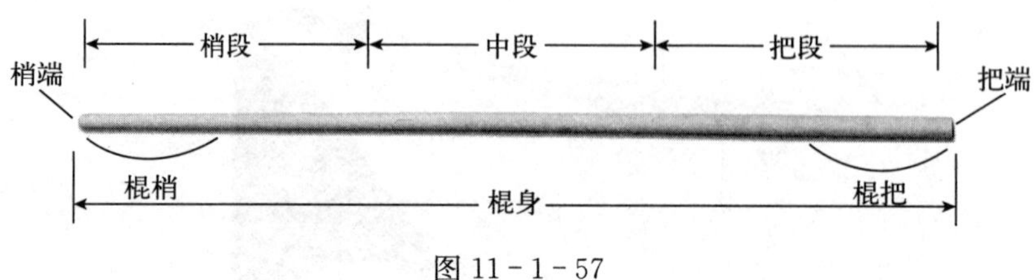

图 11－1－57

2. 棍的基本握法

（1）持棍法。右手持棍，以拇指和食指卡握棍身，其余三指自然弯曲，虎口朝向棍梢，使棍身紧贴于身体右侧，把端触地。

（2）提棍法。单手握，右手握住棍身距把端 1/3 处；顺把握，双手虎口顺向握棍；对把握，双手虎口相对握棍。

3. 棍的主要运动方法

（1）拨棍。棍梢斜向前上方左右摆动为拨，拨棍时用力轻快平稳，幅度不要过大。

（2）扫棍。棍梢在腰部以下水平抡摆；或尽量以棍梢贴地，棍身倾斜抡摆为扫。扫棍要求迅猛有力，力达棍梢。

（3）抡棍。单手或双手将棍梢向左或向右平抡。平抡不得超过 1 周，加转身不得超过 2 周。抡棍要求迅猛有力，力达棍梢。

（4）戳棍。棍梢或棍把直线向前、向侧或向后戳击。戳棍要求发力短促，力达梢端或把端。

（5）劈棍。棍由上向下为劈。劈棍要求迅猛有力，力达棍梢。

（6）立圆舞花。两手握住棍身中段，使棍在身体两侧由上向前、向下绕立圆转动。要求连续快速，走立圆时很要贴近身体。

（7）提撩舞花。两手握住棍身距把端 1/3 处，使棍沿身体左右两侧由下向前、向上划立圆连续向前撩出。要求快速连贯，立圆抡转应贴近身体但不得触身。

四、武术礼仪

（一）徒手礼

1. 抱拳礼

行礼的方法是：并步站立，左手四指并拢伸直成掌，拇指屈拢；右手成拳，左掌心掩贴右拳面，左指尖与下颏平齐。右拳眼斜对胸窝，置于胸前屈臂呈圆，肘尖略下垂，拳掌与胸相距 20～30 cm。头正、身直，目视受礼者，举止自然大方。

抱拳礼的具体含义：左掌表示德、智、体、美“四育”齐备，象征高尚情操。屈指不自大，不骄傲，不以“老大”自居。右拳表示勇猛习武，左拳掩右拳相抱，表示“勇不滋

乱”“武不犯禁”，以此来约束、节制勇武的意思。左掌右拳拢屈，两臂弯曲呈圆，表示五湖四海（泛指五洲四洋），天下武林是一家，谦虚团结，以武会友。左掌为文，右拳为武，文武兼学，虚心、渴望求知，恭候师友、前辈指教。当代武术本着为和平与友谊服务的宗旨，被赋予了新的含义：右手握拳，寓意尚武；左手掩拳，寓意崇德，以武会友；左掌四指并拢，寓意四海武林团结奋进；屈左手拇指，寓意虚心求教，永不自大；两臂屈圆，寓意天下武林是一家。

2. 鞠躬礼

行礼的方法：并步站立，两手垂置于体侧，手心向内贴于大腿外侧，上体向前倾斜 15°。

（二）持械礼

1. 抱刀礼

并步站立，左手抱刀，屈臂抬起使刀横于胸前，刀刃向上；右手拇指屈拢呈斜侧立掌，以掌心附于左手拇指第 1 指节上，高与胸齐，两手与胸间距离 20～30 cm，目视受礼者。

2. 持剑礼

开步站立，左手持剑，屈臂抬起使剑身贴前臂外侧斜横于胸前；右手成掌以掌外沿附于左手食指根节，高与胸齐，两手与胸间距离为 20～30 cm，目视受礼者。

3. 持枪（棍）礼

并步站立，左手持枪（棍）把段（靠把端 1/3 处）屈臂置于胸前，枪（棍）身立；右手成掌附于左手拇指第 2 指节上，两手与胸间距离为 20～30 cm，目视受礼者。运动员若持双器械，应将器械交一手执握，行抱刀礼，持剑礼，持枪（棍）礼；若不适合行礼时，则应两手持械面向裁判长立正行注目礼，其他器械参照以上各种礼仪执行。

五、武术套路竞赛规则简介

（一）武术套路竞赛规则简介

1. 场地的规定

（1）比赛在地毯上进行，单练和对练项目的场地为：长 14 m，宽 8 m，四周内沿应标明 5 cm 宽线，其周围至少有 2 m 宽的安全区，在场地的两长边中间各做一条长 30 cm、宽 50 cm 的中线标记。

（2）集体项目的场地为长 16 m、宽 14 m，四周内沿应标明 5 cm 宽的边线，其周围至少有 1 m 宽的安全区，比赛场地上空从地面量起，至少有 8 m 的无障碍空间。

（3）2 个比赛场地之间的距离要 6 m 以上。

（4）场地的地面空间高度不少于 8 m。

2. 器材的规定

（1）长度。枪的全长必须等于本人直立直臂上举时从脚底到指端的长度；棍最短必须等于本人身高；剑、刀的长度以运动员直臂垂肘反手持剑或直臂垂肘抱刀时，剑尖或刀尖不低于本人耳上端为准。

（2）质量。枪杆和棍应由白蜡杆制成，剑、刀应由钢材料制成。

（二）武术套路评分标准与方法

1. 评分标准

各项比赛的满分为10分，其中动作规格分值为6.8分，演练水平分值为32分。

2. 动作规格的评定

（1）凡手型、步型、身型、手法、步法、身法、腿法、跳跃、平衡和各种器械的方法与规格要求轻微不符者，每出现1次扣0.05分；与规格要求显著不符者，每出现1次扣0.1分；与规格要求严重不符者，每出现1次扣0.2分。1个动作出现多种错误时，最多扣分不得超过0.2分，出现3次以上扣0.5分。

（2）同一手型（包括剑指），每出现1次轻微错误扣0.05分，出现2次扣0.1分，出现3次以上扣0.2分；同一步型、步法、器械方法出现1次轻微错误扣0.05分，出现2次扣0.1分，出现3次以上扣0.3分；出现1次显著错误扣0.1分，出现2次扣0.2分，出现3次以上扣0.5分。

（3）凡手法、步法、器械方法中属动作不清的轻微错误，出现1次扣0.05分，出现2次扣分0.1分，出现3次以上扣0.3分。出现1次显著错误扣0.1分，出现2次扣0.2分，出现3次以上扣0.5分。

3. 演练水平的评定

（1）采用等级给分制的评分方法，劲力、节奏、编排（内容、结构、布局）、音乐的评分标准分为3档9级。其中，很好为2.95～3.20分；一般为2.50～2.94分；较差为2.00～2.49分。

（2）凡劲力充足、用力顺达、力点准确、节奏分明、内容充实、结构合理、布局匀称，动作与音乐和谐一致者为“很好”。

（3）凡劲力较充足、用力较顺达、力点较准确、节奏较分明、内容较充实、结构较合理、布局较匀称，动作与音乐较和谐一致者为“一般”。

（4）凡劲力不充足、用力不顺达、力点不准确、节奏不分明、内容不充实、结构不合理、布局不匀称，动作与音乐不能和谐一致者为“较差”。

（演示者：张广鹏）

体育视窗

武　状　元

武状元就是在古代社会中，武科举考试选拔出来的最高一级或者经皇帝认定的第1名，或者称为武进士。自古以来，在漫长的中国历史中存在着文治武功。人们已经习惯于一方面“以文教佐天下”也就是教化民众，维护社会太平；另一方面“以武功

戡祸乱”也就是保护国家安定、巩固国家政权。一文一武，相得益彰。历史上最有名的武状元是“苏乞儿”，原名苏灿，是中国武术史上的传奇人物，位列“广东十虎”。一生充满曲折，从原本家庭幸福，被陷害到乞讨为生，最后创出“醉拳”，成为武林泰斗，侠肝义胆，匡扶正义，令人敬佩。

【思考题】

1. 拳术的基本手型、基本步型有哪些？
2. 简答太极拳对身体各部位的要求。
3. 武术礼仪有哪些？

学习资源（视频）

五步拳

初级三路长拳

初级刀术

初级剑术

初级棍术

初级枪术

简化太极拳

第二节　舞龙舞狮

一、舞龙运动

（一）舞龙运动概述

中国是舞龙运动的发源地，发源于 2 000 年前的汉唐时代。2 000 余年来，一直颇受人民群众的喜爱，历代相传，鼎盛不衰。为了推广舞龙运动及其他民族形式的体育的发展，1994 年 5 月，国家体育运动委员会将舞龙列入体育竞技项目。近年来，舞龙运动的竞赛已形成规模，国际间的舞龙比赛和表演经常在世界各地举行。舞龙运动已经向规范化、科学化、竞技化、国际化的方向发展。

（二）舞龙基本技术

1. 基本握法

（1）正常位。双手持把，左（或右）臂轴微弯曲，手握于把位末端与胸同高，右（或左）臂伸直，手握于把的上端。要点：挺胸，塌腰，手握把要平稳，把位离胸距离为一拳。

（2）滑把。一手握把端不动，另一手握把上下滑动。要点：滑动要连贯均匀。

（3）换把。结合滑把动作，在滑动手接近固定手位，双手转换，滑动手握把成固定手位，固定手位变成滑动手位。要点：换把手位时，要保持平稳，并随龙体轨迹运行。

2. 龙珠的基本步型和步法

（1）步型。

① 正步。两脚靠拢，脚尖对前方，重心在双脚上。

② 小八字步。两脚跟靠拢，脚尖分开，对左、右前角。

③ 大八字步。两脚跟间相距一脚半，其他同小八字步。

④ 丁字步。右（左）脚跟靠拢左（右）脚足弓处，脚尖方向同小八字步。

⑤ 虚丁步。（前点步）站丁字步，右（或左）脚顺脚尖方向伸出，绷脚点地，大腿外旋。

⑥ 虚步。两脚前后开立，右脚外展 45°，屈膝半蹲，左脚脚跟离地，脚面绷平，脚稍内扣，虚点地面，膝微屈，重心落于后腿上。两眼向前平视。左脚在前为左虚步；右脚在前为右虚步。

⑦ 弓箭步。右脚（或左脚）向前迈出，屈膝，小腿垂直，脚尖朝前，左腿（或右腿）挺直，脚尖稍内扣。重心在两腿中间，上身与右（或左）脚尖同一方向。

⑧ 横弓步。弓步的上身左（或右）转与左（或右）脚尖同一方向。

（2）步法。

① 圆场步。沿圆线行进，左脚上一步，脚跟靠在右脚尖前，脚跟先着地，再移至前脚掌，同时右脚跟提起。右脚做法同左脚，两脚动作保持在一条线上。

② 矮步。两腿半屈，勾脚尖迅速连续地以脚跟到脚尖滚动向前行进。每步大小约与本人的一个脚长相等。

③ 弧形步。两腿微屈，两脚迅速连续向前行进。每步大小略比肩宽，走弧形路线。眼注视龙体。

④ 单碾步。预备势脚站小八字步，手握把位上举姿势，右脚以脚掌为轴，脚跟微提起。左脚以脚跟为轴，脚掌微提起。两脚同时向右旁碾动，由正小八字步碾成反小八字步，然后右脚以脚跟为轴，左脚以脚掌为轴，同时向右旁碾动，成正小八字步，反复按此进行。

（3）跳跃翻腾。

① 腾空箭弹。右脚向前上步，膝关节伸直，以脚后跟着地；左臂前摆，持龙珠后摆；眼视前方。

② 旋风脚。左脚向左上步，同时左手向下、向上摆起，右臂持龙珠伸直向后、向侧摆动。右腿随即上步，脚尖内扣，准备蹬地踏跳。左臂向下摆动并屈肘收至右胸前，同时左臂向上、向前抡摆，上体向左转前俯。

③ 踺子。经助跑、趋步后，上体侧转前压，两手体前依次撑地，随即两腿依次向后上蹬、摆。经倒立部位后，推地、并腿后踹。当前脚掌蹬地后，急速带臂，梗头外转体90°跳起。

④ 后手翻。“绷跳小翻”由两臂前举站立开始，体稍前屈，直膝，臀部后移。当失去重心时两脚蹬地，倒肩，两臂后甩，抬头挺胸，体后屈翻转。撑地经手倒立后，顶肩推手，屈髋，插腿，立腰起立。

⑤ 后空翻。站立开始，两臂预先后摆，然后经下向前上方领，配合两腿屈膝后蹬地跳起。腾空后提膝团身，抱腿向后翻转，至3/4周时，两臂上举，展体落地成站立。

⑥ 侧空翻。左脚向前上步蹬地伸展髋、膝、踝关节，右腿向后上摆起，同时上体向左侧倾，利用摆腿惯力使身体在空中向左侧翻转，然后右脚、左脚相继落地。

⑦ 旋子。两脚并步站立。身体右转，左脚向左迈步；两手向右平摆。接着，上体前俯并向左后上方拧转左腿屈膝，两臂随身体平摆；同时，右腿向后上方摆起，左腿蹬地伸直相继向后上方摆起，使身体在空中平旋1周。随后，右、左脚依次落地。

⑧ 抢背。右脚在前，左脚在后，两脚交错站位。左脚从后向上摆起，右脚蹬地跳起，团身向前滚翻，两腿屈膝。

(4) 舞龙单个动作技术分类。

① 按动作的易难分类。可分为A级难度动作、B级难度动作、C级难度动作等。

a. A级难度动作。指舞龙的基本动作和技术较为简单的技巧动作。每个动作分值0.1分。

b. B级难度动作。指在舞龙基本动作上有所发展，有所提高，具有一定难度，必须经过严格的训练才能完成的舞龙技巧动作。每个动作分值0.3分。

c. C级难度动作。指必须具备较高的身体专项素质和技能才能完成的高难度舞龙技巧动作，高难度的舞龙组合动作，并有较高的锻炼和审美价值。每个动作分值0.5分。

② 按定向动作的形态特征分类。可分为“8”字舞龙动作、游龙动作、穿腾动作、翻滚动作、组图造型动作等。

a. “8”字舞龙动作。运动员将龙体在人体左右两侧交替作“8”字形环绕的舞龙动作，可快可慢，可原地，可行进，也可利用人体组成多种姿势，以各种方法作“8”字形状舞动。

主要内容：

A级难度动作：原地“8”字、行进“8”字、单跪、套头、搁脚、扯旗、靠背、横移（跳）步、起伏“8”字舞龙。B级难度动作：原地快速“8”字、行进快速“8”字、跪步行进快、抱腰、绕身、双人换位、快舞龙磨转、连续抛接龙头横移（跳）步舞龙。C级难度动作：跳龙接一蹲一躺快、跳龙接摇船快、跳龙接直躺快、依次滚翻单跪快、挂腰、K 式、站脚、双杆舞龙。

b. 游龙动作。运动员较大幅度奔跑游走，通过龙体快慢有致、高低左右的起伏进行，展现婉转回旋、左右盘翻、屈伸绵延等的龙的动态特征。

主要内容：

A 级难度动作：直线行进、曲线行进、走（跑）圆场、滑步行进、起伏行进、单侧起伏小圆场、矮步跑圆场、直线（曲线）、圆场行进越障碍。B 级难度动作：快速曲线起伏行进，快速顺逆连续跑圆场、快速矮步跑圆场越障碍、快速跑斜圆场、骑肩双杆起伏行进。C 级难度动作：龙头站肩平盘起伏、直线后倒鲤打挺接擎龙行进。

c. 穿腾动作。龙体动作线路呈纵横交叉形式，龙珠、龙头、龙节依次在龙身下穿过，称“穿越”；龙珠、龙头、龙节依次在龙身上越过，称“腾越”。

主要内容：

A 级难度动作：穿龙尾、越龙尾、首尾穿肚。B 级难度动作：龙穿身、龙脱衣、龙戏尾，连续腾越行进、腾身穿尾、穿尾越龙身、卧龙飞腾、穿八五节、首（尾）穿花缠身行进。C 级难度动作：快速连续穿越行进（3 次以上）、连续穿越腾越行进（4 次以上）。

d. 翻滚动作。龙体呈立圆或斜圆状运动，展现龙的腾跃、缠绕的动势。龙体做立圆或斜圆状连续运动，当龙身运动到舞龙者脚下时，舞龙者跳向上腾起依次跳过龙身，称“跳龙动作”。龙体同时或依次做了翻转，运动员利用滚翻、手翻等方法越过龙身，称“翻滚动作”。

主要内容：

A 级难度动作：龙翻身。B 级难度动作：快速逆（顺）向跳龙行进（2 次以上）、连续游龙跳龙（2 次以上）、大立圆螺旋行进（3 次以上）。C 级难度动作：快速连续斜盘跳龙（3 次以上）、快速连续螺旋跳龙（4 次以上）、快速连续螺旋跳龙磨转（6 次以上）、快速左右螺旋跳龙（左右各 3 次以上）、快速连续磨盘跳龙（3 次以上）。

e. 组图造型动作。龙体在运动中组成活动的图案和相对静止的造型。

主要内容：

A 级难度：龙门造型、塔盘造型、尾盘造型、曲线造型、龙出宫造型、蝴蝶盘花造型、组字造型、龙舟造型、螺丝结顶造型、卧（垛）龙造型。B 级难度动作：上肩高塔造型自转 1 周、龙尾高翘寻珠、追珠、首尾盘柱、龙翻身接滚翻呈造型、单臂侧手翻接滚翻呈造型。C 级难度动作：大横“8”字花慢行进、坐肩后仰呈平盘起伏旋转。

（5）舞龙基本技术。

①“8”字舞龙动作。

a. 原地（或快速）“8”字舞龙。全体队员“大八字步”成一直排站立，龙体在舞龙者两侧做“8”字环绕舞龙 6 次以上。

b. 行进（或快速）“8”字舞龙。动作与原地“8”字舞龙相同，只是龙珠引龙体在舞龙的同时向前行进，龙体在舞龙者两侧“8”字环绕舞龙 6 次以上。

c. 快舞龙磨转：全体队员呈一直排，龙头面对龙体做“8”字舞龙；以第 5 把为中心，顺（逆）时针磨转 1 周。“8”字舞龙动作要求龙形圆顺，转轴流畅连贯。

d. 靠背舞龙。全体“大八字步”呈一直排站立，奇数号队员（龙头除外）向后转身分别与偶数号队员背对背呈斜靠状，龙体在舞龙者两侧快速“8”字环绕舞龙 6 次以上。

e. 绕身舞龙。全体呈一直排站立，在进行“8”字舞龙的过程中，奇数号队员（龙头除外）围绕偶数号队员身体转 3 周以上，且“8”字舞龙不能停顿。

f. 连续抛接龙头横移（跑）步舞龙。全体呈一直排站立，在进行“8”字舞龙的过程中，替换龙头队员与龙头站一直线上，左右相隔 2～3 m 距离，舞一次“8”字舞龙将龙头抛向替换龙头，在由替换龙头接住舞 1 次“8”字舞龙后，再将龙头抛向原龙头接住，如此反复 3 次以上，其他队员跟随龙头位置的移动而左右移（跑）步舞龙。

g. 跳龙接一蹲一躺快舞龙。全体呈一直排站立，快“8”字舞龙过程中，龙头顺时针方向划一立圆，各龙节依次跳跃龙身；落地后，双数号队员依次呈马步状站立，单数号队员依次仰卧在地，龙体在舞龙者两侧快速“8”字环绕舞龙 6 次以上。

h. 跳龙接摇船快舞龙。全体呈一直排站立，快“8”字舞龙过程中，龙头顺时针方向划一立圆，各龙节依次跳跃龙身；落地后，双数队员左转 1/4 周，单数号队员右转 1/4 周，再迅速交叉横卧在地，身体似船一样前后摇摆；随后，双手持杆随摇摆方向做“8”字环绕舞龙 6 次以上。

i. 跳龙接直躺快舞龙。全体呈一直排，快“8”字舞龙过程中，龙头顺时针方向划一立圆，各龙节依次跳跃龙身；落地后，各节队员快速依次仰卧在地，而前一节队员正好躺在后面队员的腹部，随龙头躺地做“8”字环绕舞龙 6 次以上。

j. 挂腰舞龙。全体队员呈一直排站立，单数号队员（龙头除外）转身与双数号队员面对站立，单数号队员（龙头除外）分别用两腿勾住双数号队员的腰部，身体悬空呈挂腰状，龙体在舞龙者两侧快速“8”字环绕舞龙 6 次以上。

k. K 式舞龙。全体队员呈一直排站立，单数号队员（龙头除外）转过身体与双数号队员相互用背靠紧，单数号队员（龙头龙尾除外）队员分别用双腿缠在双数号腰上，龙体在舞龙者两侧快速“8”字环绕舞龙 6 次以上。

l. 站腿舞龙。全体队员呈一直排站立，双数号队员呈马步站立，在舞“8”字龙过程中，单数号队员依次踩在前面队员腿上，龙体在舞龙者两侧快速“8”字环绕舞龙 6 次以上。

② 游龙类动作。

a. 起伏行进。龙珠引龙体逆时针方向走大圆场，行进中，通过舞龙者“直立高擎龙”“矮步端龙”的不断变化，龙体做上下流线状起伏行进。

b. 单侧起伏小圆场。龙珠引龙体逆时针方向走小圆场，同时龙体在舞龙者右侧快速大幅度上下起伏。

c. 矮步跑圆场。龙珠引龙体逆（顺）时针方向矮步端龙跑圆场，同时龙体做小幅度的上下起伏动作。

d. 快速曲线起伏行进。龙珠引龙体快速左右曲线起伏行进，改变 3 个以上方向。

e. 快速矮步跑圆场越障碍。龙珠引龙体逆时针方向快速矮步跑圆场 2 周，同时龙体做小幅度起伏；龙珠右侧平端，珠杆做反方向运动，龙头带领各节跳跃龙珠障碍。

f. 快速跑斜圆场。龙珠引龙体沿逆时针方向快速跑圆场，同时龙体呈前低后高的斜圆盘状旋转 2 周以上。舞龙者在快速跑圆场时，随龙体的升降不断改变自身姿态和持杆动作，做到快而不乱。

g. 骑肩双杆起伏行进。龙珠引龙体集中，单数号队员（龙头除外）一人双杆骑在双数号队员肩上，由龙珠引龙头带领龙体做右侧上下单侧起伏行进 2 周以上。

③ 穿腾类动作。

a. 穿龙尾。龙珠引龙体逆时针方向跑圆场呈圆后，带领龙体穿越第 8 节龙身行进。

b. 越龙尾。全体队员逆时针跑圆（斜圆），龙珠引龙体依次跨越第 8 节龙身。

c. 首尾穿（越）肚。龙珠引龙头带领 2、3、4 把队员穿越第 5 节龙身，同时龙尾队员带领 8、7 把队员穿越第 5 节龙身。

d. 龙穿身。龙头跨越第 5 节龙身与龙珠呼应，后 4 把队员迅速从第 1 节龙身下连贯穿过；龙珠引龙头做“8”字舞龙 2 次，然后带领前 4 把队员，穿越第 5 节龙身；紧接着第 6 把队员引最后 3 把队员穿越第 5 节龙身，随龙头行进。穿越动作时龙形要饱满，轨迹要流畅。

e. 龙脱衣。快“8”字舞龙中突然静止，组成一曲线造型。然后，双数队员向右，单数队员向左呈 2 排，在龙珠带领下，从 2 排龙身下依次穿过结成疙瘩，当最后 2 把队员正好穿过时，在由龙珠引龙体原路折回穿过龙身，自然解开龙身疙瘩。

f. 穿尾越龙身。龙珠引龙体穿越龙尾后转身往回走，龙珠龙头右侧平端，双数队员圆场步往前走，单数号队员（龙头除外）跨越龙珠、龙头障碍。

g. 卧龙飞腾。举龙行进中，龙头在龙珠引导下，舞一圆弧呈右端龙呈卧龙状，矮步后退，龙节依次跳跃龙身，随龙头后退行进，退至与龙尾相遇时，龙珠手举珠向前腾越各龙杆，龙头及龙节随龙珠依次举龙腾越各龙杆。

h. 穿八五节。龙珠引龙体逆时针方向跑圆场呈圆后，接着带领龙体穿越龙尾反向行进，紧接着依次穿越第 8、第 5 节龙身；当第 3 把队员穿过第 8 节龙身后，第 6、7、8 把队员分别跳跃 1、2、3 节龙身，随龙头行进。穿越时龙形要美，动作连接紧凑。

④ 翻滚类动作。

a. 快速逆（顺）向跳龙行进（2 次以上）。龙头带领龙节在龙珠引导下，举龙把快速行进，逆时针方向连续舞 2 次立圆；各龙节迅速依次跳越龙身，随龙头行进。要求腾跳动作干净利索，龙体运动轨迹顺畅。

b. 大立圆螺旋行进（3 次以上）。龙头在龙珠的引导下顺时针方向舞大立圆 3 次，使龙体呈连续螺旋状翻转行进。当龙身翻到队员脚下时，依次从龙身上越过。龙形螺旋立圆一致，队员腾越龙身轻松利索，不碰踩龙体，不拖地。

c. 快速连续斜盘跳龙（3 次以上）。全体队员呈一直排站立，先全体舞动 2 次“8”字舞龙，然后，龙头面对龙体，做向左后转体，龙体向左、向后、向右逆时针方向舞斜圆；

当第 1 节龙身舞到第 2 把队员脚下时，第 2 把队员迅速从龙身上跳过，接着马上左后转体，将龙体向左、向后，向右逆时针方向舞斜圆，当第 2 把队员将第 2 节龙身舞到第 3 把队员脚下时，第 3 把队员迅速从龙身上跳过，依次类推。如此反复 3 次以上，使龙体连续斜盘翻转。

d. 快速连续螺旋跳龙（4 次以上）。全体队员呈一直线站立，龙头面对龙节顺时针方向舞立圆；当龙身舞到脚下时，各节队员迅速从龙身上依次跳过。如此反复 4 次以上，使龙体连续螺旋翻转。连续跳龙，龙形要圆顺，速度要均匀，幅度要统一。

e. 快速连续螺旋跳龙磨转（6 次以上）。全体队员呈一直线站立，龙头面对龙节顺时针方向舞立圆；当龙身舞到脚下时，各节队员迅速从龙身上依次跳过 6 次以上，同时以第 5 把队员为轴心，龙体逆时针方向，呈磨盘状边舞边转 1 周（同“快速连续螺旋跳龙”）。

⑤ 组图造型动作。龙门造型；尾盘造型；曲线造型；龙出宫造型；龙舟造型；上肩高塔盘造型自转 1 周；龙尾高翘寻珠、追珠；首尾盘柱；大横“8”字花慢行进（成型 4 次以上）。

⑥ 舞龙规定套路。圆潭卧龙；团龙起伏；龙盘柱尾起伏；龙翻身接东方龙造型；穿龙尾接跳龙起伏圆场；逆向跳龙行进；正反腾越行进；快速游龙；连续穿越行进；尾盘造型；大横“8”字花慢行进；连续左右跳龙；跳龙接摇船舞龙；大立圆螺旋行进；矮步圆场越障碍；首尾穿身；首尾内外起伏；首尾跳龙转位；曲线造型；换位跳龙行进；绕身舞龙；站腿舞龙；穿尾腾身；躺身挂腰四人组合舞龙；龙舟造型；龙脱衣。

二、舞狮运动

（一）舞狮运动概述

中国是舞狮运动的发源地，发源于 2 000 年前的汉唐时代。为促进舞狮运动在国内的普及，国家体育运动委员会于 1995 年成立了中国龙狮运动协会，举办国际、国内龙狮赛事。目前，在国际上也成立了“国际龙狮总会”，总部设在北京。

舞狮运动是指由狮头、狮尾组成的单狮，运用各种步形步法，模仿狮子的摔、跌、扒、跃等动态，通过腾、挪、闪、扑、回旋、飞跃等高难动作演绎狮子喜、怒、哀、乐、动、静、惊、疑八态，表现狮子的威猛与刚劲以及惟妙惟肖的憨态可掬的神态。在表演过程中，其舒缓婉转之处，令人忍俊不禁，拍手称绝；其腾飞、跳跃之时，让人胆战心惊而又昂扬振奋。

1. 北方狮子舞

北方狮子舞以表演“武狮”为主，又称“北狮”“瑞狮”。北狮的外形全身由狮被遮盖，舞狮者只露出双脚，下身穿着与狮被同色的裤子和金爪蹄靴，由 2 人合作扮 1 头大狮（或称太狮），其中 1 人站立舞狮头，1 人弯腰舞狮身和狮尾；1 个人扮作 1 头小狮（或称少狮），另 1 个人扮武士，手持旋转绣球作为引导，并先开拳踢打，以球引诱狮子起舞。舞狮动作有跌扑、滚翻、跳跃、搔痒、抓耳等，步法有单提步、跨跳步、击步、碎步、单脚直立、双飞脚、大转身等，还有滚绣球、过跳板、上楼台，跳桌等技巧动作。舞狮时配以京鼓、京锣、京钹，乐声抑扬、动作合拍、生动活泼、惟妙惟肖。

2. 南方狮子舞

南方狮子舞以表演“文狮”为主，又称“南狮”“醒狮”。南狮以广东等地区的舞狮最具代表性，也称作“醒狮”或“岭南醒狮”。南狮以神似为基础，同武术相结合，摆脱具体形态的局限。狮头有大号、二号和三号之分，外貌是以色彩来表现其性格。舞狮子的主题是采青，采青是整个套路表演的中心思想和高潮。“青”指的是“生菜”，广东话“生菜”与“生财”同音，取其吉祥如意。传统采青的种类繁多，可分为高青、地青、水青、阵形青和传统的各行各业摆青。狮子采青，主要由以下几个方面来表现：寻青、见青、惊青、疑青、试青、弄青、踏青、咬青、撕青、嚼青、食青、醉青、吐青。

（二）舞狮基本技术

1. 北狮运动基本技术

（1）狮头、狮尾的基本握法。

① 狮头握法。两手紧握头圈嘴巴下摆的关节处，以便于控制嘴巴张合。

② 狮尾握法。

a. 双手扶位。狮尾队员双手虎口朝上，大拇指插入狮头腰带，四指并拢握住扶拉腰带。

b. 单手扶位。狮尾队员单手扶拉狮头队员腰带，另 1 手扶拉狮皮。

c. 脱手扶位。狮尾队员双手松开狮头队员腰带，扶拉狮被两侧下摆。

（2）狮头基本手法。

① 摇。双手扶头圈，双手交替向前、向上、向后、向下做回旋动作。手的运动路线呈立圆。

② 点。双手扶头圈，身体向右侧回旋，与地面的倾角成 45°，左右手的运动路线为上下交替运动，左侧动作与右侧动作相同，方向相反。

③ 摆。双手扶头圈，上左步时狮头摆至左侧，重心放置左腿；行走时右侧动作与左侧动作相同，方向相反。

④ 错。双手扶头圈，然后双手拉至狮头向右侧做预摆动作，右手与右腰侧同时腰、臂齐发力，摆至身体左侧，成半马步，重心放置右腿。右侧动作与左侧动作相同，方向相反。

⑤ 叼。一手扶头圈，另一手用小臂托头圈，手伸至狮嘴中央处拿绣球。

（3）北狮基本步法。

① 行步。狮头、狮尾队员重心稍低，迈步时狮头队员先迈左脚，狮尾队员同时迈右脚，节奏一致。

② 跑步。要求同行步相同，节奏要快。

③ 盖步。狮头队员向右盖步，左脚经右脚前先向右跳扣步，同时右脚向右跳半步亮相，狮尾队员与狮头队员动作相同；向左盖步，动作相同方向相反。

④ 错步。狮头狮尾队员同时向身后 45°斜后方向先左脚后右脚同时退步。要点：转

体、转头与退步要协调一致。

⑤ 碎步。狮头狮尾队员同时向左（或右）小步平移，节奏快速、一致。

⑥ 颠步。狮头狮尾队员按顺（或逆）时针方向跳步行进，狮头队员迈左脚时，狮尾队员迈右脚，步法协调一致。

（4）引狮员的基本动作。

① 静态动作。是指引狮员的静止造型动作。弓步抱球；马步探球；仆步戏球；高虚步亮球；提膝亮球。

② 动态动作。是指引狮员行进间动作或跳跃动作。如圆场步、旋风脚、踺子、后手翻、后空翻、鱼跃等。

（5）北狮基本技术。

① 形态动作。

a. 亮相。狮头队员成偏右（或左）马步，使狮头由右（或左）下向上、向左（或右）下摆头；同时狮尾队员做左（或右）仆步配合。

b. 卧势。狮头队员两腿开放夹角成 90°坐势，大小腿成 130°夹角，吸气时使狮头由左下向右上、向前摆转；同时狮尾队员右手支撑地，左手拉扶狮头队员腰带呈侧倒姿势，随吸气动作左手肘关节慢慢向上抬起，使狮肚呈球状，呼气时狮头队员使狮头由右上向下、向左摆转；同时狮尾队员左手肘关节慢慢放下。

c. 高举（转体 90°、180°）。狮头队员原地震脚给信号，上跳，头稍向后领，躯干与下肢在空中呈 V 形，两脚面绷平；狮尾队员在狮头队员原地上跳时借力上举，两臂伸直，向左或右转体 90°或 180°。下落时狮尾队员后撤步使狮头队员垂直下落，向左或向右摆头亮相。

d. 侧滚翻。狮头队员原地震脚给信号，狮头和狮尾队员同时向左（或向右）滚翻，狮头队员要先转狮头再滚翻，狮尾队员滚翻时单手抓囊。

e. 金狮直立。狮头队员原地上跳、提膝，脚尖外展，同时狮尾队员借力上提，使狮头队员脚尖外侧顺两肋下滑至大腿上，呈马步支撑。

f. 金狮独立转体 180°。金狮直立动作后，狮头队员在狮尾队员腿上做单腿提膝动作，同时狮头左右上下晃动。狮头队员动作保持不变，狮尾队员以支撑腿脚跟为轴，带动狮头队员原地转体 180°。

g. 舔。狮头队员半马步亮相，使狮头道具张嘴向前脚小腿、大腿、肋部 3 处自上而下分 3 次舔出；狮尾队员配合节奏左右晃动尾部。

h. 啃。狮头队员半马步亮相，做完舔的动作后，把狮头自前腿甩至后腿方向，重心前移呈仆步，然后顺后腿脚面向上经大腿、肋部左右抖动 6～8 次上拉；狮尾队员同时也变仆步配合节奏左右晃动尾部。

i. 挠。狮头队员做完舔尾动作后，拧腰转头使狮头后脑向斜下方，等狮尾队员抬起一只脚放在脑后时，同时摇头晃脚 4～6 次。

j. 甩尾。狮头正对低条案一角亮相（左脚在前），狮头队员右后回摆狮头，然后向左后甩头，接右里合腿扣至左腿外侧，落地后转腰拧胯带动狮尾队员左腿上步、起跳腾空落至狮头队员身后，亮相。

② 神态动作。

a. 愣相。双手扶于头圈，拉狮头面向身体左侧做轻微预摆，然后由斜上45°方向摆至身体左侧，动作幅度要小。

b. 美相。双手扶于头圈，使狮头做上下回旋，做开心愉快神态，身体要协调配合。

c. 惊相。双手扶于头圈，右手先拉狮头于右肩侧，做受惊吓神态，然后顺势向左下摆头。

d. 怕相。双手扶于头圈，两手腕内收，提至狮嘴下，做害怕神态，边后退边向下做轻微回旋动作，然后由下至上将狮头慢慢抬起。

e. 急相。双手扶于头圈，做前后交替回拉动作，随之双脚与狮尾队员同时做急速震脚动作，做出未得到引狮球而生气、着急的神态（震脚动作要低、快）。

2. 南狮运动基本技术

（1）狮头的基本握法。

① 单阴手。以大拇指托狮舌，其余四指在狮舌上方，手背朝上。握狮舌中间或一侧部位，另一手握在根耳的引动绳，两手小臂托顶着两条横木。

② 单阳手。握法与单阴手相反，其余与单阴手相同。

③ 双阴手。握法与单阴手相同，但两手握于狮舌两侧头角处部位。

④ 双阳手。握法与双阴手相反，握的部位相同。

⑤ 开口式。多用于高架、下架舞狮时，根据狮神态意识的需要，确定张开口的大小角度及狮舌动的程度。

⑥ 合口式。一般用于舞高架狮时合上或狮神意或喜、擦、提等动作时，用合口式。

（2）狮尾的基本握法。

① 单手握法。一手大拇指插入舞狮头者腰侧的腰带部位，呈虎口握腰带，令四指轻抓舞狮头者的腰带和部位，另一手可做开摆尾、摆背等动作。

② 双手握法。双手同时用单手握法与狮头配合，做各种动作时则必须用力紧握。

③ 摆尾。随狮意、动态，可用手摆动或用臀部挪动。

（3）基本步型、步法。

① 行礼步。从基本站立姿势开始，以左为例，两脚用力蹬地，向上跃起，从中线落地，重心在右脚，成左虚步。右虚步与左虚步相同，方向相反。

② 两移步。从基本站立姿势开始，上体不动，左右脚交替前移约一脚掌。

③ 大四平步。两脚左右开立宽于肩，两腿弯曲，两大腿呈水平，上体正直，收腹挺胸。

④ 弓步。右腿大小腿弯曲，大腿呈水平，上体正对前方，呈前弓后绷形。

⑤ 开合步。从基本站立姿势开始，两脚蹬地，两腿向左右分开宽于肩；两脚蹬地，两腿并拢，完成动作的过程时，上体保持基本姿势。

⑥ 扑步（铲步）。左腿大小腿弯曲全蹲，重心在左腿，右腿向右侧前伸，大小腿呈一直线，脚掌内扣。左右动作相同，但方向相反。

⑦ 麒麟步。从基本站立姿势开始，重心移至左脚，右脚经左腿前向左移步，左右腿交叉，两腿弯曲，重心在两腿中间。右与左动作相同，但方向相反。

⑧ 跪步。从基本站立姿势开始，左腿大小腿弯曲约90°，右大小腿弯曲小于90°，右膝关节和右脚趾着地，上体稍前倾，重心在右脚。右与左动作相同，方向相反。

⑨ 虚步。左腿弯曲，重心在左腿，右腿微屈，脚尖前点。左与右动作相同，方向相反。

⑩ 吊步。在虚步的基础上，提起右腿，支撑腿微屈，右大腿在体前呈水平，膝关节放松，小腿自然下垂，脚尖绷直，左与右动作相同，方向相反。

（4）南狮演意神态动作。

① 喜。主要体现在遇到困难时想到了办法或越过悬崖时所表现出来的表情。表现形态可为高架狮或双跳步高低架。

② 怒。主要体现在遇到困难时想不到更好的办法时表露着急的表情。表现形态可为左右高架跳步和中架摆望。

③ 惊。主要在越过悬崖后，回头看到自己走过的路是很危险的时候所表现出发抖害怕的表情，也称过后怕。一般为震狮。

④ 疑。主要表现在遇到困难时想到了一些办法，但不知能不能行得通，表现出来的疑问。主要表现形态可为用脚或用头去探。

⑤ 动。狮子好动，喜爱跳跃，舞狮者在桩上跳跃，更能表现其动态。

⑥ 静。狮子经过千辛万苦，困难重重，身心感到疲惫，便须静下来休息。

⑦ 哀。狮子遇到困难，未能解决，便会显露哀伤，如何表达，全靠舞狮者。

⑧ 乐。狮子在桩上自由跳跃，落脚抓水尽显快乐神态。

（5）南狮桩上基本技术。

① 腾起。预备势，狮头与狮尾的基本站位。狮头下蹲，向上跃起；狮尾在狮头跃起的同时，把狮头举起，落地还原。

② 上单腿。狮头下蹲，用力蹬桩面，向上跃起；狮尾在狮头跃起的同时，把狮头举起，狮尾呈半蹲，狮头右脚站立在狮尾右大腿上，左大腿提起呈水平，小腿自然下垂。

③ 上双腿。在桩上呈两人基本姿势，狮头下蹲，用力蹬桩面，向上跃起，狮尾在狮头跃起的同时，把狮头举起，狮尾呈半蹲，狮头两脚站立在狮尾的左右大腿上。

④ 占位上双腿。狮头下蹲，两脚用力蹬桩面，向上跃起；狮尾在狮头跃起的同时，把狮头举起，狮尾两脚移至狮头的桩位上，狮尾呈半蹲，狮头两脚站立在狮尾的右大腿上。

3. 鼓乐基本技术

（1）鼓。

① 大鼓演奏方法。

a. 大鼓演奏三大要领。

要领一：大鼓（包括花盆鼓、缸鼓）的鼓面较大，敲击任何部位都能发声，但为了使双槌敲击的音色统一，必须将两槌敲在一点上。

要领二：鼓槌敲击时与鼓皮成45°左右，这样使鼓槌接触鼓皮成点状，发声集中。

要领三：捏鼓槌使用拇指、食指和中指，要松紧适度。所谓紧：拇指、食指和中指要有3个压迫点把鼓槌捏牢，不能松开。

b. 击鼓动作方法。以手腕关节为活动中心的上下运动；以肘关节为活动中心的上下运动；以肩关节为活动中心的上下运动；以3个指关节为活动中心的上下运动。

c. 击边鼓方法。大鼓鼓边的音色独特，它与鼓心音色成鲜明对比。敲击鼓边将双手下放并移向鼓面左右离鼓腔近5 cm处，食指的指甲几乎触及鼓腔，使鼓槌尽可能长地接触鼓皮。敲击时手腕不能高悬或左右移动，而要定位，使鼓槌能敲击在鼓边的固定部位上。

d. 击鼓姿势。演奏时收小腹，上身稍向前倾，以肩略上抬并将背肌稍稍拉紧，上身如抱着一个大圆球。

② 小鼓演奏方法。舞狮比赛或表演中，小鼓演奏的姿势和捏法与大鼓的演奏姿势和捏法相同。

（2）锣。

① 大锣演奏方法。

a. 持大锣方法。左手提大锣，右手执锣槌。提梁不能位于锣绳的正中部位，而是提梁的右边锣绳短、左边长，使提梁呈上高下低。左手提锣时用大拇指尖顶住竹管的下端，为左手提锣的主要用力点。另外四指自然收拢贴在一起，提梁的上端架于食指的上方，拇指的顶与食指的托构成了一个锣架，大锣就伏贴地挂在左手上。提锣时可用小指勾住锣绳，稍加拉紧，以控制大锣在演奏时的晃动。大锣的锣面要斜对腹部，便于右手敲击。

b. 大锣闷击演奏方法。将大锣往后收，使大锣锣边贴住腹部，敲击得闷音；左手腕向后弯曲，让大锣贴住前臂和肘部，敲击得闷气；击边，用锣槌杆敲击锣边，使其发出“叮叮叮”的声音；掩音，敲击后用右手掌按住锣面以切住余音。

② 小锣演奏方法。

a. 持小锣方法。用弯曲的左手食指指尖托住小锣的边缘，左手拇指可贴住食指的第1关节处为食指提锣助力。拇指也可虚按小锣边，当需止住锣音时做迅速掐住小锣边的掩音动作。提小锣弯左臂将小锣置于胸前，手腕要稍向左拐，使小锣的锣面斜向胸口。

b. 小锣演奏方法。演奏时，右手凭腕力摇动，用小锣片下端的侧面斜棱正击锣门。

c. 小锣掩音方法。用左手小指指尖抵住锣门背面，同时用左手大拇指掐住小锣边；用左手小指指尖和右手的手掌反向抵按锣心；坐奏时将小锣往腿上搁。

（3）钹类。钹原是流传于西亚北非地区的乐器，今人对钹与铙无严格的区分，又出现了镲的称谓。单就京剧伴奏中使用的钹类乐器的名称就有铙钹、小钹（又名镲锅）、齐拔、铙等。

① 演奏方法。钹与铙虽然在形制上有所区别，但其演奏法基本上是相同的，故只介绍钹的演奏法。

② 钹的演奏姿势。用左右手以相同方法持钹，右手居上，左手在下，钹面呈左高右低倾斜地朝向胸前。

③ 钹的演奏技巧。钹的演奏技巧丰富多样，有正击、侧击、闷由、颠击、磨击，边击、移击等。

体育视窗

南龙、北龙

1. 南龙

南龙，顾名思义，在江南一带发展出来的舞龙形式。

南龙的龙身比较重，龙头是整条龙最重的部分。南龙的风格在于有气势。因为它的重量关系，所以从动作上说，没有像北龙般注重花巧的动作，而在注重体力上。

2. 北龙

北龙是在江北一带发展出来的形式。

以龙身来说，北龙龙头比较细小和轻巧，用料可以是传统的纸扎，或者比较新颖的轻身的胶质，以便做出多花款的动作，如左右翻腾等。有别于南龙，北龙的动作范围不多，故而所要求的体力也相对降低。制作北龙的物料都是带荧光的。

【思考题】

1. 舞龙有哪些健身价值？
2. 北狮和南狮各有哪些特点与价值？

第三节　意　　拳

一、基本知识

（一）意拳创始

意拳，是我国传统拳术之一，又名大成拳，为河北深县王芗斋先生所创。王芗斋先生，名政和，又名尼宝，字宇僧，晚年自号“矛盾老人”，1885 年生于河北深县魏家林村。先生自幼体弱多病，为求强身健体，1894 年从郭云深大师学习形意拳。因其天资颖异，锻炼刻苦，深究拳理，备受郭老青睐，故尽得郭老拳学的精髓。

王芗斋先生致毕生精力于拳学，足迹遍及长江南北诸省，所遇名家好手甚多，相互交流切磋，获取了我国不同地区不同拳种流派的第一手宝贵资料，并对其内容和拳理进行了详细的剖析和深入的研究，前后历经 20 余年的潜心钻研，终于洞察到我国传统拳学的真谛。在众多拳种流派中，对意拳影响较大的有形意拳、八卦掌、太极拳、少林拳及福建的鹤拳等。

意拳的创立是我国传统武术的一次重大革命，曾引起武术界的巨大震动。当年许多中外技击家纷纷前去拜访王芗斋先生，共同探讨拳学，相互切磋技艺。20 世纪 40 年代初，北京名宿张玉衡、齐振林二老先生对意拳甚为赞赏，故赠意拳名为“大成拳”。此乃意拳之所以又称为大成拳的缘由。

（二）意拳训练内容与特点

“意拳”的训练内容主要包括站桩、试力（包括试声）、走步、发力、推手、散手等，重在健身与技击两个方面，没有套路与固定招法。站桩是意拳的基本功，分为健身桩与技击桩 2 种，在外形相对不动的情况下进行锻炼。健身桩在锻炼过程中强调精神训练与意念诱导，统帅肢体同时进行，要求精神集中，周身放松，呼吸自然，使身体各部平衡发展，侧重在健身，故名健身桩。技击桩是学习技击的基本功，在健身桩的基础上，运用意念活动，使全身建立“争力”，名之“浑圆力”（传统名称，意思是指上下、前后、左右意力达到平衡匀整的状态）。虽然这 2 种桩法在锻炼时要求上有所不同，但内在是有密切联系的。若仅为健身祛病，可不必练技击桩；而技击桩对增强人的体质也起很大作用，因此这 2 种桩法是不能分开的。

“意拳”的核心：以站桩为基础，通过精神假借，意念诱导，在无力中求有力，不动中求微动，静中求动的训练方法，培养、掌握以至运用“浑圆力”的一整套训练方法。实践证明，这种训练可以达到从精神到肢体，由肢体到外界形成的高度协调统一，并能在运动中充分发挥本身内在的能量和潜力。

二、基础功法和基本技术

（一）健身桩

1. 健身桩概述

健身桩是意拳的基本功，也可以作为一种医疗体育。它不限年龄、性别、身体强弱，不拘场地大小，人人都可随时随地练习，所以说这是把锻炼与休息统一起来的一种运动。练习健身桩的作用一方面使中枢神经休息调整；另一方面促进血液循环。健身桩对神经系统、呼吸系统、循环系统、消化系统、肌肉系统等各个方面的症状，特别是急性转为慢性的病症都有良好的辅助性疗效。

2. 健身桩基本要点

健身桩大致可分为站、坐、卧 3 种，一般以站势为主。要求精神集中，身体放松，呼吸自然，以舒适得力为目的。

3. 健身桩功法讲解

（1）平步撑抱桩。

身体间架要求：两脚分开与肩同宽，足心含虚，足趾似有扒地之意，周身自然直立，不偏不倚，舒展大方，头顶似有小线上提，似顶非顶，肩要平，不可耸，臀部略向后，似坐一高凳，假借身体后面有微微挤靠大树之意。(图 11－3－1)。

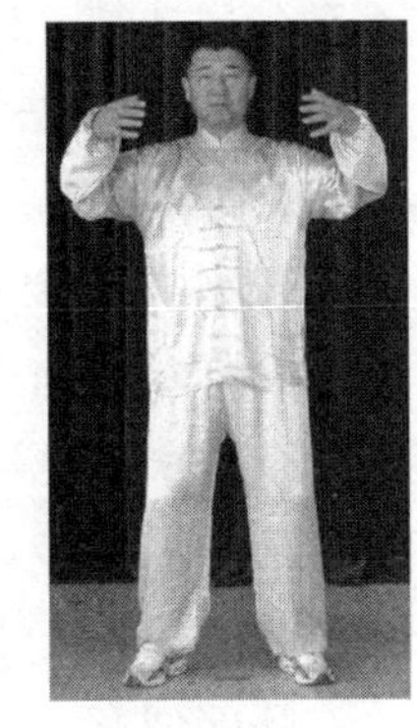
图 11－3－1

意念假借：双手慢慢抬至胸前，掌高肘低。掌心向内，五指相对。意想五指缝中各夹一棉球，两手之间相距 2～3 拳。双手距胸尺许远，双手似抱一气球，球与胸部、腹部、手臂内侧、手掌、手指轻轻接触。用力抱，球要瘪，无意抱，球要飘。总之，要以双手、双臂、胸部、腹部细心体会棉球的存在即可。

站好后，意念假借周身站在齐腰深的水中，双手、双臂放松地搭在漂浮在水中的球上，仅用能撑起双臂的劲力即可。然后，再意想高山绿水、苍松翠柏、鲜花盛开、鸟语花香等令人感觉放松舒畅的事物，逐渐达到物我两忘的状态。以上这些要求不可一味地刻意追求，最好是在自然中逐步形成。

(2) 意拳养生桩。形式较多，其他如平步托抱桩、平步提插桩、平步俯抱桩、平步扶按桩、平步推托桩、平步勾挂桩、平步抓提桩、平步背手桩及坐桩与卧桩等。这些桩法虽在形式上和意念假借上稍有不同，如托抱桩有利于肩部的放松，在意念上以提抱为主，本质上都要求周身意力不断，虚灵挺拔，轻松均整，以舒适得力为目的，在此不一一详解。

(二) 技击桩

1. 技击桩概述

意拳认为：浑圆力是拳术的基础，没有浑圆力就谈不到如何掌握技击的功夫，而技击桩是求取浑圆力最好的方法。因为站技击桩时身体采用一定的姿势，在相对静止的状态下容易集中精神，凝神定意，达到神不外驰，意念高度集中的境地，进而通过精神假借，意念诱导，摸索到似松非松，松而有力的意中之力，并逐渐地体会到一动无不动的周身整体之争力。同时，在相对静止状态下，通过意念活动还容易控制和变换力的方向。

意拳技击桩是在健身桩“松”的基础上，开始向神经肌肉“松紧”转换的训练过渡。技击桩松紧转换的训练是通过摸劲的形式来完成的，所谓摸劲，是指在思想高度集中的情况下，以舒适、协调意力饱满为原则，运用不同程度的意念诱导，结合合理的姿势间架，放松、缓慢、均匀的揣摩、体会站桩中松紧转换的力量。总的来说，是求得全身上下、左右、前后，四面八方意力在矛盾相争中所达到的平衡、均整、协调，浑然一体的力量，即所谓的“浑圆力”。

2. 技击桩的基本要点

练习技击桩时同样要注意精神高度集中，呼吸通畅，周身自然放松。精神集中，应敌时才能全神贯注，从容以对；呼吸通畅，体力才能持久；周身放松，才能使动作敏捷，反应迅速。在此基础上，要进行精神自我放大的训练，设想四面八方都以自身为中心，自己则如参天巨人一般，昂首独立于一望无际的大草原上，要有“欲与天公试比高”的宏伟气势。练习时，要形松意紧，周身关节都要形屈力直，周身鼓荡，内外牵连，双膝撑拔，推拉不动，肩要撑，肘要横，撑抱互相作用，但不要有纯粹的肌肉用力。

3. 技击桩功法讲解

（1）浑圆桩。

a. 身体间架要求。两足跟并齐，双脚脚尖 45°分开呈立正姿势。将右脚顺着前脚尖的方向迈出一个脚掌的长度，再横向向外移动一个脚面的宽度，左足跟微虚，这时两脚站立的位置既像丁字步，又像八字步，所以称丁八步，又名半丁半八步，身体重心分布为前三后七。右脚前膝微屈，膝部微向前指，似有小棍支撑。左膝部似有小绳上提，足趾似有扒地之意。头与前脚似有弹簧上下相争，同时左胯略向后指，与右膝似有弹簧前后相争，后胯略有上提之意。两腿的大腿外缘微微向内裹，同时两膝和小腿内侧微微向外翻张（图 11－3－2）。

图 11－3－2

双手慢慢抬起，右前手在高于嘴部位置，左后手抬起高与肩平，掌心向内。右掌心与右脚尖上下相对，左手心与左胸部相对，双手前臂与肘部弯曲的角度不小于 90°，右手位置略高于左手半拳，两手相距 2～3 拳，十指分开，指间似夹棉球之意，虎口似撑，指尖微敛，掌心内吸。左手不往身右来，右手不往身左去，以鼻子胸窝为线，头顶似有小线上提，似顶非顶，颈直立，不可用力，双目平视左手虎口向上的方向，即所谓头、手、脚三点一线。左足在前时，头向左微拧。呼吸自然，周身放松。

b. 浑圆桩前后摸劲训练。身体呈浑圆桩基本间架，意念假借周身如巨人般环抱一棵参天大树，并与大树有融为一体之意。练习向前摸劲时，左脚微微下踩、上提、前蹬，催动身体缓缓向前，前脚掌微微上踩，两腿内侧似有向内挤合，身体似有挤推大树之意。此时，双手、双臂配合前推、挤合、微向下按之意。头与前脚，似有弹簧上下挤合，一推即止，随即练习向后的摸劲。左腿微微下坐，两腿内侧似有弹簧微微上分，右脚五指似有扒地之意，膝部意向前指，微有上提之意。头与前脚、后胯与前膝，似有弹簧微微上下、前后相争。此时，双手、双臂配合回拉、外分、微微的上提。身体似有向后微微拉动大树之意，一拉即止，左式练习与右式相同。

浑圆桩开合、上下及打乱程序等摸劲训练，可参考技击桩意念设置，在此不一一详述。

（2）伏虎桩（大式桩）。以右式丁八步站好后，右脚向前迈出约 2 个脚掌的长度，足跟微虚，膝盖微屈，有前指之意，臀部下坐，大腿根部稍向后收，又微前俯，胸窝微收，目视左脚前部。右手提起放在右腿膝部内侧约 1 拳距离，手心向右，指尖向下，虎口撑圆，肘微屈稍上提，腋下含虚，若能容球。臀部似坐在虎腰上，右手掐住虎颈，左手掐住虎腰，意念假借头与前脚，后胯与前膝之间似有弹簧微微上下前后相系，双臂内侧似撑抱一球。身体似与大树融为一体，身体重心分配为前四后六（图 11－3－3）。

（3）降龙桩。周身呈立正姿势，右脚向前迈出距左脚约 1 m 的距离，左脚掌左右横放，脚掌内侧向前，足跟落实，膝部弯曲与前脚尖呈斜直线，左后脚与右脚足跟在一条直

线上，左膝似直，脚掌踩地，重心分配为前七后三。身体的肩部、胸部前倾，向右转体180°，头与颈部向右拧转，眼睛直视自己左脚跟。意念假借头与左右脚之间、两脚内侧间似有弹簧上下、前后斜面相系。这时左手前伸距头顶部左上外侧约1拳距离，掌心朝向斜上方并有微微向前之意，肘低掌高成90°角；右手向后伸出，与左脚跟上下相对，手掌高度约与臀部等高，肘高手低，右掌心向后并有微微向斜下方之意（图11－3－4）。

（4）独立桩。周身直立，左脚踩地，右腿膝部弯曲上提距地面30～40 cm高度，脚掌斜向前下方，脚面及脚踝部位微微回勾，似夹一小球，要求似有似无。左右腿横向间隔3拳左右，左腿膝部微屈，臀部似坐一高凳，身后似有靠树或靠墙之意。站好后，将双手抬起，为浑圆桩的撑抱式。身体由左向右转体为45°。意念假借，身体仿佛与树融为一体。头与双脚、左膝与后胯之间似有弹簧上下、前后斜面微微相争，右后胯有微微上提之意，身体重心为前三后七（图11－3－5）。

图11－3－3

图11－3－4

图11－3－5

综上所述，整个意拳站桩体系就是以养生桩为基础（若仅为健身，可不必练技击桩），在掌握了养生桩“松”的感觉之后，再向技击桩“松紧”转换的摸劲过渡，进而继续运用精神假借和意念诱导，通过“松紧”转换的摸劲，来培养强化周身上下、左右、前后平衡、均整、协调的拳术力量——浑圆力（争力）。求取浑圆力是练习意拳站桩摸劲的最终目的，浑圆力的培养与运用是整个意拳训练体系的核心。

（三）试力

1. 试力概述

站桩是基础，试力是关键，它的范围最广，难度最大，在意拳的整个训练体系中具有承上启下的作用。技击能力的强弱与试力训练的关系极为密切，所以学习意拳要给予试力足够的重视。试力者，试为尝试，摸索，探索之意，力是指拳术力量。试力的主要目的，就是在周身缓缓动起来之后，运用意念诱导、精神假借，继续摸索、培养和强化拳术中的浑圆力，使肢体在位移状态中仍能体会到均整、饱满之力，并运用自如，为下一步随机随势发力打下坚实基础。站桩与试力相互影响，相辅相成，试力是站桩在空间上的延伸。

2. 意拳试力的基本要求

初习试力要求用意不用力，由于手的感觉灵敏，练习时可先从手部开始去体会外部的阻力。待手上有了感觉之后，就要用全身去体会。试力时要求身体平衡均整，骨骼支撑，关节松灵，筋肉弛张，似松非松。动作越小越慢越有作用，像抽丝一样，不可停滞。一定要慢，“大动不如小动，小动不如慢动”，只有慢做，才能体会到劲力的变化。练习试力要做到周身欲动又止，欲止又动，有“动犹不动，不动犹动”之意。意念不断，全身自然，身体各部位所有的动作都由一个“意”字支配。试力到精熟阶段则意力不分，意到力到。

3. 意拳试力功法讲解

（1）定步平推试力（又称饴糖试力）。

① 定步平推试力对身体姿势的要求。两脚位置以右式丁八步站好，身体重心在两腿之间，五五分成。步子定位后，双手慢慢抬至胸部的位置，两手相距 2～3 拳，手心朝下，手指前伸微屈。

这时再逐步调整下半身部位，右脚膝盖略屈，膝盖突出部位略向前指，周围似有小棍支撑，足趾似有扒地之意。同时，左腿后胯意向后指，有微微上提之意。与右腿前方似有弹簧前后相争，两腿外缘意念微向内裹，同时两膝微向外张（图 11-3-6 至图 11-3-8）。

图 11-3-6

图 11-3-7

图 11-3-8

② 定步平推试力的意念要求。将整个身体姿势调整好后，再意念假借站在齐胸深的水中，双手五指与岸上的大树各系 5 根弹簧，双臂意似轻扶木板。在水中逐步体会推拉木板的阻力感，特别是体会手、脚及身体的协同运动。

（2）定步开合试力。

① 定步开合试力对身体姿势的要求。两脚位置以右式丁八步站好，慢慢将双手抬至前胸的高度，右脚在前，右手高度大约在肩部位置，右手前伸时以掌根不超过右脚尖为宜，左手伸出时，比右手高度矮半拳，距离比右手近半拳，双手手心微错相对，相距 2～3 拳，手指微屈前伸，意向前指（图 11-3-9 至图 11-3-11）。

② 定步开合试力的意念要求。姿势摆好后，意念假借身如巨人站在齐胸深的水中，双臂对胸前的水进行挤压和拨动，体会手臂及身体的阻力感。

（3）定步扶按球试力。

① 定步扶按球试力对身体姿势的要求。双脚站立姿势为丁八步，两脚前后力量重心为前三后七，姿势与意念同浑圆桩意念要求相同，身体呈右式站立，双手的掌心向下，手指微屈向前，双手相距 2～3 拳，右手顺右脚尖的方向前伸，右手掌要部在右脚脚面上方，

图 11-3-9

图 11-3-10

图 11-3-11

头部向右微拧，即头、手、脚三点一线，左手在右手后面近半拳的距离并低于右手半拳高度，双手向前伸出相当于手臂全长度 70%，手掌部高于肘部，两手掌位置约在胸腹部之间，肩部自然放松，身体自然站直（图 11-3-12 至图 11-3-14）。

图 11-3-12

图 11-3-13

图 11-3-14

② 定步扶按球试力的意念要求。意念假借周身站在齐腰深的水中，双手臂下面扶按着一个漂浮在水面上的球。运动时体会向下时球对手臂的浮力感，向上时手臂对球的压力感，任何时候的试力都是一对矛盾力，也是一对平衡力，特别强调按球时手背与掌跟之间的互换。

（四）摩擦步

1. 摩擦步概述

摩擦步是意拳的基础步法训练，它不是与地面的真正摩擦，而是在移动腿脚时，运用意念诱导，精神假借，使脚在与地面距离很近但并不接触的情况下与地面在意念中不停地摩擦着前进或后退，并体会其中的劲力感，由此来培养腿部的浑圆力。摩擦步的训练与试力的原则要领大致相同，故也可称其为脚与腿的试力。

2. 意拳摩擦步的基本要求

（1）走步时要保持周身整体的中正安舒，其要求与站桩基本相同。

（2）两脚并立为走摩擦步的起始状态，这样才能保证支撑腿的平稳与运行腿的灵便。

（3）走摩擦步，身体最关键的部位就是支撑腿，它是身体运动的力源。

（4）在支撑腿的催动下，要突出运行腿的强点部位。也就是说，向前走步时，要突出额头、胯、膝和脚尖的强点作用，让它们去带动周身整体的前进。

（5）突出摩擦步方向感，眼睛要盯住同一个目标。

（6）走摩擦步和站桩相结合，走步就是活动的桩。

3. 意拳摩擦步功法讲解

（1）定步摩擦步。此为摩擦步入门之基，定步即原地站立的练习方法，其目的是为了使练习者适应这种方法为以后的走步练习打下基础，并逐步提高其功力水平。

初习摩擦步可以从立正姿势开始，首先凝神定意，两眼注视前方一固定目标，以先行右脚为例，双腿两膝稍微弯曲，臀部似坐高凳，两手左右分开手心向下，手指横向前指，假借双手扶在两边的栏杆上，只可用意不可真的用力去扶（图 11 - 3 - 15）。

这时开始向前迈出右脚，在提脚时，意念假借身体整体带起后脚，脚跟平行将脚掌拔起大约离地 1 cm 的高度，同时设想右腿膝部上面似有细绳微微上拽，将右脚从烂泥中拔起顺着左脚掌内侧缓缓向前行进，意念假借双腿踩在烂泥中或站在沙滩里，右脚掌底踩一圆木棍缓缓向前，这时要细心体会右腿及其膝部、脚尖把烂泥、沙土缓缓拨开之意，右脚掌下面要体会把圆木棍在不平的地面上困难的滚动，同时有左后腿催动右腿之意。这时右脚慢慢向前走到距左脚尖大约一脚距离，右腿膝部似直非直时，就不要再前行了（图 11 - 3 - 16）。

随即右腿、右脚掌横站向外侧缓缓移动，意念假借把右腿右脚外侧的烂泥横着向斜前方拨开，右脚掌下面的圆木棍被踩着横向滑动，头与右脚似有上下相系的弹簧上下斜向相争之意（图 11 - 3 - 17）。

图 11 - 3 - 15

图 11 - 3 - 16

图 11 - 3 - 17

当右脚移动到丁八步位置后，开始缓缓向后行进，意念假借同上，左腿膝部弯曲，以利于身体的平稳（图 11 - 3 - 18）。

当右腿向后退到前七后三的丁八步位置，右腿要以右脚尖为首缓慢向左脚后跟部靠拢。这时右腿要突出前胯，膝部脚尖有前指之意，将右腿上下左右阻挡的烂泥整体的趟开，最后右脚缓缓地回到定式位置（图 11 - 3 - 19）。

定步摩擦练习，实际上是右腿在原地画一个圆圈的练习，在原地旋转时始终要体会腿部运动的阻力感，头与脚掌上相关的弹簧的相争之意。随着水平的提高，这种阻力要越来越强，但必须要用意不用力。同时，左右脚须相互变换练习，特别是感觉薄弱的一面更应加强练习。

（2）走步摩擦步。走步摩擦步即行进间的摩擦步练习，相对定步来说它增加了技术上的难度，练习走步摩擦步要从技击桩丁八步姿势起始，两手掌向下，手指相向指出，意念假借双手、双臂放松地搭在栏杆上，用意念来保持身体的平衡，意念假借双腿双脚踩在烂泥中，大腿以上的躯干仿佛站在水中，左脚在前，右脚在后，有泥水缓缓挤动之意（图 11－3－20）。

图 11－3－18

图 11－3－19

图 11－3－20

开始右脚掌向前蹬地，配合身体缓缓向前移动，意念假借身体的上下、前后似真的有挤动烂泥之阻力感，走步时左腿膝关节弯曲，慢慢将身体重心移到左前脚上，重心为前七后三（图 11－3－21）。

图 11－3－21

然后，右脚整体拔起，以摩擦、滚动之意慢慢靠近左脚呈并步姿态，再以摩擦之意向右前方出脚并落地，成右式丁八步（图 11－3－22、图 11－3－23）。如此，反复进行左右脚交替的向前行进练习。

以上是摩擦步的基本练习方法，其动作要领可概括为 4 个字：提、蹬、扒、缩。“提”指提膝；“蹬”指脚下踩后蹬；“扒”即落地时五趾轻轻扒地；“缩”指脚心微含之意。

图 11－3－22

图 11－3－23

（五）发力

1. 意拳发力概述

所谓发力是指拳术有效打击力量的动力。意拳发力是指在精神高度集中时，在意念指挥下，将内在蓄而待发之劲力，通过训练的手段和技巧在运动状态下，瞬间从身体某一部位迅猛的爆发出来。它是站桩、试力、走步等各项基本功的综合体现，假如基本功不扎实，要想发好力是不可能的。根据这个道理，在意拳训练系统中，发力的教学与训练是放在后面进行的，这一点必须引起我们重视。

2. 意拳发力的基本要求

（1）注意周身放松，在精神假借之下神经肌肉始终处于高度激发的状态。

（2）注意周身各部在发力瞬间相争而产生的争力。

（3）注意发力时后足蹬地的反作用力，此力是推动整体产生巨大惯性力的关键。

（4）周身瞬间的震颤，频率越快，产生的力量就越迅猛，王芗斋先生称之为："周身鼓荡"。

3. 意拳发力讲解

（1）定步向前发力。

① 定步向前发力对身体姿势的要求。定步向前发力是意拳最基本的发力。其站立的步法、手型与右式定步平推试力的起势相同。身体重心前三后七（图 11-3-24）。

② 定步向前发力的意念要求。意念假借前方似有大块烧红的热铁。向前发力时，左后脚猛然下踩前蹬，催动身体、头部向前撞击，前腿膝部力向前指，前脚掌猛然下踩，似把脚掌踩入地里。在发力的瞬间，两腿内侧，猛然向内挤合，头与左脚似有弹簧上下斜面相争，后胯与前膝，似有弹簧前后、上下相争。双手、双臂同时配合，向前、向上弧线上提，突出两掌根部，掌高肘低，猛然发力。似有穿透、撞飞红铁之意。双手向前发力时，双臂内侧似有外分、内裹之意。此时，身体重心为前七后三（图 11-3-25）。

一发即止，一紧即松，手型的姿势和身体重心仍回到后七前三的起势位置（图 11-3-26）。

图 11-3-24

图 11-3-25

图 11-3-26

左式发力与右式发力原则要领相同。

（2）定步扶按球发力。

① 定步扶按球发力时身体姿势的要求。站立的步法、手型与左式定步扶按球试力下压按球时的起势相同（图 11-3-27）。

② 定步扶按球发力的意念要求。站好之后，我们意念假借自己身如巨人，在双手臂下面扶按着一个很大的铁球。我们双臂要把这个大的铁球猛然下按到地里。首先站立的左后腿猛然下踩，右前脚掌五趾猛然扒地，两腿之间内侧相系的弹簧猛然前后、左右有拉断之意。由于后腿的猛然下挫微靠，身体也同时配合下坐微靠，双手臂也要配合身体把巨大铁球一下拍进地里。向下发力时，双手要以掌根为主，配合双肘、双臂根部为辅，在发力的瞬间，有向下、向外微分、微微有回拉的力，但要以向下的力为主，外分、回拉的力为辅。在发力的瞬间，意念假借双手间上下相系的弹簧，双手腕部上下相系的弹簧猛然间"咔嚓"拉断。在向下发力时，身体的重心为前三后七，发力的瞬间，双手臂的高度在胸部和腹部之间的位置。一发即止，一紧即松（图 11-3-28、图 11-3-29）。

图 11-3-27

图 11-3-28

图 11-3-29

（3）定步后下发力。

① 定步后下发力对身体姿势的要求。站立为右式丁八步，身体的重心为五五位置（图 11-3-30）。

② 定步后下发力的意念要求。将双手上举，呈半握拳状，拳心相对，高度大约在额头顶部，两手相距 2～3 拳；两肘微分，双臂内侧似有抱树之意。意念假借前方高大的树干上系一大的滑轮，垂直下吊一大铁球，双拳似各拉一根拴在滑轮上的钢丝绳。向后下发力时，意念假借利用后腿的下坐，把臀部下面，两腿内侧支撑的大树墩猛然砸坐入地。在后腿猛然下坐发力时，前脚五指微微扒地，前、后腿内侧似把弹簧猛然撕断，身体同时配合猛然下坐微靠，似有撞动大树之意。此时，身体重心为后七前三，一发即止，身体重心回到五五位置。左右式可交替练习（图 11-3-30 至图 11-3-32）。

在意拳定步发力训练有了相当基础之后，就要结合步法进行走步的发力训练了。从实战的角度来讲，走步发力训练更能有效的培养灵活多变的身法、步法及实战时一触即发的综合感应。走步发力的肩架结构和意念设置与定步发力相同，要求发力与步法相结合，更能体会身体质量对发力效果的影响，在此不再赘述。

图 11-3-30

图 11-3-31

图 11-3-32

（六）推手

1. 推手概述

推手，又称揉手、搭手，是中国武术所独有的一种技击训练方法，八卦掌、太极拳、意拳、鹤拳等诸多拳法均有推手练习。王芗斋先生说过："力由站桩而得，由试而知，由推手而懂。"需要特别提出的是，意拳是较典型的功夫拳，它的一切都建立在"改造生理"之后的"得力"基础上，推手训练的内容和形式也不例外。从形式上说，推手有单推手、双推手，其中又包括定步推手、动步推手、自由步推手等多种。

2. 推手的基本原则

（1）守中用中，间架得当。"守中用中"是意拳推手中应贯彻始终的重要原则。"守中"就是护住自身中线，即中线及人体前面正中之部位，不被对方所攻击。守护己方中线即为"守中，"控制对方中线即为"用中"。即双手不论做何动作，总有一手护住自身中线，另一手控制对方中线。

（2）精神含蓄，力若牵牛。所谓含蓄，概括来讲是指无论精神还是力量能发而不发，能放而不放，保持住这个态势。含蓄主要包括 2 个方面：一是精神要含蓄；二是劲力要含蓄，劲蓄如弓即是此意。在推手时，不要把控制对方中线理解成指向对方，而是精神及力量要有回收之意，要做到"力若牵牛"，才能真正控制住对方重心。

（3）身形中正，肩胯灵活。

（4）不丢不顶，沾粘连随。所谓"不丢"，就是在推手时不要丢开对方不管，自己撤回手臂，或松软无力，而要保持适当的掤劲。"不顶"就是不要顶住对方，不让对方进入，使双方处于"顶牛"状态，而是在掤住对方的同时大胆地把对方放进来，但又在自己的掌握之中。在推手过程中，只有做到不丢不顶，才能随时感知对方的劲力及变化，才能轻松应敌，随时控制住对手，打击发放对手。

（5）重在功夫，技术其次。意拳的推手重在功夫，即在站桩及摸劲上下一番大功夫。在训练推手之初，要重在单推手，单推手练好了，双推手稍加熟练即成。而单推手则重在"打重轮"的功夫，通过"打重轮"的艰苦练习，才能练出"头沉把轻""棉里裹铁"的功夫。

3. 推手方法讲解

（1）单推手。推手双方以技击桩之步法站立。以右式为例，双方以右小臂相搭，两手

图 11-3-33

半握拳，左手护住自己下颏部位。然后彼此由左向右缓慢地做弧形运动，运动路线是椭圆形。右手伸出时，拳心一般向下，胳膊不可完全伸直。回来时不可有断劲，要有向前的掤劲，力量不可外掰，身体在后坐的同时应略向左倾，随之右手翻腕，手心由向里变为向下，小臂同时向外翻转。这样可产生一股螺旋力量，对方的手臂既可被偏于自身中线外侧。右手随后又扣住对方手腕，向其中线进攻。这种手臂相接往返椭圆运动，俗称“打轮”（图 11-3-33 至图 11-3-36）。

图 11-3-34

图 11-3-35

图 11-3-36

图 11-3-37

练习时要注意，动作要匀速，不可忽快忽慢，力量要匀，不可忽大忽小。力量不匀，速度有快慢就容易被对方控制，产生丢顶现象。因此，初期练习时速度要尽量放慢。

（2）双推手。双推手即动步推手，推手要结合摩擦步，在运动中去感受对方的力量。练习方法是推手双方彼此以两小臂相搭接（手在上为搭，手在下为接），由自身中线部位往自身左右两外侧，由上往下缓慢地做弧形运动，同时配合摩擦步做前进后退的练习（图 11-3-37 至图 11-3-40）。

图 11-3-38

图 11-3-39

图 11-3-40

练习双推手，也同样应遵循“守中用中”的原则。待到日久功深，鸡形步、三角步、圈步均可使用，在守住中线和不失重心的前提下，步法可不拘一格，与做“断手”时的“放慢镜头”相类似。

（演示：王洪恩　程致远）

体育视窗

意拳总纲（王芗斋）

拳本服膺，推名大成，平易近人，理趣丛生。一法不立，无法不容，拳本无法，有法也空。

存理变质，陶冶性灵，信义仁勇，悉在其中。力任自然，矫健犹龙，吐纳灵源，体会功能。

不即不离，礼让谦恭，力合宇宙，发挥良能。持环得枢，机变无形，收视听内，锻炼神经。

动如怒虎，静似蛰龙，神犹雾豹，力若犀行。蓄灵守默，应感无穷。

【思考题】

1. 意拳训练的科学性主要体现在哪几个方面？
2. 意拳训练的基本内容与训练体系的价值是什么？
3. 意拳推手应注意哪几个问题？

第四节　龙　　舟

龙舟运动，俗称龙舟竞渡，又称赛龙舟、划龙船，是一项集众多划手依靠单片桨叶的划桨作为推进方式，运用肌肉力量向船后划水，推动舟船向前的运动，是起源于中国最古老的民族传统体育运动项目之一，如今已经遍布世界各地。龙文化是中华民族古文化的重要渊源和组成部分，对我国文化的发展有很深远的影响，“团结拼搏、同舟共济、奋勇争先”的龙舟精神，最能代表中华民族的民族精神，龙舟文化是我们中华民族独具特色、凝聚人心的一种优秀传统文化。在有关龙的诸多传说中，乃至由此而衍生的各种以龙为主题的活动中，龙舟竞渡经过 2 000 多年社会的演变和发展延续至今，始终保持着浓厚的民族特点和风格，有着雄厚的群众基础，深受我国各族人民喜爱，是一项历史久远、流传广泛，最具民族特色的传统文化体育活动项目。自古以来，端午节就有赛龙舟与吃粽子等活动，是古代中国长江流域举行龙图腾祭祀的节日。自 2008 年起，端午节被列为国家法定节假日。2009 年 9 月 30 日，联合国教科文组织正式审议并批准中国端午节列入世界非物

质文化遗产，成为中国首个入选世界非遗的节日。

一、龙舟运动基本技术

（一）鼓手技术

鼓手是全队中最重要的人物，正常情况下担任全队的队长一职。在比赛中，由鼓手调动划手的积极性和实施教练员的战术意图，指挥全队完成比赛。一支优秀的龙舟队，选择一名出色的鼓手是关键，鼓手的选拔应从以下几个方面进行全面考核。

1. 鼓手的条件

（1）身体形态。鼓手应坐在龙舟的船头，位置比较高，因此选鼓手时，首先应考虑体重轻、身材小的队员担当鼓手。

（2）素质要求。

① 鼓手要有强烈的责任感和集体荣誉感，威信高，熟知全队的实力水平，对每名队员都有全面了解，有号召力，善于调动起全队的情绪和鼓舞士气。

② 节奏感、频率感、速度感好，应变能力强，反应快。鼓手必须要有稳定的情绪，具备处理突发事件的能力，不心浮气躁，遇事不慌，关键时刻能够稳定军心。

③ 鼓手必须要准确理解教练员意图，比赛时能根据具体情况合理控制桨频，调动和发挥划手的最大能力，更好地完成比赛。与教练员密切配合，处理好日常调练中的各项事宜。

2. 鼓手的专项技术

（1）敲鼓。鼓手在敲鼓过程中可采用单手或双手的击鼓方式。鼓声可变化出许多花样，目的是为了划桨整齐划一，使得“二十把桨就像一把桨一样”。通常的配合方法就是鼓手敲划手跟，即划手插桨入水那一瞬间恰好落在鼓声节奏上，俗称“入水鼓”。也有一些其他的配合方法，如划桨结束的一瞬间落在鼓的节奏上，俗称“出水鼓”等。但是，无论是“出水鼓”还是“入水鼓”，在训练中都要有事先的约定和要求使划手充分理解鼓的节奏和变化，这样才能使全队划桨动作整齐划一，节奏一致。

（2）鼓声节奏与力度。鼓手击鼓的节奏和力度的大小对划手的影响非常大，有力的击鼓和节奏的加快能有效地刺激划手中枢神经的兴奋性，以此来调动情绪，使划手们奋力划水，提高船速。在平时的训练中鼓手要熟练掌握击鼓的节奏变化和击鼓力度，认真领会和观察，什么时候应该变换节奏和加大击鼓力度。这样才能更好地率领全队完成训练和比赛。

（二）舵手技术

选择一个好的舵手是一个队伍取得好成绩的重要保证。好的舵手会给全队带来自信心，队员们没有后顾之忧，全身心投入比赛，船是否走得直，船速的快慢都与舵手有直接关系，会直接影响全队的成绩。

1. 舵手的条件

（1）身体形态。舵手的位置在龙舟的船尾，位置比较高，在比赛中要时刻观察赛场情况和周边环境的变化，随时对船进行调整。因此，在选择舵手时，首先应考虑体重相对轻，身材适中而且上肢有力量的队员。

（2）素质要求。

① 心理素质好，能够承担大赛的压力。头脑灵活，反应敏锐，能够处理突发事件。

② 认真负责，稳重踏实，善于积累经验，了解每名队员的技术及体能情况，随时对行进中的龙舟进行调整。

③ 注意力集中，观察能力强，熟知水性，对风向辨别能力强，熟知各种风向对龙舟行驶方向的影响，能够感觉龙舟在行驶过程中的细微变化并及时进行调整。

2. 舵手的专项技术

（1）舵手的姿态。当今龙舟比赛舵手掌舵的基本姿态最常见的有坐姿、跪姿及站姿3种。

① 坐姿。身体正对或侧对前方，坐在舵手位置，两脚置于左右舱，稳定支撑身体；右手握住舵柄，左手扶住舵杆，使舵叶平面垂直水面，两眼注视前方。

② 跪姿。身体对侧前方，左小腿横在龙舟尾部舵手位置，以左膝关节和左脚掌顶住两侧船舷，右脚踏在船舱内，稳定支撑住身体；右手握住舵柄，左手扶住舵杆，使舵叶平面垂直水面，两眼注视前方。这种姿态多在玻璃钢船比赛时采用。

③ 站姿。

a. 身体侧对前进方向，右脚前左脚后，头右转目视前方；右手握住舵柄，左手扶住舵杆，使舵叶平面垂直水面，时刻观察周围情况。这种方式的最大优点是视野宽阔，便于舵手的观察，多在顺风时采用。

b. 还有一种是单手站立式，即舵手身体面对正前方，两脚开立，稳定支撑身体，左手握住舵杆顶部（紧靠舵柄），使舵叶与水面垂直，两眼注视前方。这种方法适用于顺风而且浪小的情况下采用，这种方法对舵手的要求比较高，舵手必须能及时观察船方向的变化，适时做出调整。一旦出现紧急情况，需马上改变掌舵的姿态。

（2）舵手技术。

① 点式技术。舵入水后很快就提出水面称为“点式”。这种技术适用于龙舟在行驶过程中无明显的侧风和左右划手力量均衡情况下船的行驶方向改变小的时候。具体操作方法为：舵手坐在船尾，右手握紧舵柄，左手握住舵杆，将桨叶压离水面，且全神贯注，要非常敏锐地感觉得到船体方向细微的变化，当船稍有偏航时，马上采用点式将船修正。这种技术在船稍有偏航时采用效果较好，而且产生的阻力小，对船速的影响不大。如果船继续偏航，可采用有节奏的点式打舵技术，即舵叶连续入水推起，舵叶入水的角度应根据偏航的大小及舵手的力量大小灵活掌握。这样可以在保持船速的情况下不偏航。

② 拨式技术。当船偏离航向较大时，选中水中的一个点，迅速将舵叶下压并横向推（拉）舵杆的打舵方式称为拨式。具体操作方法：如果船在行驶过程中偏向左侧，此时舵手右手握紧舵柄，左手握住舵杆先内收舵柄后上抬，将舵叶压入水中后向外推出，以此来修正船的方向。此项技术一般应用于风平浪静情况下的龙舟掉头、靠岸，以及龙舟进入航道时摆正航向等，效果较好。在有风浪的情况下采用此技术掉头和靠岸很难保持船的平稳，在船行驶过程中一般也不宜采用，因为阻力比点式技术大许多，同时也很难保持船的

平稳。

③ 拖式技术。船在行驶过程中，舵叶始终在水中控制方向，称为拖式技术。当船体方向改变很大时采用此项技术，此项技术为初学者所采用。这项技术可有效控制方向，比较稳定，在有风浪的情况下采用此技术掉头靠岸比较平稳。但是因舵长时间拖在水中，故此项技术产生的摩擦阻力最大。船偏航越大，舵与前进方向的角度也就越大。因此，在比赛中很少采用此项技术。“宁驮一个佬，不拖一棵草”说的就是这个道理。

（3）舵手应注意的事项。

① 起航前应将龙舟对直航道，如遇风浪不能对直时，应及时与划手联络帮舵，起航时不要将舵拖在水里。应将舵压起，减少阻力，提高船的初速度。

② 比赛时，认真观察，避免串道。熟知训练场和赛场水域情况，如暗礁、暗桩、水草、绳索、钢丝、水流、暗流、起终点及赛道情况等。

③ 比赛中，观察风向，要有良好的辨别风向和风力的能力，熟知不同风向对船的影响，以便在比赛中利用风力来提高和保持船速。顺风时可采用站立掌舵，借助风力提高船速；逆风时要坐着掌舵，以减少阻力。

④ 注意左右手队员的划桨不齐、体重不等及风浪对船造成的影响使船左右晃动。此时，舵手在掌好舵的同时，要利用自身的重量和舵在最短时间内将船调整好，使之平稳行驶。

⑤ 在比赛冲刺阶段要把船提前摆正，尽量少打舵，以免影响船速但要以保持方向不变、不串道为原则。

⑥ 舵手在比赛中如没有航道标，应选择远处一明显参照物，使眼睛、船头、参照物呈一直线，随时进行调整，以减少无谓的划行，保持最短距离划行。

（三）划手技术

划手技术目前有 2 种，一种是坐姿技术；另一种是蹲跪姿技术。根据国际龙舟联合会的规则，只能采用坐姿进行划行。

1. 划手的形态与素质要求

（1）形态要求。

① 领桨手。好的领桨手是全队战术配合的关键，领手会直接影响全队的划距、桨频及节奏的变化。因此，领桨手必须是由力量强，耐力突出，而且节奏感和速度感强，水感要好，能够跟鼓手密切配合很好的控制桨频的队员来担任。由于龙舟有两头窄中间宽的结构特点，领桨手除了有上述条件要求外，还应注意身材和体重的要求。

② 划手。从形态上看，好的划手必须具备身高臂长、肩宽背厚等特点，这样不但能使队员有更大的力量储备，还可以在比赛中保持更大的划距。

（2）桨位的安排。任何一支龙舟队在刚刚下水时都面临着桨位安排的问题，安排桨位总的原则是尽量安排力量大、节奏感和跟桨能力强的队员在前舱；身材矮小的队员在两头，身材高大的队员在中间，能力差一些的队员安排到后面。具体的应注意以下几点：

① 把握人尽其才的原则，熟知每个桨位需要什么样的队员。充分了解队员的能力，

对队员做全面的形态、素质测试，这样可对每一名队员的基本情况有一个了解，为桨位的安排做好准备。

② 左右手队员的安排。首先根据队员的习惯进行左右分配，然后再根据队员的平均身高、平均体重、臂长等进行分配，左右手的平均身高、平均体重及左右手坐高的差距越小越好，左右手总的力量也要基本一致，这样能够尽量减少偏航因素。前 5 对桨位的体重与后 5 对桨位的体重基本一致，这样能够保证船的平衡，后 5 对桨位的体重也可稍高于前 5 对桨位的体重，使船头稍抬起。

③ 第 1 桨位和第 2 桨位是非常重要的位置，因为是处于领桨的位置，而且面前是静水，需要领桨手将静水破开，后面的划手才能很容易的跟桨划水。因此，在安排桨位时，应该把全队技术好、水感和速度感好、节奏感强，而且身材不是很高但身体素质和体能好的队员安排到这些位置上。

④ 第 1 桨位要安排力量大，耐力好，节奏感强、频率感和水感好，能够很好地与鼓手配合控制好桨频，且身材稍矮小的队员。第 2 桨位和第 3 桨位可安排跟桨能力强的队员。

⑤ 第 4 桨位可安排拉桨速度快，插桨深、抓水稳的队员。

⑥ 第 5 桨位和第 6 桨位比较宽，可安排身材高大的队员，这样更有利于队员能力的发挥。

⑦ 第 7 桨位和第 8 桨位应安排力量和身材稍大一些的队员，这样便于力量的前送。

⑧ 第 9 桨位和第 10 桨位是非常重要的桨位，这 2 个桨位被称为“帮舵”，在舵手需要帮助的时候或者在舵意外损坏的情况下起到舵手的作用。因此，这个位置应安排手臂长、坐高较矮、力量较大，但头脑灵活，反应快，能够帮助舵手控制船行驶方向的队员。

2. 坐姿技术

（1）基本姿势。膝关节靠紧船舷，外侧腿紧紧蹬住前舱隔板底部，内侧腿弯曲收于坐板下隔舱板，这样使两脚和臂部，三点形成一个稳固的支撑，可以充分发挥外侧腿的大肌肉群的力量，而且在拉桨过程中可以靠大力的蹬转和稳定的支撑将力送上去，避免动力的损耗。

（2）桨的持握。两手握桨（以右侧划手为例），左手握住桨柄，右手握住桨杆（桨叶上一拳远），将桨横握于体前，桨叶平贴水面，双目平视，注视鼓手，调整好呼吸。

（3）预备姿势。当听到预备口令时（以左侧划手为例），上体保持放松姿势，桨从前方队员的腋下伸出，左手（低位手即下手）尽量前伸，肘关节微屈，以便发力，身体向右转体将左肩探出，身体略向外倾斜。右手（高位手即上手）屈肘握桨柄于额头前左上方，外侧腿弯曲蹬紧，此时背阔肌已经充分拉开。从侧面看，桨杆紧靠船舷与水平面成 45°入水；从前面向后看，杆略微向里倾斜，此时划手眼睛要向前看，头在船舱外；从上面看桨叶与船舷成 90°，这样桨叶形成了最大的对水面积，保证提供给船最大的力。

另一种预备姿势是，听到预备口令后，将划桨直接置于水中，此时身体姿势与前面所讲相同，只是此时桨叶完全置于水中，入水点在外侧腿膝前 10～15 cm 处，下手置于水

中，上手屈肘握杆柄置于头前，外侧腿弯曲蹬紧，此时的身体姿势最适合最大用力拉桨，下手肘关节微屈，随时准备发力拉桨。

（4）插桨。以左侧划桨为例，插桨时，右手（上手）作为支点应稳定在额前，以保证入水点的准确，左手（下手）前伸，左肩前探，肘关节微屈，入水时靠桨的自身重量、上手的下压及上体的力将划桨插入水中（图 11－4－1）。

图 11－4－1

易犯错误：

① 上手太直太僵，使桨入水时角度太大严重影响桨叶入水的最佳角度，抓水效果不佳。

② 插桨时下手弯曲，上手伸直使得划距缩短，拉桨无力，形成漂桨。

③ 桨拍水，溅起的水花大，带入的气泡多，结果产生一个向上的分力。

④ 上手压不住桨，抓不住水。

⑤ 桨插水浅，没有抓到深层水。

⑥ 桨叶与船舷的角度没有形成 90°，桨杆朝船舱内倾斜太多。

（5）拉桨。以左手拉桨为例，拉桨时，外侧腿用力蹬紧前隔板，使下身的三点形成稳固的支撑，上手（支点）保持稳定，用适度的力做前顶下压动作，使桨稳稳地抓住水。同时，上体也配合上手动作用力下压，以保证深插桨。下手开始握紧桨杆直臂拉桨，用力的方向是向下向后拉桨。此时，外侧腿要配合发力，将下肢和腰部蹬转的力传递到肩及手臂，使得腿、腰、背、肩及两臂的力能够最大限度地释放出来，通过蹬腿的力将动力送上去，拉桨时，下手肘关节靠近身体，拉水方向与前进方向在一条直线，弯曲的上手（支点）随身体的后转向后移动并继续做前顶的动作至下手肩的前下方，而不是向前下方推，下手以最快速度拉过髋关节，在拉水过程中应始终保持桨叶的最大对水面积并越拉越快。分力越少，有效距离越长，速度就越快。桨叶在水下的运动轨迹呈小弧形（图 11－4－2）。

图 11－4－2

技术要求：

① 插桨和拉水要衔接紧密，即入水就发力，而且插水是靠上手和上体及桨的自身质量插桨，向下向后猛力拉桨。

② 上手作为支点一定要稳定，而且要抓住桨柄，保证桨叶入水点的准确。

③ 拉桨速度要快，拉桨要能抓住水，不能划漂桨。

④ 插桨要深，抓住深层水，拉桨要到位，不能拉一半就回桨。

易犯错误：

① 屈臂拉水，大肌肉群的力量没有用上，很容易疲劳，造成划桨无力。

② 插桨和拉桨衔接不紧造成脱节，使得拉水无力抓不住水。

③ 上手（支点）不稳定，使得桨叶对水方向改变，形成分力。

④ 上手前推过大，使得桨叶对水的方向朝向后上方，给船带来向下的分力，加重了船的重量。

⑤ 拉桨时，上手离身体远，形成撮水。

（6）回桨。以左侧划桨为例，在下手（左手）以最快速度拉过髋关节的间，上手（右手）从左肩前下方主动向前上方提桨，同时下手（左手）屈肘上提，上提的方向与桨杆的方向一致；当桨叶出水后，上手（右手）向右后侧内收，止于额前，同时身体右转，左肩前探，左手握桨前伸，回到预备姿势。桨叶出水后向前呈小外弧形（图 11－4－3、图 11－4－4）。

图 11－4－3

图 11－4－4

技术要求：

① 拉水结束瞬间与双手上提要衔接紧密，不能脱节。

② 上提的方向应顺着桨杆方向，而且自然协调。

③ 桨出水和回桨时，上下手的动作要配合身体的转动进行。

易犯错误：

① 拉水结束动作与上提桨动作脱节，形成阻力。

② 上提不明显，上手直接内收，造成向外翻桨。

③ 上下手的配合不好，桨控制不稳，使得下一环节受影响。

（四）配合技术

龙舟运动是一项集体运动项目，必须靠相互间默契的配合才能很好地完成比赛。龙舟的配合技术有鼓手与划手的配合技术，划手与划手的配合技术，舵手与划手的配合技术等。

1. 鼓手与划手的配合技术

教练员的意图要通过鼓手传达给每一名队员，因此鼓手和划手的配合非常重要。在平时训练中事先进行约定和反复练习，鼓手的每一个动作、每一次的击鼓，甚至是一个眼神，划手们都能知道应该去做什么，连续的击鼓配合节奏和力度及划距的变化要不断练习磨合。

2. 划手与划手的配合

在比赛中，一支出色的龙舟队能够做到“二十把桨就像一把桨一样，二十颗心就像一颗心一样”，那么这支队伍就会无往而不胜。划手与划手间的配合应注意以下几方面。

（1）左右领桨手之间应配合默契，在与鼓手配合的基础上，二人还要在节奏、划距，

拉水速度以及二人插桨入水的时间上都应完全一致，这是全体划手在划桨过程中整齐划一的基础。如果这二人的动作不一致，会直接导致船左右摇晃，影响船速。

（2）在划进过程中，所有划手的技术动作要规范。从预备姿势到插桨、拉桨、出桨、回桨这几个环节看，眼睛要向前看，盯住前方同伴队员，用余光兼顾边上的同伴，随时互相提醒。左右划手的上手之间和下手之间都应在一条直线上，而且身体的姿势及桨与水面的角度、插桨时机、拉桨速度、桨出水和回桨都应该保持一致。

（3）无论在训练和比赛中，最忌讳的就是划行中停桨，停桨会直接影响全队的整齐度和划水效率，更会影响其他队员的情绪。

（4）在进入航道、靠岸、转弯、停船等情况下，划手之间要配合默契，分工要明确。

（5）桨与人应合为一个整体，贯穿于整个技术动作；人、船、水合为一个整体，贯穿于整个训练和比赛之中。

3. 舵手与划手的配合

龙舟在行驶过程中有时会出现舵的损坏，转弯掉头或者靠岸时，比赛队遇有大的风浪等，这些情况的出现，仅凭舵手一人把船摆正、保持正确的行驶方向是很难的。这就需要舵手与划手的协调配合，才能在复杂的条件下完成训练和比赛。下面介绍几种配合方法。

（1）在训练和比赛中，由于舵意外折断而不能正常使用时，此时舵手发布指令给第 9 桨位、第 10 桨位划手（帮舵），帮舵就起到舵手的作用，在行进过程中，根据船的方向的改变利用划桨向外扳或者向里拉，使船保持正确的行驶方向后再正常划行。

（2）当鼓手发出手势使行驶中的船向右行进时，如舵手发布指令帮舵时，第 1 桨位、第 2 桨位右桨手和第 9 桨位、第 10 桨位左桨手应同时由外向里拉桨，或者第 1 桨位、第 2 桨位左桨手和第 9 桨位、第 10 桨位右桨手同时向外扳桨，舵手可同时采用拨式技术调整船的航向。

（3）当鼓手发出手势使行驶中的船向左行进时，如舵手发布指令帮舵时，第 1 桨位、第 2 桨位左桨手和第 9 桨位、第 10 桨位右桨手应同时由外向里拉桨，或者第 1 桨位、第 2 桨位右桨手和第 9 桨位、第 10 桨位左桨手同时向外扳桨，舵手可同时采用拨式技术调整船的航向。

（4）在进入航道后，如遇有大的侧风，使船不能稳定在本航道时，此时舵手发布指令后，划手可根据风的方向进行调整。如风的方向是由左至右的，则左桨手由外向里拉，右桨手由里向外扳，此时舵手用拨式来进行调整，把船摆正。如果风向由右至左，则相反。

（五）起航技术

好的起航是取得好成绩的关键，每次比赛，起点是出现问题最多的地方，因此起航技术尤为重要，特别是短距离。起航如能获得优势，能增加获胜队获胜的信念，提高士气，心理上要占很大优势，队员越划越有劲。若是出发不好，很容易造成心理上的失利，影响士气，队员越划越没劲。起航成功与否，取决于全队配合技术和比赛经验。

除了陆上的准备活动外，起航前还应做好充分的水上准备活动。船上准备活动可握桨做操，也可做徒手操。如摇动手臂放松肌肉，体前屈压前面的队员，做体转运动、体侧运动和振臂运动等，还可以抖动双肩放松躯干肌肉，或自行编排一些热身操，做几次深呼吸，目的就是为了提高运动系统的兴奋性，更好地完成比赛。

1. 无风浪时起航技术及注意事项

（1）鼓手应指挥与控制龙舟进入航道的速度和方向。由第1桨位、第2桨位划手控制进入航道的速度，因他们是离起点最近的人，第1桨位、第2桨位和第9桨位、第10桨位的划手与舵手控制好方向，使龙舟置于航道正中。

（2）鼓手应注意和指挥与相邻的龙舟保持适当的距离。由鼓手指挥第1桨位、第2桨位、第3桨位划手向前或向后，最后停在起点线后。

（3）起航前全体队员要全神贯注，注意力集中，统一听从鼓手的指挥，决不可东张西望看热闹。鼓手距离发令员近时可听枪声，距离远时看信号，当听到“预备”口令时，全体划手应整齐划一举桨到预备姿势准备划桨。

（4）当听到枪响后，充分运用腰、躯干、背、肩等大肌肉群的力量，配合腿，直臂拉桨，要求插桨深、拉水猛，第1桨插水位置应在最适合发力的点上（外侧膝前10～15 cm处），要求插深拉猛拉快，划距不宜过大，使船克服静止状态，有一个向前的势能；第2桨跟进要及时，回桨插水要快，要在第1桨给船向前的势能的基础上再给船一个力，这一桨要求划距比第1桨长一些，插桨快而深，拉水猛，使船由静止状态进入到运动状态；第3桨在第2桨的基础上进一步加大划距，保持插水深度和拉猛拉快，而拉水的节奏逐渐加快，动作幅度也逐渐加大，10桨内使船达到一定速度然后进入快桨或直接进入途中桨。

2. 有风浪时起航技术及注意事项

比赛的天气变化莫测，如果遇上有风有浪的天气仍然要继续比赛。一支优秀的龙舟队应掌握在有风浪情况下的起航技术，这样才能在比赛中更胜一筹。在有风浪情况下起航要全体队员通力协作共同完成。

（1）顺风。起航时如果是顺风顺水，船会越过起点线。因此，要让船漂到起点线，并向后划停住船，如果后面有裁判船，舵手可抓住裁判船，其余划手间断性的向后划，以减轻舵手的压力，如果风浪对泊船影响大，则第1桨位、第2桨位、第3桨位划手可协助舵手稳船。如果是活动起航，裁判员会利用口令来使各个龙舟都排到起点线后的一定距离，让船自由漂至起点后，在各船差距最小时发令，在这种情况下，所有队员要注意裁判员的发令信号。

在顺风情况下，划手可利用船向前的速度，前几桨身体的前倾角度可小些，桨频稍高，舵手可站立掌舵，借助风力给船提供动力。

（2）逆风。起航时如果遇到逆风逆水，船会退回到起点线以后，如果在后退时起航，会形成更大的阻力，船很难起动。因此，在逆风逆水情况下裁判员取齐时，在不越过起点线的同时，由第1桨位、第2桨位、第3桨位划手控制船，使船不向后移动，且时刻注意裁判员的信号，当裁判员发出“各队注意”时，要向前紧划几桨，当喊“预备”时，全体举桨时，船会恰好停在起点线后不后移，然后出发。这需要划手的经

验，掌握好力度。既不犯规，也不吃亏。在这种条件下起航，要求舵手坐姿掌舵，以减少风的阻力。

（3）侧风。比赛时，裁判员要求参赛龙舟在起点线后取齐方可发令。而在遇有侧风的情况下使船对直航道泊船最为困难。出发后，船的起航速度很快，由于受侧风的影响船很快就会变向。如果舵手此时下桨打舵会增加阻力，使起航速度受到影响。所以在遇有侧风时起航，与其他情况下的起航和泊船技术是不同的。例如，在遇有左前侧风和右侧后风的情况下，泊船应把船向右摆。由左侧第 8 桨位、第 9 桨位、第 10 桨位划手严格控制泊船角度和方向，一旦出发后，船在风力的作用下就会恢复正确航向。起航时舵手应尽量少下桨打舵；否则将影响船速。泊船的倾斜角度应视风力大小决定。如遇到右前侧风和左后侧风的情况，泊船时应把船向左摆，由右侧第 8 桨位、第 9 桨位、第 10 桨位划手严格控制泊船角度和方向。

二、龙舟运动竞赛规则简介

龙舟运动经过 2 000 年的发展演变，有完善的器材和竞赛规则，从当今龙舟竞赛的角度可划分为传统龙舟比赛和标准龙舟比赛。比赛龙舟配备有龙头、龙尾、鼓手、舵（舵手），以此保持中国民俗传统。

（一）总则

1. 龙舟竞赛形式

直道速赛指在尽可能短的时间内通过 1 000 m 以内标识清楚而无任何障碍的直线航道。环赛指在半径不少于 50 m 以上，直线距离不少于 500 m 以上的人工或自然水域所进行的多圈赛事。拉力赛指在自然环境水域，但必须是封闭的航线上所进行的长距离赛事。

2. 竞赛类别

（1）正式比赛类。有世界龙舟锦标赛、世界俱乐部龙舟锦标赛、洲际龙舟锦标赛、全国龙舟锦标赛、全国综合性运动会龙舟赛、地方龙舟赛。

（2）邀请赛类。分国际龙舟邀请赛、全国龙舟邀请赛、方龙舟邀请赛。

3. 竞赛组别

分男子组、女子组、混合组、公开组、青少年男子组、青少年女子组。

4. 竞赛项目

直道竞速赛：250 m、500 m、800 m、1 000 m。环绕赛：5 000 m、10 000 m、20 000 m；拉力赛：10 km 以上。

（二）运动员

1. 参赛资格

运动员必须身体健康、会游泳，在没有辅助救生设备情况下，能穿着比赛服装游泳 100 m 以上。运动员一律要穿上救生衣。运动员的健康状况、游泳能力、安全问题均由其领队、教练负责。赛前在裁判员、领队、教练员联席会上，各队领队必须签署安全责任书。

2. 参赛人数

参赛选手为 24 人，其中登舟比赛队员桨手 20 人，鼓手 1 人，舵手 1 人。替补队员 2 人。如参加传统龙舟竞赛，每支队加锣手 1 人，共 25 人。上场比赛选手中划手不得少于 18 人。每队设队长 1 人，比赛时队长佩戴大会统一提供的队长标识。

3. 服饰要求

各队运动员服装颜色、式样必须整齐一致，上衣背后有本单位字样或标识。比赛时可佩戴统一的头饰。因天气原因，运动员在比赛服装外可加透明风雨衣。

（三）竞赛通则

1. 检录

比赛队必须按检录裁判通知的时间到检录集合处报到，参加该组比赛航道（船号）抽签，接受裁判点名、身份验证和服装检查。赛队不得在龙舟上外加附着物，不得带通信、动力器材、测速仪、心率表、抽水泵等与竞赛不符的物品登舟。在规定时间内超过检录时间 15 min 仍未到达检录集合区的赛队，将按弃权处理。

2. 起航

（1）进入起点。赛前 5 min，各队根据起点裁判的指令进入规定的航道起点处；赛前 3 min 进行点名，此时未能进入起航位置的队将受到黄牌警告，此等警告将作为抢航犯规 1 次计算；赛前 2 min 取齐员开始排位。

（2）出发准备。各队舵手紧紧握好裁判调船绳（或杆），指挥好划手按取齐员的要求调整好龙舟位置，将龙舟（龙头）前沿稳定在起航线上，此时有不服从裁判指挥或有意拖时间者，将受到黄牌警告，此等警告也将作为抢航犯规 1 次计算。

（3）起航。各队准备就绪后在赛前 1 min 内，发令员可以组织出发，发令程序为："各队注意"（运动员做准备姿势）"预备"（运动员处于静止状态），鸣枪或大会规定出发信号（笛声）各队出发。发令员通知"各队注意"时，未准备好的赛队，鼓手应把手高举过头并且不停摆动，发令员将视情况延时发出"预备"口令。此时，如属有意延误比赛也将受到黄牌警告，此等警告作为抢航犯规 1 次计算。发令员发出"预备"口令时，舵手才能松开裁判调船绳（或杆）。"预备"至鸣枪之间相差时间为 2～5 s。

（4）抢航犯规。发令员发令（鸣枪）前，凡划桨划动或利用敲鼓、吹哨、呼喊指挥划手者，均判同为抢航犯规。

（5）抢航信号。赛队发生抢航后，起点裁判将以连续"鸣锣"或鸣枪等大会规定的信号以示抢航犯规，途中裁判艇进行拦截，召集各队回到起点。

（6）犯规处罚。同组比赛 2 次受到黄牌警告的赛队、1 项黄牌警告又抢航 1 次的赛队、连续 2 次抢航的赛队、发生抢航后拒绝裁判召回至起点的赛队均被红牌判罚，取消该项比赛资格，每组比赛的起航次数不得超过 3 次，若发令员组织第 3 次起航时发生抢航犯规，该组将不再召回，比赛继续进行，只通知途中裁判第 3 次起航时抢航犯规的参赛队所在航道，由途中主裁判出示红牌，令其退出航道，取消该项比赛资格。

3. 途中

（1）起航后，各队应自始至终在本航道划行，龙舟任何部分均不得超越本航道，若发生串道并以领先优势在其他龙舟之前时，不论相撞与否，实质已对其他赛队造成了影响，则该队被红牌判罚，取消该项比赛资格。发生串道时，串道的龙舟落后于此航道的龙舟，未影响在此航道正常比赛的龙舟队的成绩，并能划回本航道时，判罚规则不在此例，包括中间航道的赛队串道处于其他龙舟之后，且又确实未曾接触及影响（包括舟的尾浪的影响）其他龙舟的正常划行，并划回本航道者，可不判犯规。

（2）各队鼓手应积极有节奏地敲鼓指挥划手，可以吹口哨配合鼓声指挥划手，未曾积极敲鼓的赛队将被罚加时 5 s，此规定在起航 50 m 之后生效。

（3）各队鼓手、舵手不得持桨划水，包括不得使用划水器械利用一只手划水。因此占得优势，该队将被红牌判罚取消该项比赛资格。

（4）各队有责任爱护比赛器材。比赛中如故意将龙舟翻转或损坏，除负责打捞、赔偿外，该队还将被红牌判罚，取消该项和余下项目比赛资格。

（5）比赛中如发生 2 条或 2 条以上龙舟相撞，根据下列情况判罚和确定是否中止比赛：

预赛发生此等事件，犯规队被红牌判罚，取消该项比赛资格，其他队继续比赛。复赛至决赛的赛事在比赛半程内发生此等事件，途中裁判长将发出中止比赛信号（鸣锣）并拦截，犯规队被红牌判罚，取消该项比赛资格，其他队立即回起点重赛。复赛至决赛的赛事在比赛过半程发生此等事件，犯规队被红牌判罚，取消该项比赛资格，其他队继续比赛，由总裁判长指令确已受到影响的队重赛（重赛时间安排在下一轮赛事之前）。该组比赛则以成绩确定名次。

4. 终点

龙舟（龙头）前沿到达终点线，即为划完全程，由终点裁判根据龙舟通过终点线的先后顺序判定名次。发生下列情况视为终点犯规，成绩无效，名次取消：龙舟未从本航道通过终点；龙舟到达终点时所载队员数目与检录登舟时不同；龙舟上配套器材设备短缺；发现严禁携带的违禁物品。

（演示：藏少勋）

体育视窗

龙舟和龙舟竞渡的起源

古文献中最早有龙舟记载的是公元前 318—296 年战国中期的《穆天子传》。周穆王是一个喜欢游玩的君主。他乘坐八骏马拉的马车，跑遍了中国的名山，他又乘坐鸟形、龙形的船，游遍了中国的湖海。“天子乘鸟舟、龙舟，浮于大沼。”为什么要乘坐鸟形、龙形的船出游？这是原始社会图腾观念的反映。当时的先民认为乘鸟形、龙形的船可以避水害。鸟就是益鸟，是一种食鱼蚊的水鸟。最早的龙就是恐龙，也是食肉动物，都是原始先民崇拜的图腾。但最早崇拜龙图腾的部落都是水乡的居民。《山海经》中的《南山经》与《南山二经》中说："其神状，皆龙身而鸟首。"就是说当时南方的部落民族是信奉龙图腾和鸟图腾的。因为龙和鸟的祖先保护他们的先祖与后裔免受水害而得以繁衍生息。他们相信乘坐了这种形状的舟船，就能一定能避开水害而得到平安。乘坐龙船以避水害就成为古代的一种习俗。

关于龙舟竞渡的起源，流传最广的是源于纪念楚国爱国诗人屈原。公元前278年农历五月初五，爱国诗人屈原因政治主张不被采纳，反遭小人诬陷，含恨抱石沉入汨罗江。楚人怜之，纷纷驾船争逐江上相救。以后这种说法越来越多，为各种传说中影响最大者。年年划龙舟，也即是人们年年期盼政治清明、相信好人永生的愿望。

【思考题】

1. 通过学习，你知道划手之间怎样配合好吗？
2. 划手的坐姿技术由几个环节组成？
3. 无风起航的技术配合是什么？

学习资源（视频）

划船讲解

第五节　健身气功

健身气功是以健身为目的，以较为和缓的形体活动为基础，趋向于调身、调息、调心合一的体育运动项目。习练健身气功对于增强人的心理素质、改善人的生理功能、提高人的生存质量、提高道德修养等具有独特的作用。目前流行的主要健身气功有易筋经、五禽戏、六字诀、八段锦、十二段锦、大舞、导引养生功十二法、马王堆导引术、太极养生杖等。

一、五禽戏

五禽戏是由东汉末年著名医学家华佗根据中医原理、模仿虎鹿熊猿鸟等5种动物的动作和神态编创的一套导引术，故又称华佗五禽戏。“禽”指禽兽，古代泛指动物；“戏”在古代是指歌舞杂技之类的活动，在此指特殊的运动方式。1982年6月28日，中国卫生部、教育部和当时的国家体育运动委员会发出通知，把五禽戏等中国传统健身法作为在医学类大学中推广的“保健体育课”的内容之一。2003年，中国国家体育总局把重新编排后的五禽戏等健身法作为“健身气功”的内容向全国推广。2011年5月23日，华佗五禽戏经国务院批准被列入第三批国家级非物质文化遗产名录。

1. 预备式

动作要领：两脚分开，松静站立，两臂自然下垂，目视前方，调匀呼吸，意守丹田。

起式调息：配合呼吸，两手上提时吸气，两手下按时呼气，两手上提至与胸同高，掌心向上，屈肘内合，转掌心向下按至腹前，速度均匀柔和、连贯，排除杂念，宁心安神。

2. 虎戏

虎戏的手型是虎爪，手掌张开，虎口撑圆，第1、2指关节弯曲内扣，模拟虎的利爪。练习虎戏时，要表现出虎的威猛气势，虎视眈眈。虎戏由虎举和虎扑2个动作组成。

（1）虎举。

动作要领：掌心向下，十指张开、弯曲，由小指起依次屈指握拳，向上提起，高与肩平时拳慢慢松开上举撑掌。然后再屈指握拳，下拉至胸前再变掌下按。

注意事项：两手上举时要充分向上拔长身体。提胸收腹如托举重物，下落含胸松腹如下拉双环，气沉丹田。两手上举时吸入清气，下按时呼出浊气，可以提高呼吸机能。屈指握拳能增强循环功能。

（2）虎扑。

动作要领：左式，两手经体侧上提，前伸，上体前俯，变虎爪，再下按至膝部两侧，两手收回。再经体侧上提向前下扑，上提至与肩同高时抬左腿向左前迈一小步，配合向前下扑时落地，先收回左脚再慢慢收回双手。换作右式，动作与左式相同，唯出脚时换成右脚（图11－5－1、图11－5－2）。

图11－5－1

图11－5－2

注意事项：两手前伸时，上体前俯，下按时膝部先前顶，再髋部前送，身体后仰，形成躯干的蠕动。虎扑要注意手型的变化，上提时握空拳前伸，下按时变虎爪，上提时再变空拳，下扑时又呈虎爪。速度由慢到快，劲力由柔转刚。

虎戏结束，两手侧前上提，内合下按做一次调息。

功法作用：练虎戏能增强背部腧穴和督脉的功能，能缓解颈肩背痛、坐骨神经痛、腰痛等症状。

3. 鹿戏

鹿戏的手型是鹿角，中指、无名指弯曲，其余三指伸直张开。练习鹿戏时，要模仿鹿轻盈安闲、自由奔放的神态。鹿戏由鹿抵和鹿奔 2 个动作组成。

（1）鹿抵。

动作要领：上肢动作，握空拳两臂向右侧摆起，与肩等高时拳变鹿角，随身体左转，两手向身体左后方伸出。下肢动作，两腿微屈，重心右移，左脚提起向左前方着地，屈膝，右腿蹬直，左脚收回（图 11－5－3）。

注意事项：练习时以腰部转动来带动上下肢动作。提腿迈步，脚跟落地，脚尖外展接近 90°，身体稍前倾，两手划弧，转腰下势，左肘压抵腰侧，右手充分向左后伸，展开右腰侧，增加腰部旋转，使眼睛通过左肩上方看右脚后跟。收回。鹿抵主要运动腰部，经常练习能提高腰部肌肉力量和运动弧度，具有强腰固肾的作用。

图 11－5－3

（2）鹿奔。

动作要领：左式，左脚向前迈步呈弓步，两手握空拳两臂划弧前伸屈腕。重心后坐，手变鹿角，内旋前伸，手背相对，含胸低头，肩背部呈横弓。同时，尾闾前扣，收腹，腰背部开呈竖弓。重心前移，成弓步，两手下落。左脚收回，小换步呈右式，脚掌着地时右脚跟提起，向前迈步，重心后坐再前移，同左式（图 11－5－4）。

注意事项：鹿奔的整个运动是脊柱由伸到屈、再由屈到伸的过程。弓步屈手腕时，脊柱处于自然放松状态；重心后移、脊柱后弓时，整个身体由伸膝、扣髋（骨盆尽力前倾）、弓腰（腰椎屈）、含胸（胸椎屈）、扣肩，再两臂内旋把腰背的力量传至手指尖，使脊柱得到充分伸展和拔长。另外，在五禽戏的左右式动作中，只有鹿奔才有小换步这个动作。

鹿戏结束，两手侧前上提，内合下按做一次调息。

功法作用：鹿戏主要是针对肾的保健来设计的，它的各个动作都是围绕腰部来做运动，可以大量消耗腰部的脂肪，有益于缩减腰围，保持苗条身材。

图 11－5－4

4. 熊戏

熊戏的手型是熊掌，手指弯曲，大拇指压在食指中指的指节上，虎口撑圆，大自然的熊表面上笨拙缓慢，其实内在充满了稳健、厚实的劲力。熊戏由熊运和熊晃 2 个动作组成。

（1）熊运。

动作要领：两手呈熊掌，置于腹下，上体前腑，身体顺时针划弧，向右、向上、向左、向下。再逆时针划弧，向左、向上、向右、向下。

注意事项：两手在腹前绕立圆。动作配合要协调自然，手上提时吸气，向下时呼气。熊运可调理脾胃，促进消化功能，对腰背部也有锻炼作用。

（2）熊晃。

动作要领：提髋带动左腿，向左前落步，左肩前靠，屈右腿，左肩回收，右臂稍向前摆，后坐，左手臂再向前靠，上下肢动作要配合协调。换右式，提右胯，向右前落步，右肩前靠，屈左腿，右肩回收，左臂稍向前摆，后坐，右手臂再向前靠（图 11－5－5）。

图 11－5－5

注意事项：身体自然下压，膝髌关节放松，全脚掌着地，使震动传到髋部。重心转移时，腰部两侧交替压紧放松。熊晃能起到锻炼中焦内脏和肩部髋关节的作用。

熊戏结束，两手侧前上提，内合下按，做一次调息。

功法作用：练熊戏时要在沉稳中寓于轻灵，将其剽悍之性表现出来，有健脾胃、助消化、消食滞、活关节等功效。

5. 猿戏

猿戏有 2 个手型：猿勾，五指撮拢，屈腕；握固，大拇指压在无名指指根内侧，其余四指握拢。猿生性活泼，机灵敏捷。猿戏要模仿猿东张西望、攀树摘果的动作。猿戏由猿提和猿摘 2 个动作组成。

（1）猿提。

动作要领：两手置于体前，十指张开，快速捏拢呈猿勾，肩上耸，缩脖，两手上提，收腹提肛，脚跟提起，头向左转，头转回肩放松，脚跟着地，两手变掌，下按至腹前。再做右式（图 11－5－6）。

图 11－5－6

注意事项：重心上提时，先提肩，再收腹提肛，脚跟提起。重心下落时先松肩，再松腹落肛，脚跟着地。以膻中穴为中心，含胸收腹，缩脖提肛，两臂内夹，形成上下左右的向内合力，然后再放松还原。重心上提时要保持身体平衡，意念中百会上领，身体随之向上。猿提可以起到按摩上焦内脏，提高心肺功能的作用。

（2）猿摘。

动作要领：退步划弧，丁步下按，上步摘果。猿摘模仿猿上树摘果，手型和眼神的变化较多，眼先随右手，当手摆到头的左侧时，转头看右前上方，意想发现树上有颗桃。然后下蹲，向上跃步，攀树摘果，变钩速度要快（图 11－5－7）。握固，收回，变掌捧桃，右手下托。下肢动作是左脚左后方退步，右脚收回变丁步。右脚前跨，重心上移，再收回变丁步（图 11－5－8）。

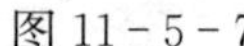
图 11-5-7

图 11-5-8

注意事项：要注意上下肢动作的协调，猿摘可改善神经系统的功能，提高机体反应能力及敏捷性。

猿戏结束，两手侧前上提，内合下按，做一次调息。

功法作用：猿戏中的猿提动作遵循“提吸落呼”的呼吸方式，上提时吸气缩胸，全身团紧；下落时放松呼气，舒展胸廓，有助于增强心肺功能，缓解气短、气喘等症状。

6. 鸟戏

鸟戏的手型是鸟翅，中指和无名指向下，其余三指上翘。练习鸟戏时，意想自己是湖中仙鹤，昂首挺立，伸筋拔骨，展翅翱翔。鸟戏由鸟伸和鸟飞 2 个动作组成。

（1）鸟伸。

动作要领：双腿稍向下蹲，双手为掌，在小腹前重叠，左掌压在右掌上，上举至头前上方，手掌水平上举时耸肩缩颈，尾闾上翘，身体稍前倾。两手下按至腹前，再向后呈人字形分开后伸，同时后伸左腿，两膝伸直，保持身体稳定。双手后展，后展时手变鸟翅（图 11-5-9、图 11-5-10）。

图 11-5-9

图 11-5-10

注意事项：鸟伸动作借助手臂的上举下按，身体松紧交替，起到吐故纳新，疏通任督二脉经气的作用。

(2) 鸟飞。

动作要领：两手在腹前相合，两侧平举，提腿独立，立腿下落，再上举提腿，下落。换做右式。平举时手腕比肩略高，下落时掌心相对，再上举时手背相对，形成一个向上的喇叭口（图 11-5-11、图 11-5-12）。

图 11-5-11

图 11-5-12

注意事项：平举时先沉肩，再起肘，最后提腕，下落时先松肩，再沉肘，按掌。使肩部、手臂形成一个波浪蠕动，有利于气血运行。立腿提膝时，支撑腿伸直，下落时支撑腿随之弯曲，脚尖点地再提膝。练习鸟飞时，要上下肢协调配合，身体保持平衡。常练可锻炼心肺功能，活动四肢关节，提高平衡能力。

鸟戏结束，两手侧前上提，内合下按，做一次调息。

功法作用：练鸟戏时，动作轻翔舒展，可调达气血，疏通经络，祛风散寒，活动筋骨关节，可预防夏季关节炎的发生，而且还能增强机体免疫力。

7. 引气归元

动作要领：引气归元，是收功动作，可以调和气息。两手侧举向上，配合吸气，体前下落，配合呼气。两手侧举，掌心向上，举至头顶上方，掌心向下，沿体前自然下落。

注意事项：意念可随两手而行，上举时如捧气至头顶上方，下落时内行外导，身体放松，意念下行，两手在腹前划弧合拢，虎口交叉，叠于腹前，闭目静养，调匀呼吸，意守丹田。能起到和气血，通经脉，理脏腑的功效。待呼吸均匀，意念归于丹田，两眼慢慢睁开。合掌，搓手至手心发热。浴面，可重复数次。最后两掌向上，过耳后沿体前缓缓下落，两臂自然下垂，两脚并拢。通过收功，使身体舒泰安康，恢复常态。

二、八段锦

八段锦由 8 种如“锦”缎般优美、柔顺的动作组成，更是国术精华之集“锦”。健身气功八段锦的起源可以追溯到远古时代的导引术，在宋代洪迈所编的《夷坚志》中就已经有了记载。它融合了中医之理、武术招式、仿生姿态、按摩手法和吐故纳新的调息之法，以及内视、存想、意守的调神之法，在历史长河的传承过程中，逐渐形成了比较系统完善的演练套路。

1. 预备势

动作要领：两臂侧起时掌心向后，在体侧45°时转掌心向前；合抱于腹前时立项竖脊，舒胸实腹，松腰敛臀，放松命门，中正安舒，如坐高凳。

注意事项：放松入静，意守丹田。呼吸自然放松，心平气和，呼吸节奏达到缓匀状态，意气合一。两臂侧起时沉肩、坠肘，抱球时松腕舒指，指尖相对，拇指放平。

功法作用：宁静心神，调整呼吸，内安五脏，端正身形。锻炼部位：腰背部。

2. 第一式 两手托天理三焦

动作要领：两臂内旋微下落，两掌五指分开在腹前交叉，掌心向上，目视前方。两腿挺膝伸直，重心上提，两掌上托于胸前，随后两臂内旋向上托起，掌心向上，抬头目视两掌背。两掌继续上托，肘关节伸直，同时下颏内收，动作稍停，目视前方。两腿膝关节微屈，同时两臂分别向身体两侧下落，两掌捧于腹前，掌心向上，目视前方。全部动作一上一下为一次，共做6次（图11－5－13）。

图11－5－13

注意事项：两掌上托要舒胸展体，略有停顿，保持伸拉，两掌下落，松腰沉髋，沉臂坠肘，松腕竖指，上体中正。

功法作用：根据中医说法，脐以下为下焦，胸格至脐为中焦，胸格以上为上焦。这一式动作，通过两手交叉上举，缓慢用力，保持伸拉，可使三焦通畅，气血调和。通过拉长躯干与上肢各关节周围的肌肉群与韧带，下关节软组织，对提高关节的灵活性，防治颈肩疾病具有良好的作用。

3. 第二式 左右开弓似射雕

动作要领：重心右移，左脚向左开步比肩稍宽，膝关节缓慢伸直，站成人字步，两掌向上交叉于胸前，左掌在外，目视前方（图11－5－14）。右掌屈指，向右拉到臂前，大小臂充分叠加与肩同高，左掌呈八字掌，左臂内旋，向左推出，与肩同高，两脚屈膝半蹲呈马步（重心下移）动作略停，目视左八字掌。重心右移，两手变自然掌，右手向右画弧与肩同高，掌心斜向前。重心继续右移，左脚回收呈并步站立。同时，两掌捧于腹前，掌心向上，目视前方。右式动作与左式相同，只是左右相反，一左一右为1次，共做3次。做完第3次最后一动时，身体重心继续左移，右脚回收呈开步站立，膝关节微屈，同时两掌下落，捧于腹前，目视前方（图11－5－15）。

注意事项：侧拉之手五指要并拢屈指，躯挺，肩臂放平，八字掌侧撑时要沉肩坠肘，松腕舒指，掌心含空。

功法作用：展肩扩胸，可刺激督脉背部腧穴，同时调节手太阴、肺经等经脉之穴。它能有效地发展下肢的肌肉，提高平衡和协调能力，同时增加前臂和手部肌肉的力量，提高手腕关节及指关节的灵活性，并有利于矫正驼背、肩内收等不良姿势，很好地预防肩、颈疾病。

图 11－5－14

图 11－5－15

4. 第三式 调理脾胃须单举

动作要领：两腿挺膝伸直，重心上提，两掌上提至肚脐时左掌随臂内旋上托，经面前上穿，上举至头的左上方，掌心向上指尖向右。右掌同时随臂内旋下按至右髋旁，指尖向前，掌心向下，动作略停。两腿膝关节微屈，重心下降，同时左臂屈肘外旋，左掌经面前下落于腹前，同时右臂外旋，右掌外旋右掌向上捧于腹前，目视前方。右式动作与左式动作相同，但左右相反，该式一左一右为 1 次，共做 3 次。做到第 3 次最后一动时，便两腿膝关节微屈，右掌下压至右髋旁，指尖向前，目视前方（图 11－5－16）。

图 11－5－16

注意事项：舒胸展体，拔长腰脊，两肩松沉，上撑下按，力在掌根。

功法作用：通过左右上肢，一松一紧的上下对拉，可以牵拉腹腔，对中焦脾胃起到按摩的作用，同时可以刺激胸与肋骨的相关经络，以及背部腧穴等。具有调理脏腑经络的作用。该式动作，可使脊柱内各椎骨间的小关节及小肌肉得到锻炼，从而增强脊柱的灵活性与稳定性，有利于预防和治疗肩、颈疾病。

5. 第四式 五劳七伤往后瞧

动作要领：两腿挺膝站直，重心升起，同时两臂伸直，指尖向下，目视前方。两臂外旋，掌心向外，头向左后方转，动作稍停，目视左斜后方。两腿膝关节微屈，重心下降，同时两臂内旋按于髋旁，指尖向前，目视前方。右式动作与左式相同，方向相反。该式一左一右为一式，共做 3 次，做到第 3 次最后一动时，变两腿膝关节微屈，同时两掌捧于腹前，目视前方（图 11－5－17）。

图 11－5－17

注意事项：头向上顶，肩向下沉，转头不转体，悬臂，两肩后张。

功法作用：五劳，是指心、肝、脾、肺、肾等五劳损伤；七伤指喜、怒、悲、忧、恐、惊、思等七情伤害。这个动作通过上肢伸直，外旋扭转的劲力牵张作用，可以扩张牵拉胸腔、腹腔等多脏腑。往后瞧的转头动作，可以刺激颈部大椎穴，以及背部五脏六腑的腧穴，达到防治五劳七伤的目的。这一动作，还能加强颈部及肩关节周围肌群的收缩力，增加颈部运动幅度，活动眼肌，改善眼肌疲劳及肩颈等背部疾患，改善颈部及脑部血液循环，有助于解除中枢神经系统的疲劳。

6. 第五式 摇头摆尾去心火

动作要领：重心左移，右脚向右开步站立，同时两掌上托至头上方，肘关节微屈，指尖相对，目视前方。两脚屈膝半蹲呈马步。同时，两臂向两侧下落，两掌扶于膝关节上方。重心向上稍升起，随之重心右移，上体向右侧移，俯身，目视右脚面。重心左移，同时上体由右向前、向左旋转，目视右脚根。重心右移呈马步，头向后摇，上体立起，下颌微收，目视前方。右式动作与左式动作相同，方向相反，该式一左一右为一次，共做 3 次。做完 3 次后，重心左移，右脚回收呈开步站立。同时，两臂经两侧上举，两掌心相对，两腿膝关节微屈，同时两掌下按至腹前，指尖相对，目视前方。

注意事项：马步下蹲，要收髋敛臀，上体中正，摇转时，脖颈与尾闾对拉伸长，速度宜柔和缓慢、圆活连贯。

功法作用：可以治疗属阳热内盛的病疾。该式动作两脚下蹲，摇动尾闾，可刺激督脉，通过摇头可刺激大椎穴，从而达到舒经泄热的目的，有助于去除心火，在摇头摆尾过程中，脊柱、腰段、颈段大弧度侧屈、反转及回旋，可使整个脊柱的头、颈段、腰腹及臀骨部肌群参与收缩，既增加了颈、腰、髋关节的灵活性，也锻炼了该部位的肌力。

7. 第六式 两手攀足固肾腰

动作要领：两腿挺膝，重心升起，伸直站立，两掌指尖向前，两臂向前、向上举起，肘关节伸直，掌心向前，目视前方。两臂屈肘，两掌下按于胸前，掌心向下，指尖相对。两臂外旋，两掌心向上，两掌掌指随腋下后插（图 11－5－18）。两掌心向内，沿脊柱两侧向下摩运至臀部。随之上体前俯，沿腿后向下摩运，经脚两侧置于脚面，抬头，目视前下方，动作略停（图 11－5－19）。两掌沿地面前伸，随之用手臂带动上体立起，两臂肘关节伸直上举，掌心向前（图 11－5－20）。该动作一上一下为 1 次，共做 6 次。做完 6 次后，两腿膝关节微屈，同时两掌向前下按至腹前，掌心向下，指尖向前，目视前方。

注意事项：两掌向下摩运要适当用力，至足背时，松腰沉肩，两膝挺直，向上起身时，手臂要主动上举，带动上体立起。

功法作用：通过大弧度前屈后伸，可刺激脊柱、督脉，以及阳关、委中等穴，有助于防治生殖泌尿系统的一些慢性病，达到固肾壮腰的目的。通过脊柱大弧度前屈后伸，可有效发展躯干，前后伸屈脊柱肌群的力量与伸展性，同时对于腰部的肾、肾上腺、输尿管等器官有良好的牵拉按摩作用，可以改善其功能，刺激其活动。

图 11-5-18

图 11-5-19

图 11-5-20

8. 第七式 攒拳怒目增气力

动作要领：重心右移，左脚向左开步，两腿半蹲成马步，同时两掌握拳于腰侧，大拇指在内，拳眼向上，目视前方。左拳向前冲出，与肩同高，拳眼向上，目视左拳。左臂内旋，左拳变掌，虎口向下，目视左掌。左臂外旋，肘关节微屈，同时左掌向左缠绕，变掌心向上后，大拇指尖压在左掌无名指指根上，其余四指握住大拇指，目视左拳。动作略停。左拳屈肘回收至腰侧，拳眼向上，目视前方。右式动作与左式动作相同，该式一左一右为一次，共做 3 次。做完 3 次后，重心右移，左脚回收呈并步站立，同时两拳变掌垂于体侧，目视前方（图 11-5-21）。

图 11-5-21

注意事项：冲拳时怒目圆睁，脚趾抓地，拧腰瞬间，力达拳面。马步的高低可根据自己腿部的力量灵活掌握，回收时要旋腕，五指用力抓握。

功法作用：该式动作的怒目瞪眼，可刺激肝经，使肝血充盈，肝气疏泄。该式动作，两腿下蹲，脚趾抓地，双手攥拳，旋腕，手指足节强力抓握等动作，可刺激手足、三阳、三阴经脉和督脉。同时，可使全身肌肉、经脉受到劲力牵张刺激，长期锻炼可使肌肉结实有力，气力增加。

9. 第八式 背后七颠百病消

动作要领：两脚跟提起，重心升起，头上顶，动作稍停，目视前方。两脚跟下落，轻震地面，该式一起一落为一式，共做 7 次（图 11-5-22）。

注意事项：上提时要脚趾抓地，脚跟尽力抬起，两脚并拢，百会穴上顶，略有停顿，掌握好平衡，脚跟下落时要轻轻下震。同时，松肩舒臂，周身放松。

图 11-5-22

功法作用：两脚十趾抓地，可刺激足部有关经脉，调节相应脏腑功能，同时颠足可刺激督脉，使全身脏腑经络气血通畅、阴阳平衡，可发展小脚后群肌力，拉长主体肌肉韧带，提高人体的平衡能力，落地震动可轻度刺激下肢各关节内外结构，使全身肌肉得到很好的放松、复位，有助于解除肌肉紧张。

10. 收势

动作要领：两臂内旋向两侧摆起，与髋同高，掌心向后，目视前方。两臂屈肘，两掌相叠于腹部，男性左手在里，女性右手在里。两臂回于体侧。

注意事项：体态安详，周身放松，气沉丹田，心情愉悦。收功后可适当做一些整理活动，如搓手、浴面和肢体的按摩、拍打等放松运动。

功法作用：使气息归元，整理肢体，放松肌肉，娱乐心情，进一步巩固练功的效果，逐渐恢复到练功时安静的状态。

三、导引养生功十二法

导引养生功十二法是以中医的整体观念、脏腑经络、气血理论、阴阳五行学说及现代医学的有关理论为指导，广泛吸收生理学、解剖学、心理学、教育学、哲学、美学、仿生学及传统武术文化等有关部分创编而成，是通过意识的运用、呼吸的控制和形体的调整，使身心健康的自我经络锻炼方法，集修身、养性、娱乐、观赏于一体，动作优美，衔接流畅，简单易学，安全可靠，适合于不同人群习练，不受器材、场地的限制，具有祛病强身、延年益寿的功效。

站姿为例：

1. 预备势

动作要领：两脚并步站立，周身放松，两眼轻闭或者平视前方，两牙齿轻轻叩起，当听到默念口诀“夜阑人静万虑抛，意守丹田封七窍，呼吸徐缓搭鹊桥，身轻如燕飘云霄”时，两手要叠于丹田，左手放在里面。口诀念完，两手慢慢放下，眼平视前方。

注意事项：两手叠于丹田，男、女均左手在里。口诀默念毕，将两手垂于体侧；眼平视前方。

功法作用：帮助练习者排除杂念，净化大脑，给细、匀、深、长的腹式呼吸打好基础。周身放松。

2. 第一式 乾元启运

动作要领：重心移至右脚，左脚向左开步，稍宽于肩，头向左转，同时两臂内旋，摆至与肩平，目视左手，配合吸气，两臂稍外旋，将手摆至胸前，目视前方。蹲腿屈膝，两肘下沉带动两手下按于腹前，两手与肚脐相平，要松腰敛臀，目视前方，配合呼气。两腿伸直，头向右转，目视右手，同时两臂内旋，摆至与肩平，配合吸气；两臂稍外旋，将手摆至胸前，重心移至右腿。左脚并拢，两腿由屈逐渐伸直，两手下落于身体两侧，配合呼气，目视前方。右式动作与左式相同，方向相反（图 11－5－23、图 11－5－24）。

注意事项：两臂内旋，两掌左右分撑时拇指须稍用力，以助于臂的旋转幅度。下蹲的深度因人而异，不宜强求一致。

功法作用：这一式有助于畅通手太阴肺经和手阳明大肠经脉，意守丹田既便于排除杂念、静化大脑，又有助于补中益气、扶正培本、增强体质。

3. 第二式 双鱼悬阁

动作要领：身体半面 45°转身向左。同时，两臂内旋（臂与身体的夹角约为 60°）身体半面右转，右腿下蹲，左脚跟提起，右手放在左手的脉口上，同时呈左丁步（手的高度是放在右小腹前）。左脚绷脚向左前方上步，同时左手向右前方伸出，以腰为轴，身体后坐，两手两臂随着腰的旋转，相合于胸前，身体转正。左脚并拢，双腿慢慢伸直，右手上托，左掌下按，指尖朝内。目视右手，沉肘带手，落于体侧，目视前方。右式动作与左式相同，方向相反（图 11－5－25、图 11－5－26）。

图 11－5－23

图 11－5－24

图 11－5－25

图 11－5－26

注意事项：身体旋转以腰为轴带动两掌。切脉时，无名指、中指、食指分别用指腹置于寸、关、尺部位。呼吸不滞，动作连贯，上下肢协调一致。

功法作用：有助于提高肺功能，缓解咳喘等呼吸系统疾病。同时，有助于提高脾胃功能，缓解消化不良、胃脘痛等消化系统疾病；而且，对于提高肾功能、预防生殖泌尿系统疾病有一定作用。

4. 第三式 老骥伏枥

动作要领：重心移至右脚，左脚向左开一大步，脚尖朝前。同时，两手与两臂外旋，摆至与肩平。两手握拳，两肘相靠，肘尖下垂（拳面与下颌平齐，两肘靠紧，压迫胸腔）。两拳变掌，随两臂内旋，向前上方举起，两手的距离稍宽于肩，两腿下蹲呈马步，同时两手逐渐呈勾手向后勾挂，眼睛逐渐向左看，身体中正，脚尖朝正前方。两勾手变掌，两手背相靠，叠于腹前，两腿伸直，卷指弹甲，经面前向左右分开，两掌与肩同高，肘自然下垂。重心移至右腿，并步、沉肘，两臂随两腿伸直，慢慢下落垂于体侧。右式动作与左式相同，方向相反（图 11－5－27，图 11－5－28）。

注意事项：两掌握拳屈肘于胸前时，以中指端点抠劳宫。马步姿势的高低因人而异，但勾手屈腕宜充分。

功法作用：补中气、壮元气，即扶植正气、强身健体。点抠劳宫，有益于提高心功能，对高血压、冠心病也有一定缓解效果。屈腕呈勾手和叠腕卷指的动作，由于对肺经原穴太渊，心包经原穴大陵、心经原穴神门有按摩作用，故有助于强心益肺。

5. 第四式 纪昌贯虱

动作要领：左脚开步，两拳变掌前推，手腕与肩同高。两手轻握拳，身体向左转，左腿弯曲，腿伸直，脚跟侧蹬，捻动涌泉，呈拉弓射箭式，两拳由轻握转紧握，手抠劳宫，右手从左肘前、左胸前拉到右胸前。两拳变掌，掌心向下，身体转正，右腿跟向里捻动，脚尖向前，重心移至右脚，目视前方。左脚向右脚并拢，两手随之轻轻握拳，两手伸直，紧握收于腰侧。右式动作与左式相同，方向相反（图 11－5－29）。

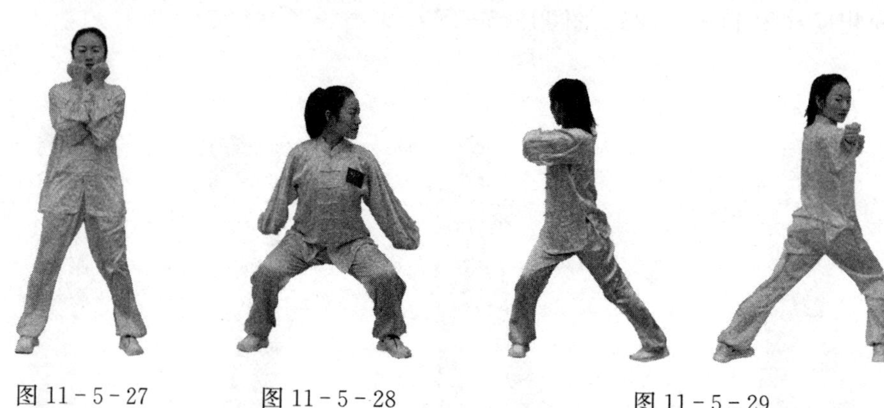

图 11－5－27　图 11－5－28　图 11－5－29

注意事项：做“两掌前推”时，宜起于根，顺于中，达于梢。做“身体左转”时，上体宜正直，脚跟侧蹬切勿拔起。

功法作用：该式动作中，两手握拳，瞬间点抠劳宫，有助于清心降火。拉弓射箭，有助于舒胸畅气、调和心肺，身体左旋右转，意守命门和脚跟侧蹬、捻动涌泉有助于滋阴补肾、固肾壮腰。

6. 第五式 躬身掸靴

动作要领：身体向左转，左拳变掌向左后方伸出去，高高举起，随着身体右转，摆到身体右前方，下落至右肩前。身体向右前方躬身，两腿伸直，稍抬头，摩运右腿外侧，掸靴，掸至左脚外面。左手随左臂外旋，轻轻握拳，慢慢起身，左拳贴左腿而上至左膝外侧。身体竖直，左拳紧握，手抠劳宫，收于腰侧。右式动作与左式相同，方向相反（图 11－5－30、图 11－5－31）。

注意事项：身体尽量舒展，幅度宜大，躬身掸靴时两腿伸直。但初学者和病患者应因人而异。身体直起宜缓慢进行，速度均匀。高血压病患者练习此式时，须将头抬起。

功法作用：一方面是指掸拂身体表面的各种尘埃等有害物质；另一方面又指消除脑海中的各种杂念，以净化大脑、安神定志、强身健体。有助于滋养肾阴、温补肾阳、纳气归肾、固肾壮腰、健脑益智。

7. 第六式 犀牛望月

动作要领：重心移到右脚，左脚向左开一大步，同时两拳变掌坐腕后撑，重心左移至左脚，两手放松。身体左转，右脚跟侧蹬，捻动涌泉，两手从两侧抖腕，亮于头的左右前

侧方，两臂呈弧形，掌指相对。右脚跟向里捻动，两臂外旋，两眼先注视左手，随重心移到右脚，两手摆至胸前。左脚并步，两手内旋，掌心向下，下落至体侧后再握拳收于腰侧。右式动作与右式相同，方向相反（图 11-5-32）。

图 11-5-30

图 11-5-31

图 11-5-32

注意事项：转腰幅度宜大，髋胯下沉，左膝或右膝前跪（指起势方向），后腿蹬直，后脚跟不得离地。两掌握拳时，中冲瞬间点抠劳宫。两臂旋转幅度宜大，速度均匀，切勿端肩、忽快忽慢。

功法作用：通过转颈卷腰，有助于疏松颈项部和腰背部的肌肉，松解其粘连，缓解肩、肘、腕、颈、背、腰等部位的疼痛，畅通手足三阴、三阳经脉。有助于强心益肺、通调三焦、润肠化结、舒肝利胆、和胃健脾、滋阴补肾。

8. 第七式 芙蓉出水

动作要领：左脚开步，身体微蹲，两手背叠于小腹前，随着腿伸直，两手叠腕卷指弹指甲，经面前分向身体的两侧，两目平视前方。身体左转，两手轻轻握拳，右脚向左脚左后方插步，两拳屈于胸前，右拳在上，左拳在下，拳心向下，下蹲呈盘根步。右拳拉至右肩前，左拳随着左臂内旋，收于左胯旁，翘腕。右手下落，左手向上，掌根相靠，收于胸前，身体直起，右脚收回，两掌经胸前同时上举于额前，头向后仰。重心移至右腿，左脚并步，两腿微屈，两手随着肘下沉，垂于体侧，两腿伸直，目视前方。右式动作与左式相同，方向相反（图 11-5-33、图 11-5-34）。

图 11-5-33

图 11-5-34

注意事项：卷指、弹甲时，肩、肘、腕、指等各部要连贯不滞，儒雅大方。两腿下蹲呈盘根步时，两臂一侧屈于胯旁，一侧挽回胸前，宜上下一致、手足相顾，既如莲藕经盘地下，又似芙蓉飘摇飞舞，轻松自如。身体直起两掌根相靠上托时，象征阵阵微风中吹拂着的荷花，从清池水面中浮起。

功法作用：这一式动作通过模仿芙蓉出水，可以疏通手三阴经和手三阳经脉，有助于强心益肺、润肠化结、调理三焦。疏通足三阳经脉和足三阴经，有助于和胃健脾、舒肝利胆、固肾壮腰。该式为全身性运动，有助于提高五脏六腑机能。

9. 第八式 金鸡报晓

动作要领：随着吸气，提肛收腹，两手呈勾手，百会上顶脚跟拔起，头向左转，两手向两侧抬起与肩平，手腕尽量弯曲。脚跟落地，两腿半蹲，两勾手变掌，沉肘落于胯旁，手心朝下，手指朝侧。腿逐渐伸直，两手呈勾手，摆至小腹前，左脚向后抬起，屈膝脚底朝上，两勾手经小腹摆至头上方。右脚下蹲，左脚并步，两手变掌，慢慢下落，垂于身体两侧。右式动作与左式相同，方向相反（图 11－5－35）。

图 11－5－35

注意事项：上下肢协调一致，轻松柔和，潇洒飘逸。呈独立势时，支撑脚五趾抓地，百会上顶，眼看远方。两勾手屈腕侧摆和屈腕上提时，宜舒胸展体，舒展大方。

功法作用：这一式动作，脚跟拔起，压迫涌泉，有助于激发启动足少阴肾经，一腿屈膝后伸，身体呈反弓形，有助于滋阴补肾；呈勾上摆，变掌下按，有助于疏通手三阴、手三阳之井穴和原穴，通经活络、颐养心肺、疏导三焦。

10. 第九式 平沙落雁

动作要领：眼睛向右看，二掌以腕关节的顶端领先，摆至与肩平。左脚向右脚的右后方插步，同时两肘下肘，手心向下，手指朝侧，收于两肩上侧。身体下蹲，呈盘根步，两手侧推，沉肩、伸肘、坐腕、翘指，左脚着地。两臂伸直，腕关节的顶端领先，随着两腿伸直摆至与肩平，稍沉肘。两肘内收，手心向下，手指朝侧，收于两肩上侧，慢慢下蹲，目视右手，呈盘根步，沉肩、伸肘、坐腕、翘指，左脚着地。两臂伸直，腕关节的顶端领先，随着两腿伸直摆至与肩平，稍沉肘，动作徐缓，速度均匀。沉肘带手，左脚收于右脚旁，并步，腿伸直，两手落于体侧。右式动作与左式相同，方向相反（图 11－5－36）。

图 11－5－36

注意事项：起吸落呼，周身放松；盘根步两腿内侧相靠。体弱多病者，可将动作难度降低，盘根步可做成歇步。

功法作用：这一式动作中，意守劳宫有助于通调手厥阴心包经，舒缓心脏、平调血液。两腿屈伸、下蹲盘根的动作，有助于畅通足三阴、足三阳经脉，对脾、胃、肝、胆、膀胱、肾等脏腑机能的提高有一定作用。

11. 第十式 云端白鹤

动作要领：脚趾上翘，合谷沿身体的两侧摩运至大包，合谷捻动大包、压迫大包，手指朝后。脚趾抓地，两腿半蹲，两手贴胸摩至胸前，叠腕卷指向两侧分开与肩平，两膝相靠。百会上顶，两腿伸直，脚跟拔起，两手经两侧上举至头上方，抖腕。两腿伸直，脚跟落地，两手同时落于身体两侧。同样动作做两遍（图 11－5－37、图 11－5－38）。

注意事项：跷趾充分，合谷捻揉大包穴时，宜舒胸直背，百会上顶。两腿下蹲腿部内侧宜相靠；两掌左右分摆时，宜从左右两腕相靠开始，掌指依次卷曲，要求做到“四折”，连绵不断。

功法作用：这一式动作中，脚趾上翘，压迫足三阴、三阳之井穴，故有助于畅通足六经脉；合谷捻大包，即有助于润肠化结，又有助于和胃健脾。两手头上抖腕亮掌，有助于通调三焦、疏通经络。

12. 第十一式 凤凰来仪

动作要领：上身左转 45°，两臂内旋，摆至与肩平后手心向上移到胸前。身体下蹲，左脚绷脚上步，由虚步变成提步，重心前移，两手逐渐呈勾手，向身后勾挂，目视左前方。重心后移呈虚步，前脚尖上翘，两勾手变掌，十字交叉，左手在里，右手在外，掌心朝内，合于胸前。身体转正，目视前方。两手转掌心朝外，经面前分开，手腕与肩高。左脚并拢，两腿伸直，两手下落，垂于体侧，目视前方。右式动作与左式相同，方向相反（图 11－5－39、图 11－5－40）。

图 11－5－37

图 11－5－38

图 11－5－39

图 11－5－40

注意事项：百会上顶，身体中正，以腰脊的转动带动两臂侧分、前摆。由虚步变成前腿伸直时，后脚跟提起的动作要体现出连贯圆活的特点，两勾手的屈腕宜短暂，并稍用力。两手经胸前、面前左右分掌时，宜舒胸直背，松腰敛臀。左脚向右脚并拢时，宜百会上顶带动整个身躯直起。

功法作用：这一式中，转身旋臂，有助于畅通任、督及手三阴、手三阳经脉。屈腕成勾手，由于对手三阴、三阳经之井穴、原穴产生良性刺激，故有助于改善心、肺、大、小肠等脏腑的机能。脚趾抓地，由于对足三阴、三阳经之井穴、原穴产生良性刺激，故有助于提高肝胆、脾胃、膀胱、肾等脏腑的机能。

13. 第十二式 气息归元

动作要领：随着吸气，提肛收腹，两臂内旋摆至体侧，两掌随两臂外旋，手心朝前。呼气，气沉丹田，两腿半蹲，两掌合抱，收于腹前。同样动作共做3次，第3次最后一动时，两手叠于丹田，男性左手在内，女性右手在内。

注意事项：吸气时，百会上顶，松腰敛臀，身体中正，周身放松。两掌内收回抱采日月精华时，注意气路由宽变窄，促使气流加速。

功法作用：以意引气归关元，有助于壮中气、补元气、滋养脏腑、平调阴阳。

14. 收势

动作要领：两臂内旋，左右分开，手心向后，两臂外旋，手心向前，两手叠于丹田。男性左手在内，女性右手在内。赤龙搅海，先从左向右绕3周，再由右向左绕3周。将唾液分三口咽下（赤龙搅海："赤龙"，指的是舌头；"海"，则是指口腔。把舌头在口腔中有意识地转动、搅动，以刺激唾液分泌，等大量唾液分泌出来后，再把唾液缓缓咽下）。

注意事项：精神集中，吞津咽液时，宜汩汩有声。

功法作用：现代医学证明，唾液中含有黏液蛋白、氨基酸、淀粉酶、融菌酶、免疫球蛋白和各种微量元素。唾液有助于改善糖代谢，维持血糖衡定。

四、健身气功注意事项

1. 放松入静，姿势正确

气功锻炼必须学会放松入静。要注意练功的正确姿势。如果姿势不正确，不仅会影响自由式体质放松，而且还会影响入静。入静，就是要求在练功过程中做到心情舒畅，意念集中，排除杂念，不去想与练功无关的事。放松与入静是相互联系、相互促进的。放松可以促进入静，而入静又有助于进一步放松。

2. 调息行气，腹式呼吸

调息就是调整呼吸，把自然的呼吸逐渐形成深、慢、细、匀的腹式呼吸。这种腹式呼吸的频率，会随着练功者放松入静程度的加深而逐渐变慢。长期进行气功锻炼的人，可从每分钟呼吸16～18次，减少到4～5次。这样就会逐渐形成一开一阖的丹田呼吸。

3. 意气配合，以意引气

意气配合，以意引气，是积蓄和调动内气的基本要领。其做法是，既炼气又炼意，通过意想的作用，把内气调动起来。做到意想身体某一部位放松，呼吸亦随之配合，吸气时想静，呼气时想松，以引导该部位放松，并使大脑入静。当意想某一经络、穴位（丹田、命门、会阴、涌泉）时，呼吸亦随之配合，以引导行气、调气。

4. 动静结合，练养兼顾

要求做到练中有养，养中有练，对于体质较差或患有某种慢性疾病的人来说显得更为重要。但不宜过练，如行气太过，意守太过，都有可能出现伤气、伤神及憋气等偏差。

5. 精神内守，恬淡虚无

精神内守，恬淡虚无，是指在练功过程中，要重视意念的作用，使之更有助于入静，更好地掌握真气积蓄储存的基本要领。这里所说的精神内守，是指练气功时意守丹田。意守丹田不仅有助于放松、入静，而且可以配合腹式呼吸，逐渐形成丹田呼吸，这样更有利于内气的储存和发动。

（演示：李泽润）

体育视窗

养生保健十八法

发常梳，目常运，面常浴，鼻常揉，齿常叩，舌常搅，津常咽，耳常弹，头常抬，胸常撸，腹常摩，腰常转，丹常养，肛常提，肩常摇，膝常蹲，腿常跷，跟常颠！

【思考题】

1. 五禽戏各动作的功法作用是什么？
2. 八段锦各动作的要领是什么？
3. 导引养生功十二法包括哪些动作？

第十二章 CHAPTER TWELVE

大学体育与健康

游　　泳

第一节　游泳常识

游泳运动是一项在水中进行的凭借自身肢体动作和与水的相互作用而运动的技能活动。游泳运动具有竞技观赏性与休闲娱乐性，经常参加游泳锻炼能有效地改善心血管系统机能、增强呼吸系统的功能，提高肺活量，加强新陈代谢和体温调节能力。参加游泳锻炼还能塑造健美的体型，有助于培养大学生的健康心理，开发智力，培养勇敢顽强的优良品质。另外，游泳还是一项生存、生活、工作技能。在千变万化的大自然中，掌握了游泳技能就等于在意外发生时多了一份生存机会，也多了一种工作和生活能力。

一、游泳运动安全与卫生

（一）加强安全教育，选择安全场所

加强安全教育，使学生明确和遵守安全规则，树立安全观念，把安全教育贯彻整个游泳教学的始终。在天然水域游泳，要查清水质、水深、流速、水底、水中生物等基本水情，凡有“禁止游泳”“水深危险”等警示标识区域，航道、港区、急流区、礁岩区、码头旁及水草生长区域，都不能作为游泳场所。

（二）了解自身的身体状况，重视热身，养成良好的习惯

游泳运动消耗能量较大，加上水环境的特殊性，自身要加强对自己健康状况的了解，有些疾病患者是不宜参加的。

游泳前，应进行充足的准备运动，提高神经系统的兴奋性，加强肌肉和韧带的柔韧性，增加呼吸器官和循环器官的效率，使人体器官由安静状态进入运动状态。

合理安排游泳的时间、运动量对每一个人都很重要。一般一次游泳时间控制在1～1.5 h。养成睁眼游泳的习惯，或戴泳镜，以免被撞或踢伤，游泳中呼吸时尽量用嘴吸气，用鼻呼气，且以最大肺活量吸气及吐气，做到有节奏，不易多说话，以防呛水。游泳时应滴些眼药水，防止眼病。

（三）自备泳具，清水淋浴

自带衣物储存袋、泳衣、泳帽、泳巾、拖鞋及洗浴用品，尽量不使用共用的拖鞋、浴

帽、毛巾、救生圈等物品。

（四）注意水质，排废入槽

游泳池的水质应透明无色，无臭无味，清澈可见池底。在无人管理的天然水域里游泳，要特别注意卫生情况。

游泳时，若有痰或鼻涕等，一定要尽快抬头游到池边，向水槽或沟内排净，否则易污染池水，传播疾病。

此外，体育锻炼中应注意的一般卫生问题，在游泳时同样需要重视。

二、熟悉水性

熟悉水性是学习各种游泳姿势的重要基础，为的是让初学者逐步了解水性适应水的环境，消除怕水心理，为以后学习和掌握各种游泳技术打下基础。

（一）水中行走练习

初学者可以在水中进行各种方向的走动和跳动练习，学习在水中保持身体协调，维持身体平衡。紧贴着水面随脚的移步两臂向两边拨水。能够保持身体平衡后，逐渐加快行走的速度。水中走动时，身体稍微前倾，动作先小后大、先慢后快。熟练后，用前脚掌蹬池底，轻轻上跳，逐渐用力，做跳跃练习。目的是体会水的阻力和浮力，初步掌握身体在水中维持平衡的能力，消除怕水心理。

（二）呼吸练习

各种姿势的游泳，都要求在水中憋气、呼气和在水面上吸气。鼻腔吸气易造成呛水，所以强调用口吸气，鼻或口、鼻一起呼气。手扶固定物（池壁、水线、同伴等），用嘴深吸一口气，蹲入水中，尽量长时间憋气，然后用口、鼻均匀缓慢地呼气，直至将体内废气呼尽再站立吸气。掌握游泳正确的呼吸方法、体会呼吸过程、掌握呼吸节奏，适应头部浸入水的刺激，反复练习并形成韵律，消除怕水的心理。

（三）浮体练习

漂浮技术主要是让身体漂浮起来，体会水的浮力，控制身体在水中平衡的能力和掌握水中由俯卧姿态转成站立姿态的方法，进一步消除怕水心理。

1. 扶物漂浮

手扶固定物，吸气，把头没入水中，憋气，伸展身体全身放松，自然地漂浮于水中（图 12－1－1）。

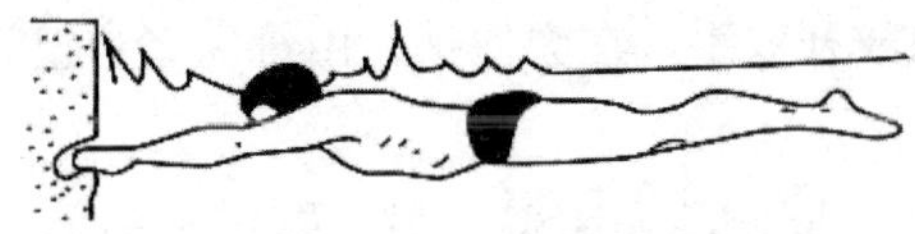

图 12－1－1 浮物漂浮

2. 抱膝漂浮（团身漂浮）

站立水中，深吸气后下蹲，低头，含胸收腹，两手抱，呈低头团身抱膝姿势。轻轻离池底，身体放松，自然地漂于水中。用口、鼻慢慢呼气，然后两臂前伸，手掌向下压水，抬头，同时两腿伸直下踩（图 12－1－2）。

3. 展体漂浮

抱膝浮体于水中，两臂向前、两腿向后均伸直并拢，身体俯卧漂浮于水面。然后，迅速收腹、收腿，手掌向下压水，抬头，两腿下踩触底站立（图 12－1－3）。

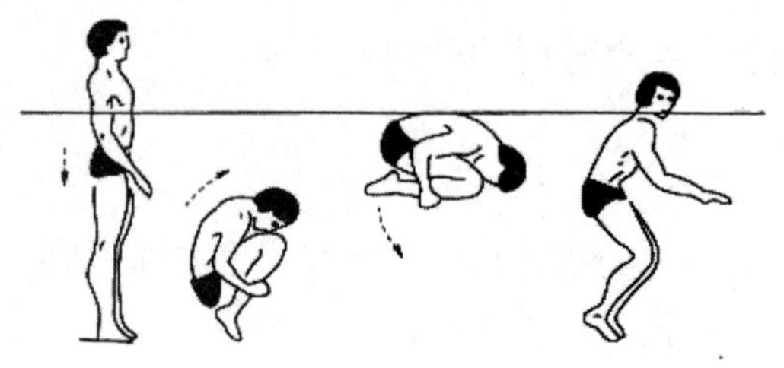

图 12－1－2　抱膝漂浮

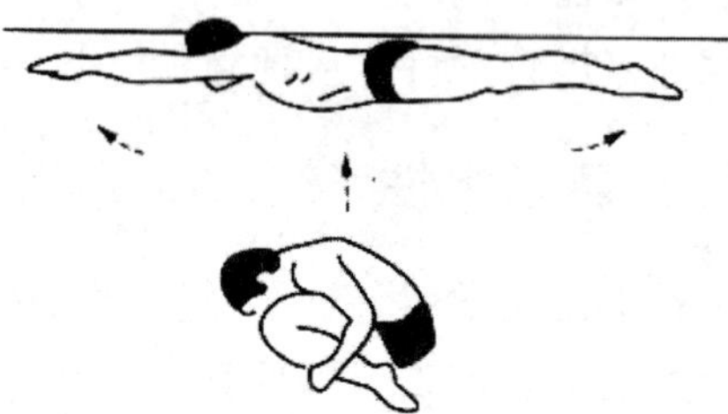

图 12－1－3　展体漂浮

4. 仰卧漂浮

水中站立，深吸气，上体慢慢后仰，呈仰卧漂浮状态，随后双手从后向前用力拨水，收腹、收腿，上体前倾，两脚触底站立（图 12－1－4）。

图 12－1－4　仰卧漂浮

（四）滑行练习

练习水中滑行的目的在于进一步体会水的浮力，掌握水中的平衡和身体的滑行姿势。为各种游泳姿势奠定良好基础。滑行时，身体放松呈流线型，臂和腿自然伸直，尽量延长憋气时间和滑行距离。

1. 扶伴滑行

手扶住同伴、身体放松伸展，自然漂浮。同伴拉住练习者的手倒退行走，使其体会滑行。在此基础上，同伴可以放开双手，在旁保护，由练习者自己漂浮滑行（图 12－1－5）。

2. 蹬壁滑行

背向池壁，一手扶池壁，同侧腿屈蹬壁；另一臂水平前伸，同侧以脚尖支撑站立。深吸气，低头，收腹提臀，上收支撑腿，两脚贴池壁。用力蹬离，两臂并向前伸，双腿自然并拢，全身充分伸展、放松，成流线型向前滑行。滑行结束时，收腿，下踩，站立（图 12－1－6）。

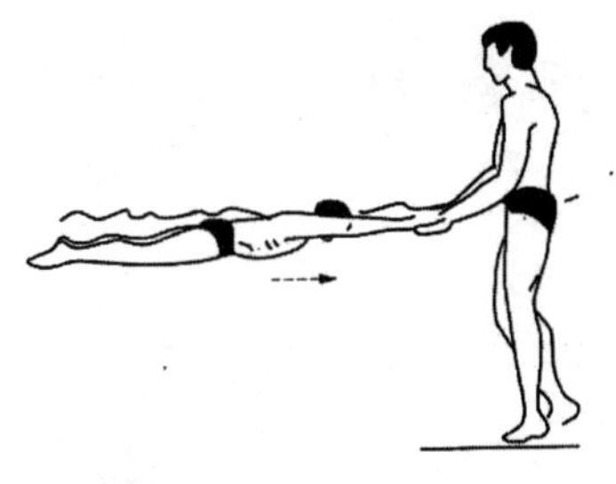
图 12-1-5 浮伴滑行

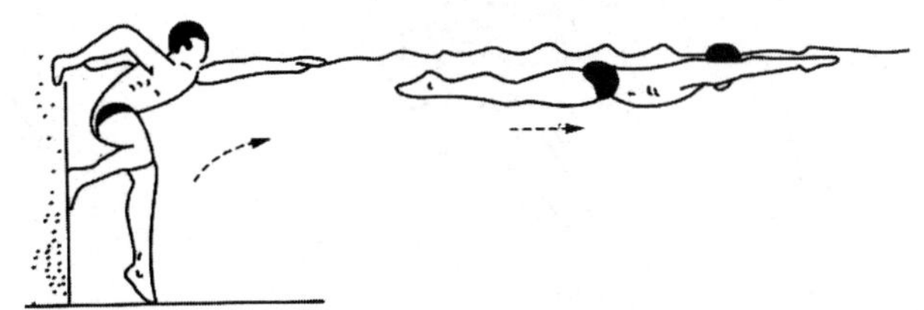
图 12-1-6 蹬壁滑行

3. 蹬底滑行

两脚前后开立，两臂前伸并拢贴近双耳，吸气后身体前倾，两膝微屈，头和肩浸入水中，前脚掌用力蹬池底。两腿并拢，身体俯卧向前滑行（图 12-1-7）。

4. 仰卧滑行

两手拉住槽沿，两脚贴于池壁或池底。松手，两脚用力蹬离，两腿并拢伸直，使身体向后仰卧滑行（图 12-1-8）。

图 12-1-7 蹬底滑行

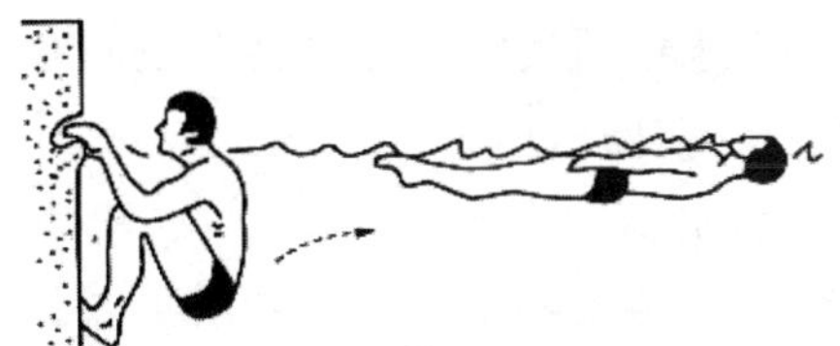
图 12-1-8 仰卧滑行

滑行后，两脚可以自然地进行上下打水动作，使身体向前游进。

三、水上救护

游泳救护主要包括自我救护和他人救护 2 种救护形式。其中，他人救护又分为间接救护和直接救护。

（一）自我救护

自我救护是指水中遇到意外险情时而采取的自我保护和救助措施。

1. 抽筋

当过度疲劳，精神紧张，水太凉，动作不协调，局部多次重复一种姿势，准备动作不充分时，容易出现抽筋。表现为疼痛难受，肌肉坚硬，且一时不易缓解。

抽筋后，要保持镇静，主要采用牵引法自我解救。即通过关节的屈伸，拉长抽筋的肌肉，使收缩的肌肉松弛并伸展，还可以配合局部按摩而促使缓解。若在深水区，自己无法解脱困境时，应及时呼救。

腓肠肌（小腿肚）或脚趾抽筋，可先吸一口气仰浮水面，用抽筋腿异侧的手握住抽筋（腿）的脚趾，用力向身体方向拉，同时用另一手掌压在抽筋腿的膝盖上，帮助小腿伸直（图 12-1-9）。

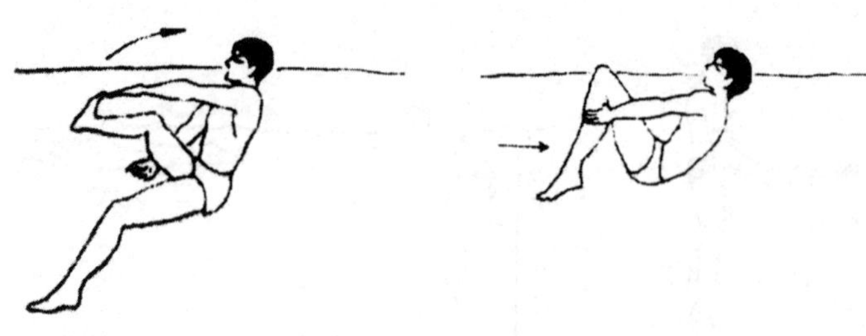

图 12-1-9

2. 被缠住或遇旋涡

若被长藤植物缠住，可采取仰卧姿势进行解脱，再从原路游出。若被旋涡吸住，可平卧水面，从旋涡外沿全速游出。

3. 头晕

出现头晕现象后，要保持镇静并坚持锻炼，逐渐熟悉水性，克服头晕。下水前适当补充能量，预防头晕。

4. 耳中进水

在水中可用吸引法，将头偏向有水一侧，用手掌紧压有水的耳朵，憋气，快速提起手掌，反复几次即可。

5. 呛水

发生呛水时，要把头露出水面，把水从鼻和口里咳出，很快就能恢复正常呼吸。

水中自救求生的基本原则：尽可能保持体力，以最少的体力消耗在水上维持最长的时间。利用身旁任何可以增加浮力的物体，保持身体漂浮在水上。

（二）他人救护

1. 间接救护

利用救生器材（救生圈、竹竿、木板、轮胎、泡沫块、绳子等），对较清醒的溺水者施行救助。将救生圈或其他漂浮物系上绳子，右手持圈自后向前摆，由上而下的抛给溺水者。若距离较近，也可直接利用竹竿、木板等将其拖至岸边。

2. 直接救护

直接救护是徒手对溺水者（此时溺水者已经丧失了自我救护或接受间接救护的能力）施救的一种方法。入水前，救护人员应观察周围环境和水的流向，选择与溺水者最近的方位下水。静水中，救护人员可以直接游向溺水者；急流的江河中，救护人员应从溺水者斜前方入水施救。救护者在找到并有效控制溺水者后，要确保双方的口、鼻露出水面以保持正常呼吸。将人救上岸后，要针对其症状，决定急救方式。轻度溺水者，可让其吐水、保暖、休息。对昏迷、呼吸微弱或窒息者要实施心脏按压或人工呼吸。人工呼吸前，首先，要设法让溺水者嘴张开，清除其口鼻内可视的污物，取出活动假牙等。其次，进行控水。解开溺水者衣带，救护者一腿跪，另一腿屈膝，将其腹部置于屈膝的大腿上，一手扶其头部，保持向下，另一手压其背部，把水排出。

第二节　四种泳姿

游泳运动是周期性、重复性运动项目中最复杂的一种，在具备一定漂浮能力的基础上，各种泳姿技术动作的学习都要经历腿部动作学习→手臂动作学习→腿、臂和呼吸完整配合学习 3 个分解阶段。

一、蛙泳

蛙泳是模仿青蛙动作的一种姿势。比较省力，易掌握方向，能拖带物体，也能负重，是武装泅渡普遍采用的姿势。

（一）身体姿势

游进中身体必须保持良好的流线型姿势，充分发挥手臂和腿的推进动作。当完成手臂和腿部的有效动作后，身体几乎是水平地俯卧在水中，贴着水面滑行。此时两臂前伸稍低头，脸的下部浸入水中，两腿向后伸直，腹部稍紧张，两眼俯视前下方，身体纵轴与水平略成 5°～10°（图 12－2－1）。

吸气时，下颌露出水面，肩部升起，这时身体与水平面的角度较大，约为 15°（图 12－2－2）。

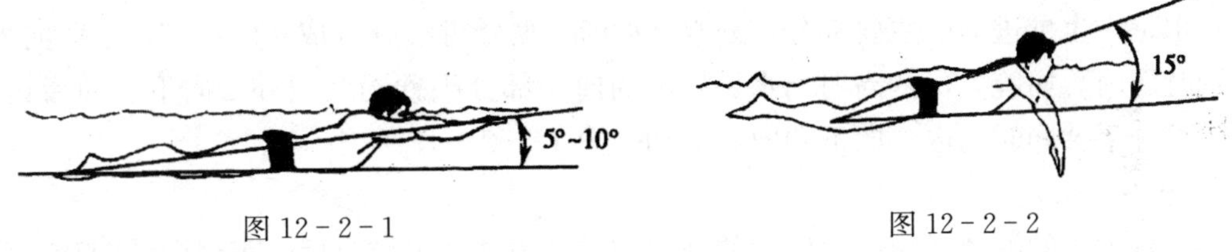

图 12－2－1　　图 12－2－2

（二）腿部动作

蛙泳腿部动作是由收腿、翻脚、蹬夹腿、滑行 4 个阶段组成。

1. 收腿

两膝自然向下，逐渐分开，小腿在大腿后面向前回收折叠，脚跟沿水面向臀部靠拢。收腿时力量要小，放松。收腿结束时，大腿与躯干成 110°～140°，两膝距离略宽于髋，小腿尽量与水面垂直，为翻脚和蹬夹腿做好准备（图 12－2－3）。

2. 翻脚

收腿将结束时，两膝稍向内扣，同时两脚向外侧翻开，使脚内侧和小腿内侧正对蹬水方向，加大对水面积（图 12－2－4）。

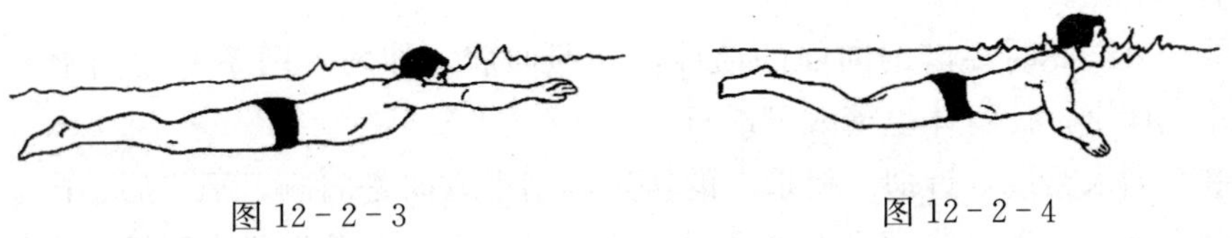

图 12－2－3　　图 12－2－4

3. 蹬夹腿

翻脚后以大腿发力，先伸髋，再伸膝，到最后还有约 1/4 的路程时快速地伸踝关节并拢两腿（图 12-2-5、图 12-2-6）。

4. 滑行

蹬腿结束后，腿略低于身体，脚距离水面 30～40 cm，人体应随着蹬水产生的推进力向前滑行，腿应很快稍上抬，以减少滑行的阻力（图 12-2-7）。

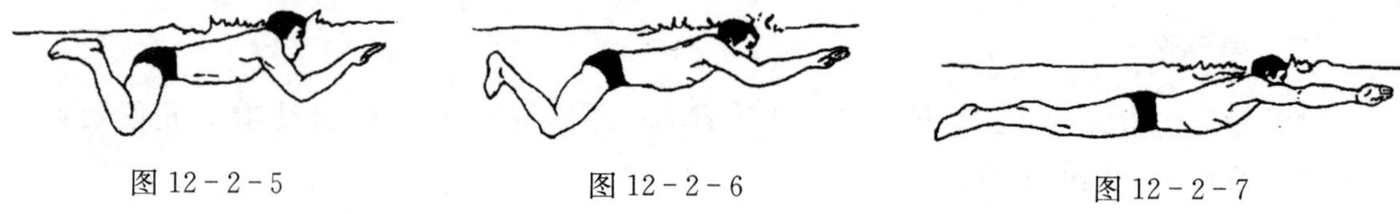

图 12-2-5　图 12-2-6　图 12-2-7

（三）手臂动作

蛙泳臂部动作分别由抓水、划水、收手、前伸 4 个连贯动作所组成。

1. 抓水

是在两臂已向前伸并拢且掌心转向外时开始，小臂、上臂内旋，掌心向外斜并稍屈腕，两手分开向斜下方抓水（图 12-2-8）。抓水基本上不产生推进力，其目的是给划水创造有利条件，并使身体上浮。

2. 划水

划水是产生推进力的主要部分。划水开始时，两臂继续外分成 40°～45°，手臂向外旋转，同时屈肘、屈腕，保持高肘划水。划水的前一部分手臂同时向外、向下和向后运动，而后一部分手臂同时向内、向下和向后运动（图 12-2-9）。

3. 收手

收手是划水的继续，能产生较大的升力和推进力。划水结束后，手臂向外旋转，手同时向内、向上和向前快速运动，开始了收手过程。收手时，两掌心相对。收手动作完成时，两肘低于手处于肩前下，肘关节弯曲成较小的锐角（图 12-2-10）。

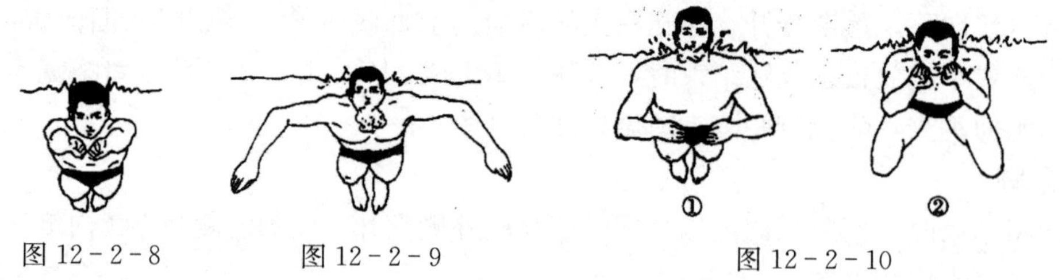

图 12-2-8　图 12-2-9　图 12-2-10

4. 前伸

臂收手结束，此时要借助向前的惯性，立即伸肩，伸肘。两掌心由向上逐渐转为向下，两臂并拢伸直，使身体呈流线型滑行。

蛙泳整个划水路线，近似“桃形”的轨迹。划水方向是向侧、下、后、内、前方；划水力量是由小到大；划水速度是由慢到快。特别强调收手至前伸段中间不能有停顿，动作必须连贯，一气呵成。

（四）呼吸与臂的配合技术

蛙泳臂与呼吸配合有早吸气和晚吸气 2 种形式。早吸气是两臂划水开始时抬头吸气，收手时低头两臂前伸时屏气，向外划水时呼气（图 12－2－11）。早吸气其吸气时间长，对初学者来说较容易掌握；晚吸气其吸气时间短，但完整配合连贯、紧凑，利于力量的发挥，对提高成绩有明显的优势。

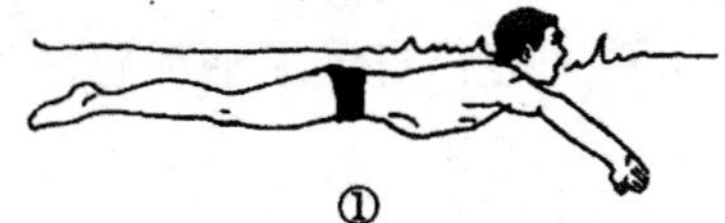

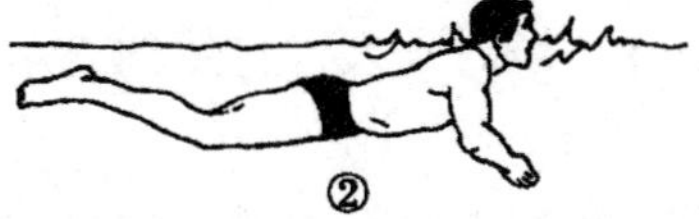

图 12－2－11

（五）完整配合动作

蛙泳通过臂腿相互交替运动产生向前的推进力，因此，臂腿配合时机十分重要。配合得好，游速均匀效果好；配合得不好，出现减速效果差。臂划水时腿伸直放松，收手时收腿，臂快伸直时开始蹬腿，接着臂腿伸直滑行。

蛙泳臂、腿、呼吸的完整配合，一般为一次划臂、一次蹬腿、一次呼吸，但也可以 2～3 次臂腿动作呼吸 1 次。

二、爬泳

爬泳是自由泳的姿势之一，在 4 种竞技游泳技术中速度最快，它以两臂在体侧轮流划水和两腿上、下交换打水向前推进，故而实用价值就在一个“快”字上。

（一）身体姿势

爬泳时身体俯卧在水中呈流线型，背部和臀部的肌肉保持适当的紧张度，身体纵轴与水面构成 3°～5°（图 12－2－12），在游进中保持头部平稳，水齐前额发际，眼睛注视斜前方，吸气时自然转向一侧。在游进中过程中，两腿上下交替打水，两臂轮流划水，肩部自然向左右转动伴随着转头呼吸及转臀动作，躯干绕身体纵轴有节奏地自然转动 35°～45°（图 12－2－13）。

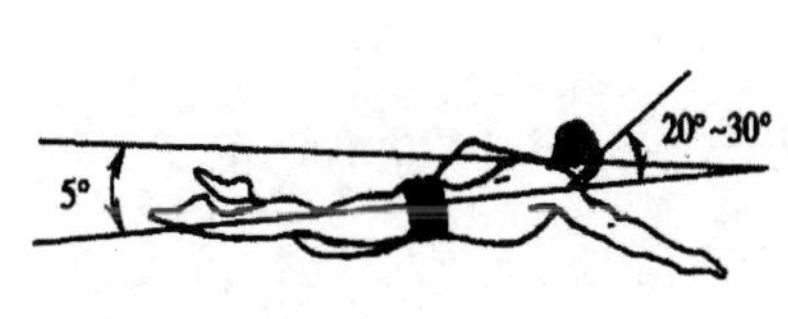

图 12－2－12

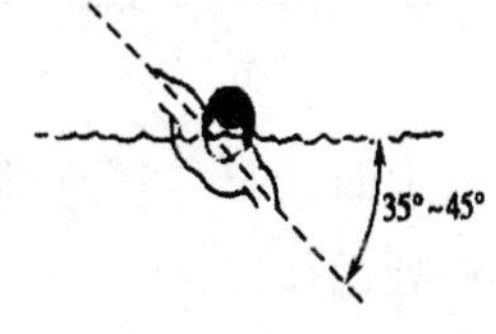

图 12－2－13

（二）腿部动作

两腿自然伸直并拢，脚稍内旋，踝关节放松，脚跟分开形成“内八字”，同时以髋关节为轴，由大腿带动小腿和脚掌，两腿交替做鞭打动作，两脚尖上下最大幅度 30～40 cm 为宜，膝关节最大屈度约 160°，脚不要打出水面，但可溅起一些水花。

（三）臂部动作

爬泳划臂是推动身体前进的主要动力，臂部动作由入水、抱水、划水、出水和空中移臂 5 个部分组成。

1. 入水

手指自然伸直并拢，臂内旋使肘关节抬高至最高点，手掌斜向外下方，使手指首先触水，然后是小臂，最后是大臂自然插入水中，入水点一般在身体纵轴和肩之间。

2. 抱水

臂入水后，在积极向下方插入的过程中，手掌从向斜外下方转向斜内后方开始屈腕、屈肘，肘高于手，以便能迅速过渡到较好的划水位置。抱水结束，肘关节屈至 150°左右，整个手臂像抱着一个大圆球似的为划水作准备。

3. 划水

划水是发挥最大推进作用的主要阶段，分为拉水和推水 2 个部分。抱水后进入拉水要保持抬肘，并使大臂内旋。同时，继续屈肘，使手的动作迅速赶上身体的前进速度，能使拉水动作造成合理的动作方向和路线，同时，也使主要肌肉群在良好的工作条件下进入推水动作，拉水至肩的垂直平面后，即进入推水部分，这时肘的屈度约 100°。大臂再保持内旋姿势，带动小臂，用力向后推水。同时，使肩部后移，以加长有效的划水路线。整个划水动作，手的轨迹始于肩前，继之到腹下，最后到大腿旁，呈 S 形（图 12-2-14）。

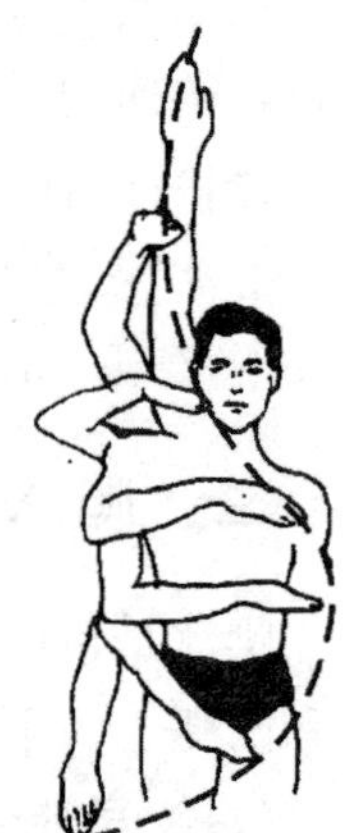

图 12-2-14

4. 出水

划水结束时，掌心转向大腿，出水时小指向上，手臂放松，微屈肘。由上臂带动，肘部向外上方提拉带动前臂和手出水面，掌心转向后上方。

5. 空中移臂

是臂在空中前移的动作和手臂出水后的继续，手掌完全向后和稍向上，手腕放松。当手前摆至肩时，应与肘呈一直线。空中移臂应掌握节奏，动作保持协调一致。

（四）两臂配合技术

划水时，由于两臂所处的位置不同，可分为前交叉、中交叉和后交叉 3 种类型。

1. 前交叉

是指一臂入水时，另一臂已前摆至肩前方与平面成 30°左右。前交叉有利于初学者掌握爬泳动作和呼吸动作。

2. 中交叉

是指一臂入水时，另一臂划至肩下与水平面成 90°。

3. 后交叉

是指一臂入水时，另一臂划到腹下，手与水平面成 150°左右。

以上3种配合形式都有各自的特点，对初学者来说，可以采用第1种形式，以便掌握爬泳动作和呼吸动作。采用后2种动作，有利于发挥两臂力量和提高动作频率，加快速度，保持连续的推进力。

（五）臂、腿和呼吸的配合技术

爬泳时，一般是在两臂各划水1次的过程中进行1次呼吸，以向右边吸气为例：右手入水后，嘴和鼻开始慢慢呼气。右臂划水至肩下，开始向右侧转头和增大呼气量。右臂推水即将结束，则用力呼气。右臂出水时，张嘴吸气，至空中移臂的前半部为止，并开始转头还原。然后，直至右臂入水结束，有一个短暂的闭气过程，脸部转向前下。头部稳定，右臂入水，再开始下一慢慢呼气的过程（图12-2-15）。爬泳的呼吸与臂、腿配合，初学者一般者采用6∶2∶1的方法，即呼吸1次、臂划2次、腿打6次，这种配合方法易保持平衡和协调掌握爬泳技术。

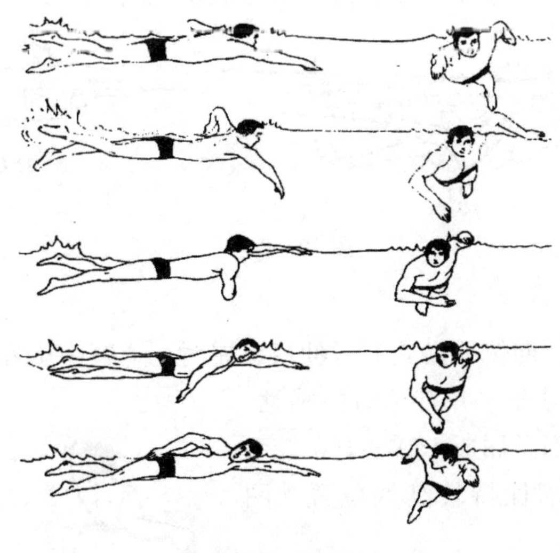

图12-2-15

三、仰泳

（一）身体姿势

游仰泳时，身体要自然伸展，仰卧在水面，头和肩部稍高，腰部和腿部保持水平，身体纵轴在水平面构成的迎角约为10°（图12-2-16）。

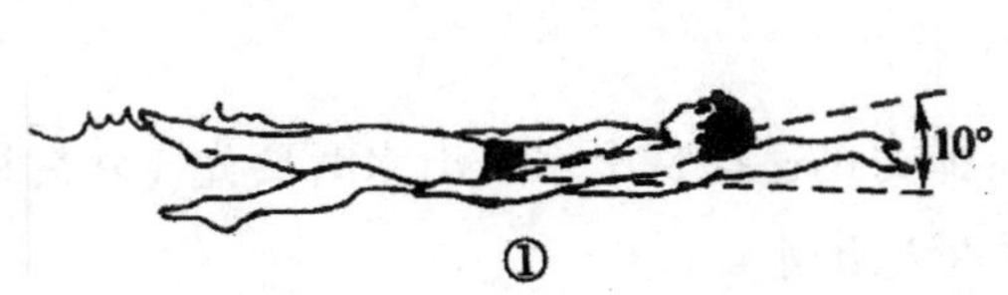

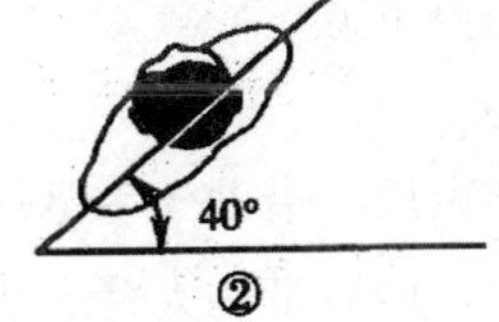

图12-2-16

（二）腿部动作

仰泳的腿部动作是以下压动作和上踢动作组成。

打水时，以髋关节为支点，由大腿发力，带动小腿和脚向上后方作鞭打踢水。向上踢水时，膝关节微屈 135°～140°，踝关节伸展，脚向内转，动作有力。向下打水时，膝关节自然伸直，两脚跟上下最大距离 40～50 cm。

（三）臂部动作

一个完整的手臂动作分为入水、抱水、划推水、出水和空中移臂等几个阶段（图 12－2－17①）。

1. 入水

臂入水时，臂部自然放松，入水点应在身体纵轴与肩的延长线之间，或在肩的延长线上。过宽和过窄都会影响速度。臂入水时应保持直臂，肘部不要弯曲，入水时小指向下，拇指向上，掌心向侧后方。手掌与小臂成 150°～160°（图 12－2－17②）。

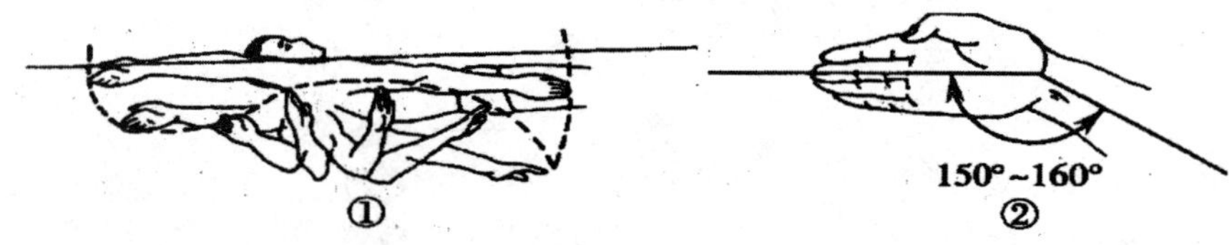

图 12－2－17

2. 抱水

臂入水后手掌向下、向侧移动，通过伸肩、屈肘、上臂内旋和屈腕的动作，配合身体的转动，使手掌和前臂对准水并有压力的感觉。当完成抱水动作时，肘部微屈成 150°～160°，手掌距水面 30～40 cm，肩保持较高的位置（图 12－2－18①）。

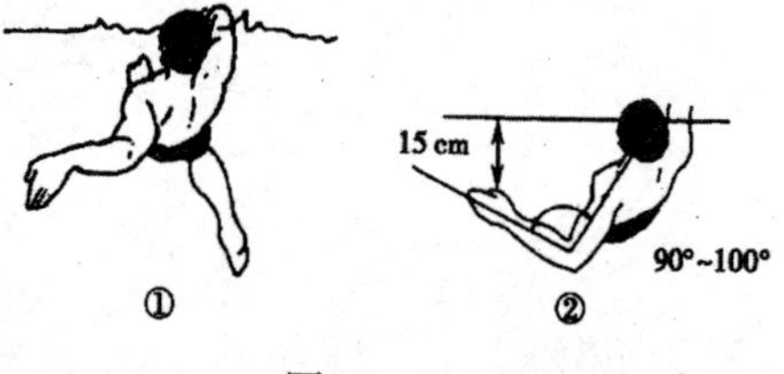

图 12－2－18

3. 划推水

开始时前臂内旋，手掌上移，肘部下降，使屈肘程度加大，手掌和小臂要保持与前进方向垂直。当手掌划至肩侧时，屈臂程度最大，为 90°～100°（图 2－5－2－18②），手掌接近水面。

推水时，肘关节和大臂应逐渐向身体靠近，同时用力向脚的方向推水。当推水即将结束时，小臂内旋做加速转腕下压的动作，掌心由向后转向向下。推水结束时手臂要伸直，手掌在大腿侧下方。

4. 出水

推水结束后，借助于手掌压水的反弹力迅速提臂出水。出水时要先压水后提肩，肩部露出水面后，由肩带动大臂、小臂和手依次出水。

5. 空中移臂

提臂出水后，手应迅速从大腿外侧垂直于水面移至肩前。当手臂移至肩上方时，手掌要内旋，使掌心向外翻转。

（四）仰泳配合技术

仰泳两臂的配合是“连接式”的，即当一臂划水结束时，另一臂已入水并开始划水；一臂处于划水的中部，另一臂正处于移臂的一半。在整个臂的动作过程中，两臂几乎都处在完全相反的位置（图 12－2－19）。

图 12－2－19

仰泳的呼吸相对来说比较简单，一般是 2 次划水 1 次呼吸。即一臂移臂时开始吸气，其他时候都在慢慢地呼气。在高速游进时也有 1 次划水 1 次呼吸的技术，但是呼吸不能过于频繁，否则会引起呼吸不充分，造成动作紊乱。

臂腿配合是否合理，将影响整个动作的平衡和协调自然。臂在划水过程中，腿的上踢、下压动作要避免身体的过分转动，以保持身体的平衡、协调为原则。

四、蝶泳

蝶泳由蛙泳的技术动作演变而来，其技术是 4 种竞技游泳中最难掌握的。

（一）躯干姿势

蝶泳时，身体俯卧水中，整体动作从头、颈、躯干到脚沿身体纵轴作传动式、波浪形起伏。但身体姿势力求相对稳定，起伏不宜太大，且应形成节奏（图 12－2－20）。

（二）腿部姿势

蝶泳时，以腰部发力，带动大腿、小腿及脚进行上下鞭状打水动作。如图 12－2－21

图 12－2－20 躯干姿势

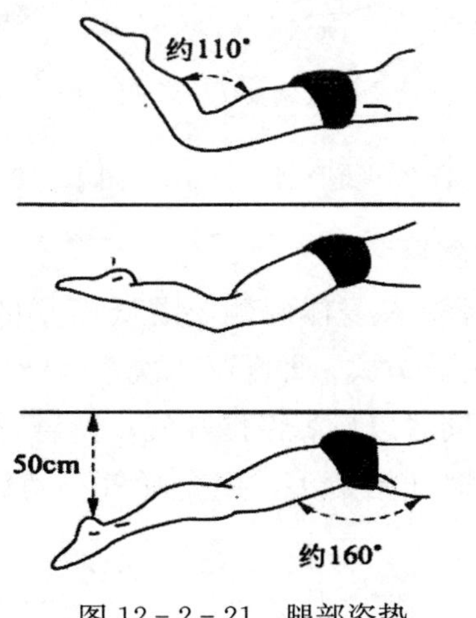

图 12－2－21 腿部姿势

所示，向下打水时，两腿并拢，脚掌稍加内旋，踝关节伸直，屈膝约 110°，脚抬到最高点至水面，向后下方快速打水。同时，臀部升高，大腿和躯干约成 160°、脚跟距水面约为 50 cm。向上打水时，两腿伸直向上移动，臀部下降，髋关节逐渐展开，身体几乎呈水平。随即，大腿下压，膝关节随之逐渐弯曲，脚再次上抬，准备向下打水。

（三）臂部姿势

蝶泳的臂部动作是推动前进的主要动力。两臂同时对称进行，包括入水、抱水、划水、出水和空中移臂 5 个部分。

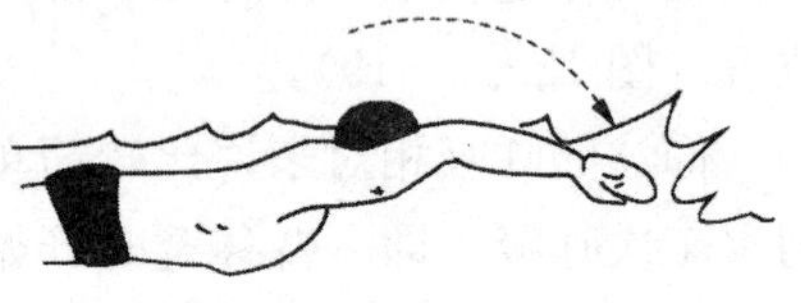

图 12-2-22　入　水

1. 入水

入水以拇指为先，两手距离约与肩同宽，掌心向两侧，手指向下（图 12-2-22）入水点在两肩的延长线上。

2. 抱水

手臂入水后，迅速向外、向后、向下滑动，屈臂高肘，手掌内转，呈抱水姿势。

前臂与水面约成 45°，肘关节约屈成 150°，上臂与水平面约成 20°，两手距离略比肩宽（图 12-2-23）。

3. 划水

屈臂向后，上臂内旋，前臂和手加速向内后拉水。划至腹部后，掌心转向后上方。继续推水至大腿旁。如图 12-2-24 所示，划水过程两臂路线呈双 S 形。

4. 出水

划水结束后，手臂充分伸直，借助加速推水的惯性，提肘，迅速将两臂和手带出水面（图 12-2-25）。

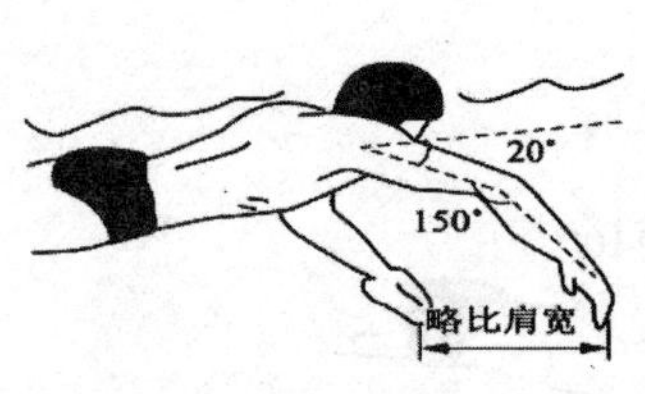

图 12-2-23　抱　水

图 12-2-24　划　水

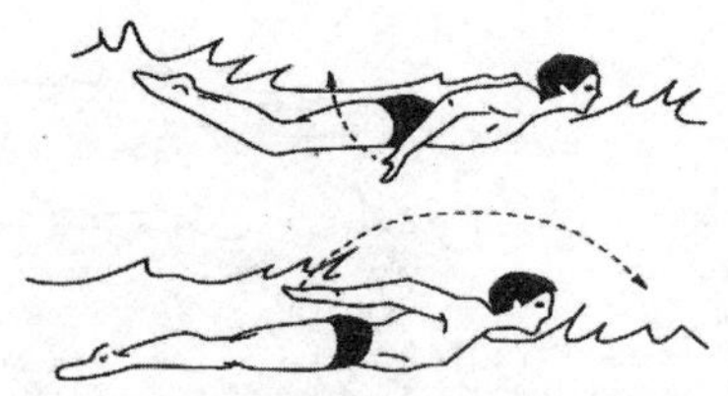

图 12-2-25　出　水

5. 空中移臂

臂出水后，从身体两侧，沿低而平的弧线，经空中快速向前移动。蝶泳一般采用 1∶1∶2 的配合方式，即呼吸 1 次、两臂划水 1 次、打腿 2 次。两臂入水时，双腿第 1 次向下打水，同时以口鼻慢慢呼气；两臂进入划水时，双腿上抬并第 2 次向下打水，划水至胸腹下方时开始抬头，用力呼气；两臂出水并空中移臂时，完成双腿上抬，并迅速吸气。

体育视窗

海里游泳的注意事项

海滨游泳与游泳池、湖泊、河流中游泳有一定差别，在享受海浪的时候，绝对不要低估大海的力量和危险，避免事故发生。

特别是注意以下情况：

（1）注意选择海滩。良好的浴场沙子应质地较细，而且最重要的是干净。

（2）要选好时间。注意潮汐的涨落时间，涨潮时建议不要下海游泳，一般退潮时下海游泳比较合适。在烈日下不要游泳。烈日暴晒会导致人中暑昏迷。

（3）不要单独一人，要选择人多的沙滩，不要去偏僻的水域。

（4）如果被大浪或强大的水流脱离了岸边，不要直接硬抗，要横着游过它，接着采取侧泳的方式沿着海岸向陆地靠近；如果被巨浪底流吸住了，要尽快从水底下潜出水面，顺着波谷游向岸边。当下一轮巨浪扑来时，迎向它，潜入水中，等它过去后，再沿下一波谷向岸边游；如果身在海中，而大浪又推着你向岸边或海边的岩石撞去，应面对海岸，双腿向前屈伸，身体呈坐姿（这样可以减缓最初的撞击力），这样你才能抓住机会登上岸。

（5）身体不太舒服和酒后不要游泳。大海是无情的，万一在海里病情严重了或酒精对大脑的刺激会使自己判断能力下降，出事儿时已悔之晚矣。

【思考题】

1. 熟悉水性的基本练习有哪些？
2. 蛙泳、自由泳、仰泳、蝶泳的动作要领有哪些？

第十三章 CHAPTER THIRTEEN

大 学 体 育 与 健 康

素质拓展运动

第一节 定向运动

定向运动19世纪末起源于北欧斯堪的纳维亚半岛的瑞典和挪威联合王国，距今已有100多年的历史。

一、定向运动的概念

定向运动是指运动员借助定向地图和指北针，按组织者规定的顺序方式，自我选择行进路线并到访地图上所标示的地面检查点，以通过全程检查点用时较短者或在规定时间找到检查点得分较多者为胜的一种体育运动。

二、定向运动的分类

（一）定向越野（徒步定向）

这是各种定向运动形式中组织方法较为简便，开展最为广泛的一种。

（二）接力定向

接力定向是展现团体间实力的最佳竞赛形式，其成绩好坏有赖于每个队员个人能力的发挥。在接力比赛中，比赛的线路被分为若干段，每个选手只完成其中的一段（使用另一张同地点地图），各段选手的成绩相加为该队的最后成绩。

（三）滑雪定向

滑雪定向也可以按个人团体或接力比赛形式进行。它与徒步定向的区别是选手需要使用滑雪装具（非机动），供比赛用的滑道则需要使用摩托雪橇提前开辟。统一比赛路线上的滑道通常不止一条，以便选手自行选择更有利于自己的滑行路线。

（四）山地车定向

山地车定向，顾名思义，就是选手们骑在山地车上进行的定向运动。它需要的场地比徒步定向稍大，区域内的大小道路要能构成网络，以便于选手骑行。由于不便频繁看图，山地车定向的选手比徒步定向的选手更需要培养地图默记的能力。同时，在崎岖地形上熟练地驾驶山地车的技术也是必不可少的。

（五）轮椅定向

原来是专为伤残人士特别设计的定向运动形式。基本赛法是：在野外道路的两侧设置若干“检查点群”（每处3～6个点标），选手们需要按照地图与“检查点说明”的指示，在每个“检查点群”处像做选择题那样，挑选出唯一正确的那个点标。

（六）夜间定向

这是徒步定向中很刺激的一种比赛形式。由于是在视度不良的夜间进行的，不仅增加了比赛的难度，同时增加了对观众的吸引力和选手自己的紧张感。

（七）公园定向

这是在城市公园、小城镇、居民小区或类似地形上举办的徒步定向比赛。专门举行这个项目比赛的世界性组织称为“世界公园定向组织（Park World Tour，简称PWT）”。

三、定向运动的益处

1. 定向运动可有效地培养学生独立分析解决问题的能力和良好的逻辑思维能力。

2. 定向运动是一项家庭体育项目，还是一项精英人才体育项目。

3. 定向运动是一项环保的体育项目。因为它教会你如何在大自然中把握自己的行为，爱护自然，遵守郊野公园守则。

4. 定向运动是一项不需太大花费的群众性体育项目。所需的只是一张好的定向地图和一个指北针。服装可穿着定向专业套装，也可只是普通运动服装。

5. 定向运动是一项探险寻宝体育项目。因为它能给人们惊险刺激的人生经历。

6. 定向运动是一项广交朋友的社交性体育项目。在这里，不论男女老少，种族背景，文化阶层，社会地位，相互交流，共享人生。

四、定向运动装备

（一）定向运动地图

定向运动地图（图13-1-1）更加准确详细，容易对照地图上的符号标记与实际地形中的实物。运动员根据一张标准的定向运动地图上所规定的线路，自己选择行进的路线。

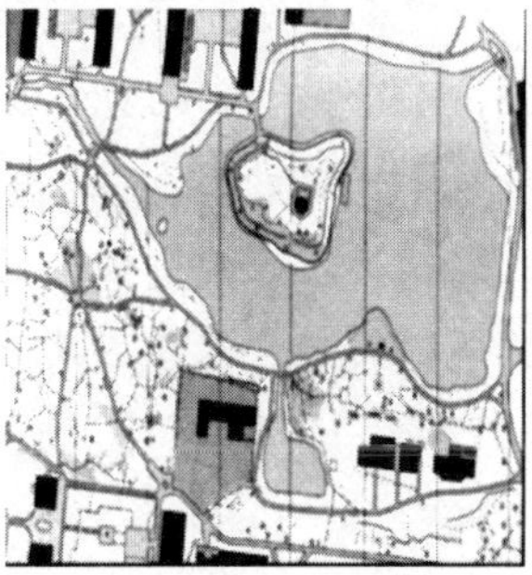

图13-1-1　定向运动地图

（二）指北针

用于运动中辨别和保持方向。它是定向运动可借助的唯一合法器材。指北针（图13-1-2）的红色指针永远与地图上指明北方的红色箭头或地图顶部红色横线保持方向一致。

（三）检查点标

检查点标（图13-1-3）是运动员辨别和正确通过点的标识。点标主体由面成三角形排列的红、白两色组成。每个点标上有一个编号，供运动员辨别是否是所要找的点标。

（四）点鉴（电子卡座）

点鉴（图 13-1-4）挂在点标上，与点标配合，提供运动员到达各检查点位置的凭据。为了证实这一到访，运动员必须在到达每个点标处使用打卡器打卡，且不同的打卡器打出不同的针孔。今天电子打卡系列已被广泛使用，它不仅能证实是否按顺序正确到访，还能记录到访的时间。

图 13-1-2　指北针

图 13-1-3　检查点标

图 13-1-4　点　签

（五）检查卡片（电子打卡座）

检查卡片、电子卡主要用于判定成绩。运动员到达终点后，速将卡片交给裁判员。

（六）号码布和服装

由定向运动组委会提供或自备。比赛时要求运动员胸前、背后佩戴一块号码布。服装可用专用定向运动服或一般常用的运动服装。

五、选择路线要遵循下述原则

有路不越野；应尽量选择沿道路行进；地面相对光滑、平坦，有利于提高奔跑速度；走高不走低。

体育视窗

定向是一种生活哲学的体验

定向就如人生，总有疲惫，也总有惊喜；总有困难，也总有希望。流了汗，受了伤，累了痛了，可是，只要我们找到了自己追求的目标，此刻迸发出来的快乐和激情超越了一切的累和痛。我们还要确定自己的位置，还要把握前进的方向，还要实现自己的目标，还要奔波、追求，我们痛并快乐着。定向运动的乐趣绝不是旁观者所能感受得到的，那是参与者内心无与伦比的喜悦和充实。

【思考题】

1. 定向运动的装备有哪些？
2. 选择定向运动路线的原则是什么？

第二节　山地自行车运动

20 世纪初期越野赛跑应运而生，随着 30 年代初期第 1 个大车轮的制造，自行车在街道旁边行驶就容易得多了，当今的山地自行车（图13－2－1）运动是 20 世纪 70 年代初期才在农村逐渐发展起来的，到今天，山地自行车已经发展成为一项单独的赛事，在山地户外比赛中也少不了山地自行车赛段。

图 13－2－1　山地自行车

一、山地自行车运动的装备

（一）山地自行车

作为一个山地自行车爱好者，拥有一辆称心如意的自行车，在旅途中会省却许多麻烦。

（二）能防风、防雨的服装

在山地自行车运动中随时都会遇到恶劣的天气，因此，必须准备能防风、防雨的服装，尤其要注意防御寒风。

（三）头盔和护肘

头盔和护肘是山地自行车运动员的必需装备，头和肘部都尤其需要保护。

（四）运动眼镜

一副好的运动眼镜能有效地防风，防止脏东西进入眼睛以及阳光照射。

二、装备保养

（一）快速清洁

快速清洁需要的时间极短，并且相当方便，运动员在恶劣天气参加比赛时经常会使用这种服务。准备好刷子、海绵、水、内胎、擦车布和润滑油，训练结束后马上进行这种保养能使自行车各部件始终保持良好的性能，延长使用寿命。如果车上沾有潮湿的脏东西，应在它变干之前用水直接冲洗掉，最好不要进行高压清洁，因为这样会把细小的脏东西压入裂缝。

（二）驱动装置的保养

驱动装置由链条和空转装置组成，它的性能会受到骑行技术、地形以及天气的影响，因此很容易被磨损。其中，链条的使用频率最高，最先被磨损，因而使得驱动装置的性能降低。正确选挡、定期检查清洁和润滑链条、控制链条所受的负荷能有效减轻驱动装置的磨损。

（三）轮胎的保养及更换

对器材进行定期保养以及过硬的骑行技术能在很大程度上防止自行车磨损。但是，磨损现象始终是不可避免的。在山地自行车比赛和训练中，大约80%的损坏都是由内胎爆裂引起的。气压很低时，自行车以巨大的冲力撞向障碍物，内胎撞到轮缘上，内胎壁随即爆裂。备用内胎、修补工具、打气筒和打电话所需要的零钱是进行山地自行车远行所必需的。

三、基本骑车技巧

（一）调整自行车的构造

要很好地控制自行车，自行车的大小必须适合车手的身材和骑车水平的高低。闸把、变速杆、车把、车把握手处和把套的构造应该以方便操作，使车手感到舒服为宜。

调节刹车装置时，应该调节到只用双手的中指就能简单制动。闸把倾斜的角度应以手指搭在闸把上时手腕伸直、胳膊展开为宜。

脚蹬是车手同自行车之间传送能量的直接媒介，必须处于最佳状态。如果使用不带踏脚套的脚蹬，骑行鞋必须保持良好的状态。

把手的高度：上翘型把手比坐垫高出3～5 cm，平型把手则与坐垫等高。

（二）齿轮调节

山地自行车较高的齿轮传动速比为自行车以较高的速度行驶提供了条件，而在爬比较陡的斜坡时则又能保证自行车以较低的传动速比行驶。

（三）变速装置

1. 拇指变速杆

这种变速杆通常位于车把顶部，用拇指和食指推动变速杆就可以调速。

2. “快火”变速杆

这种变速杆通常位于车把的下方，可通过老式的按钮或新式的推拉杆制动。把链条从大齿轮向小齿轮拨动时，后变速器的变速杆1次可以拨动1～3个齿轮，而从小齿轮向大齿轮拨动时，1次则只能拨动1个。前变速器的变速杆在2种方向上每次都只能拨动1个齿轮。有些型号的自行车还安装着显示器，车手可以看到所选择的齿轮。

3. 握式变速杆

这种变速杆可以绕着车把转动，而不是把它们固定在车把上绕着轴杆转动。握式变速杆构成车把握手处的一部分。该部分就像摩托车的节流杆一样，是可以转动的，从而能够制动变速器。

四、热身

骑车前的热身运动可使肌肉得到适当的伸展，在运动中不易受伤。先伸展一下身上的肌肉，慢慢地骑行一段时间，然后再逐渐加速，随之增大运动的强度。骑车结束以后，则需要做与此相反的运动：从高强度运动慢慢地过渡到低强度的运动。

五、身体姿势

正确的骑车姿势是：上体较低，头部稍倾斜前伸，双臂自然弯曲，便于腰部弓屈，降

低身体重心，同时防止由于车子颠簸而产生的冲击力传到全身，双手轻而有力地握把，臀部坐稳鞍座。

如果骑姿正确，站在比较平坦的地面上时，身体60%的质量要落在后轮上，40%落在前轮上。身体质量的这种分布，一方面能够保证爬较陡的斜坡时比较灵活，自行车不会向后翻；另一方面又能保证下坡时自行车不会向前翻。下坡时，身体重心要始终靠后。如果坡度允许，车手胸部的重心应该落在鞍座上。上坡时，要把重心移到鞍座后部，使双腿获得最大的杠杆作用。同时，上半身放低，要趴在车把上，以固定车位。

六、手的姿势

手握车把的姿势由车手自己决定，其要领为：轻轻地握住车把，肘部稍微弯曲，肩部放松，后背伸直；车把不要抓得太紧，不然上半身会一直处于紧张状态，很容易失去控制，而且手臂也容易感到疲劳；骑车过程中，拇指和其他几个手指分开成空拳状握住车把，拇指和其他几个手指一起放在车把上面。

七、踏蹬技巧

脚掌应平稳地踏在脚蹬上，脚蹬应在脚掌中部和脚趾之间，也就是脚掌正好踏在脚蹬轴上，脚掌的纵向与脚蹬轴保持垂直。鞋的前端可伸出脚蹬3～6 cm。

踏蹬动作是周期性运动，即在一个固定范围内，以中轴为圆心，以曲柄为半径，重复地进行运动。为了能连续、平稳地把能量传送到动力传动系统，车手应该学会如何连贯地踩动脚蹬做环形运动，不可上下猛踩脚蹬。注意踏蹬的4个阶段：

第1阶段：脚蹬在上临界区。向下蹬动脚蹬，脚趾用力。

第2阶段：脚蹬在工作区。脚向后运动，车手应积极地向后撤脚，感觉就像要刮掉鞋底泥一样。

第3阶段：脚蹬在下临界区。脚踩在脚蹬上，用力向上拉，持续时间要长些。

第4阶段：回转阶段。脚用力向前蹬动脚蹬。

八、刹车技术

在短而急的斜坡上向下骑行，或者在土质疏松的地面上转弯时，除非骑车的技术非常娴熟，否则尽量不要使用前闸。

长距离的下坡途中，不能按住车闸不放，那样很容易使车圈和闸皮升温，从而影响刹车效果。在到达斜坡底端之前，车闸要时紧时松，能保证闸皮充分发挥其刹车效果，并且有助于车手控制好自行车。

使用前刹时，身体重心会因为惯性而自然前移，必须练习当开始刹车时，有意识地将重心向后移动，重心往后移得越多，就可以使用更多的刹车力量。

在下坡的急转弯，需要使用到刹车时，尽量使用后刹车的力量。如在平地上，在最后一刻刹车时将重心往后降低，以前面30%后面70%的刹车力量来做刹车的动作，不能过度地压下前刹。

在险峻下坡的转弯中使用前刹，必须同时控制前后刹车，不可过度地用力一直按着，可将刹车做一放按的动作，以防止刹车锁死的现象发生。

九、骑行注意事项

1. 骑车时眼睛目视前方，不能总是盯着路面，也不能只盯着自己自行车的前轮和前面的自行车后轮。

2. 不要盲目地跟着前面的自行车走。不然，很容易碰到前面车手突然避开的障碍。

3. 遇到大面积的沙地、泥浆和水时，要保证身体的重心离开前轮，落在鞍座的后部。让前轮从沙土、泥浆和水面上方轻轻地“飘”过去。

4. 刹车的力度应适中，刹车时不要挺直后背，否则会失去控制。骑车时应把自行车调到比较省力的齿轮上。

5. 在沿着比较陡峭的河岸或斜坡向下骑行时，始终要把身体的重心放在鞍座的后部。一旦失去控制，从自行车上向后摔要比从车把上方向前栽倒安全。

6. 沿着斜坡向上骑行或向下骑行，应观察远处地形，提前认真选定路线，一旦选定路线，就不要再犹豫，否则肯定会摔倒。

山地自行车运动的发展无极限，与其他体育项目一样，山地自行车运动也必将发展成为全民性的体育项目，比赛形式也将更多样化，雪地自行车比赛、竞技表演、室内竞技都取得了巨大的成绩，已被越来越多的人所关注。但运动材料和某些项目的专业化还需要加强，相信大家在经过山地自行车运动后能发现它在促进身体健康、贴近自然等方面的乐趣与优势。

体育视窗

世界山地自行车最高赛事

世界山地自行车越野及障碍锦标赛（UCI Mountain Bike & Trials World Championships）是国际自行车联盟组织的世界最高水平的山地自行车赛事。

【思考题】

1. 山地自行车的基本骑车技巧有哪些？
2. 山地自行车骑车的注意事项有哪些？

第三节　拓展训练

拓展训练又称心理拓展训练、外展训练等，起源于西方，通常利用崇山峻岭、瀚海大川等自然环境，通过精心设计的活动达到“磨炼意志、陶冶情操、完善人格、熔炼团队”的培训目的。拓展训练对个体是一种体验式学习，对团体是一种有效的培训。拓展训练以体育活动为载体、以自然环境为训练场所，因此从内容到形式，从方法到目的，它都与户外运动紧密地结合在一起。

一、拓展训练的起源

1942 年，德国人库尔特·汉恩和英国人劳伦斯·豪尔特创办了阿伯德威海上训练学校，训练年轻海员在海上的生存能力和船触礁后的生存技巧，使他们的身体和意志得到锻炼。当战争结束后，海上训练学校的利用价值大大降低，但是拓展训练以其独特的魅力吸引着越来越多的人关注，一些有识之士发现了它最有价值的方面，并将管理心理学、组织行为学以及发展心理学等相关学科的理论融入其中，以拓展训练的培训模式为载体，研发出一套适应企业的管理规范和团队建设的课程。

二、拓展训练的理论基础

拓展训练的兴起，除了专业机构大力推广外，还在于拓展训练有着深刻的理论基础，并且适应了现代人工作、学习的内在需求和组织变革的新潮流。“教”与“学”的转变是拓展训练主要的基本观念；体验式学习理论是拓展训练的直接来源；建构主义教学思想在拓展训练中充分体现；积极的团队精神是拓展训练的理论精髓。

通过以上理论可以看出，通过“教”与“学”的主动换位，源于体验式学习理论的拓展训练，将建构主义教学思想具体化，弥补了传统教学模式的缺陷和不足。同时，无论是在学习管理知识、体会管理艺术方面，还是在培养团队精神、促进个人全面发展方面，它都是一种有效的学习方式。可以说，在这种素质拓展训练中，培训教师在整个培训过程中扮演的角色是一个引导者，学员才是真正的讲师和主角：讲解自己的看法、观念，进行团队之间的沟通、讨论、升华，把自己的观念付诸行动，从而最终改变自己，完善团队。

三、拓展训练的基本流程

（一）训练

这是拓展训练关键的第一步体验。体验教育是拓展训练的专门术语，也是拓展训练活动中必不可少的内容和不可逾越的阶段。

（二）感受

学员在拓展训练中置身于模拟的场景时，容易获得最真切的感受。这种感受是全方位的、活性很强的、印象深刻的。

（三）分享

主要是采用回顾的方式进行信息交流，让受训学员把自己的看法、感受与同伴分享。通过分享与交流使众人掌握较为全面的信息，从而对事物的认识有一个较清晰的轮廓。

（四）总结

通过分享，对拓展训练的体会有了初步认识，这时就需要把人们已获得的认识上升到一定的理论。拓展训练指导教师就要根据大家讨论的结果，结合相关的理论知识进行归纳总结，把学员的认识从感性认识提高到理性认识。

（五）应用

点评结束要启发受训学员将拓展训练中所获得的经历体验和理论认识放回到实践中检验与应用，这才是训练的初衷与最终目的，这也是拓展训练的延伸。这个过程是完成认识从实践中来，最终用来指导实践的循环上升的过程，是在培训之后的生活和工作中由学员自己实现的。

四、部分拓展项目介绍

（一）法柜奇兵

人数：不限，人数较多时，需要将队员划分成若干个由 10～16 个人组成的小组。

道具：1 根约 6 m 长的绳子。选取两棵相距约 5 m，直径在 150 mm 左右的大树。

选项：装饰用的大橡胶蜘蛛。

步骤：如果有人在游戏过程中碰到了绳子，整个小组都必须重新开始。

讨论问题示例：各个小组的“战况”如何？你们在游戏过程中碰到了什么问题？怎样分析问题的？每个人的任务是什么？整个小组的运作是否有效？为什么？你们遇到了什么困难？是如何克服这次困难的？哪些因素有助于成功地完成游戏？

安全：注意观察每个队员的举动，同时仔细倾听。如果不加以限制的话，队员们可能会尝试各种方法，完全忘掉安全问题。

（二）云梯

人数：10～24 人。

道具：10～12 根硬木棒或水管，要求每根长约 1 m（3 ft），直径约 32 mm。

步骤：

① 让每个队员找 1 个搭档。在总的参加人数为单数的情况下，让余下的 1 个人第 1 个爬云梯。如果参加人数为双数，那么随意叫出一对搭档，让其中 1 个人爬云梯，另 1 个人做监护员。

② 给每对搭档发 1 根木棒（或水管）。让每对搭档面对面站好，所有搭档肩并肩排成 2 行。

③ 每对搭档如图所示握住木棒，木棒与地面平行，其高度介于肩膀和腰部之间，这样整个形成了一个类似水平摆放的木梯的形状。每根梯线的高度可以略有不同，以形成定的起伏。

④ 把选好的爬梯者带到云梯的一端，让队员从这里开始爬到云梯的另一端。

讨论问题示例：每个人爬梯之前感受如何？爬梯之后又有何感想？你在云梯之上的时候是什么感觉？做“梯子”的时候你有何感受？

安全：要确保木棒或水管表面光滑，以避免划伤或扎伤爬梯者。确保每个人都能牢牢抓住木棒，千万不能在队友经过的时候失手。这是一个用来建立信任的游戏，如果有人不慎失手的话，丧失的信任感将很难恢复。另外，不允许将木棒举到比肩膀还高的位置上。

（三）系在一起

人数：如果时间允许的话可以不限人数。通常情况是每个小组不超过 24 人。

步骤：

① 让队员们紧密地围成圈。

② 让大家都举起左手，右手指向圆心。等每个队员都摆好这个姿势以后，让他们用自己的左手抓住同伴的右手。一旦抓住后就不许松开。

③ 现在要人家在不松手的情况下，把自己从“链了”中解开。解开后仍要保持大家站成一个圆圈，面向哪个方向不限。有时会出现这样的情况，大家都把自己解开了，但是却形成了几个小圆圈，而不是仍保持原来的大圆圈。如果你不希望这种情况发生，可以在完成步骤②之后做一个闭环测试。随意在圈中选出一个人，让他用自己的右手捏下同伴的左手，左手被捏的人接着用自己的右手去捏下一个队友的左手，这样继续下去，直到“提手信号”返回到第 1 个人的左手上。如果提手信号传不回来，你就需要重新开始了。你可以根据实际情况，决定是否需要进行闭环测试。

讨论问题示例：你们遇到了什么困难？是如何克服这些困难的？每个人的任务是什么？如何将这个游戏和我们的实际工作联系起来？

安全：告诉队员们，当他们觉得被拉扯和扭曲得很难受的时候，可以暂时松开队友的手，但是必须尽快调整好姿势，重新抓住队友的手，如果队员们身体的柔韧性不好的话，可以适当降低要求，告诉他们在游戏的过程中只需要保持手的接触即可，不必一定要紧握住队友的手，这样可以避免由于手不能自由转动所引起的各种扭曲。

（四）走进绳圈

人数：不限。

道具：1 根长绳子。绳子一端有个可以移动的结（绳子呈圆形套索状），绳子的长度取决于参加人数的数量。

步骤：

① 将绳子放在地上围绕成圆形，要求绳圈足够大，所有队员站到里面后，地方仍很充裕。

② 让队员们站在你身边。

③ 他们的任务是进入绳圈，但不能接触绳子。要求双脚都落在绳圈内，全部着地。

④ 所有队员都进入绳圈后，再让他们走出来。

⑤ 然后利用谈话的时间，拉动绳子的滑动端，减小绳圈直径。虽然他们能在此地幸

免于腐蚀性化学物质的伤害，但是现在又被困在工厂的另一个地方，安全区变小了。

⑥ 要求队员按同样的规则进入绳圈。

⑦ 他们进去之后，再出来。然后，继续拉动绳子的滑动结儿，减小绳圈。

⑧ 重复以上步骤，直到队员们必须挤进绳圈，互相扶持为止。

讨论问题示例：有人认为该游戏使他感到不自然吗？为什么？大家对个人的身体空间有什么感觉？处于不同文化背景的人们对个人的身体空间有不同认识吗？这对我们以后将要开展的游戏有什么影响？

安全：不允许队员跳入人群中或者靠抓住别人的肩膀来平衡自己。

【思考题】

1. 拓展训练的理论基础是什么？
2. 拓展训练的基本流程包括哪些？
3. 了解和参与自己喜欢的拓展项目。

参 考 文 献

戴维斯著，2000. 吃的营养科学观［M］. 方力，译. 呼和浩特：内蒙古人民出版社.

汤姆·塞德泽克，2003. 顶级教练教你打网球［M］. 南京：江苏科学技术出版社.

克雷格·康纳利，2012. 登山手册（修订版）［M］. 严冬冬，译. 北京：人民邮电出版社.

柏忠言，张蕙兰，2010. 瑜伽气功与冥想［M］. 北京：人民体育出版社.

包娅，刘洋，2018. 高校体育文化教育研究［M］. 北京：中国纺织出版社.

北京大学体育教研部，1997. 羽毛球入门捷径［M］. 北京：北京体育大学出版社.

蔡继玲，2003. 乒乓球竞赛规则问答［M］. 北京：北京体育大学出版社.

陈少坚，2004. 大学体育教程［M］. 厦门：厦门大学出版社.

陈智勇，2005. 现代大学体育教程［M］. 北京：北京体育大学出版社.

戴俊，王士赵，张纪春，2015. 大学体育与健康教程［M］. 西安：西安交通大学出版社.

邓援朝，邓红妮，黄明强，2003. 体育舞蹈与健美运动［M］. 广州：中山大学出版社.

刁在箴，1998. 体育舞蹈［M］. 武汉：华中师范大学出版社.

董杰，2013. 网球教程［M］. 成都：四川大学出版社.

樊富珉，2002. 大学生心理健康教育研究［M］. 北京：清华大学出版社.

高宝华，2010. 普通高校足球课程教材［M］. 天津：南开大学出版社.

顾留馨，2012. 太极拳术［M］. 上海：上海教育出版社.

国家体委武术研究院，1997. 中国武术史［M］. 北京：人民体育出版社.

国家体育总局健康身气功管理中心，2003. 健身气功·八段锦［M］. 北京：人民体育出版社.

国家体育总局排球运动管理中心，2002. 软式排球竞赛规则 2002［M］. 北京：人民体育出版社.

郝文亭，王晓衡，等，2013. 大学体育与健康［M］. 天津：南开大学出版社.

黄楚姬，2003. 啦啦操的概述与编排［J］. 体育科技.

黄汉升，等，2005. 球类运动——排球［M］. 北京：高等教育出版社.

黄敬亨，2003. 健康教育学［M］. 上海：复旦大学出版社.

黄宽柔，姜桂萍，2006. 健美操 体育舞蹈［M］. 北京：高等教育出版社.

黄宽柔，2003. 艺术体操与健美操［M］. 广州：广东高等教育出版社.

纪秋云，2004. 武术［M］. 北京：北京体育大学出版社.

季浏，2001. 体育与健康［M］. 上海：华东师范大学出版社.

开明，2009. 北狮运动［M］. 北京：人民体育出版社.

篮球教材编写组，1995. 球类运动——篮球［M］. 北京：高等教育出版社.

李鸿江，2011. 田径教学（理论篇）[M]. 北京：高等教育出版社.
李康，2005. 真正大成拳 [M]. 北京：北京体育大学出版社.
李淑媛，2009. 常见病的饮食营养调理 [M]. 北京：北京大学医学出版社.
李雄辉，王萌，刘红伟，2017. 看图学打网球 [M]. 北京：人民邮电出版社.
李照和，郑仁民，2006. 羽毛球运动 [M]. 哈尔滨：哈尔滨地图出版社.
李哲敏，2006. 大豆主张 [M]. 青岛：青岛出版社.
李重申，1999. 面向新世纪健康教育读本 [M]. 北京：中华书局.
厉丽玉，2012. 户外运动与拓展训练 [M]. 杭州：浙江大学出版社.
刘德佩，1990. 体育社会学 [M]. 北京：人民体育出版社.
刘建营，刘晓明，2002. 青年心理健康教程 [M]. 北京：北京工业大学出版社.
刘金海，2013. 武术 [M]. 北京：北京师范大学出版社.
刘生杰，2011. 田径运动技术诊断与分析 [M]. 北京：中国社会出版社.
刘涛，李全有，2002. 意拳拳学 [M]. 北京：北京体育大学出版社.
卢元镇，1998. 中国社会学 [M]. 北京：北京体育大学出版社.
吕韶钧，2011. 舞龙运动教程 [M]. 北京：北京体育大学出版社.
马尔斯·格瑞西，托马斯·弗里希克莱特，2001. 山地自行车 [M]. 北京：人民体育出版社.
马鸿韬，2009. 啦啦操运动 [M]. 北京：高等教育出版社.
马展伟，1996. 体育心理学 [M]. 北京：高等教育出版社.
毛振明，王长权，2004. 学校心理拓展训练 [M]. 北京：北京大学出版社.
毛振明，2015. 现代大学体育 [M]. 北京：教育科学出版社.
孟刚，2008. 户外运动 [M]. 北京：北京师范大学出版社.
孟祥立，杜宏宇，2010. 体育与健康 [M]. 天津：南开大学出版社.
倪文治，张瑞林，1999. 大学体育教程 [M]. 济南：山东大学出版社.
欧小健，张辉明，杨磊，2010. 大学体育教育教程 [M]. 长春：吉林大学出版社.
排球精品课程团队，2015. 排球 [M]. 北京：北京体育大学出版社.
裴竞波，胡文烨，2004. 游泳 [M]. 北京：北京体育大学出版社.
彭美丽，叶莱主编，1998. 羽毛球专修课教材 [M]. 北京：北京体育大学出版社.
彭美丽，2001. 羽毛球技巧图解 [M]. 北京：北京体育大学出版社.
普通高等学校公共体育示范性教材，2006. 艺术体操 [M]. 北京：高等教育出版社.
齐尊荣，1998. 大学体育教程 [M]. 济南：山东大学出版社.
邱丕相，2007. 中国传统体育养生学 [M]. 北京：人民体育出版社.
全国体育学院教材委员会，1991. 排球 [M]. 北京：人民体育出版社.
全国体育学院教材委员会，2000. 群众体育学 [M]. 北京：人民体育出版社.
全国体育院校教材委员会，2001. 游泳运动（体育院校通用教材）[M]. 北京：人民体育出版社.
史国生，邹国忠，2008. 体育竞赛组织与管理 [M]. 南京：南京师范大学出版社.
史青，2002. 软式排球 [M]. 北京：北京体育大学出版社.
苏丕仁，2004. 乒乓球运动教程 [M]. 北京：高等教育出版社.
苏丕仁，2003. 现代乒乓球运动教学与训练 [M]. 北京：人民体育出版社.
孙大光，等，2013. 体育文化概论 [M]. 北京：高等教育出版社.

孙纪云，1997. 形体训练 [M]. 北京：中央广播电视大学出版社.

孙建华，张志成，2010. 学校体育竞赛组织管理与编排 [M]. 北京：光明日报出版社.

孙永武，2008. 太极拳 [M]. 福州：福建科技出版社.

谭华，2005. 体育史 [M]. 北京：高等教育出版社.

唐建军，2007. 现代乒乓球教学法 [M]. 北京：北京体育大学出版社.

陶宇平，2006. 户外运动与拓展训练教程 [M]. 成都：电子科技大学出版社.

陶志翔，1999. 网球 [M]. 北京：北京体育大学出版社.

体育学院普修通用教材，1999. 大众艺术体操 [M]. 北京：人民体育出版社.

体育学院通用教材，1991. 乒乓球 [M]. 北京：人民体育出版社.

童昭岗，雷咏时，2005. 体育舞蹈 [M]. 桂林：广西师范大学出版社.

汪俊，2001. 网球全程点拨 [M]. 北京：人民体育出版社.

王爱兰，1991. 艺术体操运动训练之研究 [M]. 北京：人民体育出版社.

王崇喜，2001. 球类运动——足球 [M]. 北京：高等教育出版社.

王岗，王铁新，2005. 民族传统体育发展的文化审视 [M]. 北京：北京体育大学出版社.

王光，2006. 民族传统体育养生 [M]. 上海：上海大学出版社.

王洪，2001. 健美操教程 [M]. 北京：人民体育出版社.

王家宏，2005. 球类运动——篮球 [M]. 北京：高等教育出版社.

王家正，1995. 网球（体育爱好者丛书）[M]. 北京：人民体育出版社.

王少华，2000. 体育基础理论与实践教程 [M]. 北京：北京体育大学出版社.

王诗漪，2011. 舞蹈形体基础训练 [M]. 杭州：浙江大学出版社.

王翔，等，2009. 定向运动 [M]. 北京：高等教育出版社.

王祖爵，2005. 奥林匹克文化 [M]. 北京：中国水利水电出版社.

温家平，姚维国，倪文治，等，1999. 大学体育教程 [M]. 济南：山东大学出版社.

温家平，姚维国，张盛荣，2001. 篮球运动理论 [M]. 济南：山东科学技术出版社.

文超，2013. 田径运动高级教程 [M]. 北京：人民体育出版社.

吴秀云，等，2011. 大学体育与健康教程 [M]. 北京：中国科学技术出版社.

吴秀云，等，2014. 新编大学体育与健康教程 [M]. 济南：山东人民出版社.

吴志刚，2013. 体育与健康 [M]. 北京：高等教育出版社.

肖杰，2000. 学打羽毛球 [M]. 北京：人民体育出版社.

谢相和，2017. 大学网球教程 [M]. 北京：高等教育出版社.

谢永广，2007. 中国意拳标准教程. 意拳功法 [M]. 北京：北京体育大学出版社.

徐中秋，邱建刚，2006. 国际全明星啦啦操竞赛评分规则（2006—2009）[M]. 成都：电子科技大学出版社.

杨斌，2002. 形体训练论纲 [M]. 北京：北京体育大学出版社.

杨汉，2006. 山地户外运动 [M]. 北京：中国地质大学出版社.

尹珏林，2009. 瑜伽大全 [M]. 北京：华文出版社.

于鸿森，2004. 现代技术训练与健身 [M]. 北京：北京体育大学出版社.

虞重干，2015. 排球运动教程 [M]. 北京：人民体育出版社.

袁剑龙，2008. 大学体育教程 [M]. 山西：山西科学技术出版社.

张宝帆，2000. 定向运动与野外生存［M］. 天津：天津大学出版社.
张彩珍，1990. 论体育［M］. 北京：人民体育出版社.
张广德，2003. 导引养生功［M］. 北京：北京体育大学出版社.
张贵敏，2005. 现代田径运动教学与训练［M］. 北京：人民体育出版社.
张亮，2018. 大学体育教程［M］. 北京：中国农业出版社.
张清澍，陈瑞璋，伏宇军，1997. 体育舞蹈［M］. 北京：北京体育大学出版社.
张瑞林，2005. 羽毛球运动［M］. 北京：高等教育出版社.
张瑞林，等，2002. 体育与健康［M］. 济南：山东大学出版社.
张孝平，2008. 体育竞赛组织编排［M］. 北京：北京体育大学出版社.
张雅云，2001. 体育与健康理论教程［M］. 北京：高等教育出版社.
赵源伟，2006. 龙狮和龙舟［M］. 北京：中国社会出版社.
中国排球协会，2006. 排球竞赛规则（2005—2008）［M］. 北京：人民体育出版社.
中国武术协会，2013. 武术散打竞赛规则与裁判法［M］. 北京：人民体育出版社.
中国武术协会，2013. 武术套路竞赛规则与裁判法［M］. 北京：人民体育出版社.
中国足球协会裁判委员会，2017. 足球竞赛规则［M］. 北京：高等教育出版社.
钟秉枢，2000. 排球［M］. 北京：北京体育大学出版社.
足球教材编写组，1995. 球类运动—足球［M］. 北京：高等教育出版社.